杜威中期著作

1899—1924

复旦大学杜威与美国哲学研究中心　组译

杜威全集

Collected works of John Dewey

《当代思想中的实用主义运动》
《教育中的道德原则》
1907至1909年间的期刊文章、书评及杂记

第四卷

1907-1909

陈亚军　姬志闯　译

华东师范大学出版社

The Middle Works of John Dewey, 1899 - 1924

Volume Four: Journal Articles and Book Reviews in the 1907 - 1909 Period, and
The Pragmatic Movement of Contemporary Thought and Moral Principles in Education

By John Dewey

Edited by Jo Ann Boydston

Copyright © 1977 by Southern Illinois University Press

Published by agreement with Southern Illinois University Press, 1915 University
Press Drive, SIUC Mail Code 6806, Carbondale, IL 62901, USA

Simplified Chinese translation copyright © 2012 by East China Normal University
Press

上海市版权局著作权合同登记　图字:09 - 2004 - 377 号

《杜威全集》中期著作(1899—1924)

主　　编　乔·安·博伊兹顿(Jo Ann Boydston)
文本顾问　弗雷德森·鲍尔斯(Fredson Bowers)　弗吉尼亚大学　荣誉退休

编辑顾问委员会成员
刘易斯·E·哈恩(Lewis E. Hahn)主席　南伊利诺伊大学
乔·R·伯内特(Joe R. Burnett)伊利诺伊大学
S·莫里斯·埃姆斯(S. Morris Eames)南伊利诺伊大学
威廉·R·麦肯齐(William R. McKenzie)南伊利诺伊大学
弗农·A·斯顿伯格(Vernon A. Sternberg)南伊利诺伊大学出版社

助理文本编辑　芭芭拉·莱文(Barbara Levine)

目　录

中文版序

　　《杜威全集》中文版终于由华东师范大学出版社出版了。作为这一项目的发起人，我当然为此高兴，但更关心它能否得到我国学界和广大读者的认可，并在相关的学术研究中起到预期作用。后者直接关涉到对杜威思想及其重要性的合理认识，这有赖专家们的研究。我愿借此机会对杜威其人、其思想的基本倾向和影响以及研究杜威哲学的意义等问题谈些看法，以期抛砖引玉。考虑到中国学界以往对杜威思想的消极方面谈论得很多，在这方面大家已非常熟悉。我在此主要谈其积极方面，但这并非认为可以忽视其消极方面。

一、杜威其人

　　约翰·杜威（John Dewey，1859—1952）是美国哲学发展中最有代表性的人物。他不仅进一步阐释并发展了由皮尔士创立、由詹姆斯系统化的实用主义哲学的基本理论，而且将其运用于社会、政治、文化、教育、伦理、心理、逻辑、科学技术、艺术、宗教等众多人文和社会科学领域的研究，并在这些领域提出了重要创见。他在这些领域的不少论著，被西方各该领域的专家视为经典之作。它们不仅对促进这些领域的理论研究起过重要的作用，在这些领域的实践中也产生过深刻的影响。杜威由此被认为是美国思想史上最具影响的学者，甚至被认为是美国的精神象征；在整个西方世界，他也被公认是20世纪少数几个最伟大的思想家之一。

　　杜威出生于佛蒙特州伯灵顿市一个杂货店商人家庭。他于1875年进佛蒙特大学，开始受到进化论的影响。1879年，他毕业后先后在一所中学和一所乡村学校教书。这时他阅读了大量哲学著作,深受当时美国圣路易黑格尔学派刊物《思辨哲学杂志》的影响,1882 年在该刊发表了《唯物主义的形而上学假定》和《斯宾诺莎的泛神论》二文,很受鼓舞,从此决定以哲学为业。同年,他成了约翰·霍普金斯大学的哲学研究生,在此听了皮尔士的逻辑讲座,不过当时对他影响最大的是黑格尔派哲学家莫里斯(George Sylvester Morris)和实验心理学家霍尔(G. Stanley Hall)。两年后,他以《康德的心理学》论文取得哲学博士学位。

1884 年,杜威到密歇根大学教哲学,在此任职 10 年(其间 1888 年在明尼苏达大学)。初期,他的哲学观点大体上接近黑格尔主义。他对心理学研究很感兴趣,并使之融化于其哲学研究中。这种研究,促使他由黑格尔主义转向实用主义。在这方面,当时已出版并享有盛誉的詹姆斯的《心理学原理》对他产生了强烈的影响。杜威对心理学的研究,又促使他进一步去研究教育学。他主张用心理学观点去进行教学,并认为应当把教育实验当作哲学在实际生活中的运用的重要内容。

1894 年,杜威应聘到芝加哥大学,后曾任该校哲学系主任。他在此任教也是 10 年。1896 年,他在此创办了有名的实验学校。这个学校抛弃传统的教学法,不片面注重书本,而更为强调接触实际生活;不片面注重理论知识的传授,而更为强调实际技能的训练。杜威后来所一再倡导的“教育就是生活,而不是生活的准备”、“从做中学”等口号,就是对这种教学法的概括。杜威在芝加哥时期,已是美国思想界一位引人注目的人物。他团聚了一批志同道合者(包括在密歇根大学就与他共事的塔夫茨、米德),形成了美国实用主义运动中著名的芝加哥学派。杜威称他们共同撰写的《逻辑理论研究》(1903 年)一书是工具主义学派的“第一个宣言”,它标志着杜威已从整体上由黑格尔主义转向了实用主义。

从 1905 年起,杜威转到纽约哥伦比亚大学任教,直到 1930 年以荣誉教授退休。他以后的活动也仍以此为中心。这一时期不仅是他的学术活动的鼎盛期(他的大部分有代表性的论著都是在这一时期问世的),也是他参与各种社会和政治活动最频繁且声望最卓著的时期。他把两者有机地结合在一起。他对各种社会现实问题的评论和讲演,往往成为他的学术活动的重要组成部分。从 1919年起,杜威开始了一系列国外讲学旅行,到过日本、墨西哥、俄罗斯、土耳其等国。“五四”前夕,他到了中国,在北京、南京、上海、广州等十多个城市作过系列讲演,1921 年 7 月返美。

杜威一生出版了 40 种著作,发表了 700 多篇论文,内容涉及哲学、社会、政治、教育、伦理、心理、逻辑、文化、艺术、宗教等各个方面。其主要论著有:《学校与社会》(1899 年)、《伦理学》(1908 年与塔夫茨合著,1932 年修订)、《达尔文主义对哲学的影响》(1910 年)、《我们如何思维》(1910 年)、《实验逻辑论文集》(1910 年)、《哲学的改造》(1920 年)、《人性与行为》(1922 年)、《经验与自然》(1925 年)、《公众及其问题》(1927 年)、《确定性的寻求》(1929 年)、《新旧个人主义》(1930 年)、《作为经验的艺术》(1934 年)、《共同的信仰》(1934 年)、《逻辑:探究的理论》(1938 年)、《经验与教育》(1938 年)、《自由与文化》(1939 年)、《评价理论》(1939 年)、《人的问题》(1946 年)、《认知与所知》(1949 年与本特雷合著)等等。

二、杜威哲学的基本倾向

杜威在各个领域的思想都与他的哲学密切相关。它们不只是他的哲学的具体运用,有时甚至就是他的哲学的直接体现。我们在此不拟具体介绍他的思想的各个方面和他的哲学的各个部分,仅概略地揭示他的哲学的基本倾向。杜威哲学的各个部分,以及他的思想的各个方面,大体上都可从他的哲学的基本倾向中得到解释。这种基本倾向从其积极意义上说,主要表现为如下三点:

第一,杜威把对现实生活和实践的关注当作哲学的根本意义所在。

在现代西方各派哲学中,杜威哲学最为反对以抽象、独断、脱离实际等为特征的传统形而上学,最为肯定哲学应当面向人的现实生活和实践。如何通过人本身的行为、行动、实践(即他所谓以生活和历史为双重内容的经验)来妥善处理人与其所面对的现实世界(自然和社会环境),以及人与人之间的关系,是杜威哲学最为关注的根本问题。杜威哲学从不同的角度说有不同的名称,例如,当他强调实验和探究的方法在其哲学中的重要意义时,称其哲学为实验主义(Experimentalism);当他谈到思想、观念的真理性在于它们能充当引起人们的行动的工具时,称其哲学为工具主义(Instrumentalism);当他谈到经验的存在论意义,而经验就是作为有机体的人与其自然环境的相互作用时,称其哲学为经验自然主义(Empirical Naturalism)。贯彻于所有这些称呼的概念是行动、行为、实践。杜威哲学的各个方面,都在于从实践出发并引向实践。这并不意味着实践就是一切。实践的目的是改善经验,即改善人与其自然和社会环境的关系,一句话,改善人的生活和生存条件。

杜威对实践的解释当然有片面性。例如,他没有看到人类的物质生产活动在人的实践中的基础作用,更没有科学地说明实践的社会性;但他把实践看作是全部哲学研究的核心,认为存在论、认识论、方法论等问题的研究都不能脱离实践,都具有实践的意义,则在一定意义上是合理的。

值得一提的是:与胡塞尔、海德格尔等人通过曲折的道路返回生活世界不同,与只关注逻辑和语言的意义分析的分析哲学家也不同,杜威的哲学直接面向现实生活和实践。杜威一生在哲学上所关注的,不是去建构庞大的体系,而是满腔热情地从哲学上去探究人在现实生活和实践的各个领域所面临的各种问题及其解决办法。在杜威的全部论著中,关于政治、社会、文化、教育、心理、道德、价值、科学技术、审美和宗教等各个领域的具体问题的论述占了绝大部分。他的哲学的精粹和生命力,大多是在这些论述中表现出来的。

第二,杜威的哲学改造适应和引领了西方哲学由近代到现代转向的潮流。

19世纪中期以来,西方哲学发展出现了根本性的变更,以建构无所不包的体系为特征的近代哲学受到了广泛的批判,以超越传统的实体性形而上学和二元论为特征的现代哲学开始出现,并越来越占主导地位。多数哲学流派各以特有的方式,力图使哲学研究在不同程度上从抽象化的自在的自然界或绝对化的观念世界返回到人的现实生活世界,企图以此摆脱近代哲学所陷入的种种困境,为哲学的发展开辟新道路。西方哲学由近代到现代的这种转折,不能简单归结为由唯物主义转向唯心主义、由进步转向反动,而包含了哲学思维方式上一次具有划时代意义的转型。它标志着西方哲学发展到了一个新的、更高的阶段。杜威在哲学上的改造,不仅适应了而且在一定意义上引领了这一转型的潮流。

杜威曾像康德那样,把他在哲学上的改造称为"哥白尼革命"(Copernican revolution)。但他认为康德对人的理智的能动性过分强调,以致使它脱离了作为其存在背景的自然。而在他看来,人只有在其与自然的相互作用中才有能动作用,甚至才能存在。哲学上的真正的哥白尼革命,正在于肯定这种交互作用。如果说康德的中心是心灵,那么杜威的新的中心是自然进程中所发生的人与自然的交互作用。正如地球或太阳并不是绝对的中心一样,自我或世界、心灵或自然都不是这样的中心。一切中心都存在于交互作用之中,都只具有相对的意义。可见,杜威所谓哲学中的哥白尼革命,就是以他所主张的心物、主客、经验自然等的交互作用、或者说人的现实生活和实践来既取代客体中心论,也取代主体中心论。他也是在这种意义上,既反对忽视主体的能动性的旧的唯物主义,也反对忽视自然作为存在的根据和作用的旧的唯心主义。

不是把先验的主体或自在的客体、而是把主客的相互作用当作哲学的出发点;不是局限于建构实体性的、无所不包的体系,而是通过行动、实践来超越这样的体系;不是转向纯粹的意识世界或脱离了人的纯粹的自然界,而是转向与人和自然界、精神和物质、理性和非理性等等都有着无限牵涉的生活世界,这大体上就是杜威哲学改造的主要意义;而这在一定程度上,也正是多数西方哲学由近代到现代转向的主要意义。杜威由此体现和引领了这种转向。

第三,杜威的哲学改造与马克思在哲学上的革命变更存在某些相通之处。

西方哲学从近代到现代的转向与马克思在哲学上的革命变更的政治背景大不相同,二者必然存在原则性区别;但二者发生于大致相同的历史时代,具有共同的历史和文化背景,因而又必然存在相通之处。如果我们能够肯定杜威的哲学改造适应并引领了西方哲学从近代到现代转向的潮流,那就必须肯定杜威的哲学改造与马克思在哲学上的革命变更必然同样既有原则区别,又有相通之处。后者突出地表现在,二者都把实践当作哲学的根本意义而加以强调。马克思正是通过这种强调而得以超越旧唯物主义和唯心主义辩证法的界限,把唯物主义和辩证法有机地统一起来,建立了唯物辩证法。杜威在这些方面与马克思相距甚远。但是,他毕竟用实践来解释经验而使他的经验自然主义超越了纯粹自然主义和思辨唯心主义的界限,并由此提出了一系列超越近代哲学范围的思想。

杜威的经验自然主义并不否定自然界在人类经验以外自在地存在,不否定在人类出现以前地球和宇宙早已存在,而只是认为人的对象世界只能是人所遭遇到(经验到)的世界,这在一定程度上类似于马克思所指的与纯粹自然主义的自在世界不同的人化世界,即现实生活世界。杜威否定唯物主义,但他只是在把唯物主义归结为纯粹自然主义的唯物主义的意义上去否定唯物主义。杜威强调经验的能动性,但他不把经验看作可以离开自然(环境)而独立存在的精神实体或精神力量,而强调经验总是处于与自然、环境的统一之中,并与自然、环境发生相互作用。这与传统的唯心主义经验论也是不同的,倒是与马克思关于主客观的统一和相互作用的观点虽有原则区别,却又有相通之处。

杜威是在黑格尔影响下开始哲学活动的。他在转向实用主义以后,虽然抛弃了黑格尔的绝对唯心主义,甚至也拒绝了黑格尔的辩证法,但是在他的理论中又保留着某些辩证法的要素。例如,他把经验、自然和社会等都看作是统一整体,其间都存在着多种多样的联系;他在达尔文进化论的影响下,明确肯定世界(人类社会和自然界)处于不断进化和发展的过程之中。他所强调的连续性(如经验与自然的连续、人与世界的连续、身心的连续、个人与社会的连续等等)概念,在一定程度上就是统一整体的概念、进化和发展的概念。这种概念虽与马克思的辩证法不能相提并论,但毕竟也有相通之处。

三、杜威哲学的积极影响

杜威实用主义哲学对现实生活和实践的强调,对西方哲学从近代到现代转向的潮流的适应和引领,特别是它在一些重要方面与马克思哲学的相通,说明它在一定程度上体现了时代精神发展的要求。正因为如此,它必然是一种在一定范围内能发生积极影响的哲学。

实用主义在美国的积极影响,可以用美国人民在不长的历史时期里几乎从空地上把美国建设成为世界的超级大国来说明。实用主义当然不是美国唯一的哲学,但它却是美国最有代表性的哲学。实用主义产生以前的许多美国思想家(特别是富兰克林、杰斐逊等启蒙思想家),大多已具有实用主义的某些特征,在一定意义上为实用主义的正式形成作了思想准备。实用主义产生以后,传入美国的欧洲各国哲学虽然能在美国哲学中占有一席之地,其中分析哲学在较长时期甚至能在哲学讲坛上占有支配地位;但是,它们几乎都毫无例外地迟早被实用主义同化,成为整个实用主义运动的组成部分。当代美国实用主义者莫利斯说:逻辑经验主义、英国语言分析哲学、现象学、存在主义同实用主义"在性质上是协同一致的",它们"每一种所强调的,实际上是实用主义运动作为一个整体范围之内的中心问题之一"①。就实际影响来说,实用主义在美国哲学中始终占有优势地位。桑塔亚那等一些美国思想家也承认,美国人不管其口头上拥护的是什么样的哲学,但是从他们的内心和生活来说都是实用主义者。只有实用主义,才是美国建国以来长期形成的一种民族精神的象征。而实用主义的最大特色,就是把哲学从玄虚的抽象王国转向人所面对的现实生活世界。实用主义的主旨就在

---

① Morris, Charles W. *The Pragmatic Movement in American Philosophy*. New York: George Braziller, 1970, p. 148.

指引人们如何去面对现实生活世界,解决他们所面临的各种疑虑和困扰。实用主义当然具有各种局限性,人们也可以而且应当从各种角度去批判它,马克思主义者更应当划清与实用主义的界限;但从思想理论根源上说,正是实用主义促使美国能够在许多方面取得成功,这大概是一个不争的事实。

在美国以外,实用主义同样能发生重要的影响。与杜威等人的哲学同时代的欧洲哲学尽管不称为实用主义,但正如莫利斯说的那样,它们同实用主义"在性质上是协同一致的"。如果说它们各自在某些特定方面、在一定程度上体现了现代西方社会的时代特征,实用主义则较为综合地体现了这些特征。换言之,就体现时代特征来说,被欧洲各个哲学流派特殊地体现的,为实用主义所一般地体现了。正因为如此,实用主义能较其他现代西方哲学流派发生更为广泛的影响。

杜威的实用主义在中国也发生过重要的影响。早在"五四"时期,杜威就成了在中国最具影响的西方思想家。从外在原因上说,这是由于胡适、蒋梦麟、陶行知等他在中国的著名弟子对他作了广泛的宣扬;杜威本人在"五四"时期也来华讲学,遍访了中国东西南北十多个城市。这使他的思想为中国广大知识界所熟知。然而,更重要的原因是:他在理论中所包含的科学和民主精神,正好与"五四"时期中国先进知识分子倡导科学和民主的潮流相一致。另外,他的讲演不局限于纯哲学的思辨而尤其关注现实问题,这也与中国先进分子的社会改革的现实要求相一致。正是这种一致,使杜威的理论受到了投入"五四"新文化运动和社会改革的各阶层人士的普遍欢迎,从而使他在中国各地的讲演往往引起某种程度的轰动效应。杜威本人也由此受到很大鼓舞,原本只是一次短期的顺道访华也因此被延长到两年多。胡适在杜威起程回国时写的《杜威先生与中国》一文中曾谈到:"我们可以说,自从中国与西方文化接触以来,没有一个外国学者在中国思想界的影响有杜威先生这样大的。我们还可以说,在最近的将来几十年中,也未必有别个西洋学者在中国的影响可以比杜威先生还大的。"①作为杜威的信徒,胡适所作的评价可能偏高。但就其对中国社会的现实层面的影响来说,除了马克思主义者以外,也许的确没有其他现代西方思想家可以与杜威相比。

尽管杜威的实用主义与马克思主义有原则区别,但"五四"时期中国马克思主义者对杜威及其实用主义并未简单否定。陈独秀那时就肯定了实用主义的某

---

① 引自《胡适哲学思想资料选》(上),华东师范大学出版社1981年版,第181页。

些观点,甚至还成为杜威在广州讲学活动的主持人。1919 年,李大钊和胡适关于"问题与主义"的著名论战,固然表现了马克思主义与实用主义的原则分歧,但李大钊既批评了胡适的片面性,又指出自己的观点有的和胡适"完全相同",有的"稍有差异"。他们当时的争论并未越出新文化运动统一战线这个总的范围,在倡导科学和民主精神上毋宁说大体一致。毛泽东在其青年时代也推崇胡适和杜威。

"五四"以后,随着国内形势的重大变化,上述统一战线趋向分裂。20 世纪 30 年代后期,由于受到苏联对杜威态度骤变的影响,中国马克思主义者对杜威也近乎于全盘否定了。20 世纪 50 年代中期,为了确立马克思主义在思想文化领域的主导地位,从上而下发动了一场对实用主义全盘否定的大规模批判运动。它在一定程度上达到了预期的政治目的,但在理论上却存在着很大的片面性。当时多数批判论著脱离了杜威等人的理论实际,形成了一种对西方思潮"左"的批判模式,并在中国学术界起着支配作用。从此以后,人们在对杜威等现代西方思想家、对实用主义等现代西方思潮的评判中,往往是政治标准取代了学术标准,简单否定取代了具体分析。杜威等西方学者及其理论的真实面貌就因此而被扭曲了。

对杜威等西方思想家及其理论的简单否定,势必造成多方面的消极后果。其中最突出的有两点:一是使马克思主义及其指导下的思想理论领域在一定程度上与当代世界及其思想文化的发展脱节,使前者处于封闭状态,从而妨碍其得到更大的丰富和发展;二是由于扭曲了马克思主义哲学和现代西方哲学的关系,忽视了二者在某些方面存在的共通之处,在批判杜威哲学等现代西方哲学的名义下扭曲了马克思主义哲学一些最重要的学说,例如关于真理的实践检验、关于主客观统一、关于个人与社会的关系等学说都存在这种情况。这种理论上的混乱导致实践方向上的混乱,甚至在一定程度上导致实践上的挫折。

需要说明的是:肯定杜威实用主义的积极作用并不意味着否定其消极作用,也不意味着简单否定中国学界以往对实用主义的批判。以往被作为市侩哲学、庸人哲学、极端个人主义哲学的实用主义不仅是存在的,而且在一些人群中一直发生着重要的影响。资产阶级庸人、投机商、政客以及各种形式的机会主义者所奉行的哲学,正是这样的实用主义。对这样的实用主义进行坚定的批判,是完全正当的。但是,如果对杜威的哲学作具体研究,就会发觉他的理论与这样的实用主义毕竟有着重大的区别。杜威自己就一再批判了这类庸俗习气和极端个人主义。如果简单地把杜威哲学归结为这样的实用主义,那在很大程度上就是把杜威所批判的哲学当作是他自己的哲学。

四、杜威哲学研究在当代中国的积极意义

改革开放以来,中国政治和思想文化上的"左"的路线得到纠正,哲学研究出现了求真务实的新气象,包括杜威实用主义在内的现代西方哲学研究得到了恢复和发展。以1988年全国实用主义学术讨论会为转折点,对杜威等人的实用主义的全盘否定倾向得到了克服,如何重新评价其在中国思想文化建设中的作用的问题也越来越受到学界的关注,对杜威等人的实用主义的研究由此进入了一个新阶段。"五四"时期,由于杜威的学说正好与当时中国的新文化运动相契合,起过重要的积极作用;今天的中国学界,由于对马克思主义哲学和现代西方哲学都已有了更为全面和深刻的理解,对杜威的思想的研究也会更加深入和具体,更能区别其中的精华和糟粕,这对促进中国的思想文化建设会产生更为积极的作用。

对杜威哲学的重新研究在当代中国的积极意义,至少包括如下三个方面:

第一,有利于对马克思主义哲学有更为全面和深刻的理解。

这是因为,杜威哲学和马克思的哲学虽有原则性区别,但二者在一些重要方面有相通之处。这主要表现在二者都批判和超越了以抽象、思辨、脱离实际等为特征的传统形而上学;都强调对现实生活和实践的关注在哲学中的决定性作用;都肯定任何观念和理论的真理性的标准是它们是否经得起实践的检验;都认为科学真理的获得是一个不断提出假设、又不断进行实验的发展过程;都认为社会历史同样是一个不断发展的过程,社会应当不断地进行改造,使之越来越能符合满足人的需要和人的全面发展的目标;都认为每一个人的自由是一切人取得自由的条件,同时个人又应当对社会负责,私利应当服从公益;都提出了使所有人共同幸福的社会理想,等等。在这些方面将马克思主义与杜威的实用主义作比较研究,既能更好地揭示它们作为不同阶级的哲学的差异,又能更好地发现二者作为同时代的哲学的共性,从而使人们既能更好地划清马克思主义和实用主义的界限,又能通过批判地借鉴后者可能包含的积极成果来丰富和发展马克思主义。

第二,有利于对中国传统文化的批判继承。

杜威哲学和中国传统文化有着两种不同的联系。以儒家为代表的中国传统文化是一种前资本主义文化,没有西方资本主义文化的理性主义特质,不会具有因把理性绝对化而导致的绝对理性主义和思辨形而上学等弊端;但未充分经理性思维的熏陶又是中国传统文化的缺陷,不利于自然科学的发展,更不利于人的个性的发展和自由民主等意识的形成。正因为如此,以儒家为代表的中国传统文化往往被历代封建统治阶级神圣化和神秘化,成为他们的意识形态,后者阻碍了中国科学技术的发展、人民的觉醒和社会历史的进步。“五四”新文化运动的主要矛头就是针对儒家文化作为封建意识形态的方面,以此来为以民主和科学精神为特征的新文化开辟道路。杜威哲学正是以倡导民主和科学为重要特征的。杜威来到中国时,正好碰上“五四”新文化运动,他成了这一运动的支持者。他的学说对于批判作为封建意识形态的儒学,自然也起了促进作用。

但是,儒家文化并不等于封建文化;孔子提出的以“仁”为核心的儒学本身并不是统治阶级的意识形态。直到汉武帝实行“罢黜百家,独尊儒术”的政策以后,儒学才取得了独特的官方地位,由此被历代封建帝王当作维护其统治的精神工具。即使如此,也不能否定儒学在学理上的意义。它既可以被封建统治阶级所利用,又能为广大民众所接受,成为他们的生活信念和道德准则。历代学者对儒学的发挥,也都具有这种二重性。正因为如此,儒学除了被封建统治阶级利用外,还能不断发扬光大,成为中华民族宝贵的思想文化遗产。儒学所强调的“以人为本”、“经世致用”、“公而忘私”、“以和为贵”、“己所不欲,勿施于人”等观念,具有超越时代和阶级的普世意义。新文化运动的代表人物并不反对这些观念,而这些观念与杜威哲学的某些观念在一定程度上是相通的。杜威哲学在“五四”时期之所以能为中国广大知识分子接受,在一定程度上正是因为中国文化传统中已有与杜威哲学相通的成分。正因为如此,研究杜威的实用主义思想,对于更清晰地理解儒家思想,特别是分清其中具有普世价值的成分与被神圣化和神秘化的成分,发扬前者,拒斥后者,能起到促进作用。

第三,有利于促进对各门社会人文学科的研究。

杜威的哲学活动的一个突出特点,是他非常自觉地超越纯粹哲学思辨的范围而扩及各门社会人文学科。我们上面曾谈到,在杜威的全部论著中,关于政治、社会、文化、教育、道德、心理、逻辑、科学技术、审美和宗教等各个领域的具体问题的论述占了绝大部分。他不只是把他的哲学观点运用于这些学科的研究，而且是通过对这些学科的研究更明确和更透彻地把他的哲学观点阐释出来。反过来说，他对这些学科的研究都不是孤立地进行的，而是通过其基本哲学观点的具体运用而与其他相关学科联系起来，从而把对这些学科的研究形成为一个有机整体，并由此使他对这些学科的研究可能具有某些独创意义。

例如，杜威极其关注教育问题并在这方面作了大量论述，除了贯彻他对现实生活和实践的重视这个基本哲学倾向、由此强调在实践中学习在整个教学过程中的决定作用以外，他还把教育与心理、道德、社会、政治等因素紧密地结合在一起，从而使教育的内容更加丰富、全面。他的教育思想也由此得到了更为广泛的认同，被公认为是当代西方最具影响的教育学家。值得一提的是：无论在中国还是在苏联，杜威在教育上的影响几乎经久不衰；即使是在政治和意识形态影响极为深刻的年代，杜威提出的许多教育思想依然能不同程度地被人肯定。陶行知的教育思想在中国就一直得到肯定，而陶行知的教育思想被公认为主要来源于杜威。

我们这样说，并不是全盘肯定杜威。无论是在哲学和教育或其他方面，杜威都有很大的局限性，需要我们通过具体研究加以识别。但与其他现代西方哲学家相比，杜威是最善于把哲学的一般理论与其他人文社会学科密切结合起来、使之相互渗透和相互促进的哲学家，这大概是不可否认的事实。在这方面，很是值得我们借鉴。

五、关于《杜威全集》中文版的翻译和出版

要在中国开展对杜威思想的研究，一个重要的条件是有完备的和翻译准确的杜威论著。中国学者早在"五四"时期就开始从事这方面的工作。当时杜威在华的讲演，为许多报刊广泛译载并汇集成册出版。"五四"以后，杜威的新著的翻译出版仍在继续。即使是杜威在中国受到严厉批判的年代，他的一些主要论著也作为供批判的材料公开或内部出版。杜威部分重要著作的英文原版，在中国一些大的图书馆里也可以找到。从对杜威哲学的一般性研究来说，材料问题不是主要障碍。但是，如果想要对杜威作全面研究或某些专题研究，特别是对他所涉及的人文和社会广泛领域的研究，这些材料就显得不足了。加上杜威论著的原有中译本出现于不同的历史年代，标准不一，有的译本存在不准确或疏漏之

处,难以为据。更为重要的是,在杜威的论著中,论文(包括书评、杂录、教学大纲等)占大部分,它们极少译成中文,原文也很难找到。为了进一步开展对杜威的研究,就需要进一步解决材料问题。

2003 年,在复旦大学举行的一次大型实用主义国际学术讨论会上,我建议在复旦大学建立杜威研究中心并由该中心来主持翻译《杜威全集》,得到与会专家的赞许,复旦大学的有关领导也明确表示支持。2004 年初,复旦大学正式批准以哲学学院外国哲学学科为基础,建立杜威与美国哲学研究中心,挂靠哲学学院。研究中心立即策划《杜威全集》的翻译。华东师范大学出版社朱杰人社长对出版《杜威全集》中文版表示了极大的兴趣,希望由该社出版。经过多次协商,我们与华东师范大学出版社达成了翻译出版协议,由此开始了我们后来的合作。

《杜威全集》(*Collected works of John Dewey*)由美国杜威研究中心(设在南伊利诺伊大学)组织全美研究杜威最著名的专家,经 30 年(1961—1991)的努力,集体编辑而成,乔·安·博伊兹顿(Jo Ann Boydston)任主编。全集分早、中、晚三期,共 37 卷。早期 5 卷,为 1882—1898 年的论著;中期 15 卷,为 1899—1924 年的论著;晚期 17 卷,为 1925—1953 年的论著。各卷前面都有一篇导言,分别由在这方面最有声望的美国学者撰写。另外,还出了一卷索引。这样共为 38 卷。尽管杜威的思想清晰明确,但文字表达相当晦涩古奥,又涉及人文、社会等众多学科;要将其准确流畅地翻译出来,是一项极其庞大和困难的任务,必须争取国内同行专家来共同完成。我们旋即与中国社会科学院哲学研究所、北京大学、清华大学、中国人民大学、北京师范大学、南京大学、浙江大学、武汉大学、北京外国语大学,以及华东师范大学和上海社会科学院哲学研究所等兄弟单位的专家联系,得到了他们参与翻译的承诺,这给了我们很大的鼓舞。

《杜威全集》英文版分精装和平装两种版本,两者的正文(包括页码)完全相同。平装本略去了精装本中的"文本的校勘原则和程序"等部分编辑技术性内容。为了力求全面,我们按照精装本翻译。由于《杜威全集》篇幅浩繁,有一千多万字,参加翻译的专家有几十人。尽管我们向大家提出在译名等各方面尽可能统一,但各人见解不一,很难做到完全统一。为了便于读者查阅,我们在索引卷中把同一词不同的译名都列出,读者通过查阅边码即原文页码不难找到原词。为了确保译文质量,特别是不出明显的差错,我们一般要求每一卷都由两人以上参与,互校译文。译者译完以后,由复旦大学杜威与美国哲学研究中心初审。如无明显的差错,交由出版社聘请译校人员逐字逐句校对,并请较有经验的专家抽查,提出意见,退回译者复核。经出版社按照编辑流程加工处理后,再由研究中心终审定稿。尽管采取了一系列较为严密的措施,但很难完全避免缺点和错误,我们衷心地希望专家和读者提出意见。

复旦大学杜威与美国哲学研究中心的工作是在哲学学院和国外马克思主义与国外思潮创新基地的支持下进行的,学院和基地的不少成员参与了《杜威全集》的翻译。为了使研究中心更好地开展工作,校领导还确定研究中心与美国研究创新基地挂钩,由该基地给予必要的支持。《杜威全集》中文版编委会由参与翻译的复旦大学和各个兄弟单位的专家共同组成,他们都一直关心着研究中心的工作。俞吾金教授和童世骏教授作为编委会副主编,对《杜威全集》的翻译工作作出了重要的贡献。汪堂家教授作为常务副主编,更是为《杜威全集》的翻译工作尽心尽力,承担了大量具体的组织和审校工作。华东师范大学出版社的编辑人员一直与我们有着良好的合作,她们默默无闻地在组织与审校等方面做了大量的工作,在此一并表示衷心的感谢。

刘放桐

2010 年 6 月 11 日

导　言

刘易斯·E·哈恩(Lewis E. Hahn)

可能在 1908 年末或 1909 年初,作为关于"知识与存在"的一些评论①的开头,杜威写道:"我吹奏了我自己的乐曲,听到它的人很少,发现其优美主题的人更少。似乎没有人相信需要任何新的音乐调式。"

不顾这样的现实,即如杜威所看到的那样,似乎没有人觉得需要一门新的哲学。他在 1907 年、1908 年和 1909 年间继续致力于发展新的实用主义哲学,对它进行辩护使其免遭攻击而发起有力的反击;并试图表明存在于其替代选择中的困难对人们来说是如此巨大,以至于人们不得不冒险去考虑新的观点。而且,这几年是杜威非常多产的几年。除了进行数量众多的演讲和出席各种专业会议以外,他发表了大约十五篇重要的论文,还有差不多同样数量的篇幅稍短的文章,如教学大纲《当代思想中的实用主义运动》(*The Pragmatic Movement of Contemporary Thought*)、专著《教育中的道德原则》(*Moral Principles in Education*),以及与塔夫茨(J. H. Tufts)合著的一本非常受欢迎的教科书——《伦理学》(*Ethics*)——的第一版。这些作品的题材涉及形而上学与知识论、哲学方法、工具逻辑、伦理学、宗教、教育以及当代哲学,强调了实用主义关于世界的本性和实在的实践特征,观念的本性与功能、经验,道德理论的恰当功能,知识、真理、方法和教育的中心主题。

值得注意的是:杜威不仅仅专为哲学家们,也为一般的听众和其他各种专业群体而吹奏他的实用主义哲学乐曲。本卷中两篇最重要的论文(《达尔文主义对

---

① 杜威著作特辑,莫利斯图书馆,卡本代尔:南伊利诺伊大学。

x 哲学的影响》和《智力与道德》）最初都是在哥伦比亚大学作为一般的系列讲座发表的。另外两篇是在全国黑人大会①(National Negro Conference)和北伊利诺伊教师协会(Northern Illinois Teachers' Association)会议上发表的。有些文章发表在像《通俗科学月刊》(*Popular Science Monthly*)、《教育进步杂志》(*Progressive Journal of Education*)、《学校科学与数学》(*School Science and Mathematics*)、《哥伦比亚大学季刊》(*Columbia University Quarterly*)、《教育评论》(*Educationnal Review*)、《政治学季刊》(*Political Science Quarterly*)以及《希伯特杂志》(*Hibbert Journal*)这样的杂志上。② 有七篇文章发表在《哲学、心理学与科学方法杂志》(*Journal of Philosophy，Psychology and Scientific Methods*)上。发表在《哲学评论》(*Philosophical Review*)上的有四篇，在《心灵》(*Mind*)上的有一篇。

杜威发现，自己在哥伦比亚大学处于一种与他在芝加哥大学所喜爱的那种哲学氛围完全不同的境地。在芝加哥大学，他是实用主义同事们的领袖，研究生们都非常通晓一般的实用主义观点。③ 而在哥伦比亚大学，他的同事们代表了不同的哲学视野。比如，他在那里受到了与弗雷德里克·J·E·伍德布里奇(Frederick J. E. Woodbridge)的亚里士多德主义实在论和威廉·佩佩尔·蒙塔古(William Pepperell Montague)的一元论实在论直接接触的挑战与激励；而且他的新同事中没有一个像他以前几乎所有的芝加哥大学同事那样，与他的一般立场相接近。按照J·M·杜威(Jane M. Dewey)告诉我们的，④在开始的几年里，哥伦比亚大学的研究生中，有许多人对他的观点完全不了解。因此，他必须重新思考他的哲学观念，并且向主要由非实用主义者组成的听众重新陈述它们。

---

① 英文原版书中的大写，在中文版中处理为宋体加重。下同。——译者

② 这些文章中的一些是以相对简单、非技术性的语言写作的，这引导了他稍后的《我们如何思维》(*How we think*)，波士顿：D·C·赫斯出版公司，1910 年；《民主与教育》(*Democracy and Education*)，纽约：麦克米兰出版公司，1916 年；《人性与行为》(*Human Nature and Conduct*)，纽约：亨利·霍尔特出版公司，1922 年；以及《哲学的改造》(*Reconstruction in Philosophy*)，纽约：亨利·霍尔特出版公司，1920 年。

③ 实际上，据他在 1903 年 12 月给威廉·詹姆斯的一封信中所写，甚至他的一些本科生都具有了实用主义的视野并使之成为一种工作方法。R·B·佩里，《詹姆斯的思想与品格》(*The Thought and Character of William James*)，波士顿：利特尔布朗出版公司，1935 年，第 2 卷，第 525 页。

④ 简·杜威，《杜威传记》(Biography of John Dewey)，收录于保罗·席尔普(Paul Schilpp)编辑的《杜威的哲学》(*The Philosophy of John Dewey*)，埃文斯顿：西北大学，1939 年，第 13 页。

芝加哥大学相对联系紧密的群体可能鼓励了对技术性词汇的使用,这种词汇对于已进入这个领域的人来说当然是足够熟悉的。然而,正如杜威在《经验、知识与价值》①中告诉我们的那样,他担心有时他变得过于技术化,而哥伦比亚大学的新处境则鼓励他作出特别的努力,以相对浅显的、非技术性的语言来表达他的观点。

xi

杜威在芝加哥大学的最后几年里,承担着很重的行政事务;但是在哥伦比亚大学,他试图专注于他的研究与教学,包括指导论文。他的确有两年临时转做系里的行政领导,其中之一开始于1909年7月1日,②但是在大多数情况下,他把行政事务交给了其他人。他的课程的名称,许多都与在芝加哥大学时的相同,但内容依照他的思考与兴趣的改变而时有不同。它们包括关于经验逻辑、经验理论、经验分析、逻辑理论的类型、高等逻辑、伦理学逻辑、心理学、伦理学以及道德与政治哲学的各门课程。③ 作为提高薪水的一个手段,哥伦比亚大学的职位要求他每周在师范学院上两个小时的课,④并且有时还在其他学院或大学授课或做讲座。例如,在1906—1907学年的秋季学期,他每周去约翰·霍普金斯大学教授一门关于希腊哲学的研究生课程。⑤

杜威的实用主义哲学乐曲的许多主题都非常清楚地展现在本书的前四篇论文中,它们全都包括在《达尔文主义对哲学的影响》中,例如,变化而非永恒是真实之物的试金石;关注特殊的、各种各样的问题而不是绝对的起源和整体的世界;源自发生学立场的自然主义实验方法代替了传统的超自然观点;知识是有感觉的有机体与其环境的交互作用的事件而不是一个认识主体寻求去认识一个作为对象的陌生的外部世界;真理作为成功的活动或智力功能的恰当实现而与正统的符合论或融贯论形成对照;智力作为在困难情境下进行调节(带有其常见的对问题、假说、验证的强调的反思或科学探究方法)的器官而与理智主义者对纯粹的、非实践的理论的鼓吹形成鲜明的对比;以辨别多样和当下的善,发现它们

xii

① 《杜威的哲学》,第523页注释。
② 乔治·戴奎真(George Dykhuizen),《杜威的生平和思想》(*The life and Mind of John Dewey*),卡本代尔:南伊利诺伊大学出版社,1973年,第119页。
③ 同上书,第123页。
④ 《杜威传记》,第34页。
⑤ 杜威著作特辑收录了为这个课程所写的两册笔记。

的条件和障碍，并设计出实现它们或使它们更可靠的手段来代替对那个最终的善的追求；需要抛弃哲学的一些传统问题并转向具体的、实际的人的问题；哲学是对作为可靠的与社会的善的源泉的智慧的爱，以及对英国经验论、新康德主义的唯心主义和某些形式的实在论的批评。

因而，《达尔文主义对哲学的影响》不仅仅是一篇关于达尔文主义的报告，而且也是对强调变化之物、多样与异质之物以及特殊之物的全新实用主义视野的呼吁。尽管两千年来在一个又一个领域中，永恒被等同于完善，而且关于自然与知识的哲学中的主导观念建立在固定和最终之物的优越性的基础之上；但是，达尔文关于物种——固定与最终之物的典范——的出现与消失的说明，仍导致了这样的质疑：固定与永恒之物远非完善的标记，而是僵死与过时之物的表现。正如杜威所写的：

> 达尔文对哲学的影响在于，他已经将生活现象置于过渡原则之下，从而自由地将新逻辑运用于心灵、道德和生活中。当他就物种说出了伽利略就地球所说的话 e pur si muove（它确实是转动的啊）时，他便一劳永逸地解放了发生的和实验的观念，并使之成为提出问题和寻找解释的研究方法（第7—8页①）。

因而，对于杜威和实用主义者来说，自然是"变化的无限聚集"（第47页），探究方法并非把事物与固定不变之物联系起来，而是探索变化的样式。当然，对变化及处理变化的方式的强调，在杜威后期的《经验与自然》和《确定性的寻求》中得到了更为详尽的阐述。

但是，在1909年，他已经确信，实用主义哲学家必须"断然放弃追问绝对起源和绝对终结，以便探索特殊的价值和产生它们的特殊条件"（第10页）。正如他所看到的那样，需要的不是某种精心制作的和宏大的体系，而是对陈腐观念试验性的、渐进的改造。

伊顿（Eaton）——《自然及其善：一场对话》中实用主义的发言人——指出，我们不需要一个绝对之物以使我们能够"区分——譬如说——仁慈的善与诽谤

---

① 这里的页码为英文原版书的页码，即本书边码。下同。——译者

的恶"(第 20 页),我们也不需要依靠一个绝对的或超自然的力量去确认出价值并试图使它们更加可靠。这样的任务需要的是关注条件与后果的科学实验方法,以及"认识到这一点,即通过实验观测,自然能量可以被系统地运用于具体需要的满足和增加,无疑是一个与人类生活相关的最伟大的发现——可能除了语言的发现之外"(第 38 页)。无论是神学还是绝对唯心主义的体系,都不能与这种方法相匹敌。赫伯特·斯宾塞使用不可知的绝对之物对价值的尝试性证明也没有更好一点。斯宾塞把他的绝对的不可知能量命名为"上帝",这被杜威描述为一块"色泽已逝的形而上学布料"(第 12 页)。

如果在这首实用主义乐曲中,有一个声部发出了对他的听众来说特别不协调的音符的话,那可能就是对真理的说明。似乎对他的许多批评者来说,他口中的理智主义远不是错误的,而是简明的常识。[①] 他们主张,如果一个人思想的对象与他所想的相同,那么,这个观念就是真的。而杜威在一个完整的反思探究行动的各个步骤的背景中对真理以及认识的说明,对他们来说似乎很明显是错误的。把观念说成行动的计划、假说,它们通过按计划解决问题、真正起到引导作用而成真或得到证明,这对他们来说似乎是在否认真理的永恒特性。一个观念是真的,无论我们是否知道它,它有效果因为它是真的;并非它是真的,因为它有效果。但是,杜威问:如果我们不把这个观念付诸应用,我们怎么能知道这一点?对实验主义者来说,"一个观念的有效应用与它的真理性完全是一回事——这种应用既不是真理的原因,也不是真理的证据,而就是它的本性"(第 68—69 页)。

杜威举了一个处于特别不稳定的环境下的人的例子,他从溺水中获救。"一个旁观者评论说,现在他是一个获救的人。"然后,他做了这个理智主义的回应:"是的……但他始终都是个获救的人,虽然援救的过程为这个事实提供了证明,但并没有构成它。"如果这被当作不只是描述了与其结果相关的全部过程的一个容易使人误解的同语反复,而"当作对事件的先在条件的揭示,撇开使它达到幸福结果的工作过程"的话,杜威断言:"这样的一个陈述就犯了荒谬的错误;而且会在下面这个事实中表明它的错误所在,即如果照此行动,那个人就会遭受灭顶

---

① 参见:例如,詹姆斯·比塞特·普劳特(James Bissett Pratt),《真理与观念》,收录于《哲学、心理学与科学方法杂志》,第 5 卷(1908 年),第 124 页。

之灾。同样，"他接着说，"在那个事件之后①，说一个给定的观念始终是真的，就是没有看到是什么使一个观念成为一个观念，没有看到它的假设特性，并因此而故意把它转化为粗鄙的教条"，它超越了任何一个证实原则（第69页）。

尽管杜威把实在论者与新康德主义的唯心主义者都包括在主张观念与先在的实在相符合的理智主义者之中；但是，"真理的理智主义标准"在很大程度上，却是对布拉德雷（F. H. Bradley)的《现象与实在》中"思想与实在"一章以及他自己大约20年前在《心理学》(*Psychology*)中所持立场的批评。他抱怨唯心主义者至少以三种方式使用了真理，其中第一种是清晰的，而其他两种是模糊的和不必要的：(1)作为某种把观念描述为理智陈述的东西，(2)作为某种用作观念标准的实在，以及(3)作为绝对真理，标准之标准。（第65页）

对他的真理观的持续曲解，使得杜威专门写了一篇论文于1909年春季在史密斯学院哲学俱乐部宣读，即《关于真理的简短问答》，②以回答对他观点的九种常见反驳，这些反驳是一位喜欢追根究底的学生以普鲁斯·因特列克图斯(Purus Intellectus)教授对杜威观点的阐述为基础提出的。为了回应这样的指责，即他的观点是主观主义的，杜威坚持"存在独立于观念，存在先于、同步于、后于观念"，以及"根据实用主义，观念……是对超观念的、超心理的事物的反应态度"。③

但是，那位学生却接着说，如果杜威主张"真理是一种被经验到的联系，而不是经验与超经验之物的联系"，④那么，这不就使整个事件成为精神之内(intra-mental)的了吗？完全不是，杜威回答道。虽然实用主义注定要否认"内在于经验并在本质上超越经验"的超越之物，但这并不使他陷入主观主义，除非经验仅仅意指心理状态；而且，"实用主义者坚持经验是功能和习惯、积极的调整与再调整、协作与行动，而不是意识状态"。⑤"批评者似乎主张休谟主义的原则，即经验由心灵状态组成，由感觉和观念组成"，⑥而且据杜威说（对他最喜欢的主题之

---

① 英文原版书中的斜体在中文版中改为楷体，全书同。——译者
② 《关于真理的简短问答》，收入于《达尔文对哲学的影响》(*The Influence of Darwin on Philosophy*)，纽约：亨利·霍尔特出版公司，1910年)，第154–168页。
③ 同上书，第155页。
④ 同上书，第156页。
⑤ 同上书，第157页。
⑥ 同上书，第157页。

———对英国经验论的批判——开始热心起来了），批评者可能在判定——在他的基础上——他如何避免主观唯心主义方面都存在足够多的问题。只是去批评这位实用主义者，"通过把他的经验概念曲解为他否认和替换了的经验概念，可能是心理学的和未更新地（unregenerately）'实用主义的'，但它几乎不是'理智的'"。①

这决不是杜威第一次尝试去澄清实用主义的经验概念，也不是最后一次。虽然他在晚年不情愿地总结说，他如果不使用"经验"而使用另一个术语会更好，但这是他的成熟哲学中的核心概念。他为了澄清它所做的努力构成了一个有着许多变奏的主题，在《作为经验的艺术》（*Art as Experience*）、《经验与教育》（*Experience and Education*）以及他的卡勒斯讲座《经验与自然》（*Experience and Nature*）这些重要的作品中都有体现。 *xvi*

人们可能会以类似的方式，评价对这组论文中假定的反思探究的说明。这是一个其变奏回到他的《心理学》（1887 年）并且在其哲学生涯中反复出现的主题。例如，它在《逻辑理论研究》（*Studies in Logical Theory*）（1903 年）中有清晰的表现。在《我们如何思维》（1910 年、1933 年）中有对它最简单的清晰表述，在《逻辑：探究的理论》（*Logical：The Theory of Inquiry*）（1938 年）中则是对它最充分、最完善的系统阐述。

具有讽刺意味但又可以理解的是：杜威——他最伟大的贡献，肯定是他对智力在人类事务方面的作用的强调——竟然被指责为反理智主义。理智主义是他与其他实用主义者给他们反对的知识论和真理论起的名字，而这很自然地导致许多人认为他在反对理智。但是，他与理智主义者的不同，主要不在于他反对理智而他们推崇理智，而在于他对于理智的作用与功能有不同的理解。对他来说，理智——或智力——具有一种改造的作用。它并非只是先在实在的一面镜子，而是消除有问题的情况、解决疑难的手段。

他确信需要抛弃某些传统的哲学问题，比如，作为自然与生命整体上的原因、计划与偶然相对立的问题，以及需要致力于把智力应用于具体的人的问题。他指出，理智的进步，可能不是通过对这些传统问题中某些问题的解决而出现，而是通过放弃它们提供的问题和答案选项而出现的。不是解决它们，而是超越

————————————

① 《关于真理的简短问答》，收入于《达尔文对哲学的影响》，第 157 页。

它们,并去关注新的和更重要的问题。就此而言,达尔文最伟大的贡献之一出现了。用杜威的话说:"毋庸置疑,在当代思想中,旧问题的最大消解,新方法、新意图、新问题的突如其来,就是科学革命所带来的结果。这一革命的高潮,就是《物种起源》。"(第 14 页)

那么,哲学的这些新任务是什么呢? 杜威回答说:"如果对价值的特殊条件和观念的特殊后果的洞察是可能的话,那么,哲学就必须及时变为用来确定和解释生活中所发生的更为严重的冲突的一种方法,以及一种用来设计处理它们的方式的方法:一种道德的和政治的诊断与预测的方法。"(第 13 页)这预示了他在《复兴哲学的需要》中的立场。在这篇文章中,他主张哲学必须不再是"处理哲学家们的问题的工具",而转变为"一种由哲学家培育的、处理人的问题的方法"。[①]《哲学的改造》与《民主与教育》同样强调哲学的社会功能。

如果哲学被当作"对作为可靠的与社会的善之源泉的智慧的热爱"(第 32 页),那么,某些这样的社会功能对它来说似乎就是合适的;而哲学的道德一面,观察关于实现更好与避免更差的未来可能性,是杜威在《经验与自然》与《确定性的寻求》(The Quest for Certainty)中持续强调的重点。

当杜威于 1909 年春季在哥伦比亚大学关于科学、哲学与艺术的系列讲座中作关于伦理学的演讲[②]时,校长尼古拉斯·默里·巴特勒(Nicholas Murray Butler)已经作了关于哲学的演讲,伍德布里奇(Frederick J. E. Woodbridge)则作了关于形而上学的演讲。他在这一讲座中,给出了他对于杜威与塔夫茨的《伦理学》中的贡献的浓缩版。他的作为当代道德哲学背景的希腊哲学史,表明了他回归希腊哲学的倾向,一种在《哲学的改造》与《确定性的寻求》中也体现出来的倾向。比如在《伦理学》中,他用功利主义和康德的伦理学与强调把批判探究方法应用于当代生活中的许多问题的实用主义观点进行了比较。

在《自然及其善:一场对话》中出现了五位人物,每一位都代表了一种不同的视野。除了实用主义者伊顿外,还有关注超越价值的绝对唯心主义者摩尔、代表一种非常类似伍德布里奇观点的亚里士多德主义者阿瑟(Arthur)、经济决定论

---

① 《复兴哲学的需要》,收入于《创造性智慧》(Creative Intelligence),纽约:亨利·霍尔特出版公司,1917 年,第 65 页。

② 作为《智力与道德》收入本卷。

者格兰姆斯(Grimes),以及对于感受的神秘倡导者斯泰尔(Stair)。伊顿把哲学定义为"调节生活中各种冲突要素的那种广泛的、有远见的理论"(第 30 页),这种智力方法在不同层次的调节问题上的应用。

《事实对观念的控制》《观念的逻辑特性》以及《实用主义所说的"实践的"是什么意思》被收入了《实验逻辑论文集》(*Essays in Experimental Logic*),它们和"实在具有实践特征吗?"一同构成了我们要讨论的下一组问题。杜威实用主义乐曲的各种主题也在它们之中清晰地表现出来,但其中占主导地位的一个是强调问题、假说、解决困难的反思探究方法。当杜威试图澄清任何一个术语——例如"观念"、"事实"或"存在"——的意义时,他试图说明的是它在一个完整的反思性思考行为中的功能。

这一点在《事实对观念的控制》中得到了很好的说明,这篇论文也展示出他杰出的辩论能力的最高水平。他强调,他的实用主义观点从未否认"观念"与"事实"之间明显的应用区别,或以事实控制意义的必要性。但是,人们通过这要去理解的是什么呢?他断言,可能会被注意到的是,"正是由于缺乏关于事实和观念本性的、关于它们两者之间的那种一致或符合——它构成观念的真理——的恰当并可广泛接受的理论,导致了逻辑功能理论(functional theory of logic)的发展"(第 78 页)。

如果我们把对一个人在深林中迷路的说明作为解决问题的一个典型例子,那么,这个问题"就是找到一个关于回家道路的正确观念——一个将导向成功或实现回家目的的实践观念或行动计划"(第 82—83 页)。然而,这个实验观点的批评者们的观点是,"这个实践观念——其真理性在一个需要的成功满足中得到证明——的成功依赖于一个纯粹表象的(presentative)观念,那个关于存在环境的观念,其有效性与成功无关,而是取决于它与既定事态的一致。据说使一个人关于他的环境的观念为真的东西,是它与实际环境的一致"(第 83 页),以及同样与其他真观念的一致。杜威表示他愿意接受这个准则,但是,他又说:"但这个说法中,'观念'、'存在'以及'对应'这些其他认识论的作者们所用的术语,其意义是什么?一直很不幸的是,我对它们并没有当下非常清楚的概念。当我分析这些概念时,我发现,实践观念和理论观念之间的区别既不是固定的也不是最终的;我发现,在'成功'和'对应'之间有着某种令人吃惊的相似性。"(第 83 页)

杜威继续解释形成一个观念的环境是什么,以及赋予它的定义与赋予那个

xix

观念的定义原来同样是不确定的和实验性的。"正是迷路和希望找到路的**实践**的事实,构成了'环境'的界线和内容。"(第 84 页)而且如果这个人去检验他的观念与环境的一致,"那他要去与什么实在作对比? 不是与已经在场的实在作对比,因为**这个实在就是他迷路的现实**;不是与完整的实在作对比,因为在行动的这个阶段,他只具有代表完整理论的观念。那么,除了把对整个情境的心理规划当作初步的假说,当作一个行动计划并开始按照它行动,把它用作一个人游荡的'引导器'和'控制器',而不是盲目地四处乱走,直到这个人筋疲力尽或碰巧走了出去,还有什么样的对比是可能的或可取的? 现在假设一个人把这个观念——也就是说,根据不在场的事实,当下的事实被设想处于一个整体之中——用作行动的指南。假如,依靠它的详细说明,一个人按照他的想法朝前走,直到他突然看到熟悉的土地——找到他的自我。现在,那个人会说,我的观念是对的,它与事实一致;它符合实在。更确切地说,真诚地按照它行动,它导致了想得到的结局;**通过行动**,它实现了它预期或设想的事物状态。这种一致、符合是目的、计划与其自身的实现、执行之间的一致……这样的一致,与成功有什么不同?"(第84 页)

根据上面的讨论,似乎很明显,真理是成功的行动方式或被验证的预言以及知识是有感觉的有机体与其环境交互作用的事件这两个主题,也在这篇论文中明显地表现出来;而且,杜威强调知识涉及把一个事物当作另一个的标记。

杜威的陈述得到罗伊·伍德·塞拉斯(Roy Wood Sellars)一定的支持,他承认他基本同意杜威的逻辑立场并赞赏发生学分析,同时也注意到陈述中的某些含糊,并提出了足够赢得像普劳特(J. B. Pratt)这样的实用主义的批评者赞赏的许多问题。[1]

《观念的逻辑特性》基本上强调了与《事实对观念的控制》同样的主题。杜威摧毁了关于事物和意识的传统二元论,并且谈论了反思探究中的观念的逻辑功能,把对符号的一种行为主义诠释归功于他以前的同事米德(G. H. Mead)。

也许《实用主义所说的"实践的"是什么意思》与《实在具有实践特征吗》——第一篇被杜威描述为基于詹姆斯的《实用主义》(*Pragmatism*)的对实用主义运

---

[1] 《哲学、心理学与科学方法杂志》,第 4 卷(1907 年),第 432 – 435 页;普劳特,《真理与观念》,同上书,第 5 卷(1908 年),第 122 – 131 页。

动的说明，①第二篇是为《哲学与心理学论文集》(*Essays of Philosophical and Psychological*)所写，那是一本他在哥伦比亚大学的同事们纪念詹姆斯的书——最值得注意的特点，是它们提供了杜威对詹姆斯及他们共享的原则的一个诠释。② 虽然他们的基本一致超过了他们的差异，并且两人都非常尊敬对方；但是，杜威还是为詹姆斯的某些语言而烦恼——比如，他对于"满足"的使用——而且他对他的信仰"意志"或信仰"权利"也有些担忧。反过来，詹姆斯有时认为，杜威主要吸引的是"那样一些人，他们喜欢令人难解的和技术化的哲学，只愿对晦涩的东西表示敬意"，③但是，他在他的某些陈述中接受了杜威的建议。④

通过写作《实用主义所说的"实践的"是什么意思》，杜威意识到了席勒、詹姆斯和他自己之间某些可能的分歧之处；而且，他认为，如果他们各自的一致与可能的分歧之处被展示出来，他们的批评者中的某些误解应该会消失。⑤ 詹姆斯则倾向于淡化这些差异，并把不同的版本当作是互补的。

在这篇文章中，在视之为詹姆斯的范例之后，杜威把实用主义主要看作一种方法，并把对实用主义态度、观念及其真理性以及实在的说明当作"某种偶然的——就关于它们的讨论是用来例证和加强这种方法而言"(第99页)。这种方法已经应用于许多不同的事务，从哲学争论到信念、真理、观念与对象，涉及许多不同情境中的大量问题。可是，他补充道，当我们分别考虑这些不同的主题时，詹姆斯已经——"用他那从未有误的对于具体的本能"(第101页)——为每一个都提供了必要的准则。然而，杜威对于"当代实用主义讨论的令人不满的现状"的解释是，"在把这些'不同观点'构造为一个单一图画整体的时候，适宜于每一个观点的独特类型的后果，因而也是'实践的'意义，并没有得到充分的强调"(第101页)，所带来的后果就是产生了对实用主义运动的一些误解。因此，他尽力"从实用主义方法的角度出发，阐明强调这些区别的重要性"(第104页)。比如，虽然"对象的意义是它在我们的态度方面所要求的变化，而观念的意义就是它作

① 杜威写给詹姆斯的信，1907年11月28日，收入《詹姆斯的思想与品格》，第2卷，第528页。
② 参较：《观念史研究》(*Studies in the history of ideas*)，第2卷(纽约：哥伦比亚大学出版社，1925年)，附录，第353—377页。
③ 詹姆斯写给席勒的信，1907年5月27日，收入《詹姆斯的思想与品格》，第2卷，第508页。
④ 参见《詹姆斯的思想与品格》，第2卷，第531—532页。
⑤ 杜威写给詹姆斯的信，1907年11月28日，收入《詹姆斯的思想与品格》，第2卷，第528—529页。

为我们的态度,在对象中所导致的变化"(第 103 页),或者是与一个可能的信念有关的实践因素,无论其后果是好的、坏的还是无关紧要的,但是,"在后一种情况下,信念是闲置无用的,争论是徒劳的、因袭的或语词上的"(第 103 页)。

就《实用主义》这本书本身而言,杜威说它"比我们时代的任何著作都更有可能成为哲学的经典",尽管一位试图评价它的批评者"或许会更多地解释说,与创造性天才的多产相比,批评是空洞无力的"(第 115 页)。他继续说,即使那些不喜欢实用主义的人,也几乎不会不从对以下这些东西的展示中获益良多,即詹姆斯对于具体事实的直觉、同情心的广泛以及他那富有启发的洞见。"直率的坦诚,清澈的想象,化为简要有力的结论与生活多种多样的联系,对于具体的人类本性的敏锐感受,对于哲学从属于生活的持久领悟,用一种英语——它将观念形象地投射到空间中,直到它们成为围绕着它们并从多个不同方面进行审视的牢固事物——将事物表达出来的能力。所有这些在哲学中并不是那样常见,以至于它们闻起来不是那么芬芳,哪怕是以实用主义的名义"(第 115 页)。

《实在具有实践特征吗》聚焦的杜威实用主义乐曲的主题,是作为这样一个事件——有感觉的有机体与其环境发生交互作用并且有希望地使它发生了改变——的知识;但是,各种其他主题在其中当然也有自己的位置。例如,关于变化而非永恒是实在之物的试金石,以及哲学关涉人的问题的观念,杜威谈到了"这样的危险,那就是:这样的哲学——它试图通过躲进永恒形态的避难所而逃避时代形态——将只会被归入一种过去时代的形态"(第 142 页);并说"哲学在当下的生活斗争以及自己时代问题的积极参与中犯错误,也许比它(哲学)置当下的创造性观念于不顾,而保持一种僧侣式的绝对纯洁更为可取"(第 142 页)。他也略微谈到了调和对宇宙的科学观点与道德生活的主张的问题(第 131 页),这是一个在《确定性的寻求》中被详细讨论的话题,并且在《经验、知识与价值》中被他描述为支配了现代思想进程的两个问题之一。①

但是,知识作为与环境的交互作用以及智力作为困难情境下进行调节的器官才是《实在具有实践特征吗》的焦点。杜威抱怨道,在当前的哲学中,"具有实践本性的所有东西都被认为只不过是个人的,并且这个'只不过'具有拒绝宇宙判决法庭的合法裁决的力量"(第 126 页),或者被描述为令人厌恶地主观的。而

xxiii

---

① 《杜威的哲学》,第 523 页。

且,知识的实践功能似乎就是关键。但是,杜威问:"如果一个人相信世界自身就是变化的,那么,为什么知识就是其最重要的改变方式和唯一的导向机制这个观念就会是天生令人讨厌的呢?"(第127页)

除非一个人已经患了"各种被称为知识论的根深蒂固的理智破伤风"(第138页注释),否则,实在的实践特性和智力作为那种特性最有效的表现的证据是极其明显的。杜威认为,"有机体的器官和组成部分,当然主要不是为了纯粹理智或者为了理论沉思而存在于那里的。大脑,思想的这个最后的物理器官,是为了让环境适应于这个有机体生活要求的那同一个实践机制——腿、手和眼都属于它的一部分——的一部分"(第132页)。

意识(consciousness)、觉识(awareness)、注意力(attention)的功能,不是去复制"整个实在,一个将要在一张被糟糕构造出来的精神复印纸上复印——它最多只能产生不完整的、模糊的和错误的复制品——的形而上学世界"(第136页),而是去表现出一个存在情境中的危机或障碍,然后帮助建立一种有机体和环境之间的联系,这种联系将会促进丰富和有效的运作。因此,问题不再是"一个观念上必要而实际上不可能的拷贝,相对于通过有机体的抑制和刺激对实在进行不合适但却不可避免的改变;相反,它是正确的、经济的、有效的,以及……有用的和令人满意的反应,相对于不经济的、奴役性的、误导性的和使人混淆的反应"(第134页)。 xxiv

然而,这个观点的理智主义批评者却反对它,因为它们假定,"主张知识在存在物中制造差异,就是主张知识在将要被认识的对象中制造差异,因此背离了知识的目的;它们草率地假定,在一个特定实例中是知识的正确对象的实在,可能正好就是认识在其中成功制造必要差异的实在"(第128页)。可是,这是一个没有根据的假定,因为正如杜威看到的,"说令人敬重的认识的准则不在它的对象中制造任何差异,与说认识的目标在实在中实现并支持一种具体的差异,这两者并无二致"(第136页)。

果然不出所料,这篇有力的争论文章激起了许多像麦吉尔夫雷(E. B. McGilvary)这样有才能的批评者。我们将会在稍后略微谈到其中的某些批评。

涉及实用主义的其他两篇作品应该在这里谈到:那就是《当代思想中的实用主义运动》的提纲和《实用主义对教育的影响》,前者主要想用于他的课程但很明显得到了更广的传播,因为用来编写当前版本的、来自哈佛大学图书馆的副本明显是某人送给乔治·H·帕尔默(George H. Palmer)的。它的重要性主要在于表明杜威将其实用主义呈现给哥伦比亚大学的学生的方式，但是它确实略微谈到了他的实用主义乐曲的不同主题。他谈到，从积极的一面说，这个观点"产生于实验方法的发展，以及科学中发生和进化观念的发展"(第253页)。在论及这个观点应用于宗教的那一节中，他指出："詹姆斯的方法尽管是经验的，却并不特别是实用主义的。"(第257页)在论及应用于哲学的那一节中，他暗示了实用主义的形而上学，如果有，会是什么样的。它不可能是原来意义上的形而上学，因为"它自身就是一种知识。它所有的理论必定只能被承认为有用的假说，并且在性质上是实验的"(第257页)。

《实用主义对教育的影响》，是对实用主义在教育方面的意义的一个简单、基本的说明，也是《民主与教育》的一个有趣的准备。其中有对于某些主要的实用主义主题的概述，强调了理智作为困难情境下的调节器官，与纯粹理智主义的先验理论和洛克式的经验主义形成对照。在这之后是对实用主义对教育方法的影响的说明，强调了在做中学。"在一个实际上包含实用主义思想观念的教育计划中，智力的教育将会因此具有下列特征：(a)它将全部产生于学生自己从事的活动的需要和机会……(b)信息将不会被作为自在目的而被收集、堆积并被灌输给学生，而会围绕着活动的开展聚集起来……(c)在这个基础上开展的教育将会这样教导心灵：所有的观点、真理、理论等等，都具有**工作假设**(working hypotheses)的性质。"(第187—188页)应该强调的是，"心灵的实验性习惯把观点和原则视为解决问题和组织材料的试验性方法"(第188页)。

至于学习的课程，它很可能被安排得与职业相关，在典型、持续的系列活动中进行训练，"这些活动对每个人来说都有社会价值"(第190页)。职业活动包括一个广泛又自由的知识体系——科学、历史、社会学科、美术。"最后，这样一种教育将会改变学校的精神主旨。因为后面这些活动将会与人类的普遍兴趣和活动一起持续下去，学校将不再拥有伦理学和道德训练的特殊法典，只要学校是封闭的，它就一定具有这样的特征。它将会把道德目标和社会同情、合作与进步的力量都整合进自身。"(第190—191页)

实用主义可能比那时候任何人认识到的都更加新颖，这位新来者必须为自己辩护以对抗已有旧观点的拥护者与可选择的新可能性。而且，杜威试图用日常语词描述他的新工具主义版本，重新定义这些语词，以使它们更加适合他的目的。平常他可能认为这些语词不需要重新定义，不管他使用它们的语境怎样改变。无论如何，一种新哲学与自然语言的新意义的结合，对他来说产生了无数问题。他忙于回答关于他的立场的问题，以他希望的更清晰的方式重述它，并且为它辩护。有时他坚持数年持续与另一位哲学家辩论，其中之一是在他和麦吉尔夫雷——一位机智、敏锐且顽强的批评者——之间的交流。下面讨论的三篇文章是杜威对麦吉尔夫雷的三组批评的回应。

《纯粹经验与实在：一个否认》是杜威对麦吉尔夫雷的《纯粹经验和实在》的回应，那篇文章依次批评了杜威的《作为经验的实在》和《逻辑理论研究》。麦吉尔夫雷指责杜威的观点在使过去变得不真实方面，与过去的科学知识相反。"如果任何事物的实在性都是在它被经验并且仅当它被经验时才拥有的那种实在性的话，那么，科学——与在任何可被证实的经验之前已经存在的对象打交道——似乎和实在并没有什么关系……"（第295页）据麦吉尔夫雷说，杜威的立场所包含的真理就是"没有思想者，就没有思想对象；没有某时某地的经验，任何时间、任何地点都没有有意义的实在"（第303页）。然而，他马上补充说，"但是，说没有经验就没有实在是一回事，说没有同时发生的经验就没有实在是另一回事"（第303页）。麦吉尔夫雷然后说："这种经验主义的实用主义变种的真正麻烦在于：它如此多地致力于对反思知识或思想在经验控制中的地位的解释，以至于它忽略了这个对象对这种地位提出要求的权利——一种在时间上先于经验的地位。"（第304—305页）

杜威的回应相当简短，他坚持认为，麦吉尔夫雷以极端的方式误解了他的立场。他宣称他从未主张"'任何事物的实在性都是在它被经验并且仅当它被经验时才拥有的那种实在性'"或"'没有同时发生的经验，就没有实在'"（第120页）。杜威认为，麦吉尔夫雷口中的杜威的立场包含的真理只是他与之争辩过的真理。"因此，我对这个滑稽立场——在这里，麦吉尔夫雷教授给微不足道的（corpus vile）我冠以'纯粹经验论者'的称号——的满意，在这样一个事实——根据他所表达出的认同，我能够容忍这个玩笑，如果他能容忍的话——中得到了提升。"（第121页）杜威得出这样的结论：他的批评者把一种传统的而不是他实际所持的经验观点归之于他。"那些习惯于心理分析模式——这种心理分析为了心理学的目的，把经验分解为一个人的瞬间动作和状态，分解为一个心理-物理的有机体的感觉和影像——的思想家，可能会忘记这一点：其他人在一种更重要、更具体和更丰富的意义上使用了这个经验术语。因此，当其他人谈论经验时，就假定了这是批评家想要的心理学抽象。"(第 124 页)

麦吉尔夫雷在他的《纯粹经验与实在：一个重申》中，为这次特别的交流得出了结论。他认为，按照杜威自己的理由，他对杜威观点的解释不会错。

> "直接经验主义假定事物……是它们直接被经验到的样子。因此，如果一个人希望**真实地**描述任何东西，他的任务就是说出什么被经验了。"(《哲学、心理学与科学方法杂志》，第 2 卷，第 393 页；斜体是我加的)现在，在我的文章中，我确切地说出杜威教授的逻辑理论被我经验到的是什么；因此，那篇文章真实地描述了他的哲学。①

杜威的《对麦吉尔夫雷教授问题的回应》，是对《杜威教授的"意识行动"》的反驳。他认为，这些问题是基于把他批评的观点归之于他。

xxviii　《对象、材料与存在：对麦吉尔夫雷教授的回应》，是对《芝加哥"观念"与唯心主义》——一篇对《逻辑理论研究》的批评——的回应。麦吉尔夫雷指责杜威是一个唯心主义者，而且是一个主观唯心主义者。虽然他承认按照新芝加哥术语，杜威可能不是一个唯心主义者；但他认为，按照通行的用法，杜威应该是一个唯心主义者。他继续指出，在他忽视了原始材料这方面，杜威这位科学方法的拥护者持有一种与科学冲突的观点。麦吉尔夫雷进一步认为我们意识到的远比按照杜威把"意识"用作"问题的标记"时我们应该意识到的更多，并且要求对杜威以"经验"意指的东西作进一步的解释。

杜威的回应是他较强辩证性的一个展示。他发现，麦吉尔夫雷关于他在通行的唯心主义意义上——麦吉尔夫雷把它描述为"把所有的实在都看作包含在经验之内的理论——是不是一个唯心主义者的问题"，既不清楚，也不明白。但他否认他在任何意义上是一个唯心主义者，除了在麦吉尔夫雷是实在论者的意义上。他否认忽视了原始材料的存在，并认为他的批评者把这种非认知、非逻辑的材料与具有逻辑形式的材料混为一谈，并把他自己放在了科学

----

① 麦吉尔夫雷，《纯粹经验与实在：一个重申》，《哲学评论》(*Philosophical Review*)，第 16 卷(1907年)，第 423 页。

的对立面。

通常，至少在这一时期，杜威趋向于认为其对手是混乱的。他们拒绝考虑他的立场的价值，并在讨论他的观点时继续用他们的术语意义代替他自己的术语意义。一点也不奇怪，这导致他持一种对立立场。

他的两篇评论尤其引人关注，一篇是关于加曼（C. E. Garman）以前的学生写的《哲学与心理学研究》（*Studies in Philosophy and Psychology*），另一篇是关于桑塔亚那（Santayana）的五卷本《理性生活》（*The Life of Reason*）。加曼以前的学生包括J·H·塔夫茨与F·J·E伍德布里奇，而那篇冗长的评论几乎一半篇幅都在讨论后者的"意识问题"。对于其篇幅的某种解释，出现在杜威关于意识和知识问题的笔记中的下面这段话里：

> 有一种哲学分析，人们在某种限度内衷心地赞同它；而超过了这个限度，人们就会开始感到惊讶，开始察觉到分歧，并开始试图解释分歧的性质和原因。比起可能会看到的人们始终都持赞同态度或断然拒绝基本前提的情形，这种哲学分析激起人们更多的兴趣。①

xxix

在这篇评论中，杜威把伍德布里奇的论文描述为那本书中最重要的严格意义上的形而上学论文，赞扬了他对康德式唯心主义的批判，并详细地评论了他的这一假说，即"意识正好意味着事物之间关系的这种意义的可能性"（第225页）。在上面提到的笔记中，杜威抱怨"'意义'这个词的某种含糊……对于理解伍德布里奇教授立场的准确意义来说是不利的"。

一致与分歧的混合，也许部分地解释了为什么那篇对桑塔亚那的评论如此之长。杜威发现了把桑塔亚那的观点解释为"一种杰出且重要的实用主义"的某些证据，但是他却得出结论说，这种立场的主要部分朝向别的方向。沿着第一条路线，《理性生活》可以被理解为：

> 展示了自己值得投入进去的唯一哲学类型；一种向古代那种把哲学等同于道德、等同于爱智的做法的回归。为了指导其进一步的努力，强调

---

① 杜威著作特辑。

和捍卫它的成就，避免重复其无用和浪费的过分行为，激励它增加耐心和勇气，而借助于智力对智力过去的战斗、失败和成功进行审视，这的确是一种能够把它从它在黑暗岁月里所陷入的不敬和失望的泥沼中拯救出来的哲学观。我认为，这就是桑塔亚那作品中被认为具有永恒价值的东西，无论其打着什么样的旗号去追求"形而上学"声色场（flesh-pots）（第232—233页）。

　　无论这把桑塔亚那的观点描述得多么准确，杜威对自己实用主义乐曲的吹奏清晰地传达了出来！杜威总结道，即使桑塔亚那被证明完全不是一个实用主义者，我们也应该感激他"已经给予我们的那些东西：这是美国对道德哲学所作出的——通常除爱默生以外——最充分的贡献"（第241页）。

xxx

　　在他为全国黑人大会发表的致辞中，杜威主张，虽然已获得的个人遗传特征是不可传递的，但是一个社会的文化可以被传播；社会的责任是提供环境和教育的机会，它将会利用所有产生于其中的个人资本，彰显优秀的能力并使之卓有成效，无论它来自哪里，也不考虑种族。

　　这本书包括了大量涉及教育的重要论文。比如，《作为一门大学学科的教育》是一篇雄辩的且理由非常充分的对科学研究教育的呼吁。杜威为教育"不仅作为一个严肃持久的学科的合适主题，而且也作为这个学科最重要的对象"（第161页）这个认识进行了辩护。他主张："不需要提供什么论证来说明，现代大学并不是完全为了重复过去的知识而存在的；它存在，恰恰是因为存在着这么多的领域——在这些领域中，相对而言，我们并没有走得很远；但是，在这些领域中，最重要的是，我们应该走得更远；而且，在这些领域中，大学的存在所培育起来的那种探究和讨论是前进的唯一手段。"（第162页）因此，他得出结论说，"总之，对教育的科学研究应该表现出大学对其自身工作和命运最大程度的自觉，对其自身使命和社会——大学既是它的执行者，也是它的机构——使命的自觉"（第164页）。

　　《宗教与我们的学校》可能现在对我们当前就宗教教育的豁免时间（released time）讨论来说，与它在1908年时一样及时。杜威对超自然宗教的看法，从他在密歇根的较早几年就已改变。尽管二十年之前他以他的唯心主义措辞主张，"神学与道德的起因是相同的，把神驱逐出万物中心的任何做法，同样会把理想的、道德的生活排除出人类生活之外。"①1908 年以前,他把超自然宗教看作是错误的偏见(第 166 页),并期望一种包含在我们历久常新的科学与更历久常新的民主中的宗教(第 167 页),期望几年之后在《共同的信仰》中勾画的那种宗教。直到教育的实际手段已经一致于民主和科学中内含的生活信条——一种必须被澄清和发展的信条——为止,公立中小学中的宗教教育都是不可能的,而且"我们的学校与其去做错误之事,倒不如什么也不做"(第 168 页)。有时人们所用的称呼,杜威会说是错误的,教会和国家的分离,他的确认为是"维持国家完整之必需",或是维持作为整体的共同体之完整所必需,"反对任何分裂性的宗教分离"(第 169 页)。

　　杜威略微谈到了宗教知识作为教育的成果在当今意味着什么的问题,并断言"只要宗教像现在被绝大多数公认的宗教家所构想出来的那样被构想,那么,谈论宗教教育就是自相矛盾的,就像在同样的意义上,在自由探究方法所适宜的那些话题谈论教育是自相矛盾的一样"(第 173 页)。他也谈到了谁来教授宗教的问题,而且"并没有发现,把教授一门具有宗教性质的学科的任务赋予这些普通的教师是切实可行或值得实施的。在来自各自教会和教派的宗教教师之间分配学生的那种替代方案"(第 174—175 页)更不令人满意,因为它助长了分裂和不信任。否则,宗教,那种有组织的和制度化的宗教,会教育我们去反对"对抗和竞争性的宗教团体的增加,这些团体各自都有自己的启示和见解"(第 175 页)。就此而言,杜威确信,尽管如此,我们的学校"在把那些不同国籍、语言、传统和宗教信仰的人集合起来的过程中,在以共同的和公众的努力与成就为基础把它们融合在一起的过程中,正进行着一项意义非凡的宗教性工作",因为它们"正在促进最终产生真正宗教和谐的社会和谐"(第 175 页)。因此,按照这个见解,在某些方面,"在没有任何传统宗教教育印记和方法的情况下,与它们在以社会和谐为代价发展这些形式的过程中相比,学校在实质和承诺上都更加富有宗教性"(第175 页)。

　　在《对教育者而言的历史》中,历史被当作对社会生活的力量与形式的说明,而不仅仅作为对过去的记录。学习它就是"使用信息构造出一幅人们如何、为什么这样做以及取得成功和走向失败的清晰图景"(第 192—193 页)。"中学物理

---

① 《杜威早期著作》(*The Early Works of John Dewey*),第 1 卷,第 209 页。

教学的目标和组织"强调了科学方法和心灵的科学习惯的形成,以及在现代生活中物理科学的社会应用的重要性。

《公立学校课程的道德意义》提供了专著《教育中的道德原则》一部分的简化版。这两者都关注教育的道德重要性;而且,正如悉尼·胡克在他为那本专著的一个新版本撰写的前言中指出的那样,道德教育是一个具有持久的重要性的主题,因为学校永远"都会被期望去加强、补充,有时甚至是替代孩子在教堂或家里获得的道德教育"。[①] 但是,人能教授道德吗? 人能够通过教育改进品质吗? 如果我们能够教授道德,我们要教什么呢? 我们怎么教呢? 对于——比如——艺术、文学、历史、地理、数学和科学的教授,如何有助于道德目的呢? 学校与社会是怎样联系的,这一点对道德教育来说有什么意义呢? 谁去教授它呢? 我们试图去培养什么类型的人呢? 这些就是在这两篇作品中涉及的问题。

杜威坚信,如果我们间接地为之努力,我们就能够教授道德和改进品性。直接的道德教育可能是关于道德原则的教育,而其影响最多也只是比较微小的。他对于改进行为,或使它好于不这么做时的情形来说,几乎没有什么助益。因此,杜威在《教育中的道德原则》中关注的是这个"更大范围的间接的、重要的道德教育领域,借助所有的机构、部门和学校生活素材而进行的品质培养"(第268页)。使社会结构变得清楚的每个事实,其培养增加了社会丰富性的每股力量,都是道德的。"最终的道德动机和力量,正好就是在服务于社会利益与目标的过程中起作用的社会智力……以及社会能力……"(第285页)

课程"在这种程度上具有道德价值,即它们让学生能够富有同情心地和想象力,认识到他所参与的这个社会场景;认识到他从自己身边汹涌流过的人类活动长河中得到的恩惠;认识到自然和社会所组成的这个大世界的一致目标,以及他忠实于他的遗产并真诚地投身于这些兴趣的相应责任,这些兴趣使他成为他自己并给予他所拥有的机会"(第213页)。

杜威希望培养作为十分高效与有用的社会成员的人,能够为自己负责并领导他人的人。他们不仅能够适应变化着的环境,而且还具有塑造和引导它们的力量。他们应该是具有描述、判断和情感反应能力的人。

[①] 悉尼·胡克(Sidney Hook)为杜威《教育中的道德原则》(*Moral Principles in Education*)一书所作的序言,卡本代尔:南伊利诺伊大学出版社,平装版,1975年,第 vii 页。

简而言之,正如爱默生发现了在宇宙中心并向周围辐射的道德法则那样,对杜威来说,道德原则就处于学校共同体以及整个社会的中心,并且从每一个情境中跳出从而引起我们的注意,只要我们没有试图直接教授他们。一旦我们认识到"在与其他力量是真实的完全相同的意义上,承认道德原则也是真实的;它们是共同体生活内在固有的,是个人的行为结构所内在固有的",那么,"每一门学科,每一种教育方法,学校生活中的每一个重要事件,都充满了道德的可能性"(第291页)。

　　杜威将他的实用主义哲学乐曲吹奏了大概四十多年;无论他对于聆听它或欣赏它的人有什么担忧,这种新的哲学调式都已经对教育产生了普遍、深入的影响,而他致力于具体、实际的人的问题的主题,已经既为他——在许多非哲学家那里——也为哲学赢得了认可。就哲学本身而言,其他的吹奏者仍旧会为绝大多数宴提供音乐;但是,杜威的乐曲已经变成了越来越多的哲学教师的保留曲目,而其式调式已经从没有人愿意听的东西转变成了标准的哲学节目单中一个经典的组成部分。

1975 年 9 月 9 日

论　文

达尔文主义对哲学的影响[①]

I

《物种起源》(*Origin of Species*)的发表,标志着自然科学进程中的一个新3
纪元。对此,外行也知道得很清楚。"起源"和"物种"这两个词的结合表明了
一种思想反叛并引入了一种思想的新气质,这一点却被专家轻易地忽视了。
那些在自然哲学和知识中占统治地位达两千年之久的看法,那些已经为人们
所熟悉的看法,是建立在这样一个假设的基础上的,即固定的东西和最终的东
西具有优越性。它们建立在将变化和起源当作缺陷和非实在的标记的基础
上。通过摧毁绝对永恒的神圣避难所,通过将形式——它一直被当作固定和
完美的类型——看作是有起源的并会消失的,《物种起源》引进了一种新的思
维方式,它最终必定会改变知识的逻辑,并因此而改变人们对待道德、政治以
及宗教的方式。

于是,毫不奇怪,半个世纪前,达尔文著作的发表骤然导致了一场危机。然
而,这一争论的真正本质很容易被伴随着它的神学的喧闹声所掩盖。反达尔文
主义的吵嚷声,其生动和流行的特点往往给人们留下这样的印象:争论是在一方
是科学、另一方是宗教之间展开的。但情况并非如此,就像达尔文自己早就看到4

[①] 首次发表于《通俗科学月刊》,第 75 卷(1909 年),第 90—98 页,题目为"达尔文对哲学的影响"
(Darwin's Influence upon Philosophy)。后来修改并重印于《达尔文对哲学的影响》,纽约:亨利·
霍尔特出版公司,1910 年,第 1—19 页,题目为"达尔文主义对哲学的影响"。此为 1909 年春季和
冬季在哥伦比亚大学所作的"查尔斯·达尔文和他对科学的影响"公开系列讲座中的一讲。

的那样,争论主要是在科学自身之内展开的。他一开始就轻视那种神学的喧闹,要不是它对"他的女性亲属的感情"有影响,他几乎对它不加注意。但在发表前长达二十年的时间里,他预料到自己有可能被科学同行们贬斥为傻瓜或疯子。而作为他成功的标志,他建立了某种方式,以此影响了三位科学家,他们是:地质学家赖尔(Lyell)、植物学家胡克(Hooker),以及动物学家赫胥黎(Huxley)。

宗教的因素使这场争论更加激烈,但并非这些因素煽起了这一争论。理智地说,宗教情绪不是具有创造性的,而是保守的。它们乐意让自己屈从于当下的世界观并使之神圣化。它们将理智的纤维浸染在情绪的沸腾大缸里。它们没有形成结构。我认为,就关于世界的大观念而言,没有一个是由宗教独立产生的。尽管那些像武士似的起来反对达尔文主义的观点,把自己的极端思想归于宗教联想,但它们的起源和意义是在科学和哲学而不是在宗教中被找到的。

II

在我们的语言中,很少有什么词汇像"物种"一词那样如此缩短了思想的历史。希腊人在开始欧洲思想生活时,对于植物和动物的生命特征印象深刻;确实,其印象是如此深刻,以至于他们将这些特征当作界定自然和解释心灵与社会的钥匙。真正的生活是这样的美好,于是对它的奥秘似乎成功的阅读使人确信,打开天地秘密的钥匙就握在他们的手中。对于这一奥秘的希腊解译,对于知识目标和标准的希腊表述,终究体现在"物种"一词中。它影响了哲学达两千年之久。要想理解"物种起源"这一短语所表达的思想转变,我们就必须理解它所针对的长期以来占统治地位的观念。

想一想人们是如何受生活事实影响的。他们的目光落在某些事物上,这些事物体积不大、结构脆弱。就每一个现象而言,这些被感知的事物是停滞的、被动的。突然,在某种情境下,这些事物——迄今所知的,如种子、卵子以及微生物——开始变化,体积、形式和性质都迅速地发生变化。然而,迅速而广泛的变化发生在许多事物上——例如,当树木接触到火时。但是,生物的变化是有序的;它们是累积的;它们持续地朝向一个方向;它们不像其他变化那样,毁灭、耗尽或徒劳地进入蜿蜒的流动中;它们实现并完成。每一个后续者,不论与其先行者有着怎样的不同,都保留了它的基本效力,并为它的后续者更加丰富的活动铺就了道路。就生物而言,其变化和在其他地方看到的变化,在任何方面都不一样。早期的变化是根据后来的结果而被调节的。这一进步中的有机组织活动直到有一个真正的终结，一个 τελòs（目的），一个完全的、完美的结果，才会停止。这个最终的形式反过来具有很多的功能，其中值得注意的功能之一，就是产生很多萌芽。这些萌芽就像从这个最终的形式中获得它的起源的那些萌芽一样，有同样的循环的自我实现的活动。

然而迄今为止，整个令人惊叹的故事还没有告诉给人们。同样的戏剧在无数个体的同样命运中上演，这些个体在时间上如此分离，空间上如此疏远，使得它们没有相互切磋的机会，没有相互作用的中介。就像一位老作家古怪地说过的那样："同一类的事物经受同样的俗套。"——可以这么说，举行同样的仪式。

这种形式的活动作用于一系列的变化之中，使这些变化成为一个单一的过程；使它们那些无目标的流动成为它自己的完美展现。它超越时空界限，使那些空间上疏远、时间上分离的众多个体成为一种一致的结构和功能。这一原则似乎洞见到了实在自身的真正本性。亚里士多德将它叫做 εἶδοs（理型），经院哲学家们将其翻译为种（species）。

这个词的力量通过它被运用于宇宙间的一切事物而得到了深化。这些事物遵守流动中的秩序，显示变化中的始终如一。从每天气候的偶然变化，到季节不稳定的复发以及播种期和收获期不均匀的回归，再到苍天的磅礴气势，都表现出了时间中的永恒。从这一表现到那不变的纯粹和超越自然的沉思的理智，存在着目标的一种非中断的实现。作为一个整体的自然，是目的的逐步实现。它可以严格地和任何单个植物或动物的目的的实现相比。

εἶδοs——即物种，一种固定的形式和最终的原因——的观念，不仅是自然的中心原则，也是知识的中心原则。科学的逻辑以它为基础。变化作为变化，只是流动和逝去；它是对智力的侮辱。真正的知就是抓住一种永恒的目的，这目的通过变化实现自己，从而将变化保持在固定真理的边界之内。完全的知就是在所有特殊的形式与它们的单一结果和善之间建立起联系，这就是纯粹的沉思的理智。然而，由于我们直接遭遇的自然景象总是处于变化之中，被直接地、实际地经验到的自然就不能满足知识的条件。人类的经验是流动的，所以，感知的方式以及以观察为基础的推理的方式事先就遭到了诋毁。科学的目标被迫指向实在，这实在是处于自然过程的背后并超越自然过程的；它借助于超越日常感知和推理方式的理性形式来寻找这些实在。

的确,只存在两种可以选择的道路。我们必须要么在变化着的事物的相互作用中,找到合适的知识对象和手段;要么,为了躲避变化的缺陷,在某些超验的、神圣的地方寻找它们。人类心灵,如此深思熟虑,在它试图对生成转换的原始荒原进行探险之前,就已经详尽无遗地论述了不变之物、终极之物和超验之物的逻辑。我们都太容易贬黜经院哲学家们按照真正的本质、隐藏的形式和神秘的官能来解释自然和心灵的努力,忘掉了藏在其背后那些观念的严肃性和尊严。我们通过嘲笑那位著名的绅士来贬黜他们,他用鸦片具有催眠功能来解释何以鸦片能使人入眠的事实。但是,我们这个时代流行的学说认为,关于生长罂粟的植物的知识,在于将一个个体的这种特殊性归诸于一个种类、一个普遍的形式。这个学说如此牢固地被人们所接受,以至于任何其他的认识方法都被当作是非哲学的、非科学的。这个学说正是同一个逻辑的幸存者。这种在学院的和反达尔文主义的理论中表现出的观念的一致,充分表明了一种更加伟大的同情:它不仅是对于认为历史将有更多新颖性、更伟大的谦恭态度的同情,而且也是对于已经成为新颖的东西的同情。

当然,达尔文不是第一个对关于自然和知识的古典哲学加以质疑的人。革命的发端是在16、17世纪的物理学中。伽利略说:"我的看法是,由于在它内部持续地造就了如此众多而不同的改变和发生,地球是非常高贵而值得赞美的。"当他这样说的时候,他表达了那种将要问世的不同倾向;兴趣由永恒转向了变化。笛卡尔说:"物理事物的本性如果被看作是逐渐存在而不是只被当作一次性产生于一个完成了的完美状态时,才能更加容易地得到理解。"当笛卡尔说这话的时候,近代世界已经意识到今后将要控制它的那种逻辑;就这种逻辑而言,达尔文的《物种起源》是它最新的科学成就。没有哥白尼、开普勒、伽利略以及他们在天文学、物理学和化学中的继承者们所使用的方法,达尔文在生物科学中将会孤立无援。但早在达尔文之前,新科学方法对于生活、心灵和政治的影响已经受到抑制,因为在这些理想的或道德的兴趣和无机的世界之间插入了一个植物和动物的王国。生活之园的大门向这些新观念关闭,唯有通过这个花园才能找到通达心灵和政治的通道。达尔文对哲学的影响在于:他已经将生活现象置于过渡原则之下,从而自由地将新逻辑运用于心灵、道德和生活中。当他就物种说出了伽利略就地球所说的话 e pur si muove(它确实是转动的啊)时,他便一劳永逸地解放了发生的和实验的观念,并使之成为提出问题和寻找解释的研究方法。

当然,新逻辑观和哲学之间的联系至今还不确定,尚未成熟。我们生活在思想转变的曙光中。要大胆地系统揭示达尔文主义方法对哲学的影响,人们必须在虔信者的固执上增加预言者的轻率。我们最多只能探究它的一般影响——对于心理倾向和心理特征的效应,对于具有一半意识、一半本能的思想厌恶和偏好(这些厌恶和偏好毕竟对于我们更加精细的思想活动起着决定的作用)的身体的效应。在这种含糊的探究中,存在着作为一种检验标准的历史上长期流传的问题,它在达尔文的文献中也一直被讨论着。我把设计对偶然、心灵对物质的老问题,看作要么是起初的、要么是最终的关于事物的因果解释。

正如我们已经看到的那样,物种的古典概念负载着目的观念。在所有的生命形式中,每一个具体的种类都正在将成长的更早阶段引向它自身完美的实现。由于这种目的性的调节原则在感觉中不可见,它一定就是一种理想的或合理的力量。然而,由于完美的形式是通过可感的变化而逐渐接近的,因此,也就是说,在可感的领域并通过可感的领域,一种合理的理想力量进行着自身的最终展现。这些结论也延伸到自然:(a)她从不做徒劳的事情,所有一切都是为了后来的目的;(b)在现存的自然的可感事件中,因而包含着一种精神的作为原因的力量,它不为感知所注意而被启蒙的理性所把握;(c)这一原则的表现,导致物质和感觉从属于它自身的实现,这个最终的完成是自然和人的目标。因此,设计论的论证在两个方向上起作用。目的性解答了自然的可理解性和科学的可能性,而这个目的性的绝对的或无所不包的特性也为人的道德和宗教努力提供了鼓励和价值。科学的基础得到加强,而道德也因同一个原则具有了权威,它们的相互一致得到了永恒的保证。

尽管受到怀疑论者和好辩者的猛烈攻击,这一哲学仍然作为欧洲官方的和占统治地位的哲学持续了两千多年。驱逐天文学、物理学和化学中的第一因和终极因,确实已经给这一学说以某种震撼。但是,从另一个方面来说,对于植物和动物生命之细节的越来越熟悉,也起到了相反的平衡作用,并且或许加强了设计论的论证。有机体对于环境的奇妙适应,器官对于有机体的奇妙适应,复杂器官的不同部分——比如眼睛——对于器官本身的奇妙适应;较低形式对于较高形式的预示;生长的早期阶段为那些只是后来才具有其功能的器官所做的准备——这些事情随着植物学、动物学、古生物学以及胚胎学的发展而越来越被人们所认识。同时，它们也为设计论的论证增加了影响力，以至它在18世纪后期，经过生物科学的赞许，成了有神论和唯心主义哲学的中心主张。

达尔文的自然选择原则直接动摇了这一哲学。如果所有的有机适应只是归于持续的变异和消除那些因过度繁殖而导致的不利于生存竞争的变异的话，那么就不必求助于在先的明智的因果力量来计划和预先规定它们。敌意的批评者们，谴责达尔文具有唯物主义倾向和使偶然成为宇宙的原因。

某些自然主义者，如阿萨·格雷(Asa Gray)，则拥护达尔文的原则并试图使它和设计论相一致。格雷坚持一种也许可以被称作分期付款法的设计。如果我们将"变异之流"理解为本身是有计划的，可以设想，每一个后续的变异都是从一开始就被设计好了要被选择的。在那种情况下，变异、竞争和选择不过就是解说了"次要原因"的机制，"第一原因"通过它而起作用；设计论学说并不比之更差，因为我们知道了它更多的工作方法(modus operandi)。

达尔文不能接受这种调和的主张。他承认，或者更确切地说，他断言："就人的能力所达到的对于过去的极目回溯和对未来的高瞻远瞩而言，不可能将这个巨大而奇妙的包括人在内的宇宙看作是盲目的偶然或必然的产物。"[①]然而他认为，由于变异不仅在有用的方向上发生，也在无用的方向上发生；由于前者受到生存竞争的压力的过滤，运用于生物的设计论的论证是不合理的。它在这方面的缺乏支持，剥夺了它被运用于自然的一般科学价值。如果鸽子的变异不是被饲养者预先决定通过人工选择产生球胸鸽的话，我们根据什么逻辑能论证导致自然物种的变异是预先设计的呢？[②]

IV

关于作为整体的自然和生命的原因的原则，有设计论对偶然论的讨论；关于这个讨论更加明显的一些事实，就谈这么多。回想一下，我们是把这个讨论当作一个关键的例子。关于达尔文主义的观念对于哲学的影响，我们的检验标准表

---

① *Life and Letters*, Vol. I, p. 282; cf. 285.

② *Life and Letters*, Vol. II, pp. 146,170,245; Vol. I, pp. 283 – 284. See also the closing portion of his *Variations of Animals and Plants under Domestication*。

明了什么？首先,新逻辑放逐、侧击、消解——随你怎么说——一类问题,并以另一类问题取而代之。哲学断然放弃了追问绝对起源和绝对终结,以便探索特殊的价值和产生它们的特殊条件。

　　达尔文的结论是,不可能将世界整体上归因于偶然和部分上归因于设计,这表明了问题的不可解决。然而,就为什么问题是不可解决的,也许可以给出两个完全不同的理由。一个理由是,这问题对于理智来说太高了;另一个理由是说,对问题的追问使提出问题的假设变得没有意义。在著名的设计对偶然的例子中,后一种理由确切地得以表明。一旦承认,知识的唯一可证实的或富有成效的对象是那特殊变化的集合,它们产生出研究的对象,以及后来从它那里导致的后果,那么关于还有什么东西——根据假设——在此之外,就不可能有任何清楚的问题可以追问了。断言——就像经常被断言的那样——特殊真理、社会联系以及美的形式的具体价值,如果它们被表明是由具体可知的条件所引起的话,就是无意义的和徒劳的;断言只有在它们以及它们的特殊原因和结果都一下子被集中在某种广泛的第一因和某种彻底的最终目标的时候,它们才被证明为是正当的,是一种智力的返祖现象。这种论证是回复到这样的逻辑,它用水性的形式本质解释水熄灭火,用水性的最终原因解释水解除渴。不论是用于特殊事例,还是用于整体生活,这种逻辑都只是抽象出事件存在过程的某个方面,以便将它重复为一种僵化的永恒原则。根据这个原则来解释变化,它是这些变化的形式化。

11

　　当亨利·西季威克(Henry Sidgwick)在一封信中不经意地说起,随着他年事渐高,他对于什么或谁创造了世界的兴趣转变为对于它是一种什么样的世界的兴趣的时候,他对于我们这个时代的共同体验的表白也解释了达尔文主义的逻辑所带来的那种思想转变的性质。兴趣由具体变化背后的整个本质,转向了具体变化怎样促进和阻碍具体目的的问题;由一种一劳永逸地塑造事物的理智,转向此刻正在被事物所塑造的特殊理智;由一种善的终极目标,转向正义和幸福的直接增加。对于存在条件的理智运作,可以促使这种正义和幸福的产生,而当下的疏忽和愚蠢将会毁坏或弃绝它们。

　　其次,古典类型的逻辑不可避免地要以哲学来证明:因为某种遥远的原因和最终的目标,生活一定具有某种品性和价值——不论经验表明的事情是怎样的。包罗一切的证明义务必然伴随着所有这样的思想,即特殊事件的意义取决于某种永远在它们背后的东西。贬低当下意义和作用的习惯,使我们不能正面地去

12

论　文　9

看经验事实;它阻碍我们严肃认真地承认它们所表现出的弊病,和认真严肃地关切它们将会产生但迄今尚未实现的善。它扭转了思想的使命,让它为这一个找到包罗一切的先验药方,为那一个找到保证。人们在此看到了许多道德家和神学家所接受的一种赫伯特·斯宾塞的方法。它承认一种不可知的能量,从中涌出外在的、现象的物理过程和内在的、可意识到的操作。只是因为斯宾塞给他的不可知的力量贴上了"上帝"的标签,所以,这块色泽已逝的形而上学布料,就被当作了一种重要而受欢迎的对于精神领域实在性的认可。如果不是因为一种根深蒂固的习惯,总是要在遥远和先验的地方为一些理想价值寻找证明的话,那么把它们与一种不可知的绝对关联在一起,就肯定将会在与经验演示——即可知的力量每天都在我们周围产生着宝贵的价值——的比较中遭到蔑视。

替换这种一览无遗的哲学,毫无疑问,不是纯粹逻辑证明所能做到的,而只能通过不断认识它的无效性才能做到。假如鸦片因其催眠力量而导致睡眠是一条经久不衰的真理的话,那么引起疲倦者的睡眠和上瘾者的重返清醒生活,也仍然不是无足轻重地向前一小步。假如作为整体的生活是被一个朝向最终的统一目标的先验原则所控制的话,那么具体的真理与虚假、健康与疾病、善良与邪恶、希望与恐惧仍然会保持它们现在的所是和所在。要改进我们的教育,改善我们的方式,推进我们的政治,我们必须求助于发生的具体条件。

13　　最后,新逻辑将责任引入思想生活。要使整个世界理想化和合理化,毕竟要承认,我们没有能力掌握具体地与我们相关的事物的过程。只要人类还受这种无力状态的折磨,它很自然地就会把它不可能承受的责任担子转移到那先验原因的更有力的肩膀上去。但是,如果对价值的特殊条件和观念的特殊后果的洞察是可能的话,那么,哲学就必须及时变为用来确定和解释生活中所发生的更为严重的冲突的一种方法,以及一种用来设计处理它们的方式的方法:一种道德的和政治的诊断和预测的方法。

先天地描绘宇宙的立法构造,这一要求就其本性而言,会导向复杂的辩证发展。但是,这一要求也会将这些结论由服从转向实验的检测;因为按照定义,这些结果并没有在事件的细节过程中造成任何差别。但是,一种把自己的抱负谦逊地降低为只是就教育和人的行为——不论是个体的,还是社会的——提出假设的哲学,也因此就要以这样一种方式服从于检验;按照这种方式,它所提出的观念是在实践中被证明有效的。在将谦逊加在自己头上的时候,哲学也具有了责任感。

毫无疑问，我似乎已经违背了我在早期论述中暗含的承诺，似乎已经既使先知者也使虔诚的信徒感到不舒服。但是，在加入达尔文主义发生学的、实验的逻辑所导致的哲学转型的方向时，我只是对那些有意识地或无意识地转向这个逻辑的人说话。没有人能够公正地否认，目前达尔文主义的思维方式有两个效果。一方面，造成许多真诚的和富有生命力的努力，这些努力根据达尔文主义思维方式的要求改变我们传统哲学的观念；另一方面，有一种同样确定的绝对主义哲学的复活。一种与科学断言不同的哲学知识的断言，它向我们开启了另一种实在，这种实在不同于科学所能达致的实在；一种通过经验对于某种本质上超越经验的东西的诉求。这个反作用不仅影响了专业哲学，也影响了流行的信念和宗教运动。生物科学新观念的取胜，已经使许多人宣告了哲学与科学明确而严格的分离。

旧观念缓慢地让开道路，因为它们不仅仅是抽象的逻辑形式和范畴，它们是习惯、倾向、根深蒂固的厌恶和喜爱的态度。不仅如此，尽管历史表明，认为人类所提出的所有问题都可以根据问题本身所提供的方式得到解答的这种信念是一种幻觉，但它仍然顽固地存在着。但事实上，思想的进步总是通过抛弃一些问题连同它们所设想的替代者来实现的，这种抛弃产生于它们不断衰减的生命力和当下兴趣的变化。我们不是解决了这些问题，而是超越了它们。旧问题由于消失和蒸发而得以解决，与努力和喜好的新态度相对应的新问题则产生了。毋庸置疑，在当代思想中，旧问题的最大消解，新方法、新意图、新问题的突如其来，就是科学革命所带来的结果。这一革命的高潮，就是《物种起源》。

自然及其善：一场对话①

15 在一个海边的沙滩上，一群人三三两两，彼此相距不远；外衣、筐子、等等，表明这是一天户外活动。在各种交谈的嘈杂声中，能听见聚会者之一的仿佛呜咽的声音。

许多声音：出什么事了，伊顿？

伊顿（Eaton）：事情大了。我刚刚看见一个美丽的波浪，它线条完美；在它的顶点，光线透过浪花那无穷变化的、精妙的曲线的反射，构成了一种比任何梦境都令人陶醉的景观。现在它消失了，永远不会再回来了。所以，我才流泪了。

格兰姆斯（Grimes）：是的，伊顿，为它们而流泪吧。当然，那些饱食博学的人们——他们拥有那些以丧失其他为代价所获得的财富和知识——最终感到了厌倦；然后，厌倦被伤感所取代。他们为"自然"（Nature）及其与生活的关系而担忧。当然，并非人人都采用这种解脱方式。有些人用汽车和香槟酒来打发那种疲倦的感觉。但其他人，那些在收入上不属于这个阶层或认为自己十分文雅以至于不适于那种解脱方式的人，则思考着为什么那个在外面存在着的粗犷的旧世界不能容忍你所说的精神的和理想的——简言之，你的唯我主义的——价值呢，他们在这种沉思中追求一种新的感觉。

事实上，整个讨论只是有闲阶级疾病的一种症状。如果你不得不工作到极

---

① 首次发表于《希伯特杂志》，第 7 卷（1909 年），第 827—843 页，题目为"自然是善的吗？一场对话"（Is Nature Good? A Conversation）；修改并重印于《达尔文对哲学的影响》（纽约：亨利·霍尔特出版公司，1910 年），第 20—45 页，题目为"自然及其善：一场对话"。

限以上以保持灵魂和肉体的统一,并且还要保持你全家人灵魂和肉体的统一的话,你就会知道在你那些矫揉造作的问题和生活中的真实问题之间的区别了。你那些关于"宇宙与道德的和精神的善"的关系的哲学问题,只存在于产生它们的感伤主义中。真实的问题是:为什么社会现状会不允许用足够充分的自然资源来维持所有男人、女人的安全和有尊严的舒适,让他们有开发人的社会性本能、爱知识的本能和爱艺术的本能的余地呢?

16

在我看来,柏拉图的观点是:哲学开始于对其最为重要的政治基础和使命的某种意识,开始于认识到它的问题就是构造一种正义的社会秩序的问题。但是,不久它就在另一个世界的梦幻中迷失了;甚至你们中那些骄傲地自以为如此先进以至于不再相信"另一个世界"的哲学家们,也仍然根据它来生活和思考。你们或许不把它叫作超自然的,但是当你们谈论一种普遍的精神或理想的价值领域、追问它与自然的一般关系时,你们只是改换了瓶子上的标签而不是里边的内容。因为使任何东西成为先验的——也就是日常语言所说的超自然的——那个东西,完全是并仅仅是对实践事务的漠不关心。分析到最后,那些实践事务就是创造生活的事情。

伊顿:是的,格兰姆斯差不多已经阐述了我那小小比喻的要点,至少是它的某一方面。就日常生活而言,当一个人蓄意地从那些他认为不可能改变的条件中不断寻找某种结果时,你会说他"迷失"(off)了,多少不那么清醒了。如果他不停地观望,然后因为舞台收入不够买牛排,或者因为不能通过燃烧这里的海滩沙子使自己暖和而感到悲哀的话,你会把他当作傻瓜或癔病患者打发掉。如果你愿意屈尊和他讲道理的话,你就会让他去寻找那些能产生出那些结果的条件;让他专注于生活中那些无数的善,经过在理智指导下的探寻,寻找那些善的合适的方法或者可得以发现。

好了,午饭前,摩尔(Moore)又在重复那个老故事。"近代科学完全改变了我们对自然的观念。它不仅剥光了宇宙的所有道德价值——它曾经和古代异教徒以及我们的中世纪祖先一样,拥有这些道德价值——而且剥光了对于这些价值的任何关心和喜好。它们只是永恒持续着的运动中的物质再分配过程中的一些附带事件,一些瞬间的偶然事件;就像我哀叹的波浪的起落一样,或者就像一列尖锐刺耳隆隆行驶的火车有时所发出的单个音符一样。"这是一种片面的观点,但假设一切就是如此,什么是道德?毫无疑问,要改变我们的立场、我们的视

17

角;停止在那些我们知道并不产生它们的条件中去寻找结果;把我们的注意力转向善(goods),转向经验中实际不可怀疑地存在着的价值;思考在什么样的自然条件下,这些特殊的价值会得到加强和扩展。

如果你愿意的话,可以坚持认为,作为整体的自然(Nature)并不代表作为整体的善。于是,正因为善既是如此多元的(如此地"为数众多"),又是如此不完全的,因此以上天的名义,集中你的智力和努力去选择那特殊多元的和不完全的自然条件。这些条件至少会提供一些价值,这些价值确实是我们更加确定无疑和广泛拥有的。任何其他过程都是愚蠢的方式;它是那种被宠坏了的孩子的方式:他们因为波浪的不停息而在岸边哭泣,因为山坡的不融化和不流动而甚至更加发疯地在山间哀嚎。

但是,不。摩尔和他的学派并不是这样的:我们必须"折道而回"。这个科学的全部,终究是知识的一种模型。考察知识本身并发现它,表明了一种完全的包括一切的智力;然后(通过采用另一种步骤),发现智力卷入了感知力、情感,还有意志。所以,你的物理科学——如果你只是批判它,审察它——表明,它的对象,机械的自然,本身就是一种在一个包览无遗的精神和理想的整体之中被包括和被废弃的要素。你就存在于此。

好吧,我现在不坚持认为所有这些都只是辩证的戏法。不,接受它,相信它所说的。但是,那又怎么样呢?生活中的任何价值比以前更加具体可靠吗?这个完美的智力能使我们在此时此地更正一个简单的失足、一个微不足道的错误吗?这个包罗一切的善,有助于医治疾病吗?它纠正过失吗?对于如何应付这些,它甚至给出过任何最轻微的暗示吗?没有,它只是告诉你:不用担心,因为它们已经在那永恒的意识中被永恒地纠正了,被永恒地治愈了。那永恒的意识自身,是真正大写的实在。打住:有一种邪恶、一种痛苦,这种学说使它得以减轻,那就是那种歇斯底里的感伤主义,它因为作为整体的宇宙并不承受作为整体的善而深感不安。但,那是它改变的唯一的事情。被夸大为第 N 力量的罗斯金(Ruskin)的"情感的谬误",是近代唯心主义的基调。

摩尔:当然,没有人谴责伊顿的软心肠——除了在他的逻辑中,那肯定不是硬心肠的。然而,他的激动使我相信,他至少有回避问题的迹象;并且,像他这种真正的实用主义者,想用行动(也就是,用他的滔滔不绝的言辞)使他的错误逻辑变得模糊不清。问题在于,是否那些似乎被我们所把握的价值,怀有的目的,拥有的善,一定不只是瞬间的波浪。伊顿对这个问题的回答是:"哦,当然,它们是一些波浪;但不要去想这些——就牢牢地坐在那个波浪上或者用另一个波浪去支撑它罢!"怪不得他推荐行动而不是思考!作为一种绝望的劝告或一种犬儒的悲观主义,人们以前尝试过这种方法。但是,当代实用主义将它保留下来,以便在无思想的行动的陶醉中,即哲学方法的最高成就中,消除悲伤;并且将固执的变化极力鼓吹为具有希望和启发的学说。同时,在对待实在的态度方面,我是倾向于软心肠的,并倾向于用硬心肠的逻辑使我的这种态度更为合理。

伊顿:我愿意保持足够的安静,以便让你把你的隐喻翻译成逻辑,并表明我是怎么回避问题的。

摩尔:这点很清楚,你要我们转向对人类生活中某些价值的教化、培育。但问题在于,这些是不是价值。这是一个它们与宇宙(实在)的关系问题。如果实在证明了(substantiates)它们的真实性,那么它们就确实是价值;如果它嘲笑和轻视它们——如果机械科学所说的*自然*是最终的和绝对的,它就确实会嘲笑和轻视它们——那么,它们就不是价值。你和你的同道真的是感伤主义者,因为你们是十足的主观主义者。你说:把梦当作真的,不对它加以质疑;在它的迷雾上加一点彩虹色并使其扩张,直到它比自己实际所做的更多地模糊了实在,一切都很好!我说:也许那梦不是梦,而是对于所有实在的最坚固、最终极部分的一个提示。对于被实证主义者、唯物主义者当作可靠东西——即科学——的彻底审查表明:作为它自身的目的、标准和预设,实在是一个无所不包的精神存在者(Being)。

伊顿:这关系到在我看来我对问题的回避方式。你总是用你自己的方式解释我的观点;那么,在听到你用回避问题来解释我的观点,我也就不感到吃惊了。我的观点准确地说就是:只是由于你主张某种超越的实在——某种形而上的或先验的实在——是保证经验价值具有根据的必要条件,你甚至才可以讨论后者是真实的还是虚幻的。我说,放弃你置入所有事物的预设,也就是说,放弃这样的观点:事物的实在性实际上是依赖于某种超越的和背后的东西,事实正用眼睛盯着你。善,众多的善,是*存在*的——但不幸的是,恶也是*存在*的;两者所有的各种形式,相当繁多的形式,都是存在的。并非这种对立以及整个经验与某种超经验事物的关系,驱使人们走向宗教然后走向哲学,而是经验内部更好的和更坏的经验之间的对立,以及随之而来的怎样使前者加强、使后者被减弱的问题,才使人们走向宗教和哲学。在你没有建立先验实在性观念之前，你甚至不可能提出善和恶是否存在或只是似乎存在的问题。麻烦和快乐，善和恶，就是其所是；希望在于，它们可以在一个方向上被调整、被引导、被增加，而在另一个方向上被减少。我们（我指实用主义者）不是要忽视思想，而是要颂扬它，因为我们说，对于手段和目的的明智区分是所有问题中的这一问题——对于生活中善和恶的要素的控制——的唯一最终的求助对象。的确，我们说，那不仅是理智所做的，而毋宁就是其所是。

从历史的角度说，完全有可能表明，在某些社会条件下，善和理智的关系这个人类的和实践的问题如何导致了先验的善和纯粹理性的概念。就像格兰姆斯提醒我们的那样，柏拉图……

摩尔：是的，还有普罗泰戈拉（Protagoras）——别忘了他。因为不幸的是，你这种是（being）和看上去是（seeming）相同一的学说，我们既知道它的起源，也知道它的后果。我们很清楚，纯粹经验主义会导致把是和看上去是相等同，那就是为什么从柏拉图和亚里士多德直到今天每一个深刻的道德和宗教头脑都一直坚持一种先验实在性的原因。

伊顿：就我个人而言，我不需要一个绝对以使我能在，譬如说，仁慈的善和诽谤的恶之间，或健康的善和多病的恶之间，作出区分。在经验中，事物具有它们自己的具体特性。绝对唯心主义者至今没能回答，在单个具体情景下，那绝对的实在是怎么使他能够区别是和看上去是的。对他来说，麻烦在于，所有的是都在经验的另一面，所有的经验都是看上去是。

格兰姆斯：我想，我听你们提到了历史。我希望你们两个能放下辩证法，走向历史。你们会发现，历史是一种为了生存的奋斗——为了面包，为了房屋，为了受到保护和培育的后代。你们会发现，历史是一幅群众的画卷，他们总是在奋斗中沉寂，完全消失。因为其他人已经掌握了对自然资源的控制，这些资源本身如果不像18世纪所想象的那样宜人的话，至少对于满足所有的需要来说，是充分足够的。但是，因为一些人对自然的垄断，大部分男人和女人只能把头刚刚探出起伏的波涛，瞥一眼那些更好的事物，旋即便被猛力推下并处于低层。自然与人类善的关系的唯一真正的问题就是：根据所有人的平等利益而不是根据一个阶级的不平等利益，节约地开发自然资源。你们两个人讨论的问题只是——从来就是——一些形而上学家想出来的问题。如果不是那些精明的垄断者或独裁者——他们具有他们所特有的技巧——看到,这些关于实在和先验世界的思辨可以被提取为麻醉剂并分发给群众以使他们不那么反抗的话,那些形而上学家们将什么也不是,从来就没有任何事情可做。伊顿,如果你了解的话,那就是超越的理想世界的真正历史起源。如果你认识到这一点,你就会意识到,实用主义者只是走完了路途的一半。你就会看到,实践的问题是实践的,不能仅仅通过拥有一个关于理论的理论——一个不同于传统理论的理论——而得到解决,这就是你们实用主义所达到的一切。

摩尔:如果你是说,你自己那粗俗的平庸(Philistinism)就是实用主义所追求的全部,我想你大概是对的。不要把行动的唯一目的就是接近那无所不包的意识放在心上;要像实用主义者那样,使意识成为行动的手段,而且,外在行动的这种方式和那种方式都是一样好的。艺术、宗教以及所有那些并非只是直接在工厂中表现出来的科学的丰富领域——这些东西都成了无意义的;唯一保留下来的就是对经济需求冷酷而乏味的满足,这就是格兰姆斯的理想。

格兰姆斯:顺便说一下,这是一个只存在于你想象中的理想。坚持唯心主义的人,其实际生活内容变得狭隘,除了这种该受诅咒的方式外,我没有更多有说服力的证据来表明唯心主义的无用的不相干。我有时觉得,我是唯一真正的唯心主义者。如果说所有事物的一种公正的、充分的物理存在的条件曾经得到保证的话,那么,拿我来说吧,对于艺术和科学的开花、收获以及所有那些"更高级"的休闲事物,我不会有任何的惧怕。对于我来说,生活是十分有趣的,这一点要让所有的人都知道。

阿瑟:在这场讨论中,我发现自己处在一个很特殊的位置上。分析这种特殊性所涉及的东西,也许有助于澄清所谈的问题,因为我确实相信,对于对象的分析和定义是解决怀疑和进一步改革的基本之道。出于简洁而非自吹的缘故,我想以一种个人的方式来说明这种特殊性。我一点也不相信某种超越自然和在自然背后的实在。我不相信,对于科学的逻辑蕴含的分析能产生出科学在其直接运用中所提供的结果。我把自然当作某种是而不是看上去是的东西,把科学当作它的忠实副本。然而,因为我相信这些事物,而不是不管它们,所以我相信目的和善的存在。除非它们首先存在于世界得以被揭示出来的那个意识之中,否则,伊顿怎么会相信目的的达成和逐步实现可以存在于人类的意识之中呢?这个问题和下面的问题一样超出了我所能及的范围,即何以摩尔可以相信,对知识方法的运用可以产生对一种秩序——这一秩序完全不同于运用这一方法直接获得的那些秩序——的考虑呢？如果目的和实现是作为自然的善而存在的话，那时，只有那时，意识本身才可以是自然的实现，并且也是自然的善。对于明智的思维来说，任何其他观点都是莫名其妙的——除了历史上作为近代政治个人主义和文学浪漫主义的产物，即它们结合起来产生的唯心主义哲学；这种哲学主张，心灵在认识宇宙的过程中创造了这个宇宙。

目的和实现是非常自然的，意识——或者如果你愿意的话，也可以说是经验——本身是自然的终结和顶点，这个观点并不是一个新观点。亚里士多德对它作了描绘，它已一直存在于明智的思维传统没有受到浪漫主义遮蔽的地方。近代进化论的科学学说肯定了亚里士多德的形而上学洞见并使它具体化了。这一学说详细地，以被证明了的方式详细地，将下面这点阐释为存在的真实特征，即朝向累积结果的趋势，事物朝向终结和顶点的明确走向。它把宇宙描述为按照并由于其自身的素材（不是作为后来反思的附加物）就具有价值和重要性的差异——而且，这种差异对事物的过程施加了有选择性的影响，也就是说，真正决定了发生的事件。它告诉我们，意识本身是一种累积的和终结的自然事件。所以，它是相关于它居于其中的世界的。它对于价值的确定并不是任意的，不是随便说的，而是对大自然本身的描写。

23　　回忆一下今天早上摩尔引述的斯宾塞的话："成为地球上一个极其微小的气泡——它和事物的整体相比极其微小，这种想法没有快乐可言。变化的无情冲撞导致了无可救药的痛苦。遭受这种痛苦的那些人，并没有在他们听凭盲目力量——它正冷漠地导致太阳的毁灭和小动物的死亡——的摆布这一思想中找到安抚。对于一个没有可理解的开端或结束和没有理智目的的宇宙的沉思，提供不了任何的满足。"我是如此天真，以至于相信，唯一的问题就在于：是否我们"意识"的对象，我们"思想"的对象，我们"沉思"的对象，就像引文所陈述的那样。如果这个陈述是正确的，那么实用主义，就像主观主义（我怀疑它只是它的一个变种，强调意志而不是观念）一样，要求我们对实际的存在闭上眼睛，以怂恿这种幻觉：事物不是它们的实际所是。但情况并非如此绝望。武断地说，关于宇宙的这种说明恰恰不是真的。斯宾塞自称着力甚多的进化学说就是一个证据。可用进化词汇描述的宇宙是这样的宇宙，它表明确实没有设计，而只有趋势和意图。它所展示的确实不是单个目的的成就，而是一种多重的自然之善的成就，其顶点是意识。任何仅仅用运动中的物质再分配来解释宇宙,不论它有多真,都是不完整的。因为它忽视了这样一个基本的事实:运动中的物质特点以及它的再分配特点在于累积地达到一些目的——实现我们所知道的价值世界。否定这一点,你就是否定了进化;承认这一点,你就在这个词的客观意义上(也是唯一可理解的意义上)承认了意图。我不是说,除了机械论之外,还有其他理想的原因或因素介入进来。我只是坚持说明整个故事,坚持注意机械论的特点,也就是说,它在多种多样的形式中产生和证明着善。机械论是产生结果的机械论。否认这一点,就是闭眼不看存在的整个方面。

我再重复一遍,意识本身是这些多种多样的自然之善的一种。自然真正终结自己于其中的目的之一,正是对其本身的意识,对其过程和结果的意识。因为注意为什么说意识是自然的善:不是因为它被切割下来孤立地存在,也不是因为,独断地说(pragmatically),我们可以割裂和培育某些价值,它们只存在于意识之内;而是因为按照事物的本来面目,认识事物是好的。这个观点伴随着一个可贵的结果:按照其本来的面目认识事物,也就是按照它们在意识中终止的样子认识它们。这就是要认识到,宇宙真正完成和保持它自身的自我显现。

最后说一下这个观点对格兰姆斯的立场有什么影响。各阶级为争夺统治而争斗,对于权力的爱和对利益的贪婪导致了争斗,以这样一幅景象来理解人类历史,是带有情绪的神话。我们所说的历史,在很大程度上是非人类的;但就它是人类的那部分而言,它是在理智统治之下的:历史是不断增长着的意识的历史。不是说理智在实际生活中是主宰一切的,而是说它至少高于愚蠢、错误和无知。按照事物的本来面目确认事物,这乃是每一个进步的源泉。我们目前的工业系统不是贪婪或专制权力欲的产物,而是掌握自然的能量之物理过程的物理科学的产物。如果现存的体系还能被替换的话,那么代替它的将不是善的意图和模糊的情感,而是更加全面地对于自然奥秘的洞见。

当近代感伤主义说一些东西本性上就是奴隶、另一些东西则本性上就是自由的时候,它是对亚里士多德的朴素自然主义的反叛。但是,让社会主义明天到来,某些人——不是每个人而是某些人——将管理它的机构,而另一些人则将被这机构所管理。我的社会主义朋友们总是想象自己在第一种身份方面十分积极——也许是以补偿的方式想象一切而其实没有任何实际的管理——对此,我并不感到奇怪。但是,那些被管理的人,被控制的人,至少应该受到片刻的关注。

难道你不会立即赞成,如果在这些相对低下的地位和相对高贵的地位方面还有任何正义可言的话,那是因为那些由于智慧而有能力的人就应该统治,而那些因为无知而无能的人就应该被统治? 如果是这样的话,除了语词的不同,你怎么能区别于亚里士多德?

或者说,你认为,人们为成为人所追求的一切,就是填饱肚子,确保拥有持久的富裕,没有太多先前的劳作? 不,相信我,格兰姆斯,人就是人,所以他们所渴望的是神圣——哪怕他们知道它并不神圣;他们想要的是那统治要素,是理智。在他们获得它之前,他们将仍然是不满足的、反抗的、难以控制的——所以被统治的——就像你能做到的那样,重洗你的那些社会牌。

格兰姆斯(在轻蔑地耸肩之后,终于说道):有一点我喜欢阿瑟,他是坦诚的。他说出了你们心里真正相信的东西——理论,至高无上的和尊贵的理论。如果有人只是按照已经规定好的方式来定义、分类和进行三段论推理,那么在这个所有可能世界的最好世界中,一切都是很好的。亚里士多德的纯粹理智的上帝(就像他熟悉的那样)是闲适的赞美;阿瑟的观点——如果阿瑟只知道这种观点的话——是对闲适阶级经济制度的一种理智的势利,正像他所谴责的奢侈和炫耀是它的物质的势利一样。真的没有任何更多的话好说了。

摩尔:回到格兰姆斯所藐视的游戏中来。难道阿瑟实际上不是说,宇宙是善的,是因为它终止于理智;而理智是善的,是因为它感知到宇宙终止于它自身之中? 按照这个理论,无知和错误以及随后产生的邪恶,比起理智和善来,是大自然不那么真实的成就? 把它们称为成就和目的是建立在什么基础上呢? 这些成就和目的至多是极其微小的零碎的和转瞬即逝的插曲。我认为,伊顿回避了问题的实质。阿瑟似乎把它当作回避问题实质的优越理智(它真实地按照事物的所是来理解事物)的证据。什么是这个自然,这个宇宙? 在其中,邪恶是一种像善一样的顽固事实;在其中,善一直被产生它的那个力量所毁灭;在其中,居住着一种暂时的候鸟——意识注定要走向寂灭。这样的自然(阿瑟给我们提供的全部)除了问题,除了一开始就存在的矛盾之外,还能是什么? 自满的乐观主义可以掩饰它的内在矛盾,但是,一个更加认真的心灵会被迫走向这幅图景的背面并超越它,走向永恒的善。它包括并超越了那些无效的善和非法的希望。不是因为唯心主义不愿意关注事实本身,而恰恰是因为自然从表面上看,像阿瑟所描述的那个样子。唯心主义总是认为,它只是现象,试图通过它而达到实在。

斯泰尔(Stair):我原本没想说什么。我的态度和你们都不一样,所以似乎没有必要插进另一个总是充满争议的不同意见。但当阿瑟谈他的看法时,我觉得,或许这种争议之所以存在,正是因为那解决问题的话没有被说出来。因为归根到底,你们都同意阿瑟的看法,那就是你们和他有分歧以及彼此有分歧的原因。你们已经同意要将理性、某种意义上的理智当作最后的仲裁者。但理性、理智,是一种分析、分割、不一致的原则。当我求助于情感作为统一的最终工具,因此也是真理的最终工具时,你们礼貌地笑了,说——或者想——这是神秘主义。对你来说,这种情况是排除在外的。像情感、感觉、直接的欣赏、存在的自我沟通这样的一些词,确实是我在试图说出我所看到的真理时所必须使用的。但我完全知道,这些词是多么不恰当。为什么?因为语言是被选择的智力工具,所以不可避免地透露了它所传达的真理。但记住,语词只是符号,智力必须居住在符号的领域中,你看到了一条出路。像我所说的这些语词、感觉、情感等,只是要吸引你让自己持有这样一种揭示真理的态度——一种直接目光的态度(an attitude of direct vision)。

它是天使般的目光?是,又不是。如果你指的是某种罕见的、极端的、几乎不正常的东西的话,那就不是。如果你指的是最常见和最有说服力的、在善的范围中唯一有说服力的终极善的自我透露的话,那就是。那是得到上帝保佑的目光。因为这一学说是经验的;神秘主义是所有实证经验主义的核心,是所有与断言自己相比并不对否定理性主义更感兴趣的经验主义的核心。神秘经验标志着每个人对善的至上性的认识,并因此衡量出把他和纯粹唯物主义分隔开来的距离。由于纯粹唯物主义者是最罕见的人,由于信仰不可见的善的人是最常见的人,因此,每个人都是神秘主义者——在他的大部分时光里,他多半是神秘的。

摩尔和阿瑟竟然试图为宇宙中理想价值的至上性举出证据,这是多么徒劳的自相矛盾!唯一可能的证据,就是那实际存在着的证据——那些价值的直接顺利实现。因为每一个价值,由于它的必然实现,都具有它自身的存在深度。让理智的傲慢和意志的傲慢停止它们的喧闹。在寂静中,存在(Being)诉说它最后的言语,不是对信仰提出论证或外在理由,而是它自己对灵魂的自我透露。谁是时代的预言家和老师?是那些已经能达到这些沟通的最大深度的人。

格兰姆斯：我猜想，贫困——可能还有疾病——是那神圣目光特别合适的照顾者？寓意是明显的。经济的变化是纯粹不相干的，因为它是纯粹物质的和外在的。确实，从总体上说，改革的努力是令人不快的，因为它们分散了对于这样一个事实的注意，即：那最终的事情，那善的目光，是完全和外在境况无关的。斯泰尔，我不是说，你个人相信这一点，但这种寂静无为难道不是所有神秘主义的逻辑结论吗？

斯泰尔：这还不足以能说，在你的改革努力中，你真的受到正义的神圣目光的鼓舞；这还不足以能说，你的富有活力的动机是来自这种神秘的目光，而不仅仅是吃喝的需求增长。

格兰姆斯：好吧，对我来说，这整个神秘的价值和经验可以归结为一个简单直接的命题。陷于困境的群众从来不会去关心像你所讨论的那些问题。他们甚至没有时间去考虑他们是否想要考虑那些问题。就在此刻存在着的那偶尔自由的市民——作为终极民主的个别提醒者和预言者——也不会为宇宙与价值的关系而自寻烦恼。为什么？既不是因为神秘的洞见，也不是有形而上学的证据，而是因为他有很多有价值的其他兴趣。他的朋友，他的职业，他的爱好，他的书籍，他的音乐，他的俱乐部——这些事情吸引他的注意力，使他得到报答。我再重复一遍，使具有这些兴趣的人更多起来，这是一个真问题；这个问题，只有通过经济和物质的再分配才能得到解决。

伊顿：很高兴，斯泰尔，我们都不再有这样一种责任了吗？即必须去创造生活——也被叫作上帝，或自然，或运气——所提供的善。但是，当这些善已经发生了的时候，如果我们能做到的话，我们不能不负起坚持和推广它们的责任。发现智力如其所是地感知价值是非常奇妙的——如阿瑟所发现的那样，这并不是什么值得一说的事情，因为它只是用一种精心制作的方式说它们发生过。邀我们停止奋斗和努力，通过洞见和生活提供的快乐去和存在沟通，也就是邀我们自我放纵，邀我们去享受，这是以处理生活事务的负担落在其他人身上为代价的。因为甚至那些神秘主义者也仍然需要吃喝、穿衣、住房，某些人必须做这些不神秘的事情。以我们对自身完美的兴趣而忽视他人，这并不会导向存在的真正统一。

确实如你所说，智力是区别、分辨。但为什么？因为我们必须行动，以便在那流变的环境中保持安全，保持自然所恩赐的虽微小但宝贵的善；因为为了行动的成功,我们必须在有意识的选择之后行动——在区别了手段和目的之后行动。当然,就像阿瑟所说的,作为自然的结果,所有的善都会到来,但所有的恶也会一样到来,所有不同程度的善和恶都会到来。给发生的结果贴上顶点、成就的标签,然后论证,因为自然导致了这些结果,因而它们具有准道德性质。这种做法是在运用这样的一种逻辑,它不仅适用于人的生命过程——在达到它的完满时打断了细菌的自我实现,而且适用于细菌的生命循环——在成就自身的同时,用疟疾杀死了人。它本末倒置地说,因为要产生所有类型价值的结果,自然被如此加以构造,所以自然是由于价值的不同而被驱动的。在产生出这样一种存在——他努力并且思考,以便可以努力得更有效——之前,自然并不知道是否它更多地关照了正义还是残暴,更多地关照了贪婪的像狼一样的生存竞争还是那通过这种奋斗而被附带引进的改善。毫不夸张地说,它没有自己的主见。仅仅引进一种意识,它漠然地描绘发展出意识的场景。这也没有添加任何一点理由,将关心价值赞美地归因于自然。但是,当有感觉的有机体,经验了善的和恶的自然价值之后,就开始了选择、偏爱并为这种偏爱而奋斗;为了能使最勇敢的奋斗成为可能,必须在感觉和思想中分辨和汇集什么对于它的目的是有利的、什么是有害的,就在这个时刻、这个地点,自然最终已经达到了对于善的有意义的关注。这和智力的诞生是同一回事情。因为坚持一个目的,在这个目的和作为手段之条件的基础上,从自然之流中进行选择和组织,这就是智力。于是,不是当自然产生健康,或效率,或错综复杂的事物的时候,而仅仅是当自然产生出生命有机体——他能进行选择和努力——的时候,自然才展示出对价值的关注。错综复杂的事物、健康、调节,它们的发生仅仅都还是自然的结果,它既可以被称作是有目的的,也可以被称作是偶然的。但是,一旦自然产生出智力,啊,那么确实,自然就达到了某种东西。然而,不是因为这个智力公正地描述了产生它的那个自然,而是因为在人的意识中,自然真正地成为不完全的。因为在意识中,目的受到偏爱,被选择出来加以坚持;因为智力不是描述一个自我完整的世界,而是进一步描绘了继续坚持那被选择的善的条件和障碍;因为在一种价值明显不确定的经验中,一种不具强调和评价本性的智力(一种仅仅为了知识的缘故而定义、描述和划类的智力),是具有愚蠢和灾难本性的。

至于格兰姆斯,确实,这一点是真的:问题只有在它产生的地方才能得到解决,也就是说,在行动中,在行为的调整中,才能得到解决。但是,对善和恶来说,解决它们只能通过方法，最终的方法就是智力。智力就是方法。实践的问题越是重大，越是与人相关，越是非技术的，相应的方法就必须越是眼界开阔的。我不是说所有叫作哲学的都参与了这个方法，然而，我要说，调节生活中各种冲突要素的那种广泛的、有远见的理论是——无论叫作什么——哲学。除非专业哲学走向教条神学的道路，否则，它必须忠诚地看待自己的目标和使命。

智力与道德①

亨利·梅因(Sir Henry Maine)爵士说:"除了自然盲目的力量,这个世界上
找不出任何东西,其起源不出自希腊。"如果我们要问为何如此,回答就是:希腊
人发现,人的使命是对善的追求;在这一追求中,智力处于核心位置。在赞扬柏
拉图和亚里士多德时最终要说到的,不是他们发明了卓越的道德理论,而是他们
起而应对希腊生活景象所提供的机会。因为雅典为研究社会组织和个人品质之
间的互动几乎提供了一个完整的微观世界。在集中而强烈的光芒下,丰富多样
的公共生活培养了公民感。派别冲突和多种政治组织的迅速动摇,给理智的探
究和分析提供了机遇。戏剧化人格的经历、讨论的习惯、立法改变的不费力气、
个人抱负的容易实现、个人竞争的消遣,使人们的注意力集中在人物品质的要素
上,集中在个人品质对于社会活力和社会稳定的影响的考虑上。愉快地摆脱了
牧师的成见、对于自然和谐的敏感以及对自然的虔诚,导致了对于自然条件所起
作用的坦白和公开的承认。社会的不稳定和震荡,使以下的主张同样地中肯和
显而易见:只有智力可以确认自然条件所产生的那些价值,而智力本身又只能在
一个自由和稳定的社会中才得到培育和成熟。

在柏拉图那里,对于个人、社会和自然相互牵连的结果分析,会聚集在道德
和哲学是同一个东西的观念中,即对作为可靠的与社会的善之源泉的智慧的热

---

① 首次以《伦理学》为名发表,纽约:哥伦比亚大学出版社,1908 年,第 26 页;修改并重印于《达尔文
对哲学的影响》(纽约:亨利·霍尔特出版公司,1910 年),第 46—76 页,题目为"智力与道德"。
1908 年 3 月在哥伦比亚大学所作的公共演讲,作为"科学、哲学和艺术"系列讲座中的一讲,题目
为"伦理学"。

爱;数学以及聚焦于善的感知问题的自然科学,为道德科学提供了材料;逻辑是富有成效地组织与善相关的社会条件的方法;政治学和心理学是关于同一种人类本性的科学,前者是宏观的,后者是微观的。这就是柏拉图宏大而开阔的视野。

但是,关于更好生活的设计,必定建立在对已经过去了的生活加以反思的基础上。希腊城邦不可避免的局限性,必然影响了道德理论的构造。

思想的使命是要为风俗提供一种替代品,这些风俗既摆脱了来自外部接触和交往的压力,也摆脱了来自内部的冲突摩擦。理性要取代风俗成为生活的指导。但是,它要提供一些最终的、像那些风俗一样不可更改的规则。总之,思想家们被风俗的余辉所迷住。他们把从风俗中提炼出来的精华——应该作为严格的和不变的目的和法则——当作他们自己的理想。所以,道德被建立在这样一种轨迹上:寻找那最终的善,寻找那单个的道德力量。这一点,在长达二千五百年的时间里,不敢有所偏离。

亚里士多德断言,国家是出于自然而存在的;只是在国家中,个人才取得生命的独立和完整。这一断言,确实意义深远。但是,按照亚里士多德的说法,它们意味着在一个孤立的邦国(state)中,在希腊城邦(city-state)中,建立起一个在野蛮人(barbaroi)的荒芜海洋中花团锦簇的岛屿,一个如果不与所有其他社会组织为敌就平庸无为的社会。在这种城邦中,个体达到了他们的整个目的。正是在一个标志着社会挛缩(contraction)、轻蔑和敌对的社会统一体中,正是在一种鄙视交往、崇尚战争的社会秩序中,美好的生活才得以实现!

亚里士多德一个同样深刻的格言是:那种不是由于偶然原因而非国家之一分子的个人,要么是兽,要么是神。但被人们普遍遗忘的是:亚里士多德在另一处,把最高的完美、首要的美德等同于纯粹思想,并且通过把这种纯粹思想等同于神,而把最高的完美封闭在远离社会生活的孤独的高贵中。那个人,就他的情形而言,应该像上帝一样。这意味着他应该是非社会的,因为他是超市民的(supra-civic)。唯心主义者柏拉图已经具有理性是神圣的信念,但他也是一位改革家和激进分子,他要让那些达到理性洞见的人再次降入市民的洞穴;通过在洞穴中的默默努力,耐心地启蒙那些视线模糊的居住者们。亚里士多德,这位保守者和什么是存在的界定者,陶醉于对人的智力的提升,使它高于市民的美德和社会的需要;因此,他将最真实知识的生命力孤立于与社会经验的接触,孤立于区分生活过程中不同价值的责任。

然而,道德理论更多地从社会习俗中而不是从它的偏执的僵化中,接受了它的共同的善的全部范围以及它的无效和不负责任的理由。城邦是有教养市民的表层,这种教养来自于对那些摆脱了经济追求之后才可能的事务的参与,被灌输给由农奴、工匠和劳动者组成的广大群众。由于这种分工,道德哲学使自己成为精神的担保人,并将此提升为自身的存在方式。柏拉图勇敢地深入思考阶级问题;但他的结论却是:在教育之后,那些理性沉睡、欲望苏醒的群众和那少数由于其警觉的智慧而适宜于统治的人之间的明确分化是必然的。任何哲学的最具丰富想象力的灵魂,也不可能远远地超出他的人民和时代的习俗性实践。这或许已经警告了他的后来者:放弃在当代生活范围内批判地确定更好和更坏的审慎道路而去追求那更令人激动的最终确定绝对的善和恶的冒险,是危险的。它或许也告诉了人们这种可能:某些残忍的积习或非理性的社会习惯,会被设置在纯粹理性的完美典型中。但这一课并没有被人们所学会。亚里士多德很快地重犯所有哲学家的恶习,将实际存在的事物理想化。他宣称,诸如男人和女人之间、主人和奴隶之间、自由思考者和低级匠人之间的高下阶级区别,是存在的并且被自然证明了是正当的,这个自然的目标就是使理性具体化。

最后,这个与社会哲学和个人哲学如此密不可分的自然是什么?它是体现在希腊风俗和神话中的那个自然;那个我们在希腊诗歌和艺术中遭遇的灿烂而有生色的自然;野蛮人的泛灵论不再粗俗并由于正确的美学趣味而在美的体系中得到普遍化。那些神话谈论爱和恨、诸神的任性和擅离职守,以及在他们背后那不可避免的命运。哲学将这些传说翻译为对受到最终和最高目的——那理性的善——制约的那些贪婪变化的严峻动荡的描述。普通人的泛灵论死而复生为宇宙论。

在这个过程中,我们一再地听说科学,它们一开始是作为哲学的一部分,后来逐渐赢得了自己的独立。同一个历史的另一种陈述是:科学和哲学开始都从属于神话的泛灵论。它们都开始于对自然的接纳。自然的不规则性显示了微不足道的需要的无意义的反复无常,它被朝向最终和稳定目标的潜在运动纳入秩序和统一性的范围之内。当科学逐渐承担起将不规则的任意还原为规则的联合的任务时,哲学勇敢地承担起这样的任务:在精神的宇宙观的标题下,为泛灵论的残存物提供证明。毫无疑问,苏格拉底将哲学带到了大地上,但是他要人们认识自己的训喻,令人难以置信地在其实行过程中,由于如下事实而被放弃:后来的哲学家们使人沉没于哲学被带入的那个世界之中,这个世界是等级化天国沉重而又沮丧的中心,天国居于纯粹而精致的、距离这个地球上粗俗而混乱的一切尽可能遥远的地方。

希腊风俗的各种局限性,如:它对狭隘城邦之外的所有一切带有敌意的冷漠,它关于在有智慧的人和盲目的人之间具有固定区分的假设,它不能社会性地运用科学,它使人的意图服从于宇宙的目的——所有这些都影响了道德理论。哲学并没有积极参与欧洲5到15世纪野蛮状态的产生。运用一种从来没有打动过除雅典理智道德学家们之外的任何人的并不聪明的讽刺文体,在大写的自然和理性的标题下,他们对于雅典社会和希腊科学内在局限的哲学理想化,为解释封建制度的基本裂缝和对立并使其标准化和正当化提供了理智的工具。当实践的条件没有被冻结在人们对于水晶般真理的想象中的时候,它们自然是变动的,它们到来又离去。但是,当智力将变动起伏的环境固定在最终理想中的时候,僵化就要发生了;哲学无偿地承担起责任,要通过表明野蛮欧洲的最坏缺陷与神圣理性的必然关联来证明其正当性。

把人类分为被救赎的和被谴责的两个阵营,并不需要哲学去做。但希腊根据人在城邦内还是城邦外的位置而把人分为不同类型的分裂做法,被用来使这种严厉的不宽容合理化。那种在教会和城邦内部的封建制度的等级化组织,那些由拥有神圣规则的人和那些其唯一的优点就是服从的人构成的等级化组织,并不需要道德理论使其普遍化或加以解释。但是,哲学被用来提供一些理智的工具;运用这些工具,这些偶然的情节被当作浮夸的精神成就而被装饰在宇宙的天庭。不,这样太简单,以至于无法解释极度的不宽容和对支配地位的向往。它们十分顽固,只是当希腊的道德理论已经在它们之下放置了理性与非理性之间的区分、神圣的真理和善与腐败的、软弱的人类欲望之间的区分时,那种由于永恒美德的缘故而导致的制度的狭隘和世俗的统治才从哲学上得到赞许。身体的健康和幸福以及为确定、繁荣的生活提供一种安全保证,无论如何都不是中世纪的环境所关心的事情。但是,道德哲学被说服去按照原则来谴责肉体,并将正当的产业秩序问题降低为仅仅是尘世的、短暂的毫无意义。那个时代的境况,使成功的科学研究非常困难。但哲学添加了一种信念,即在任何情况下,真理是如此地超越自然,以至于它一定是被超自然地揭示的;真理是如此重要,以至于它一定是被权威地告知和强调的。智力发生了转变：从关于更好和更坏的自然来源和社会后果的批判思考转向了为形而上学的精细和体系开辟通道，对于它的接受是参与社会秩序和参与理性美德的基本要求。哲学将曾经富有生气的人类行为和进步的方式，限制在宇宙学和神学的双轮战车车轮上。

自文艺复兴以来，通过在行动中的智力的照管，道德哲学一直不停地重返希腊的实现于社会生活中的自然美德的理想。然而，在民主政治、商业膨胀以及科学重组的影响下，回归出现了。它更多地是一种解放而不是重返。这种多方协同而完成的回归和解放，在过去的四个世纪中，已经使我们的生活实践发生了转型。在把自己清楚地写入我们的实践理论之前，它是不会满足的。是将随后在道德哲学中的革命称作实用主义，还是为心灵的那些应用和实验的习惯取一个更好的名称，这并不重要。当前重要的是，智力已经从它在事物遥远边际的孤立的封闭中——在那里，它作为不动的推动者和最终的善而起作用——降下来了，在人的变动的事务中找到它的位置。所以，理论可以对导致它的实践负责了；善与自然相关联，但它与自然的关联是自然地而不是形而上学地被理解的；社会生活由于其自身的直接可能性而受到珍视，而不是因为它与宇宙理性和绝对目的的遥远联系。

有一种观念与其说是正确的不如说是人们所熟悉的，那就是：希腊思想是为城邦而牺牲个人。没有人比希腊人更好地懂得，个人只是在与他人的联系中才成为他自己。但是，希腊思想，正如我们看到的那样，使城邦和个人都服从于外在的宇宙秩序。因此，它必然限制了人类智力在怀疑、探究和实验中的自由运用。自由的心灵(anima libera)，16 世纪的自由心灵、伽利略和他的继承者的自由心灵，和宇宙论与泛灵论目的论一道瓦解。那位政治经济学的讲演人提醒我们：他的话题，在中世纪，开始是伦理学的分支，尽管就像他赶紧表明的那样，它不久就进入了更好的联系之中。嗯，同样的关联也曾经发生在所有的科学之中，不仅在社会科学同样也在数学和物理学之中。无论如何，正是数字一的完美和正方形的严正，吸引了毕达哥拉斯的注意，从而将代数和几何当作有希望的研究领域。天文学是宇宙对象的课程在道德方面被投射的图画，但丁(Dante)对于它的诠释因为是诗歌式的，所以仍然是文字上的。如果唯独物理学保留在道德领域之外的话，那么，当高贵的本质救赎了化学，神秘的力量保佑了生理学，以及非物质的灵魂提升了心理学的时候，物理学却是一个例外，它证明了这样的规则：

物质是如此内在地非道德的,以至于没有任何心智高尚的科学会通过跟它的接触来降低自己的身份。

如果我们不是像很多人那样,为那些使泛灵论得以生存的唯心论性质被从自然中剥离出去而悲哀的话,如果我们不为科学脱离伦理学而哀悼的话,那是因为:智力对固定的和静止的道德目的的放弃,是关于事物和道德的自由和进步的科学的必要前提;那是因为:科学从现成的、遥远的以及抽象的价值中的解放,是使科学成为能创造、保持更多的此时此地的特殊价值的必需前提。近代医学和卫生学的神圣喜剧叙事,是迄今被写下的人类史诗之一;但是当被完成时,它可以证明,自己并不是描述另一个世界极乐梦幻的中世纪史诗的无价值的同伴。那些18世纪的伟大观念,那个热衷阐发古典希腊思想的道德观念膨胀的新时代,那些关于人性、关于自由智力的力量和意义的无限持续进步的伟大观念,是由同一个母亲——实验的探究——生育出来的。

工业和交往的增长,直接是科学增长的原因和结果。德谟克利特和其他古人构想了宇宙的机械理论。这个观念不仅是空洞的,也是令人反感的,因为它忽视了那些丰富的社会材料,这些材料早已经被柏拉图和亚里士多德组织在他们彼此竞争的理想主义观点中;但是,从科学的角度说,它是无效的,仅仅是一点辩证法。对于只是作为被鄙视的机械学行头的机器的轻视,使机械观念远离了那些独自就可以使它富有成果的特殊和可控的经验。于是,这个观念像辩证法一样,被翻译成思辨的宇宙学,像一张巨大的网罩在了宇宙之上,仿佛要防止它成为碎片。正是由于对杠杆、滑轮以及螺杆的敬意,近代实验和数学的机械学才发展了自身。运动,通过机器运作表现自己,被作为自然的事件加以追究;并且只是被作为运动来加以研究,而不是被作为认识最终原因的可怜而又必要的手段来加以研究。通过这样的研究,人们发现,它们有利于新机器和新使用,它们在创造新的目的的过程中也促进了新的需要,并因此刺激了新的活动、新的发现和新的发明。认识到这一点,即通过实验观测,自然能量可以被系统地运用于具体需要的满足和增加,无疑是一个与人类生活相关的最伟大的发现——可能除了语言的发现之外。借助工业而来的科学,重新偿还了附带利息的债务,并如此不可避免地为了生活的目的控制了自然的力量,以至于人类第一次从悬于头顶的恐惧中解脱了出来,像狼一般地朝着进步和积累攀登,并自由地思考为所有富足自由生活提供保障的更加优雅的问题。由于希腊对抽象思想的拔高和把体力劳动贬低为代表着肉体欲望、为其自身的饱足所进行的粗俗战斗,从事工业的生活一直受到谴责。作为科学后裔的工业运动,恢复了它在道德中的中心位置。当亚当·斯密使经济活动成为人使自己的遭际更好些的不懈努力——从摇篮到坟墓——的动力时,他记录了这一变化。当他使同情成为有意识的道德努力的核心动机时,他描述了主要由于商业贸易,在破除怀疑和妒忌以及在解放人的自然冲动的过程中,人类增长着的交往所带来的效果。

民主这一近代生活的重要表达形式,是关于科学和工业趋势的社会意义或精神意义的认识,却并不是科学和工业趋势的一个附加物。当作为个体的个人不可能被信赖的时候,民主就是一种荒谬;当智力被当作是一种宇宙力量,而不是关于个人倾向的调节和运用时,这种信赖就是不可能的。当爱好和欲望在大多数人的性格构造方面,被看作主导因素时;当爱好和欲望被看作是展示了无序的、难以控制的自然原则时,它也是不可能的。把思想的引力中心置于客观宇宙中,外在于人自身的实验和检验,那么乞求运用个人智力来决定社会也就是乞求混乱。认为需求只是一种负面的波动,所以需要理性外在地加以固定,然后乞求这些需求在社会构造和交往中自由得不受约束,这就是在乞求无政府主义。只是通过塑造了近代科学的被改变了的关于智力的观念,以及塑造了近代工业的被改变了的关于需求的观念,民主才是值得尊重的。它在本质上是一种被改变的心理学。以不固定的怀疑和探究取代先天的真理和演绎,意味着信任具体的人的本性,信任个体的诚实、好奇和同情。变化着的交往取代固定的习俗,意味着一种作为社会进步动力学而不是作为个人贪婪病理学的需要观。确实,19世纪瓦解了18世纪所信赖的那种沾沾自喜的乐观主义:众多个人的明智的自爱导致了社会的凝聚,个人之间的竞争宣告了社会福利的王国。而通过友好组织起来的社会,每个个人的自由所取得的成就,应该对来自所有人的力量的相同完美作出贡献。这种社会多种利益的和谐观念,是工业化运动对于道德的永久贡献——即便迄今为止,它只是贡献了一种问题。

从思想的角度说,自14世纪以来的这些世纪是一些真正的中世纪。它们标志着人类精神习惯的过渡阶段,就像所谓中世纪代表了希腊观念在外在条件变化下的僵化一样。关于真正近代趋势的有意识的清晰表达还没有到来;在它到来之前,关于我们自身生活的伦理学一定不会得到描述。但是,即将到来的对于科学、民主和交往运动加以反思的道德体系无疑是有用的。在近代模式之后,它一定会是科学的。牛顿的影响深深浸染了 18 世纪的道德思想。对太阳系排列的描述，是根据单质的物质和运动进行、通过两个对立而又相互补充的要素起作用的：这都是因为遵循了返回到新经验细节的分析方法、类比概括的方法以及数学演绎的方法。18 世纪的想象力是牛顿的想象力；这不仅在物理的事务方面，在社会的事务方面也一样如此。休谟宣称，伦理学就要成为一门实验的科学。正像差不多在我们这个时代，密尔对于社会科学方法的兴趣导致他重新描述实验探究的逻辑一样，所有伟大的启蒙人物都在寻找能重复牛顿物理学成就的道德法则。边沁注意到，物理学已经有了它的培根和牛顿，伦理学已经有了它的培根和爱尔维修，但仍然在等待着它的牛顿。他使我们坚信不疑：在写作的这个当口，他已经——谦虚而又坚定地——准备为这个等在那里的职位填上它所需的人物。

工业化运动为这种道德的革新提供了具体的形象。从亚当·斯密那里，功利主义者们借来了这样一种观念：在一个自由社会里通过工业化的交换，追求自身目的的个人，在"看不见的手"的指引下，被引向了更有效地促成一般的善，这比他如果直接促成善更加有效。这种观点在哈特利（Hartley）借助洛克所建立起来的原子心理学那里被表达出来，并且被以高利贷的比率还给后来的经济学家们。

从追求促进民主的个人主义并为其提供正当性证明的伟大法国作家那里，产生了这样一个观念：由于正是堕落的政治机构使人腐化，使他们彼此仇视；国家与国家对立，阶级与阶级对立，个人与个人对立，因此，重要的政治问题就是法和立法——民法和刑法、行政法和教育法——的政治变革，同时迫使个人在追求促进他人福利中找到自己的利益。

功利主义，作为一种十分有效的、在废除和毁灭方面发挥功效的批判工具，没有达到这个时代建设所需的要求。它在理论上将每一个善等同于每一个其他的善，被它在实践上对中产阶级和制造业阶级的过度感兴趣所滥用。在所有人都能有一个不只是名义上的平等机会参与共同的善之前，它的原子心理学的思辨缺点和这种狭隘的视阈结合起来，轻视那种需要由国家来完成的建设性的工作。所以，那种经济对政治的持续服从，在将政治和伦理学都浸没在经济利益的狭隘理论那里得到了复仇。功利主义的正统继承者们，提供了一些机械主义的分离碎片。它是一种单调的重复，这种重复看起来似乎构成了一种美丽和谐的有机组织。

对于这一失败的预见和某种程度上的经验,加上不同的社会传统和抱负,唤起了德国唯心主义、康德及其继承者的先验伦理学。德国思想努力保留传统,这种传统将文化紧紧地与过去连在一起,同时修改这些传统以使它们能够满足新的条件。它在罗马法从斯多葛派哲学那里借来的观念中,在新教人道主义借来改造经院主义天主教的观念中,发现了可供使用的武器。格劳秀斯(Grotius)已经创造了自然法、自然权利和义务的观念,它是德国道德哲学的核心观念。就彻42底性来说,它就像洛克使个体对于自由和幸福的欲望成为先是英国后来是法国的思考核心一样。唯物化的唯心主义是那幸福的怪物。在这里,对于生动形象的普遍追求很容易地和对于道德价值崇高性的同样强烈追求相一致;斯多葛主义彻底的、唯心化的唯物主义,总是使其观念的实践影响和它们作为体系的理论风行不成比例。对于新教徒来说,正是德国人、人道主义者、自然法、自然中的和谐理性的契约、人与人之间社会交往的活力、个人良知的内在光芒,加上神圣联合中的西塞罗、圣·保罗和路德,给予道德一种合乎理性的(rational)而不是超理性的(superrational)基础,并为社会立法提供了空间。这种立法同时可以很容易地被阻止,以免被过于无情地运用到统治阶级的利益上。

康德看到了大量的细节,它们是经验的因而是不相关的,它们在这个自由的和扩散的理性中找到了自己的避难所。他看到了,只有将理性赤裸裸地剥光其经验附加物,理性才可以是自我一致的。然后,在他的几个批判中,他提供了某种笨重的运输工具,将作为结果的纯粹或赤裸的理性从自然和客观世界中转运出来,并把它安置在一些新地方,这里储备了新的物资和新的顾客。这些新地方是特殊的主体、个体;物资的储备是知觉的那些形式和思想的那些功能。由于它们,经验的流变被织入了持久的结构;新的顾客就是个体组成的社会,其中所有个人都是自己的本身。应该颁布一道指令如下:康德关于休谟使他苏醒过来的说法,除非和他的另一个说法结合在一起,否则是不应该被引用的。这个说法就是:卢梭的教导把他带回到自己,即除非哲学家能对人类自由作出贡献,否则他还不如田野中的劳作者有价值。但是,新住户即普遍理性,和旧宅地即经验的杂乱个体,仍然不能和睦相处。理性仅仅成了一种声音。它不谈任何特殊,只说一般的法则、义务,为当时腓特烈大帝的普鲁士社会秩序留下了只是宣布什么是具体义务的令人愉快的任务。自由和权威的联姻根据如下理解得到了赞扬:情感43

的优先性交给前者,实际的控制交给后者。

曾经被用在宇宙的广阔领域的普遍理性被迫在个体性的狭小范围内运用——这种个体性被当作仅仅是"经验的",一种高度特殊的感性存在物——这只能有一个结果,那就是:爆裂。这一爆裂的产物就是后康德(Post-Kantian)哲学。黑格尔的工作就是试图用历史的具体内容填充康德的空洞理性。这听起来像是被翻译为斯瓦比亚德语的亚里士多德、托马斯·阿奎那和斯宾诺莎的声音,但那手法是孟德斯鸠、赫尔德、孔多塞以及新兴的历史学派的。其后果就是断言:理性就是历史,历史就是理性;现实的就是合理的,合理的就是现实的。它特别为普鲁士国家的理想化给出了一个令人愉快的显现(对此,黑格尔并不强烈阻拦),并附带地为普遍的宇宙给出一个系统的辩护。但是,在理智的和实际的效果方面,它将过程的观念提高到了固定起源和固定目的之上,将不光是理智的而且还有社会的、道德的秩序表述为一种生成过程,它将理性放置在生命奋斗之内的某个地方。

不稳定的平衡、快速的骚动以及此起彼伏的爆破声,因此成了近代伦理学的主要音符。怀疑主义和传统主义,经验论和唯理论,各种粗俗的自然主义和包含一切的唯心主义,一起繁荣。有人怀疑,它们之所以都更加繁荣,就是因为它们是一起的。斯宾塞之所以欢欣鼓舞,是因为自然科学揭示了:在一个完美的社会中,演化的快速转变系统自动地把我们带向完美人的目标。与他同时代的英国唯心主义者格林是如此地对剥离自然的道德特性感到烦恼,以至于试图表明,这没有什么不同,因为自然在任何情况下都是通过精神原则——当自然变化着的时候,它是持久不变的——被构成和知道的。埃米尔(Amiel)[1]有教养地为内在生命的颓落而悲叹,而他的邻居尼采则以一种狂暴的欣喜挥舞起原始幸存者的旗帜,把它作为一种对于心灵高贵地位的最后胜利的预言。由这种情境推出的合理结论是:对于道德理论的态度不只是对各理论间的多种传播的态度发生了转变。各种古典理论都在一个方面相互一致。它们都同样地假设了那唯一目的、那至善、那最后目标,以及分离的趋向那目标的道德力量的存在。道德学家们一直争论,那唯一目的是一种意识的愉悦状态、神圣本质的快乐、对于义务法则的承认的总合,还是一种与环境的适应。所以,关于达到那最终目标道路是什

① 埃米尔是19世纪《瑞士日记》的作者和哲学教授,以一篇自我分析的《私人日记》而著名。——译者

么，他们一直存在着争论：恐惧还是仁慈？对纯粹法则的尊敬还是对他人的怜悯？自爱还是利他？但这些分歧显示出只有一个目的、一个手段。

我所说的态度转变，是这样一种不断增长着的信念：智力所应该做的事情，就是对多样的、眼前的善以及实现它们的多种当下手段进行甄别，而不是对一种遥远目标的寻找。生物学的进展已经使我们习惯于这样一种观念：智力不是一种最终地、静止地主宰着人的欲望和努力的外在力量，而是一种在特定情势下调整能力、调整环境的方法。历史，就像专论历史的演讲者告诉我们的，已经在进步的观念中发现了自己。发生学的立场使我们意识到，过去的制度既不是骗人的欺诈，也不是绝对的启示；而是政治、经济以及科学状况的产物，随着这些状况的变化带来了理论描述的变化。智力是一种在困难情势下进行调整的工具。这一认识使我们意识到：过去的理论之所以是有价值的，只是就它们有助于使那种社会复杂状态——它们从中产生出来的——有了一个结果而言的，但演化方法的主要影响是针对现在的。已经懂得什么在它能力之外的理论，对于更好地完成所需要做的事情以及只有得到广泛训练的智力才能从事的事情，是负有责任的：研究产生阻碍的条件和美好生活的资源，并发展和检验那些作为工作假设、可以被用来减少邪恶的原因并且支持和扩大善的来源的观念。这个纲要确实是模糊的，但正是由于对它不熟悉，才会使人得出这样的结论：它并不比有一单个的道德理想以及一单个的道德动力的观念更模糊。

根据这种观点，不存在一批分离的道德规则，不存在分离的原动力系统，不存在分离的道德知识题材；所以，不存在作为孤立的伦理科学这样一种东西。如果说伦理学的使命不是对人的最终目的的沉思，不是对正义的最终标准的沉思的话，那么它就是运用生理学、人类学以及心理学去发现关于人的可发现的一切、他的有机体的能力和习性。如果说它的使命不是寻找一个分离的道德动力的话，那么它就是要会聚所有社会艺术的、法的、教育的、经济的以及政治科学的手段来构造智力的方法，以改进共同的命运。

如果我们仍然希望与过去和睦相处，用一个词来概述多元、变化的生活中的善的话，那么毫无疑问，"幸福"这个词就是最恰当的。但是，如果在我们的想象中，"幸福"不是像体验幸福的个体那样具有独特性，不是像他们能力的构成那样具有复杂性，或者不是像他们的能力所指向的对象那样具有多样性，我们就将再一次用自由的道德换取不结果实的形而上学。

45

对于一个世纪前许多尽管真诚的但是温顺的灵魂来说，那种认为所有真实和有价值的科学是关于最后原因的知识的学说，其式微对于科学和道德来说似乎充满了危险。那种对立的观念，即一个广阔开放的宇宙，一个没有时空边界、没有起源或命运最终限制的宇宙的观念，是一种威胁。现在在道德科学中，我们不仅分担着一种相似的糟糕的不确定，而且面临着类似的危机和相同的机会。

46 在自然中废除固定的、最终的目标和因果力量，其实并不会使合乎理性的信念不重要或不可达到。伴随它的是一种在所有特殊事实领域中持久细致的探究技术的提供，这种技术引导人们发现不曾想到的力量，揭示不曾梦见的用途。以相同的方式，我们可以预见：放弃那最终的目标和单个的原动力以及伦理学中那分离的不可错的机能（infallible faculty），会加快对于经验的具体善的多样性的探究，将注意力集中在它们的条件上并揭示现在还是晦暗的、模糊的价值。这个变化将会使人们从他们不可能做到的责任中解脱出来，但它会促进对于他们能够做什么的思考，并促进对于他们由于没能正确地、周全地思考而犯错误的责任的界定。绝对的善将属于背景，但使所有人更确实、更广泛地分享自然和社会的善，这一问题将是紧迫的。这是一个既不能消失也不能回避的问题。

伦理学，哲学，回到了它最初的爱。对于智慧的爱，智慧是善的保姆，就像自然是善的母亲一样。但它是返回到苏格拉底的原则，它具有探究和检验的多样特殊方法，具有组织起来的大量知识，具有对安排的控制；按照这个控制，工业、法以及教育可以按照它们的吸引力，在所有可达到的价值方面，聚焦于由所有男人、女人都参与的问题。于是，伦理学就完全可以委托诗和艺术一个任务（这个任务自柏拉图以来，被哲学如此非艺术地履行了），那就是使生活中分离的、特殊的善在一个持久的图画中聚合并完满。它可以带着这样的自信委托这一任务，那就是作为结果的综合将不描绘任何最终的和包含一切的善，而只是为生活的令人愉快的美好增加更多的特殊的善。

幽默的讽刺，通过对道德的实验基础和经历的观念的许多敏锐关注而光辉夺目。一些人因为恐惧伦理学会遭受无政府的混乱而颤抖，这一观点被最近一

47 位作者在如下说法中很好地表达了：如果伦理学先天的和先验的基础被抛弃了，"我们将只有现存于物理学和化学中的那种确定性"！这样的担心还潜伏在其他地方：科学方法的进步会使人为特定目的服务的自由受到束缚，不能朝向那具有铁的必然性的被称作自然法的命定天意。法则统治、武力控制（Laws govern and

forces rule)，这种观点是一种泛灵论的残余。它是根据政治解读自然的产物，目的是把政治转变为并读作被假设的自然法令。这种观念从中世纪神学传到牛顿的科学，对于牛顿来说，宇宙是一个君主的疆域，它的法则是自然的法则。从牛顿那里，它被传至18世纪的自然神论，在此被移植到启蒙哲学中，最后在斯宾塞被固定的环境和静止的目标的哲学中找到了最后的落脚点。

不，自然不是不可改变的秩序，不是不能庄严地从神圣力量控制的法则卷轴中展开自己。它是变化的无限聚集。法则并不是限制变化的统治法规，而是对于变化的被选择部分的一种方便的公式化表达，它在或长或短的时间里被遵守，然后被记录在便于数学操作的统计形式中。这种速记符号化的手段，预示了人在智力上对固定法则和环境的努力屈从。作为一种文化残余，它是很有趣的，但对于道德理论来说并不是重要的。野蛮人和孩子喜欢构造一些鬼怪，它们的起源和结构很容易被掩盖了；由这些鬼怪，可以产生一些有趣的快乐和震颤。19世纪的文明人，在他那悬挂在固定、必然以及普遍法则的铁一般的框架上的固定宇宙的形象中，超越了这些臆造的鬼怪。关于自然的知识不意味着对命定的服从，而是对变化过程的洞见；这个洞见在"法则"中得到公式化，那就是关于后来步骤的方法。

通过实验科学和发生历史学而获得的对于物理、社会变化的过程和条件的知识，有一个具有双重名称的结果：控制的增长和责任的增长；指导自然变化的力量的增长和它公正地指向更加完满的善的责任的增长。理论位于进步的实践之中，而不是位于在它之上的至高无上的静止的统治中，这意味着实践本身对智力负有责任，这智力无情地审视每一次实践的后果，并通过同样无情的公开，强烈地要求义务。只要道德只热衷于谈论理想，那么实际上，力量和条件对于"实践的"人来说，就是足够好了，因为那样一来，他们就可以自行其是地改变它们。只要道德学家们自夸拥有带着纯粹规诫的绝对命令的领地，善于按习惯行事的人们就总是就近调节那些具体的社会条件；由于这些条件，法的形式得到了特殊命令的实际填充。当自由被看作先验的时候，直接必然性的强迫限制就会粗暴地伤害大多数人。

最终，人们做他们能做的，而不会去做他们不可能做的。他们做他们的能力连同环境的限制和资源所允许做的事情。他们能力的有效控制并不是通过规诫，而是通过调节他们的条件。如果这种调节不仅仅是物理的或强制的，而且是

48

道德的,它就一定包含着智力的选择和我们行动于其间的环境的决定作用,以及智力对运用人的能力的责任的苛求。理论家们探讨在此情境下追求道德、美德以及善的"动机"。那么,人们想知道,什么是他们关于人类本性构造的观念以及它与美德和善的关系? 提出这种问题的悲观主义,如果是正当的话,排除了任何关于道德的考虑。

辨别多元和具体的善,关注它们的条件和障碍,设计出使人们负责任地具体运用力量和条件的方法来,智力如果偏离了这些活动,它就已经不只是对在人与人之间建立不平等和不公正的权力的非理性热爱了。它已经走得更远,因为它已经用社会的约束力肯定了封建统治原则。所有人在他们的行为中都需要道德约束力:他们的类的同意。如果不能获得它,他们就荒唐地伪造它。从来没有人只生活在自己良心的认可中。所以,在实践事务中,先验伦理学那遥远的不相干所留下的空白,不能不以某种方式得到填充。它得到了填充,它被阶级的准则、阶级的标准、阶级的赞许所填充。这种准则推荐那些已经流行在特定的圈子、背景、行业、职业、贸易、工业、俱乐部或团伙中的实践和习惯。这些阶级准则总是依赖职业化了的理想准则并用职业化了的理想准则来支持自己。后者不只是迎合它们。在假装是用来调节实践的理论时,它必须展示它的可行性。它不安于封闭状态,仓促地用妥协和调节,以它彻底粗暴的非理性去应付实际的情形。哪里压力最大——在政治和经济首领的习惯性实践中——它就最能在哪里调和。

伦理学的阶级准则(class-codes)是在理想这个标题下,对于未被批判的风俗的认可。它们是在义务的标题下对于阶级成员已经在做的事情的推荐。如果要获得更加稳定和广泛的行动原则,在对于共同的善的兴趣中更加公正地运用自然的力量和资源,一个阶级的成员就必须不再把内容放置在对于一个其传统构成了其良心的阶级的责任上,而是要对这样一个社会负责,这个社会的良心是它的自由而有效组织起来的智力。

只是在这样一种良心中,苏格拉底要求人认识他自己的规训才会得到实行。

真理的理智主义标准^①

I

在当代哲学瓦解认识论类型的理智主义,以及取代经验哲学的过程中发挥 *50*
作用的各种影响力中,布拉德雷(Bradley)先生的工作必须被人们认真加以对
待。例如,人们只要把他的形而上学和格林(T. H. Green)的两个基本论点——
实在是单个的、永恒的以及包含一切的关系系统;这个关系系统在性质上是一种
由构成我们思维的关联过程所构成的——进行比较,马上就能看到一种变化了
的基调。布拉德雷的很多著述,都是针对**新康德主义**的理智主义所进行的持续
而精心构造的驳斥。然而,当我们发现,和这种批判相关,还有一个同样持续的
主张,即关于实在的哲学概念必须建立在一种唯一理智的标准,一种属于并局限
于理论的标准的基础上时,我们的思想受到了刺激。这种情况在人们想起下面
这一点的时候而变得有趣:在那些在哲学上求助于界定"实在"的严格理智主义
方法的人中,存在着一种普遍的并正在膨胀的趋势,那就是坚称,用这种方法所 *51*
达到的实在具有一种超理智的内容:理智的、情感的以及意志的特点统统聚集并
融合在"终极的"实在之中。这种情况不可思议的特征是:大写的实在是一种"绝

---

① 首次发表于《心灵》,第16卷(1907年),第317—342页,文章标题是"实在与观念真理性的标准";
  修改并重印于《达尔文对哲学的影响》(纽约:亨利·霍尔特出版公司,1910年),第112—153页,
  标题是"真理的理智主义标准"[这是《心灵》第16卷(1907年7月)上的一篇文章的重印,其中进
  行了很多修改。尽管所作的这些修改是为了使这篇论文更少技术化,但这种技术化仍然存在。
  我担心,对于那些并不熟悉最近的逻辑理论讨论的人而言,它仍然太过技术化而难以理解]。

对经验",理智只是它的一个部分的、变化了的片刻。然而,就哲学方法而言,这种实在却是通过唯一强调当下经验的理智特征,以及精确地通过系统排斥据称与内容相关的情感、意志而达到的！在这种情形下,愤世嫉俗的人就会被激发起来,想知道是否之所以以牺牲其他为代价而坚决强调当前经验的某一种要素,并不因为那是坚持"绝对经验"概念、阻止它溃散为普通的日常经验的唯一方式。对于布拉德雷来说,这种悖论并不奇怪。看看近代形式的广泛的**新康德主义**运动,人们大致可以说,它的主要特点就在于,坚称通过对于孤立的知识功能的单独认识,就可以达到那包括了超理智的要素、阶段——它们是道德和情感意义上的理想的特征——的大写"实在"。

在这种情势下,审查布拉德雷的方法和标准或许会有深远的意味。首先,让我们为自己摆出布拉德雷谴责理智主义的基本观点。[①] 知识或判断借助思想而起作用;它是对作为主项的存在的观念(意义)的断言。它的最终目的是要影响存在和意义的完整的统一或和谐。但是,它注定要失败;因为在实现其目的时,它必须运用与它自身意图相矛盾的手段。这种固有缺陷潜藏在关于主项、谓项和联系词的判断之中。对完成显现于主项中的实在来说所必需的谓词或意义,可以被看作指涉主项并只能通过使主项自身与存在保持距离的方式与主项相统一。它只是通过导致另一个创伤的方式——只是通过在某个其他阶段割断意义与存在的先天统一的方式——来疗治它自己主项的创伤或不足(最终,所有的不足都是因为近代唯心主义的不一致)。所以,后面的这个存在总是被忽视了。仿佛我们想用世界上所有的布来做成一件外衣,而我们完成这一工作的唯一方式,就是从一件纺织品上撕下一块,再把它补到另一件上面。

更进一步,不仅是谓项而且是判断的主项,也都是在判断的方式中完成自身的任务。它具有"感觉上的无限性",它具有"直接性",但是这两个特征是彼此矛盾的。主项的细节内容总是超出它自身的,与某种超越它的东西无限地相关联。"在它的给定内容里,它具有并不终止于那个内容的关系。"(《现象与实在》,第176页)而在它的直接性中,它表现了存在和意义一种不可分的统一。没有任何主项仅仅是存在,正如没有任何主项仅仅是意义一样。它总是存在的东西或者

---

① 我说的主要是《现象与实在》(*Appearance and Reality*)的第 15 章,即论"思想与实在"(Thought and Reality)的一章。

是被体现的意义。这样,它就要求个体性或单个独立整体的品质。但是,这个必不可少的要求和它边缘化的品质,它的无限的永恒的所指对象——这对于它作为能从谓语那儿要求和获得进一步意义的主项来说,是必不可少的——是不一致的。

关于联系词,下面这句出自《逻辑原理》(第 10 页)的引文或许有所帮助:"恰当的判断是这样一种行为,它将理想的内容(被认作如此)指向超越那个行为的实在。"换句话说,作为行为的判断(它是在联系词中被表达的行为),一定总是处于知识内容本身之外;然而,因为这种行为确实是处于实在之中,它就不能不被任何自称能胜任把握作为整体的实在的知识所认识或陈述。这些想法以这样的方式表达出来,是高度技术化的并且预设了一种知识。它不仅事关布拉德雷自己的逻辑,而且也事关由康德发端并由赫尔巴特、洛采以及其他人所继承的关于知识的逻辑分析。然而,他们的主要论点可以用一种相对不那么技术化的方式来加以表述。人类经验充满了差异。如果经验纯粹是一种原始经验(比如我们有时设想的动物的经验)的话,那么它就会完全缺乏意义,就不会有任何问题,就不会有任何思考,就不会有任何思考的机会,所以,也就不会有哲学。另一方面,如果经验是完整的,是存在和意义的紧密结合的统一,那也就不会有任何的不满意,不会有任何的问题,也就没有理由去努力弥补缺陷和矛盾。存在、事物,将体现它们所提示的所有意义;而那些仅仅是理想的、被投射或被想到而不能被实现的抽象意义、价值,则完全是闻所未闻的。但我们的经验就处于与这两种类型的经验的显著对立之中。它既不是一种无意义的存在,也不是一种自我闪现着实现了的意义的存在。我们经验过的所有事物都有某种意义,但那意义总是如此不完全地体现在事物中,以至于我们不能信赖它们。它们指向自身之外,还标示了一种它们并不履行的意义。它们提示了一种他们不能体现的价值。当我们为了实现那被否定的东西而求助于其他事物时,我们要么再次发现同样的分裂情形,要么发现甚至更加明确的失望和沮丧——我们发现相反的意义被建立起来了。现在,所有的思维都产生于存在和意义的差异,它部分地体现了这种差异又部分地拒绝了这种差异,它间接地表明了这种差异而又不愿表达这种差异。然而,思维,那种将存在和意义带入彼此和谐的模式,总是通过选择、抽象而起作用的。它建立起意义并投射意义,这种意义只是理想的,没有根基的,在空气中的,只是思想的事情,而不是刺激感受性或直接存在的事情。它强调了理想的存在和意义的完全统一，但却不能实现它。这种无能为力（按照布拉德雷的看法）不是由于外在的压力，而是由于思想本身的结构。

无论如何，知识的发挥作用都是有条件的（这些条件并不是外在强加的，而是作为判决内在于它自身本性之中的），这些条件使得它不可能实现将存在与意义完全加以统一的目的。如果同意这一论证，就很难设想对哲学自称借助知识的唯一途径达到"（大写）实在"，还能有更加严肃的谴责。

54　　矛盾的出现是布拉德雷先生的"现象"的标准，正像矛盾的不出现是他的"实在"的标准一样。所以，不用说，我们能达到的知识和真理是现象的事情。存在和意义之间的矛盾，是它最后要说的话。这不仅出自布拉德雷先生主张的逻辑演绎，而且他明确地表述了这一点。"因此，真理属于存在，但它不是那样的存在……真理表明了一种分解，但决不是一种实际的生活。"（《现象与实在》，第167页）他接着又说："每一个真理都是现象，因为在它那里，我们脱离了有（being）的性质。"（《现象与实在》，第187页）"甚至绝对真理最终似乎也会证明是错误的……内在的分离固属于真理的恰当品质……真理是经验的一个方面，所以被它所不能包含的东西给弄成了不完美和有局限的。"（《现象与实在》，第544—545页）关于真理的内在矛盾性质，不可能有任何东西比这更加清楚了，不论是作为理想的还是作为实现了的事实；关于真理的非实在或现象的性质，不可能有任何东西比这更加确定了。根据布拉德雷先生的方法，我们不可能就此停留。知识——它是通过思想而工作的，而思想总是部分的、有选择性的、抽象的——不仅注定不能完成它的使命，而且在由存在所表明的意义和这种意义在存在中的实现之间的矛盾，本身就是由于思想的缘故。

在谈到思想的时候，他这样说道："这种关系的形式是一种和解，思想以这种和解为基础并发展这种妥协。"他所讨论的所有特殊的对立都被解释为在关系的范畴中拥有其基础（《现象与实在》，第180页）。在论"现象"的部分中，他全面考察了世界多种多样的方面和区别，比如：第一性质和第二性质、实体及其属性、关系和质的要素、空间和时间、运动和变化、因果等等，指出了它们之间不可调和的差异。他不是用一种**一般化**的方式，明确地把它们归属于任何共同的来源或根基。但这种推论似乎是公正的：思想的关系特征是整个麻烦的根源，它使得在上面提到的那些例子中，具有一种与在思想讨论中建立起来的**抽象**情形完全相同

55　　的具体情形。在任何情况下，出现的矛盾都在那种被假设为存在于关系和相关

要素之间的基本差别中得到了解决。在每一种情况下,都有那最终统一的理想;在这个理想中,关系和要素就其本身而言,都消失了;尽管在每一种情况下,关系的性质就其本身而言,都会阻碍那被向往的完美结局。在至少一个地方,他明确地宣称,是知识的功能导致了把实在降低为现象。"我们不是说,事物本身总是现象;我们是说,它的特性是这样的,以至于只要我们对它作判断,它就成了一种现象。这种我们已经在我们的整个工作中所看到的特性,是理想性。现象就在于内容从存在的脱离……我们已经发现,在世界的每个地方,都盛行着这种理想性。"(《现象与实在》,第485—486页,原文没有重点标记)于是,意义和存在的分离导致了思想。这一点严格说来并不是真的,毋宁说,思想是那难以控制的成员,它创造了这种分离,然后又从事那种(它自责是失败的)任务:试图建立一种它已经毫无理由地加以摧毁了的统一。思维、自我意识是一种病,它天真地想对无思想的经验加以统一。

一方面,存在着对于知识功能之终极要求的整个不信任,这并不是出于外在生理学的或心理学的理由——它们有时据说否定了知识的能力——而是以其自身内在逻辑为根据的;但是,另一方面,一个严格的逻辑标准是作为实在的哲学观念的基本和最终的标准,被深思熟虑地接受和运用的。当我发现完全同样的一套思考,它在这本书的前面部分被运用来谴责那些被我们的经验置入表象(Appearance)领域的事物,而在后面部分被用来提供一种关于绝对实在(Absolute Reality)的得意洋洋的证明时,对于它的很久以来的熟悉还是没有减弱我的惊讶。我所采用的论证首先是关于它的形式方面的,然后是关于内容的考虑。①

关于实在的肯定观念是通过下面这一观念达到的:"终极实在必定是这样的实在,即它不与自身相矛盾。这是一个绝对标准。它被这一事实证明是绝对的:不论是努力地否定它或者甚至试图怀疑它的时候,我们都默认了它的有效性。"(《现象与实在》,第136—137页)也就是说,当一个人开始思考时,他必须避免自我矛盾。这种避免,或者用肯定的方式说,这种一致、和谐的获得,是所有思维的基本法则。因为在思维中,我们要达到实在,这就是说,实在本身必定是自我一致的,它的自我一致性决定了思想的法则。或者,就像布拉德雷再一次说的那

56

————————

① 论证的关键部分包含在第13章和第14章论《实在的一般本性》中。

样:"为了能思考,你必须让你自己服从这个标准,它暗示了关于实在的绝对知识。在你怀疑这一点时,你接受了它;当你反抗时,你服从了它。"(《现象与实在》,第153页)这里所说的绝对知识,自然就是关于实在的完全自我一致、不矛盾的特性的知识。布拉德雷这本书的每一个读者都知道,他是如何从这一点出发将肯定的内容运用于实在之上的,如何给出为了保持它彻底自我一致的特征而必须拥有的特性的轮廓素描,以及它必须拥有这些特性的方式。然而,它只是我这里所关注的事情的严格形式的一面。

我认为,在这一方面,就第一段引文而论,通过追问"对什么而言的绝对",我们触及了问题的核心。毫无疑问,是对于我们正在考虑的那个过程而言的绝对,也就是对于思想而言的绝对。但是,人们或许会说,这个对思想而言的绝对,其意义"绝对地"(因为我们这里承认只是在思想的领域内)被思想性质自身所决定。现在,这个性质已经由于"不可动摇地属于真理的恰当品质"的考虑因素而被归诸现象的世界和内在差异的世界了。是的,人们或许会说(正式地谈论),思想的标准是绝对的——也就是说,对于思想而言是绝对的或最终的;但人们怎么能想象,这无论如何都改变了思想的根本性质和价值。如果知识由思想而生效、思想构造了不同于实在的现象的话,那么,任何关于思想的进一步事实——如关于它的标准的陈述——就完全落在了这个情况的界限之内。假设思想的某个特性可以被用来改变思想基本的、本质的性质,是滑稽可笑的。思想的标准一定是被思想性质所影响的,而不是一个起补救作用的天使。在紧要关头,它将脆弱的家伙——思想——变形为前往绝对法庭的全权大使。

似乎很有理由假设,整个论证,依赖于对"绝对"一词的含混不清的使用。严格限定在论证的范围内,它只不过意味着,思想有某种原则、某种自身法则;思想的过程有某种适当的模式,它一定不能被违反。总之,它意味着任何一种最终控制思想功能的东西。但是,布拉德雷先生很快用这个词来意指描述了实在意义上的绝对,这种实在就其本性而言,与现象完全相对立,也就是说,与思想完全相对立。依赖于一个词的含混不清,理智主义的那种系统的诉求,就变成了理解实在的系统的理智主义方法的奠基石!

布拉德雷先生自己已经认识到,在他的思想诉求和他运用思想标准作为通往关于实在的哲学概念的唯一途径之间的矛盾。在处理这个问题时,他(在我看来)差一点就说出了一个更加正确的学说,同时也甚至更加清楚地展示了他的立场的弱点。他走得如此之远,以至于硬说下面这些话是反对者的意思,并接受了它们的基本含义:"事实上,所有公理都是实践的……因为它们最终不过都导致了按某种方式行动的冲动。它们只不过表明了这种冲动以及除非它得到顺从,否则就不可能满足。"(第151页)在接受了这一点之后(第152页),他接着说:"举个不矛盾法则的例子。当两个要素没有平静地在一起,而是相互冲撞和争斗时,我们不可能满意地停留于这种状态。我们的冲动是改变它,从理论上说,就是将实质内容带给这种状态,以使多样性和睦地保持在一之中。这种不能以其他方式静止下来,这种以某种方式按照某种方向改变的趋势,当被反思并被澄清时,就是我们的公理和我们的理智的标准。"(第152页,重点标记为我所加)

58

反驳是显而易见的:如果理智的标准,即作为他的整个绝对实在的基础的不矛盾原则,本身是实践原则的话,那么可以肯定,调节理智事业的最终标准是实践的。对于这个显而易见的回答,布拉德雷先生的答复如下:"如果你愿意,你可以把理智称作只是一种运动的倾向,但是你必须记住:它是一种**非常特殊**的运动……思维是一种满足**特殊**冲动的企图,这一企图暗示了关于实在的一种假定……但是,为什么——也许它会遭到反对——这个假定比对实践有效的东西更好?为什么理论的目的高于实践的目的呢?我从来没有说过,只是在**这里**,即在形而上学中,它才是这样的;我必须要求允许我给出答复,我们是理论地行动着的……**理论范围内的理论标准毫无疑问一定是绝对的**。"(第152—153页,重点标记为我所加。将这个引文和第485页的引文作个比较:"然而,在形而上学中,我们的态度必定是理论的。"再比较第154页引文:"由于形而上学只是理论,并由于理论从本性上说必定是由理智构造的,所以在这里,要被满足的正是理智本身。")

就算理智是一种特殊的运动或实践模式;就算我们不只是行动着(我们什么时候只是行动着?)而是"特殊地受到支配并因此而服从于特殊的条件",问题仍然是:什么特殊种类的活动在思考着?什么是它不同于其他种类的可经验的差异?它与它们的交流是什么?当问题是,什么特殊种类的活动在思考着以及与什么性质相一致才是它的标准的时候,告诉我们思维是一种特殊的实践活动,它的标准是一致性,并没有以某种方式使我们向前移动。布拉德雷先生未经质疑的预设是:思维是这样一种整体的分离活动(那种必须得到满足的"理智本身"),让它自律也就是表明,它以及它的标准和其他活动没有任何关系;在标准方面,它是"独立的",这种独立不包括功能和结果方面的相互依赖。除非"特殊的"这个术语被解释为意味着封闭孤立,否则说思维是一种特殊的活动模式,并没有使下面这一个命题变得无效,即它产生于实践语境并因实践目的而起作用,正如说打铁是一种特殊的活动并没有否定它是工业活动的一种相关模式一样。

他关于思想分离特性的潜在预设在上面的那段引文中表现了出来。"我们的冲动",他说,"就是改变那冲突的情形,**按照理论的方式**,将它的内容带入宁静的统一中"。如果人们用"通过"(through)这个词来替换"按照"(on)这个词的话,人们就能获得一种理论的观念,思考的观念,它公正地对待操作的自主性,然而又因此把自己和其他活动联系起来以便赋予自己一种严肃的使命、真正的目的和具体的责任,以及因此而具有的一种可检验性。从这个观点来说,作为保证它们自身和谐的最有效和最有成果的方式,理论活动其实就是某些实践活动在冲突后所采取的那种形式。冲突不是理论的,"宁静统一"方面的问题并不是理论的,但是理论却命名了那样一种活动,通过这种活动,最充分而安全地实现了战争向和平的转型。①

然而,让我们承认,布拉德雷先生的论点,按其自身主张而言,是有力的,然后再看看其结果是如何无效。的确如此,就像布拉德雷所说(第153页),如果一个人坐下来摆弄形而上学游戏的话,他必须遵守思维规则;但如果就关于实在而言,思维已经是一种空洞、无效的游戏,那么仅仅遵守规则并没有给它添加任何价值。就算关于思想特征的前提可以成立,在形而上学范围内关于理论标准的最终特征的断言——因为形而上学是一种理论——也是针对形而上学的警告。如果理智涉及自我矛盾,那么,要么它不可能得到满足,要么自我矛盾就是它的满足。

II

然而,让我们将布拉德雷先生的形式论证——哲学真理的标准一定只能是

---

① 同样的观点见之于布拉德雷先生对待下面这种方式的处理上,按照这种方式,对于善和满意的实践需求在一种哲学关于实在本性的观念中得到了解释。他承认它进来了,但认为它并不直接进入,因为如果停留在外部的话,它会间接地在理智方面引入一种"不满"特征(参见第155页)。就像对封闭孤立的理论标准的至上性的论证那样,如果不再将理智从一开始就理解为一种独立的功能并认识到,理智的不满是实践的冲突——这种冲突会逐渐深思熟虑地意识到自己是自我矫正的最有效的手段——那么这就会失去它所有的力量。

一种形式化思想的准则——先放一放。让我们忽略那种矛盾：先是涉及将思想的工作当作就是产生现象，继而又涉及使思想的法则成为绝对实在（Absolute Reality）的法则。理智主义者的标准怎么样呢？布拉德雷哲学的理智主义在如下陈述中被表达了出来：它是"保证实在是一个自我融贯体系的理论标准"（第148页）。但是，思维的标准是一致性，这个事实又怎么能被运用来确定其对象的一致性的性质呢？我们知道，一致性在某种意义上，是在它自身内部的推理的一致性。但是，这个一致性所必需的那个实在的一致性的性质是什么呢？思想无疑必须是逻辑的，但是从这一点可以导出人们所思考的那个实在，人们必须一致地加以思考的那个实在，本身已经必定是逻辑的了吗？论证的核心部分，当然，是旧的本体论论证，被剥去了所有神学上的多余物并被还原为它作为一个形而上学命题的战斗力。那些对这个理智主义基本原则有所怀疑的人，当然会在此提出质疑。他们会极力主张，不是"实在"的一致性建立在推理过程一致性的基础上，而是后者从它所要达到的那个实质的一致性那里获得了它的意义。他们会说，关于那个一致性——它是思维的目的并规定了它的技术——本性的定义，是从追问这样一些问题中获得的：思维是一种什么样的具体的活动？什么是它不得不服从的特殊条件？什么是它的作用、它的相关性、它在当前具体经验中的意义？越是坚持在理论内部理论标准——一致性——是最终的，这个问题便越是密切相关、越是紧迫：那么，理论具体地是什么呢？检验了形式的一致性的实质的一致性具有什么样的性质呢？①

举个例子，一个人想否定思维的自我一致性标准。指出这样一个"事实"，即永恒的实在是永恒地自我一致的，就反驳了他吗？难道他不会对这种反驳方式做出显而易见的回答："那又怎么样？那个命题和我当下这里的思考又有什么关系呢？无疑，绝对的实在可以是很多的东西，可能是非常高尚而宝贵的东西，但是，我所关注的是思维的特殊工作，除非你向我表明了那些中间关系，它们将那

61

---

① 这表明，许多现有的反对实用主义的论证并没有认真地理解它的论点。它们从这样一个假设入手：它是一种关于真理的解释，这种解释没有触及当下关于智力本性的观念。但是，实用主义的基本要点是：它把它的关于真理的不同的说明建立在关于智力本性——不论是关于它的目标还是关于它的方法——的不同理解上。现在，这种关于智力的不同解释也许是错的，但是保留关于思想的当下的约定理论并只是争论"真理"，并没有向前走远。因为真理是智力功能的恰当履行，问题变成了什么是后者的本性。

个特殊工作联系到绝对实在的被断言的自我一致的特征上，否则我就不可能看到实在的这个不可怀疑的非常可爱的特征在我此时此地所关注的事情中所必须造成的差别。你倒不如引用另一个不相干的事实，比如中国皇后的身高。"我们另辟蹊径来谈所说的那个人。我们要他注意他在那个环境中的特殊目的，他依据那个环境进行思考，并指出那些必须要被观察到的条件，如果那目的要实现自己的话。我们表明，如果他不能观察到由他的目的所要求的条件的话，他的思维将会是如此混乱以至于毁掉它自己。手段与具体活动目的的一致性，才是我们所要求的。"尝试思考"，我们告诉这个人说，"实验它，有时尽力使你的推理彼此一致，而在其他时候深思熟虑地引进一些不一致；然后看看在这两种情况下你得到了什么，以及所达到的结果和你思维中的目的是怎样相关联的。"我们指出，由于目的是要达到一种确定的结论，因此，目的将被毁灭，除非推理的步骤保持彼此一致。我们并不是从仅仅诉诸推理过程的一致性——事情的理智方面——转而诉诸一种绝对的自我一致的实在。我们是从诉诸所达到的那个目的的实质性特征，转而诉诸那种必然伴随它的形式化过程。

好吧，让我们真心诚意地承认，在思维的范围内，思维的标准是绝对的（那是最终的）。但什么是思维？打铁的标准在打铁范围内一定是绝对的，但什么是打铁？没有任何偏见会阻挠人们承认，打铁是一种特殊的活动，它作为同一类活动体系中一个独特的、相关的成员而存在：正是因为人们使用马来运输人和物，所以才使得马需要被安装蹄铁。打铁的最终标准是生产一个好蹄铁，但好蹄铁的性质不是由打铁来确定的，而是由使用马的活动来确定的。对操作来说，目的是终极的（绝对的），但这种终极性是一种证据，表明操作不是绝对的、自我封闭的，而是相关的、富有责任的。为什么对思想而言思维的目的是终极的这个事实，一定要有任何不同的基础呢？

那么，就让我们以实验的方式来遵从这个建议。让我们假设，在那些真实对象的价值和意义方面，存在着真正的对立和不相容；这些冲突不仅本身是麻烦的，而且也是所有进一步困难的来源——这些困难是如此之多，以至于它们可以被怀疑为人的所有不幸的原因，是所有侵蚀、毁灭价值和善的原因。设想思维——不是偶然地而是根本地——是一种处理这些困境的方式，一种被证明是唯一恰当的方式；陷入"绝境"和困难，是智力的基本困境；设想，当以一种粗野的方式努力消除这些对立并为那意味着满意、完备、幸福的事物秩序提供保证的时候,那种粗野攻击的方法,那试图直接强迫对和平发起战争的方法,失败了;然后设想,通过一种间接的方法——通过研究事态的无序状态和通过构想关于假如情况被还原为和谐的秩序,它会是什么样的情形的看法和观念——努力影响这种转型;最后,设想在这个基础上,一个行动计划被制定出来。当这个计划产生明显效果时,在导致那希望达到的完满结局方面,它比那种粗野的解决方法无限好地获得了成功。再设想,这种活动的间接性也就是我们所说的思维。难道不能说,和谐是目的,是对思维的检验吗?难道不能说,就它们明显发挥作用时,它们成功地消除了那令人不快的东西、那不一致的东西而言,那些观察是相关的,那些观念是正确的吗?

但是,据说真正的思维过程造就了某种关于实在本性的假设,即实在是自我一致的。这种说法使头足倒置了。那种假设并不是说"实在"是自我一致的,而是说通过思考,就某些特殊目的或相关的某些具体问题而言,它可能达到更大的一致。为什么关于"实在"的假设不应是这样的,即思想所关注的特殊实在能达到和谐?说思想为了继续进行下去,必须假设实在已经拥有和谐,也就是说,思想必须开始于与自身直接材料的矛盾,开始于假设它的具体目的是空洞的、虚幻的。为什么要给思想加上这样的义务:将不一致引入实在,以便在消除它们的技巧中锻炼自己。具体思维关于"实在"所做的假设是,事物如同其存在的那样,可以在思维的指引下,通过活动获得某种特性,拥有这种特性对它们是非常好的;可以比通过其他方法更丰富、更有效地获得它。人们还不如说,没有悬在上天的柏拉图似的马掌,铁匠就不可能在任何意义上对铁加以思考。他的思考也对当下,对既定的实在,做出假设,即通过智力指导的活动,这块铁可以被打制成令人满意的马掌形状。这个假设是实践的:一件特殊的事物可以以一种特殊的方式承担一种特殊所需的价值。不仅如此,关于这个假设的检验也是实践的;这在于依据它而行动,看它是否会做它自称能做的,也就是说,将活动引向那想要的结果。关于实在的假设不是附加在那观念上的某种东西,现有的观念已经把它创造出来了;某种关于被经验的事物状态之变化的假设是这样的观念,它的检验或标准在于,当真诚地依此观念行事时,是否可以造成这个可能的变化。

无论如何,当我们忠于经验事实时,情况就会变得简单的多。从这些经验事实出发,存在和意义并没有总体上的分歧;当对象没有实现我们的计划或满足我们的愿望,或者当我们设计一些发明而又没有立即找到实现它们的手段时,两者之间只存在一种"松弛"。"冲突"既不是物理的、形而上学的,也不是逻辑的,它们是心理的和实践的。它们存在于一个目的和实现这个目的的手段之间。结果,思维的目标不是要去达到意义和存在的某种总体和"绝对的"和谐一致,而是在危机的紧要关头,按照我们的意图,对事物进行特殊的调整,或按照事物,对我们的意图进行特殊的调整。就算承认布拉德雷先生关于我们经验中意义和存在之分歧的说明,就算承认他关于这种分歧与判断功能的关系的陈述(也就是说,当涉及同时关于实际的分离和理想的统一的清晰陈述时),就算承认他关于目标和标准的一致性的解说,他也仍然没有给出这种解说的具体细节。这个解说并没有因为这样一种观念——思维开始之处的"冲突"和思维终止之处的"一致"是实践的和属人的——而成为详细充分的和具有无限的更多经验保证的。

III

这明确地把我们引向了真理问题,真理被公开地承认为思维的目的和标准。我得承认,在了解理智主义者关于真理与观念以及真理与"实在"的关系这两个方面的看法时,我非常地困惑不解。我想,我的困惑之所以产生,是因为在分析的细节方面,它们的描述是如此之少。在关于真理的著述中,他们似乎更容易受到一种情绪的强烈影响——仿佛是不加批判的实用主义的牺牲品,这使得人们要对他们的很多思想加以猜测。他们的讨论含蓄地为"真理"一词赋予了三种不同的价值。一方面,真理是这样一种东西,它刻画了观念、理论、假说、信念、判断、命题、断言等等所有涉及*理智陈述*的东西的性质;从这个立场出发,真理的标准意味着对理智的目的、涵义或任何作为理智的理智陈述的论断的价值的检验。这是真理一词可理解的含义。第二,它被设想为:一种实在,撇开观念或意义,已经是**真理**(Truth);这个真理是那种可以在观念中获得或达到的较低级的或更没有价值的真理(truth)的标准。但是,我们并不停留于此。所有真理一定有一个标准,这个看法困扰着理智主义者,因此作为与观念不同的被当作那大写**真理**(以及**它们的**真理标准)的实在,便被看作仿佛它自身不能不具有来自于其他大写实在的支持和保证。这个大写实在位于它的背后,是**它的**标准。于是,这就给出了第三种真理,那大写的**绝对真理**(The Absolute Truth)(为什么这个过程不应该无限地进行下去,这一点并不清楚,但无穷倒退的必然性通过引证这最后一种作为**绝对**的真理,可以在情感上得以制止)。现在,这个方案或许是"真的",但它不是显而易见的或甚至容易理解的。到底在什么意义上,真理是(1):作为观念的观念所断言的东西,同时还是(2)大写的实在,它作为实在,是观念的真理标准,再就是(3)大写的实在,它完全消除并超越了与观念的关系。这对我来说一点也不清楚,在得到更好的证据之前,我相信,它对于任何人都不是清楚的。

在他更加严格的逻辑讨论中,布拉德雷先生从这样一个观念开始入手:真理适用于理智的陈述和假设。但是,真理不久就变成了一种独立的先验本质。第 146 页的实在和真理确认,也许只是一种随意的说法,但在有效性和绝对真理之间所做的区分以及关于**真理和实在的等级**(Degrees of Truth and Reality)的讨论,涉及了对真理和实在的同一性的假设。在这个意义上,真理(Truth)变成了真理(truth)的标准,也就是说,变成了观念的真理。但区分再一次地(第 545 页)在作为实在的观念的"**有限真理**"(Finite Truth)——它完全满足了智力本身——和只是**通过超越智力**,只是当智力完全被吸收进某种绝对并在其中失去了它的独特特征时才能达到的"**绝对真理**"(Absolute Truth)之间被作出。

我肯定,如果关于"真观念"、"真理"、"真理的标准"以及"实在"之间的彼此关系有更加清晰陈述的话,讨论的状态就会得到改进。关于证实和真理的关系的流行观点的一种更加清晰的阐述,几乎可以肯定,是有价值的。理智主义者也经常承认,证实的过程是实验的,在于设立正在进行中的表达观念意图的各种活动,并根据所造成的变化确证或反驳它。这似乎意味着,真理就是被检验或证实的信念。但是接下来,有人提出了一种奇怪的异议。据说,实验的过程**发现**一个观念是真的;而实用主义者的错误就在于,把真理**被发现**的过程当作了真理被制造的过程。"制造真理"是对真理概念的一种亵渎:是冒险将拉丁语"证实"(verification)翻译为英语"使为真"(making true)的后果。

如果我们面对这个被如此谈论的幽灵,就会发现,恐惧在很大程度上是情感上的。设想我们坚持这样的观点:真理,就其通过使它得以成功完成的行动的检验而言,是一种属于意义的品质。在这种情况下,使一个观念为真也就是对它加以修正和转换,直到它达到了那成功的后果,直到它开启了一种回应的模式。这种模式到头来能使它成为一种方法,让特定情形下的分歧和谐融洽。通过持续地按照它行事,以及通过在它的内容方面引入这样一些最终不能为和谐提供保证的品质,意义得到了改造。从这种观点来看,证实和真理是同一件事情的两个名称。当我们把它当作过程时,当这个观念的发展被延长并且在使它为真的所

66

67

有方面被揭示出来时,我们称它为"证实"。当我们把它当作成果,当作被精简和压缩的过程时,我们称它为"真理"。

设想那观念是一种发明,比如说,电话的发明。在此情况下,观念的证实和贯彻其意图的那个装置的构造,难道不就是同一个东西吗?在此情况下,观念的真还能意味着任何不同于证明那观念可以生效的结果的其他东西吗?有一些理智主义者,他们不是绝对主义类型的,他们并不相信与行动相关的人的所有目的、设计、方案,不论是属于工业的、社会的还是道德的领域,都来自已经在实在中注册完成了的永恒。这种人会如何处理实践观念的真这样的问题呢?

这种观念的真难道不是通过采取恰当行为,构造一种满足这个情况要求的条件来使它们为真的问题吗?在这种情况下,如果真理意味着"使善"(make good)的观念的有效能力的话,那么在此情况下,是什么逻辑,要禁止对任何观念运用相同的思考方式呢?

我听到街上的噪音。就其意义来说,它使人想到街上的汽车。为检验这个观念,我走到窗前,通过专注地听和看——听和看是行为方式——将原先分离的存在和意义的多种要素组合到一个单个的情形之中。按照这种方式,一个观念被做成了真的;那原先作为提议或假设的东西不再只是一种考虑或猜测。如果我没有按照一种恰当的方式对那观念作出反应的话,它就会仍然只是一个观念;最多只是一个真理的候选者,除非在那场景下依其行动,它只能一直是一种理论。现在,在这种情况下——在此,要达到的目的是发现事实的某种秩序——理智主义者还会声称,除了构造和接受某种解释之外,真理这个范畴具有存在或者意义吗?他还会声称,撇开最初引入实践探究目的的实践困难,无论如何一定都有一个观念已经存在在那里了吗?世界因为某种纯粹理智的原因,一定是理智地复制的?难道我现在确定为发出噪音的街头汽车这事,就纯粹智力所关注的而言,就不可能保留它未被确定的身份,只是一种在一个巨大的、未被确定的运动中的物质的复合体中的物理的改变?有过任何**理智的必然**,它迫使这个事件正好产生了这个判断——即它意味着街上的汽车——吗?有过任何物理的或形而上的必然性吗?除了因为我们的某种目的而需要对它加以刻画之外,有过任何必然性吗?为什么我们在把它称作实践的时候要转弯抹角呢?如果导致一种理智判断的构造和发展的必然性是纯粹客观的(不论是物理的还是形而上的),那么,为什么事物就不能以无数其他的方式得以刻画?比如说,它与月球上的环形山的距离,或它对我的血液循环的影响,或对我那易怒的邻居的脾气的影响,或对门罗学说(Monroe Doctrine)的影响?总之,在对待事物时,难道理智主义的立场和陈述不意味着新的和有意义的事件?

企图追随那些过程的内在工作方式也许是危险的,按照这种方式,真理首先被等同于某种超级实在(Superior type of Reality),然后,这个真理(Truth)又被当作观念的真的标准;而它始终主张,真理是某种被纯粹理智的观念已经拥有的东西。但似乎有某种理由相信,这种等同是因为一种双重的混淆,一个与观念有关,一个与事物有关。至于前一点:在观念被做成真的之后,我们在回顾中自然会说:"它始终是真的。"现在,这种陈词滥调,作为陈词滥调,是相当平淡无味的;它只是对如下事实的重新表述:事实上,那观念成功地有效了。但它也许并没有被当作陈词滥调,而是被当作提供了某种额外的知识,好像某种关于真理的启示确实降临了一样。然后,据说那观念有效或被证实,是因为它已经内在地,作为观念,就是真理了,据说实用主义者犯了错误,以为因为它有效它就是真的。如果人们记得,实验主义意味着,一个观念的有效应用与它的真理性完全是一回事——这种应用既不是真理的原因,也不是真理的证据,而就是它的本性——那么就很难明白上面这个陈述的意义。一个处于特别不安定环境下的人已经从灭顶之灾中被挽救了。一个旁观者评论说,现在他是一个获救的人。"是的",有人回答说,"但他始终都是个获救的人,虽然挽救的过程为这个事实提供了证明,但并没有构成它。"现在,甚至是这样一个陈述,作为纯粹同义语反复,作为根据其结果对整个过程的刻画,像所有同义语反复一样,好像说了某个东西但其实并没有。但如果它被当作对事件的先在条件的揭示,撇开使它达到幸福结果的工作过程的话,这样的一个陈述就犯了荒谬的错误;而且会在下面这个事实中表明它的错误所在,即如果照此行动,那个人就会遭受灭顶之灾。同样,在那个事件之后,说一个给定的观念始终是真的,就是没有看到是什么使一个观念成为一个观念,没有看到它的假设特性;并因此而故意把它转化为粗鄙的教条——某种任何证实原则都不适用于它的东西。理智主义者几乎总是这样看待实用主义的解释:好像不仅从他自己的立场而且也从实用主义者的立场看,它都是否定真理的存在;虽然它不过是关于它的本性的一种陈述。当一个理智主义者认识到这一点时,我希望,他会问问他自己:站在实用主义的立场上,一个观念始终是真的这个命题意味着什么?一个观念始终是真的,如果这个陈述的意义就在于说,观念就是事实上成功地通过行动达到它的意图的东西的话,那么只是重复观念始终是真的或者它不可能成功,并没有使我们走多远。①

　　从事物的一面说,实在被等同于真理;那么,按照等同于同一个事物的两个事物彼此等同的原则,作为观念的真理和作为实在的真理就是同一个东西。无论在什么地方,只要有一个改进过的或被检验过的观念,一个已经产生了善的观念,就会具体存在一种完满的、和谐化的情形。证明那个观念的同一种活动从一个内在分歧的情形中构造出一种内在的令人满意的情形——因为恰恰正是作为决定转化的行动目的和方法的这种观念的能力,才是它的真理标准。现在,除非在这种情形中的所有要素都稳定地被考虑到,否则和谐化实在提供真理标准(也就是说,通过它作为主动确定过程的最后项的功能)的特殊方式就会消失不见;完成了的存在,只是在它的存在的品质方面,撇开它的实践的或实现的品质,被当作了大写的**真理**(The Truth)。但是,当实在因此而从完成它的过程中被分离出来时,当它被看作只是既定的时候,它既不是真理也不是真理的标准。它只是事实的一种状态,和任何其他状态一样。完成了的电话,就其实现了体现那先前观念的活动而言,是某种先前观念的有效性的标准,但是仅仅作为电话,作为实际存在的机械,它并没有与墙上的裂缝或路上的鹅卵石有什么不同,从而使它能够成为真理或真理的标准。

　　一方面将真理与观念相混淆,另一方面将真理与"实在"相混淆,在这两种混淆间进行调解并完成了它们的那个插入项,我认为,就是这样一个事实:在已经被行动检验之后,观念被运用来发展更多的信念并为它们提供基础。有这样一些情况:一个观念,一旦被做成真的,就不再作为观念而存在;它实际就是这样的。就理论而言,不可能设想任何理由说明为什么它不应该如此。我理解,这是大部分——也许是主要部分——观念的情况,这些观念调解了生活实践中那些较小的和临时的危机。我不可能想象这样的情形:除了我在本文中已经赋予它

---

① 比如,布拉德雷先生的这个陈述(《心灵》,第13卷,第51期,第311页,论《真理和实践》的文章),"那观念有效……但能够有效,是因为我已经选择了那正确的观念"无疑失去了它看起来具有的任何论证力量,如果人们还记得,按照那被反驳的理论,有效的能力和正确是同一件事的话。如果改变阅读"观念能够有效是因为我已经选择了一个能够有效的观念"的措辞的话,那么,那个含蓄批评将要证明的结论当前提的特征便是显而易见的了。而且,措辞的改变或许表明了关键而意义重大的问题:除了把一个观念置于工作之外,人们怎么能知道哪个观念能够有效?

的作为某种理论的确证（corroboration）功能之外，我上面所提到的真理——关于某个噪音的某个观念的证实（verification）——还能再作为真理而起作用。这种观念通常终止了，让位于实际的情形，比如，关于发出噪音的街头汽车的知觉。人们在那时也许可能会说"我关于那个噪音的观念是个真观念"；或者，人们也许甚至没有走这么远，就只是停在了那最后的知觉上。但那被检验了的观念，并不需要作为对任何其他问题的证明要素而重现。然而，我们的科学观念显然不是这种情况。就其首要价值而言，牛顿提出的引力观念或假说当被证实的时候，就像关于街上噪音的假说一样，完全处于同一个水平上。从理论的角度来说，一旦某个事实的条件被确定了，真理或许会如此的封闭以至于它的真理特性会从思想中消失。但从实践的角度来说，正好完全相反。那观念在许多其他探究中起作用，而且，不再仅仅作为观念，而是作为被证明了的观念而起作用。这种真理得到了一个"永恒的"身份——这种身份和此时此地的运用无关，因为它们在许多此时此地中都是有用的。就像说一个观念始终是真的，其实就是一种说话方式，也就是在回顾中说它已经按某种样子产生了。因此，说一个观念是"永恒地真的"，也就是标明了一种被不确定地预言的未来的运用模式。所以，它的涵义完全是实用的。它并不标明一种属性，作为理智主义化的存在内在于观念之中，而是意味着一种使用和运用的属性。对于一个具有理性头脑的人来说，需要时总在手边就永远是足够好的了。

IV

我已经从这篇文章的开头部分所关注的那个非常一般的思考进到相对来说至少是特殊的内容。我以一种概要的方式来结束本文，希望它或许能使这篇文章的前后部分连结起来。

1. 先于并引起任何特殊的反思认知活动的条件总是某种差异、奋斗、"冲突"。这种条件是实践的，因为它涉及有机体，即一个行动者的习惯和兴趣。这并不意味着，斗争只是个人的，或主观的，或心理的。那个行动者或个体是那种情形中的一个要素，这个情形不是存在于个体之内的某种东西。在任何情形能够被归之于——就像在心理学中那样——个体之前，个体必须在那情形中得到确定。但是，只有当行动者的机遇暗含在危机中时，差异才会产生并制约着反思的认知。某些要素，作为障碍，作为干扰，作为缺陷——总之，作为不满意，作为需要某种东西来实现它的完满性——而凸显;而另一些要素,则作为被欲求的——作为被需要的,作为一种不存在的令人满意——而凸显。在既有和追求、眼下和缺席之间的这种冲突(所有愿望的一种伴随物),同时也是布拉德雷先生所坚持的,作为判断本质的存在与意义之间的特殊悖论关系的根源和类型,就我们是在和现象整体打交道的意义上而言,它不是非理性的(irrational),而是无理性的(non-rational)——根据在于,我们是在和实践的事情打交道。

2. 理智的或反思的和逻辑的,是关于这个冲突的一种陈述,一种描述或界定它的尝试。可以说,它是一种被置于不即不离之处,以便于观察和研究的实践上的不一致。采用这种方式,针对环境不满意的原始盲目反应便被中止了。行动被转化为观察、推论、推理、定义手段和目的的渠道。正是这种活动性质的改变——从直接公开的转向间接的或以陈述为目标的探究——,构成了布拉德雷先生所关注的反思实践的特殊本性。对于这种冲突本性的发现,为事实或判断的存在一面提供了材料。终止冲突的关于对象的观念或设计,为判断的意义的一面提供了材料。因为是期待着的,所以它是理想的。正如因为是怀旧的或记录的,事实的一面是存在的一样。所以,两者必然是既彼此不同又彼此参照的:只有根据问题的所在,才能想到解决的方案;只有在参考了寻找解决方案的意图时,问题的要素才能得到挑选和解释。就起因和命运而言,这种存在和意义的相互决定是尝试性的和实验的。判断主体的目的并不是要包括所有可能的实在,而是要挑选实在的那些要素,它们在确定手头困难的原因和本性方面是有用的。断言的目的不是把所有可能的意义扎成一束,并在一种最终的行动中不加区别地把它归之于所有的存在;而是要陈述一种观点和方法,通过它,我们可以最有效地与特殊情形下的困难打交道。就问题的特征以及与它打交道的方法的设计而言,什么才是重要的? 关于这一点的选择是理论的、假设的、理智的,也就是说,它们是尝试性地看问题的方式,目的是为了指导、节约以及解放那些用来真正与它打交道的活动。

3. 所以,观念的价值标准就是观念的能力(根据作为手段可能有用的东西而对目的或结果的确定),这种能力在使那对象完备方面起了作用,它是由于这对象的缘故而被设计出来的。以这种方式发挥作用的能力,就是关于真理的检验、衡量和标准。所以,标准,在这个词的最公开的意义上,是实践的。如果我们愿意的话,也可以把那对象——观念通过在行动中的指导作用而终止于这个对象——作为标准；但如果我们作这种选择的话，就要承担这样的风险：我们忘记这对象是在它的实施能力中作为标准起作用的，而不是作为完全的客观存在而起作用的。

4. 多种困难重叠在一起，多个问题重新再现，在它们就解决问题所需要的处理方式方面是彼此相似的。具有各自目的的多种形式的活动，有时多少独立地进行着，组合成一个广泛的行为系统。一个问题的解决方式被发现，又在其他地方产生出麻烦；或者，在解决一个问题时所产生的真理，被发现又提供了一种有效的方法，用以和明显产生于无关原因的问题打交道。所以，某些被检验了的观念，在扮演持久的或反复的角色的过程中，为某些永恒的身份提供了保证。这种真理的未来作用，这种我们在它们的作用中所预期的满意，这种在拥有它们时我们所感受到的控制的自信，与那种它们在其中被造就为真的环境相比，就变得相对重要得多了。在成为永恒资源的过程中，这种被检验了的观念获得了普遍化力量的地位。它们是一般意义上的真理，是真理"本身"（in themselves）或抽象中的真理，是依靠自己被赋予了肯定价值的真理。这种真理是当下讨论的"永恒真理"。它们自然而恰当地为它们的理智和实践价值附加了某种审美的性质。它们对沉思默想感兴趣，它们的沉思默想导致了佩服和尊敬的情感。除了有用的理由之外，使这种情感成为赋予它们特殊内在神圣性的基础，也就是要屈服于产生出那种使原始人把神秘灵验归因于物理事物的情绪。从审美的角度看，这种真理不只是工具的。但是，忽视工具的和审美的因素，并由于工具的和审美的特点而把价值归因于真理的某种内在的和*先天的*构造，这种做法是对它们的迷信。

就它们的持续的和未来的作用而言，我们或许不应该夸大这种真理的永恒性和持久性。它们的不变只是相对的。当被运用于新的情况，被作为资源用来与新的困难打交道时，最古老的真理会在某种程度上被重造。的确，恰恰是通过这种运用和重造，真理保持了它们的新鲜和活力。不这样的话，它们就会被降格为对过时传统的苍白无力的怀旧。在现代数论的发展中，甚至二加二等于四也获得了新的意义。在某种程度上，它的真理性也被重造了。如果我们以科学探究者的态度来问，什么是真理本身的意义，那么，在我们面前就会涌现出那样一些观念，它们被积极地运用来掌握新的领域，组织新的材料。这是真理和教条之间的根本区别，是活的和死的、腐朽的之间的根本区别。最重要的是：正是在道

74

德真理的领域中,这种认识引人关注。在运用于眼下紧急情况时没有加以重新创造的道德真理,无论在它起初的时间和地点是多么地真,也是有害的和误导的,也就是说,是假的。或许正是通过强调被体现在每一个道德体系和每一个带有道德含义的宗教的这种或那种形式中的这一事实,人们才最容易认清真理的特性。

75

理智主义真理理论的困境[①]

就其关于真理的理论而言,理智主义者是无政府主义的主观主义者吗?让我非常吃惊的是,反思使我相信,他通常就是如此。他坚持认为,真理是观念的(这个术语被用来包括判断、信念和所有具有认知价值的心理功能)一种属性,先于所有证实过程;他坚持认为,这个先在的自我拥有、独立自足的属性,决定了观念的工作方式或它的证实。由此可以推导,当某些观念被人们持有时,真理就开始存在(产生或首先潜存)了。在哥伦布(或其他什么人)具有地球是圆的观念之前,地球是圆的这个真理(作为观念的自我包含的属性)是不存在的(non-existent)。当 π 的值是 3. 1415926 在某人的头脑中产生时,这个真理才在那时、那里被创造出来,等等。[②] 这就是这个"先在属性"理论的逻辑含义。更进一步,让我们注意产生观念的那种偶然和任意的方式——如果真理是观念的独立属性的话。它们只是发生了。因为理智主义者不可能否认,人的观念的一大部分具有一种虚假而不是真理的先在属性。如果这些真理或虚假的属性是终极的、自我包含的和独特的话,如果一个观念大概像别的观念那样具有一种属性的话,如果在观念中不存在任何东西而仅仅通过旁观就揭示了两种属性中哪一种被拥有的话,那么可以肯定,理智主义者注定要相信真理的彻底原子论的性质。

人们会发现,理智主义者对这些陈述大概可能作出的答复只是强调了它们。

[①] 首次发表于《哲学、心理学与科学方法杂志》,第 6 卷(1909 年),第 433—434 页。

[②] 我没有提出当他们的观念消失时,真理是否停止存在这样的问题,尽管这似乎也是随之而来的问题。

这种答复就是：理智主义者主张，观念的独立自足的真理属性存在于它们与事物的一致或符合的关系中。准确地说，他使构成真理的那种与事物一致的关系成为了观念的一种独立自足的属性。正是这个事实，使他走向最大胆的一种物理的观念-主义(idea-ism)，而不是用理想主义(idealism)称号使它获得尊严。如果在观念的所谓认知的自我超越中，有任何东西能具体地照亮它们所指的对象，以至于它们的真理或错误是自我敞亮的话，那么理智主义者对"与实在的一致"的诉求会是有某种结果的；但是，因为众所周知，没有这种磷光，这所谓的"自我超越性"就明显地只能是一种观念就其本身而言的内在属性。

然而，我被恰当地提醒道，并非所有的理智主义者都把真理当作观念的一种属性。有些人把它当作事物、事件、对象的一种属性。哥伦布发现美洲，水是H_2O，这些是独立于任何观念的真理。好吧，那么难道这种理智主义不是承诺了绝对主义的理性主义吗？如果事物、事件被恰当地叫作真理的话，那么宇宙就必须被看作是一个真理系统，也就是说，一个理性关系的系统，或者被看作"客观的思想"。许多当代反实用主义者狂热地抛弃对黑格尔真理学说(或布拉德雷或罗伊斯的真理理论)的同情，似乎颇为令人惊诧。除了这个理论，他们怎么逃脱唯我论的主观主义呢？几天前，我在珍妮特(Janet)的《最终原因》(*Final Causes*)中偶尔看到下面这段引自波舒哀(Bossuet)的话："如果我现在问，这些真理，就其永恒和不可改变而言，潜存于何处和潜存于什么根据中的话，我就被迫要拥有一种存有(being)，在其中，真理永恒地潜存并总是被理解。这种存有必须是真理本身，并且必须完全地就是真理。由它可以推导出真理的全部。"[①]为什么不呢，如果真理本身就存在于自然秩序中的话？

如果合乎逻辑的话，那么非实用主义者便因此要么是纯粹的主观主义者，要么是客观的绝对主义者。通常他是不合逻辑的，总是任意地在两个立场之间摇摆，必要时用一个来掩盖另一个的弱点。

---

① 该书的英译本，第 395 页。

事实对观念的控制^①

I

在近来关于观念对于事实的指称关系的很多讨论中,有些东西有点让人困惑不解。一种不无流行的设想是:有一种关于它们关系的令人满意的并且前后连贯的理论,先于关于它们的一种功能的和实践的诠释的不当侵入而存在。不论是唯心论者还是实在论者,他们对待工具主义逻辑学家的方式,让人联想到不论是丈夫还是妻子对待那介入他们家庭口角中的外人的众所周知的方式:他们通过痛斥第三者来表明他们的团结。

我觉得,这种情形在一定程度上是出于各种各样的误解,这在一种新观点^②的首次亮相中或许是不可避免的。而在这个例子中,这误解又由于这种逻辑观点的亮相与那更大的哲学运动——人文主义和实用主义——的亮相之间的巧合而得到了成倍的增加。我想在此着手从其自身出发对这种逻辑观点作一概要的陈述,希望它能因其自身的优点获得一种更加清楚的理解。

首先,(撇开多种逻辑理论的可怕的混乱)正是由于缺乏关于事实和观念本性的、关于它们两者之间的那种一致或符合——它构成观念的真理——的恰当并可广泛接受的理论,导致了逻辑功能理论的发展。所以,对传统观点的困难作

---

① 首次发表于《哲学、心理学与科学方法杂志》,第 4 卷(1907 年),第 197—203、253—259、309—319 页;修改并重印于《实验逻辑论文集》(芝加哥:芝加哥大学出版社,1916 年),第 230—249 页。
② 《逻辑理论研究》,芝加哥大学出版社,1903 年。

一简要的陈述可能是中肯的。富有成效的思维——终止于有效知识中的思想——根据事实和判断的区分而成立,有效的知识也就是某种事实和判断的真正符合或一致,这是流行的不可否定的假定。但是,这种讨论在很大程度上是根据认识论的二元论而进行的,这种认识论的二元论不可能凭借于它被陈述的那种术语而提供一种解决问题的方案。这种区别立即被等同于心灵与物质之间的区别、意识与对象之间的区别、心理的与物理的之间的区别。在此,这些术语中的每一个都被设想为指向某种固定的秩序或存在,指向世界本身。于是,理所当然地,就有了关于这种一致的本性的问题以及它的辨认问题。什么是在其中观念和存在得以勘定,它们的一致得以被认出的经验?它是观念吗?这种一致最终是观念自我融贯的事情吗?那么,真理是观念和观念之外的存在相一致的那个设定是怎么回事呢?它是一种超越和吸收了所有差异的绝对吗?那么,又一次,什么是特殊判断的检验呢?事实和思想的符合是怎么回事呢?或者,更加紧迫的是:由于生活、实践以及科学的迫切问题是要区别这个或那个理论、计划或解释的相对的或更高的有效性,那么,在当下的非绝对经验中——在这里,事实条件和思想以及某种工作调节的必要性之间的区别一直存在——什么是真理的标准呢?

用另一种方式来说这个问题,要么事实和观念都始终在场,要么其中一个在场。但如果是前者的话,为什么会有一个观念呢?为什么它应该被事实检验呢?当我们已经有了我们所想要的东西——也就是说存在、实在——的时候,为什么我们还要承担起构造关于这些事实的多少不那么完美的观念这种完全多余的任务,然后再根据我们已经知道的东西来对它们进行徒劳的检验呢?但如果只有观念在场的话,那么将一个观念和事实进行比较并根据它的一致来检验它的有效性,就是徒劳的。将观念精心制作和精致化,留给我们的仍然是一个观念。尽管一个自我融贯的观念会以一种不融贯的观念所没有的方式,表明自己是真的;然而,一个自我融贯的观念仍然只不过是一种假说,一个真理的候选者。观念不是由于越来越大就成了真的。但如果仅仅是"事实"在场的话,那整个符合概念就再次被放弃了;更不要说在这种情形下,根据定义,根本就不存在思考或反思的因素。

这表明,严格的一元论的认识论不论是唯心主义的,还是实在论的,都没有摆脱这个难题。例如,设想我们采纳了感觉主义的唯心主义(sensationalistic idealism）。它废除了观念和事实之间的本体论鸿沟，通过将这两个术语还原为一种"公分母"，似乎有效地促进了问题的讨论。但是，两个类型或两个种类的感觉之间的区别和指称（对应、符合）的难题，仍然存在着。如果我说，那里的那个盒子是方形的，然后把"盒子"叫作一组观念和感觉，把"方形"叫作另一组感觉或"观念"，老问题就来了："方形"已经是那盒子的"事实"的一部分吗？还是说不是？ 如果它是，那么不论是作为观念还是作为对事实的断言，它都是额外的、多余的东西。如果它不是，我们如何能比较两个观念？ 它们之间的对应或符合到底意味着什么呢？ 如果它只是意味着我们经验到两个并列的感觉，那么，任何因果关联或幻觉当然也同样是真的。因此，以感觉为基础，在下面两者之间仍然存在区别：某种"被给予的"、"在那里的"、原始事实的东西，如盒子，以及某种处在不同层面上的、理想的、不在场的、被意欲的、被谴责的、"方形的"东西，它是关于"盒子"这个东西的好或真的断言。两者都是感觉的事实，并没有清楚地表明任何命题或信念的逻辑有效性，因为就理论而言，一个同样的陈述适合于任何可能的命题。[①]

同样的难题也再次发生在实在论那里。因为，比如说，近来关于时空关系和意义或意味关系之间的区别，已经有一种学说被提了出来，[②]作为解决知识难题的一把钥匙。事物存在于它们自身品质之中，存在于它们的时空关系中。当知识干预进来的时候，并没有任何主观的或物理的新东西，不过就是关于事物的一种新关系，一个事物被另一个事物所提示或标记而已。现在，这似乎是陈述逻辑难题的一种极佳的方式，但是我认为，它虽陈述了难题但却没有解决难题。因为这种情形的特点——声称终止于知识——恰恰在于，意义关系是关于其他关系的断言；它被指向它们；它并不仅仅是与它们并列存在的伴随物，就像因果联想

---

① 密尔关于系动词模糊性的学说（《逻辑学》第 1 卷，第四章第一小节）是逃避这个问题的典型方式的一个实例。在强有力和清晰地强调了我们的理智信念和命题的客观特征之后，即：当我们说火引起了热时，我们指的是实际的现象，而不是我们的火和热的观念（第 1 卷，第二章和第二章第一小节，以及第五章第一小节），他打算借助于说它只是一个断言的记号来解决整个判断中的"是"的问题（第一章第二小节和第四章第一小节）。当然是这样的。但是，除非这个断言（这个思想的记号）"一致"或"符合"这个现象的那些关系，否则，关于命题的客观意思的那个学说会遭遇什么呢？ 我们又将如何以别的方式与密尔（以及常识和科学）一起来坚持断言"一个外在自然的事实"与"一个我精神历史中的事实"之间的区别呢？

② 《哲学和心理学研究》（*Studies in Philosophy and Psychology*），伍德布里奇论"意识问题"的论文，尤其是第 159—160 页。

或想象的游戏那样。它是某种这样的事物：事实——具有质的规定性的时空事物——必定承受着来自它的重负，必定在自身之中接受和采纳自己。在这种情况发生之前，我们只是有"思维"，而不是已经完成了的知识。所以，从逻辑上看，那些存在关系扮演了事实的角色，意义关系则扮演了观念的角色。① 它不同于事实，然而如果有效的话，将会支撑事实。

这一点在下面引文中看得很清楚："这是冰，它意味着，它将冷却水，正如这是冰，当它被放在水里时，它会冷却水一样。"然而在这个陈述中，有一个可能的模棱两可，关于这一点我们回头再谈。"冰"（被当作冰的东西）间接表明了冷却就像实际冷却的情况一样是真实的。当然，并非每个间接表明都是有效的。

82 "冰"可以是水晶，它根本不会冷却水。就它是冰这一点已经是确定的而言，就冰在所有环境下冷却水这一点也是确定的而言，意义关系同样在物理层面上是成立的。它不仅仅是间接被暗示的，而且是被确定的事实的一部分。它根本就不只是一种意义关系。我们已经有了真理；作为逻辑的整个认识活动已经被完成了。我们不再有具有反思特征的关系了。再说一遍，思维的含义就是两类不同关系之间的"符合"或"对应"。有效确定的难题，是任何认识理论——就它与事实和真理的关系而言——的中心话题。②

II

我希望关于困难的这一陈述无论怎样不恰当，都至少会有助于表明，功能逻辑继承了这里所说的难题，而不是创造了这个难题；它从来没有否认过在"观念"、"思想"、"意义"和"事实"、"存在"、"环境"之间有明显的操作上的不同，也没有否认过事实对意义控制的必然性。它注重的不是否定，而是理解。被否定的不是陈述所用的那些术语问题的真实性，而是实在性和正统诠释的价值。被坚持的是区分的相对的、工具性的以及操作的品质——这是逻辑的区分，它们和在生活实践的操作中理智所引进的所有东西一起，按照理智的兴趣被惯例化和被坚持。现在我来谈谈这肯定的一面。

---

① 换句话说，"观念"是一个能设想任何定义——在逻辑上是合适的，比如说，意义——的术语。它无需与小的主观实体或心理材料的概念发生任何关系。

② 当然，与二元论相比，一元论的认识论在对这个问题的陈述上有优势——他们不用预设了这个答案的不可能性的那些术语进行陈述。

在分析时,以一个迷失在树林中的人为例子或许是方便的,就涉及混乱情况而言——一个需要解决的难题——以这个例子作为典型的反思情形。难题是找到一个关于回家道路的正确观念——一个将导向成功或实现回家目的的实践观念或行动计划。在此,逻辑实验理论的批评家们的观点是:这个实践观念——其真理性在一个需要的成功满足中得到证明——的成功依赖于一个纯粹表象的观念。那个关于存在环境的观念,其有效性与成功无关,而是取决于它与既定事态的一致。据说使一个人关于他的环境的观念为真的东西,是它与实际环境的一致,"一般而言,在任何情况下,一个真观念就在于它与实在的一致"。我已经指出,我接受这个说法。但这个说法中,"观念"、"存在"以及"对应"这些其他认识论的作者们所用的术语,其意义是什么?一直很不幸的是,我对它们并没有当下非常清楚的概念。当我分析这些概念时,我发现,实践观念和理论观念之间的区别既不是固定的也不是最终的;我发现,在"成功"和"对应"之间有着某种令人吃惊的相似性。

就说什么是构造观念的环境,即什么样的智识内容或客观细节被赋予"环境"一词?它几乎不可能是指实际可见的环境:树,岩石等,它们是一个人实际所看到的东西。这些东西就在那里,构造关于它们的观念似乎是多余的;而且,那位徒步旅行者尽管迷路了,但如果在这种环境下不能构造对应这些事实的观念(假设他选择这种享受),他通常一定是执迷不悟的傻瓜。环境一定是一个比这些可见事实更大的环境;它必定包括了不在那位迷失者直接视野中的一些东西。比如,它必定从他现在所在之处延伸到他的家,或者延伸到他出发的地方。它必定包括了与被感知的东西相对照的、不被感知的因素。否则,那个人就不会迷失了。这样,我们马上会想到这一事实:那位迷失者没有其他选择,他要么无目的地游荡,要么去构想整个环境。这种看法就是观念所意味的东西。它不是某种琐碎的心理实体或意识素材的片段,而是**参照不在场的部分对于当下区域环境的诠释**,这个部分被指向另一个部分以给出关于整体的观念。在找到一个人的道路方面,这种观念是怎么不同于一个人的行动计划的,我不知道。因为一个人的计划(如果它真是一个计划、一个方法)是关于已有的既定东西与非既定东西的假设关系的观念,它被用作行动的指南,这种行动导致了不在场的存在也被给出。它是一张地图,其两端由一个人的迷失的自我和一个人的找到出路的自我——不论是在开端还是再次回到家里——所构成。如果这幅地图,就其特殊品质而言,不也正是唯一的回家道路的指南、一个人的行动计划,那么,我希望我千万不要迷路。正是迷路和希望找到路的实践的事实,构成了"环境"的界线和内容。

于是,就有了关于观念和环境对应的检验。设想一个人静止地站在那里,试图将他的观念和实在比较,那他要去与什么实在作对比? 不是与已经在场的实在作对比,因为这个实在就是他迷路的现实;不是与完整的实在作对比,因为在行动的这个阶段,他只具有代表完整理论的观念。那么,除了把对整个情境的心理规划当作初步的假说,当作一个行动计划并开始按照它行动,把它用作一个人游荡的"引导器"和"控制器",而不是盲目地四处乱走,直到这个人筋疲力尽或碰巧走了出去,还有什么样的对比是可能的或可取的? 现在假设一个人把这个观念——也就是说,根据不在场的事实,当下的事实被设想处于一个整体之中——用作行动的指南。假如,依靠它的详细说明,一个人按照他的想法朝前走,直到他突然看到熟悉的土地——找到他的自我。现在,那个人会说,我的观念是对的,它与事实一致;它符合实在。更确切地说,真诚地按照它行动,它导致了想得到的结局;**通过行动**,它实现了它预期的或设想的事物状态。这种一致、符合是目的、计划与其自身的实现、执行之间的一致,是为了行动的缘故而构造的关于过程的地图和在行动中按照地图的指引所到达的结果之间的一致。这样的一致,与成功有什么不同?

III

于是,就有了关于 如果我们不是按照观念而行动,就没有任何可以想象的那些或那种理智主义方式能证实或拒斥一个观念,或有助于理解它的有效性。非实用主义观点是怎样理解证实发生的呢? 它设想我们首先长时间地看一个事实,然后再长时间地看一个观念,直到通过某种神秘的过程,它们对应的程度和方式才变得清晰可见吗? 除非是这种想法,否则除了实验或实践的观念,还有什么对应的观念是可能的呢? 而如果承认证实涉及行动,那么除非观念本身已经与行动相关,否则那行动怎么可能与观念的真相关呢? 如果通过与事实的实验定义(即作为阻碍和条件)以及通过与目的或意图的实验定义(即行动计划和方法)相一致而行动,结果一个和谐化的环境自己呈现出来的话,那么我们就有了一个恰当的和唯一能够想象的关于理智要素的证实。如果所说的行动得以贯彻而无序与混乱的环境仍然持续的话，那么我们就不仅仅否定了智力的尝试性的主张，而且我们在行动的过程中引进了新的材料并删去了一些旧的材料，从而为重新考察事实和重新审视行动计划提供了机会。通过认真地按照不恰当的反思陈述而行动，我们至少确保了改善它的要素。当然，这并不能绝对地保证，反思在任何时候都能证明它在事实方面的有效性。但是，通过认真地按照它而行动，理智内容的自我纠正是知识的"绝对"，对于它的忠诚是理智的宗教。

赋予"所予"的理智定义或划界，因此也就像归于观念的定义或划界一样，是尝试性的和实验性的。在形式上，两者都是绝对的；在内容上，两者都是假设的。事实只是作为事实而真正存在，意义只是作为意义而真正存在。一个并不比另一个更多余，更主观，更不那么被强迫。就自己根据自己而存在来说，它们两者都是实在的和有强制力的。但是在存在的基础上，没有任何要素要么可以被严格地描述为智识的，要么可以被严格地描述为认知的。在它的原始和未理性化的形式中，只有一个实践的场景。在任何时候，关于所予事实的不确定者，在于是否那真正的排除和选取已经被做出。由于这个问题最终只能通过实验结果来决定，所以，这种特征的赋予本身就是尝试性的和实验性的。如果它有效，那么这种刻画和描述就被发现是恰当的；但对于无疑的、绝对的、僵化的客观性的每一种先于探究的确认，都会减少它的有效性的概率。被赋予材料的那种特征必须被尽可能地当作假设的，以便保留从容和敏捷的再思考所需要的弹性。任何其他做法实际上都主张：所有碰巧存在和显现自己（都是同样真的）的事实和细节，必须被给予同样的地位和分量，它们的外在分布和内在的错综复杂必须被无限期地加以追究。实在的这种纯粹堆积的毫无价值，它的整个不相干性，判断这种积累之意义的方式的缺乏，所有这些都是很好的证据，表明了把客观逻辑内容归于与情势的需要和可能完全没有关系的事实的理论是荒谬的。

无论事实还是观念，就其本身来说，是完全实在的。一个人越是顽固地这样主张，相关的有意义的事实和有效观念的发现就越是偶然——越是偶然的，就越不是理性的，这正是知识情形的问题。只是在这种程度上，适当的进步是合理而又可能的：意义（就其存在的必要性来说是必然的）和事实（就其原始的强制性来说同样是必然的）根据情势的制约被赋予一种暂时性的和尝试性的性质。赞同实验和功能的估量，放弃在事实和意义两方面的知识内容的僵化和最终的特征，正是这样一种改变，标志着从中世纪和希腊科学以来的近代发展，这点似乎是不

87　可怀疑的。要了解这一课,一个人只需要将希腊思想(柏拉图的理念,亚里士多德的形式)中僵化的现象和观念与近代的实验选择、事实的确定以及假设的实验运用加以对照。前者已经不再是非描述种类的最终实在而成为暂时的材料;后者已经停止具有永恒的意义而成为工作的理论。数学的富有成效的运用和实验探究技术的发展,已经与这种变化相一致。实在的存在独立于它们作为智识材料的运用,意义的存在不同于它们作为假设的使用,这是与近代哲学夸张的主观主义相对立的希腊实在论的永恒真理。但是,用定义知识内容的同样方式来定义这种存在,使完美的存在成为完美知识的对象,不完美的存在成为不完美的知识的对象,这种观念是延伸到近代的希腊思想的谬误。科学方法的进步正在这种意义上表现出来:它不再设想,当进入反思情形时,先前的实在和先前的意义还固定地、永久地保持着它们在进入反思之前所具有的品质;它已经认识到,它们在知识情形中的出现,标志着它们必须从新情形的角度重新得到定义和估价。

IV

　　然而,这个观念并没有要求我们接受这样的观点:存在着任何完全非反思的被意识到的情形。确实,任何可被恰当地称作经验的东西,都包含了某种东西,它被当作超越和针对那种被给予的或在那儿的东西的。但存在许多情形,其中理性的要素——事实和意义之间的相互区分和相互参照——只是偶然地进入它们之中,并且是含糊的、不突出的。许多干预是相对琐碎的,只引起了一些微小的、表面的关于内容的重新界定。这种事实对意义的正在发生的张力,可能足以

88　唤起和带来与智识问题毫不相干的各种有意义的事实。这种情形就像是一个人找到通过田野的路径,这依赖于他所熟悉的整个情况,并因此只要求在那一刻对微小的复杂性进行重新审视和估价。如果我们愿意,我们可以把这种情形叫作知识情形(因为表现出具有知识特征的反思功能),但这样称呼它们并没有消除它们与以下情形的尖锐区别:在这些情形中,关于事实的批判的描述和关于意义的定义构成了主要内容。一个旅行者必须临时关注那熟悉的和常走的高速公路上作为知识的正确道路的指示牌,就像在完全同样的意义上,数学家或化学家或逻辑学家的探究是知识一样,谈论这种一时的关注,如同混淆了所涉及的真正问题一样,否定了它的任何反思的要素。那么,如果一个人记住这么两个考虑——第一,每个反思情形的独特问题和意图;第二,在不同类型的反思情形中,逻辑功

能在范围和程度上的区别——的话,他就对以下学说不会感到困难:科学知识发展的巨大阻碍在于,事实和意义是带着来自其他情形的顽固而乖违的特征进入这种情形的。

这就为再次谈论逻辑问题提供了一个机会,本文早些时候提到并承诺要回到这个话题上来。事实可以被当作质的存在,以及某种时空关系中的存在。当有知识的时候,另一种关系被添加进来了,即一个事物意指或意味另一事物的关系。例如,水作为水,是在某个地点、某个时间序列中存在的。但是,它可以意味着干渴的解除;并且,这种意味关系构成了知识。① 这种说法可以用与在本文中展开的那种说明相一致的方式得到解释。但它也可以在另一种意义上得到解释,关于这种意义的考虑有助于强化这样一种观点,这种观点将刻画所予的那种尝试性的性质看作与预期的和不在场的东西有所区别。水意味着解渴,它是能喝的,能导致死亡的。它不是水,而是一种"看上去像"水的毒药。或者说,它是能喝的,是水,但不解渴,因为饮者是处在一种不正常的状态,喝水只能加重口渴。或者,它是能喝的并且能解渴,但是它也导致伤寒热,它不仅是水,而且是水加病菌。所有这些事件表明,错误很可能发生于对存在事物——提示的(suggesting)或被提示的(suggested)——的刻画,就像发生于作为提示的提示一样。没有理由赋予那"事物"任何更高的实在。确实,就这些情况而言,可以公正地说,错误的产生是因为具有质的事物和被提示的事物或意义关系没有被区别开来。"意指"的力量被看作是所予事实的直接性质的一部分,就像它的颜色、流动性等等一样。只是在另一种情形下,它才被区别为一种关系而不是一种要素。

确实,就像可以说,它提示了解渴是因为它被刻画为水一样;也可以说,一种事物被叫作水,是因为它提示了解渴。事实关系和意义关系之间存在一种有意识的区别,在这种意义上,知识功能成了重要的、突出的。它必然意味着,"水"不再肯定是水,就像这个事物是不是——不论它是什么——真正意味着解渴,是可以怀疑的或假设的一样。如果它确实意味着解渴,它就是水;就它可能不意味着解渴而言,它也许就不是水。现在,它是什么的问题就成了它意味着什么的问

---

① 这种观点最初是在关于另一个问题而不是这里所讨论的这个问题的讨论中被提出的,即:意识问题;将它从那个语境中分离出来或许并不十分恰当。但是,作为一个知识法则,它与本文中所论及的那种观点有着足够的相似性,以至于要求进一步的讨论;但这并不意味着,在这里所得出的结论将会适用于那个意识问题。

题。对一个问题无论什么样的解决，同时也就是对另一个问题的解决。这样，在存在或事物获得智识化的力量或功能的意义上说，它成了一个不完整的或可疑的东西；为了作为符号或作为通过行动而被实现的未来实在的线索而起作用，它被界定和描述。只是当"实在"被还原为符号，它作为符号的本性被加以考虑时，它才获得了智识的或认知的身份。这对于事实和观念区分的实践特征问题来说，影响是显而易见的。我认为，没有任何人会否认，某种行动确实产生于判断；没有任何人会否认，行动以某种方式有助于检验它由之产生的智识操作的价值。但是，如果这个后续行动只是后续的，如果智识的范畴、运作以及区分是自身完整的，与它没有内在关联的话，那么什么东西保证了它们转变为相关的行动，通过什么奇迹那行动能检验观念的价值？但是，如果对事物的智识识别和描述就像意义的归属一样，是暂时的和工具性的话，那么，活跃的实际情形中的那些急事，在知识情形的所有范畴方面，都是操作性的。行动不是一个多少有些偶然的附属物或事后被想到的东西，而是在整个知识的功能方面，正在进行着发展和正在指引着方向。

最后，我认为，这些基本的逻辑范畴、事实、意义以及对应的实践特征之所以可能很容易被忽视或否定，是由于实践的意义体现于它们之中的那种有机的方式。它可能被忽视，因为它如此地深入于那些词项本身之中，以至于它无处不被预设。实用主义者处在这样的位置上：他被指责否定了某种东西的存在，因为在指出它的某种基本特征时，他以一种奇怪的眼光看待它。当熟悉的东西被加以定义时，这种混乱总会发生。困难与其说是逻辑的，不如说是心理的——定位和心理调节的困难，从长远的角度说，这些困难将通过我们对不同观点的适应而不是通过论证而被克服。

观念的逻辑特性[①]

约翰·斯图亚特·密尔说道:"进行推论已经被说成是生命的伟大使命……它是心灵从未停止从事的唯一工作。"如果情况确实如此,那么很遗憾,密尔似乎并没有认识到,这一使命与我们说"心灵"的时候所意味的东西是相同的。如果他认识到了这一点,他本会运用他那巨大的影响力,不仅反对心灵是一个实体的观念,而且反对心灵是一个由不依附任何实体的存在状态或属性所组成的聚合物;他也会因此而更加努力地使逻辑从认识论的形而上学中解放出来。无论如何,根据它们在进行推论中所扮演的角色和所占据的位置的角度,对智识的操作和条件所做的解释,与把它们解释为具有存在本身,把它们处理为构成了某种存在的材料——它不同于推论中出现的*东西*——相比,是一件不同的事情。后面的这种处理成了心理学的基础,这种心理学本身无批判地接纳了灵魂实体的形而上学残余:没有实体的偶性的观念。[②] 这种来自形而上学的心理学的假设——意识作为存在素材或存在过程的假设——被带到对知识的审查中,以至于创造了一种不是逻辑的(对于有效推论或从一件事到另一件事的推论方式的说明)而是认识论的知识理论。

---

① 首次发表于《哲学、心理学与科学方法杂志》,第 5 卷(1908 年),第 375—381 页;修改并重印于《实验逻辑论文集》(芝加哥:芝加哥大学出版社,1916 年),第 220—229 页。

② 这个"意识"概念,作为一种复制的事物世界,我认为,主要是源于休谟的这样一种观念并进而呈现给我们的,即"心灵只是不同知觉的一个堆积,一个集合,它们借助于某些特定的关系统一在一起"。——《人性论》,第 1 卷,第四部分,第二小节。至于这种观念是如何从非物质的实体观念中演变而来的,参见布什的"唯心主义起源中的一个因素",载于《詹姆斯纪念文集》。

所以，我们有了（对逻辑来说是如此不幸的）结果，那就是：逻辑并不是自行其是，而是受到了这种设想的连累；知识并不是按照事物（我在一个宽泛的意义上使用"事物"，等同于物、物件，不仅包括了狭义的"事物"，也包括了事态、关注、行为）进行的，而是按照事物和意识所创造的特殊存在之间的关系，或按照事物和这种存在的功能操作之间的关系进行的。如果能够表明，心理学本质上不是关于意识状态的科学，而是行为状态的科学——它被理解为一种连续的再调节的过程——的话，那么，以感觉、知觉、影像、情感、概念为名称的那些不可怀疑的事实，就将被重新解释为意味着行为方案方面的特殊（即具体性质的）时期、阶段以及危机。意识状态内在地界定了一种分离的存在，作为这一信念的所谓科学基础将会消失。推论的知识，从心理学的角度看，涉及反思的知识将被同化到功能再适应的某种模式之中，它涉及震惊和控制的需要；在事物直接地、非反思在场的意义上，"知识"将被等同（心理学地）于相对稳定的或完全的调节。我不能自称心理学家来谈论，但当代心理学状态的一个明显特征是：一种学派（所谓功能的或机能的）仍不过是在和关于"意识状态"的一种约定的和不清楚的关系打交道；而那种正统学派则在对行为类型的观念不断作出让步。它引进了疲劳（fatigue）、实践以及习以为常这些观念。它使自己的基本分类建立在生理学区分的基础上（比如说，被中央引发的和被边缘引发的），这种分类从生物学的角度说，明显是涉及行为表现的结构的区分。

93　　《逻辑理论研究》的目标之一，就是要表明：从否定的或批判的方面说，公开声称只是从意识状态开始它的知识说明的那种逻辑理论，在每一个关键时刻都被迫设定**事物**，根据事物来定义它所谓的心理状态；①同时要表明，从肯定的方面说，就逻辑的角度看，诸如感觉、影像等的区分标志着在受控制的判断，即推论性结论发展过程中的一些手段和危机。也许并不让人吃惊，这一努力本应该受到批判，不是由于它自身的优点，而是由于这样的假设：这种（功能的）心理学观点和逻辑观点的对应是根据心理学所要求的，这种心理学为批评家所具有——也就是说，建立在意识是一种分离的存在和过程的假设基础上的心理学。

---

① 参见：例如第 31 页（《杜威中期著作》，第 2 卷，第 322 页），"如此一来，那种'不过是我们意识一种状态'的东西——结果直接变成了事实系统中一个具有明确确定性的客观事实"，以及第 58 页（《杜威中期著作》，第 2 卷，第 344 页），"实际的感觉作为事件世界中一个事件是确定的"。

这些考虑表明,在我们能用让人理解的方式提出观念的真理问题之前,必须考虑它们在判断——被当作推论操作的典型表达的判断——中的地位。(1)除了在可疑的和被探究的情形下之外,观念会在其他情形下出现吗? 当事实本身被知道时,它们还能和事实一道存在吗? 除了判断悬而未决的时候,它们会存在吗?(2)除了在结论中暂时接受的建议、猜测、假想、理论(我在这些术语的宽泛意义上使用它们)之外,"观念"还能是什么别的东西?(3)它们在探究行动中起到任何作用吗? 它们有助于指导观察,综合材料,引导实验吗? 或者它们是无用的?① (4)如果观念在指导反思过程(表达在判断中)方面起到作用的话,那么,成功地起作用(也就是说,引导到一个稳定的结论)与观念的逻辑价值或有效性有任何关联吗?(5)最后,有效性与真理有任何关联吗?"真理"意味着某种东西,它内在地不同于以下事实,即一个判断的结论(原先不被知而现在被知的事实,判断终止于它)本身适用于怀疑和探究的进一步的情形吗? 除了终止于已知的事实——即没有反思中介的事实——之外,判断能被恰当地看作不只是实验性的吗?

当这些问题——当然,我指的是上述质疑中举例说明的问题——得到回答时,我们或许就会尽可能深入地接触到观念的**逻辑特性**。这个问题还可以用下面的方式重新提起:是否认识论者的"观念"(即纯粹"私人意识流"中的存在)作为某种未被触及的东西(something over and above)保留在那里,至今仍没有得到说明;或者,它们不是对逻辑特性的误解和歪曲。我打算在后者意义上给出一个简明的固执己见的答复。在不可怀疑的对象所存在的地方,就这些地方而言,"意识"是不存在的,只存在着事物。当存在着不确定性的时候,就存在着未定的、可疑的对象——被暗示的、被猜测的事物。这些对象具有一种独特的地位,正是正确判断力的作用,给予了(作为居于那种地位的)它们一个独特的标题。"意识"是一个经常为了这个目的而被使用的术语。假如它被认作有疑问的对象,再加上这样的事实,即就其有疑问的特性而言,它们可以像那些值得信任的对象一样,被有效地用来指导观察和实验,最终解除了这个情形的可疑特征,那

---

① 当我们说一个观念是一个"行动计划"时,就必须记住:"行动计划"这个术语是一个形式术语。它并没有对这个行动——与之相关,一个观念是一个计划——是什么做出任何解释。它或许是砍伐一棵树,发现一个踪迹,或者在数学、历史或化学中进行一个科学研究。

么，我看不出对这个术语能提出任何的异议。这些"对象"可以变成有效的，或者可以不变成有效的。但是，无论如何，它们都可以被使用。通过推理，它们可以被内在地运作并发展出关于它们含义的清楚陈述。它们可以被用来作为出发点，对材料进行选择和安排，作为一种方法用来指导实验。总之，它们不仅仅是假设的；它们是工作（working）假设。同时，它们与人们所说的客观性的远离，或许导致我们把它们仅仅看作是观念，或甚至是"心理状态"——再重复一次，假如我们用心理状态仅仅指这种逻辑地位的话。

95 在符号中，我们有这种观念的例子。一个符号，按我的理解，从存在论的角度说，本身总是一个特殊对象。一个语词，一个代数指号，就是一个具体的存在，正像一匹马、一辆消防车或一块蝇屎斑是具体的存在一样。但是，它的价值存在于它的表征（representative）特性中，存在于它用于操作的建议的或直接的力量中。这种力量如果发挥作用，则会将我们引导到那些非符号的对象；这些对象如果没有符号的作用，就不会被理解或至少不会那么容易地被理解。我认为，值得注意的是：(1)将对象看作符号的能力和(2)工具化地运用符号的能力只是提供了针对教条主义——即非批判地接受生动地呈现给我们的任何建议——的预防措施；而且，它提供了理智地控制实验的唯一基础。

然而，我认为，如果我们能在这里稍作停留的话，那就不应该有这样的倾向，即把观念当作私人的、个人的。如果我们只具有他人说出的，或写出或打印出的语词或其他符号的话，我们在处于客观的不确定的时候，是可以把它们叫作只是观念的。但是，我们不应该认为这些观念是我们自己的。然而，那种外在于有机体的刺激并不是恰当的逻辑手段。就它们自身的存在地位而言，它们太僵化、太"客观"了。它们的意义和特性被太明确地固定下来。对有效的发现来说，我们需要的是更加容易被操作的、更加变化的、更容易放弃和改变的东西。内在于有机体的事件，内在于有机体的调整，也就是说，不是参照环境而是参照彼此的有机体的调整，更加适宜于作为真正模糊不清的对象的代表。一个真正被怀疑的对象，就其本性而言，是不稳定的、不完善的、模糊的。什么是一个事物，如果它至今没有被发现，至今没有被暂时地得到和检验的话？

古代逻辑从来没有超出对象的观念，这个对象的逻辑位置、作为与共相相关的殊相的包摄（subsumptive）位置，是值得怀疑的。它从来没有触及关键的问题，即在哪里可以寻找那些殊相，其本身作为殊相是可疑的。所以，它是论证的逻辑、演绎的逻辑,而不是探究的逻辑、发现的逻辑以及归纳的逻辑。它急需解决自身的困境:一个人怎么可能探究? 因为要么他知道他在寻找什么,因此他没有寻找;要么他不知道,在这种情况下,他不可能寻找,或者即便找到他也不可能说出来。近代生活中的个人主义运动,实际上疏离了个人,允许个人(即内在于有机体的)事件过渡地和暂时地具有它们自身的价值。这些事件和外在于有机体的事件(在起源和最终结果方面)具有连续性;但是,它们通过暂时的置换,可以被看作是独特存在的。由于这种能力,它们可充当一种手段,用来在一个完全不同的方向上精心构造一种延迟的但却更加恰当的回应。这样一来,它们就成了关于对象的一种暂时的、可疑的但却是实验的预测。它们是公共的、无穷的事物的"主观"(即个人主义的)替代者,它们可以被如此地控制和操作以致最后终止于公共事物;没有它们,这些公共事物就不能作为经验对象而存在。①

于是,对于这些内在有机体事件的认识——它们不仅是无穷对象的结果或歪曲的折射,而且是在实验构造过程中的不成熟的未来无穷对象——在我看来,就解决了所谓主观的和私人的事情的悖论。这些主观的和私人的事情具有客观的和普遍的关系,并且具有能将我们引向检验它们价值的客观后果的作用。当一个人能够说:这个颜色并不必然地是那个玻璃的颜色或那个图画的颜色,或甚至那个被反射对象的颜色,但它至少是我的神经系统内的一个事件,一个在我获得*其他可参考的东西的确定性*之前或许能把它和我的有机体相关联的事件的时候,他第一次从那个不被质疑的关系中解放了出来,被置于实验探究的道路上。

我在这里并不想试图证明,这是诠释的正确模型。我只是想指出,它完全不同于一位批评家的观点。他坚持从一开始就把存在分离为固定客观的和固定心理的关于存在的两个世界的理论,根据自己的理论诠释这样的观点,即在客观、主观之间的区别是一种逻辑-实践的区别。无论这个逻辑的——不同于本体论的——理论是真还是假,它都不可能有效地得到讨论,如果没有预先将它作为一个逻辑观念加以理解的话。

---

① 我把这个观念,不论是其历史还是逻辑的方面,归功于我以前的芝加哥大学的同事米德教授。

实用主义所说的"实践的"是什么意思①

按照詹姆斯先生的说法,实用主义是一种精神特征、一种态度;它也是有关观念和真理的性质的理论;最后,它还是一种关于实在的理论。我理解,正是作为方法的实用主义,在"某些旧思维方式的一个新名称"②这个副标题中得到了强调。这个方面在我看来,正是詹姆斯先生自己思想中最重要的;人们常常有种印象,他将关于其他两点的讨论当作了关于方法的或多或少是假设的解说材料。关于这个方法最简明同时也是最周全的表述是:"一种态度:不理会第一事物、原则、'范畴'、想象中的必然性,而是看重最后的事物、成果、后果以及事实。"(第54—55页)由于"不被理会"的态度是唯理主义的,所以,这些讲座的首要目的或许是展示采纳这个或那个观点所导致的典型的不同。

但实用主义"在一个更宽泛的意义上也被用来指某种真理学说"(第55页),它是"有关真理意义的发生学理论"(第65—66页)。作为一个过程,真理意味着观念和事实的一致、符合(第198页),但一致、符合是什么意思呢?在唯理主义那里,它们意味着"一种静止的、呆滞的关系";这种关系是终极的,以至于关于它

---

① 首次发表于《哲学、心理学与科学方法杂志》,第5卷(1908年),第85—99页,标题是"实用主义的'实践的'意思指什么"(What Does Pragmatism Mean by Practical?);修改并重印于《实验逻辑论文集》(芝加哥:芝加哥大学出版社,1916年),第303—329页,标题是"实用主义所说的'实践的'是什么意思"(What Pragmatism Means by Practical)。

② William James, *Pragmatism. A New Name for Some Old Ways of Thinking*. Popular Lectures on Philosophy. New York: Longmans, Green, &Co. , 1907, p. xiii+309.

没有任何更多的东西好说。在实用主义那里，它们意味着观念的指导或引导力量；由于这种力量，我们"再次深入到特殊的经验之中"。如果借助观念的帮助，我们在一个观念所指向的那些被经验的对象中建立起秩序和联系，那个观念就被证实了；它符合于它想要符合的那些事物（第205—206页）。那观念是真的，它有效地将我们引向它所意欲的东西（第80页）。① 或者说："任何观念只要顺利地将我们从经验的任何一个部分引向任何一个其他部分，令人满意地将事物联结在一起，可靠地起作用，简化并节约劳动，那么就这些而言，就此范围而言，它就是真的。"（第58页）这种观点的预设是：从根本上说，观念是意图（计划和方法）；作为观念，它们最终想要的是**未来**（prospective）——在早先存在着的那些事物中的某种变化。这再次和唯理论以及它的摹本理论相对立。在唯理论那里，观念作为观念是无效果的和无能的，因为它们只是意味着反映一个完全和它们无关的实在（第69页）。所以，我们被引导到实用主义的第三个方面。在唯理论和实用主义之间的选择，"关系到宇宙本身的结构"（第258页）。"根本的对立在于，实在……对于实用主义来说，仍然是在构造过程中的"（第257页）。在最近的一些《哲学、心理学与科学方法杂志》②中，他说道："在我的讲座中，我首先关注的是：世界仍然是在构造过程中的信念和有一个关于它的现有的和完整的永恒版本的信念之间的对立。"

I

我想，如果我们在这里把实用主义首先看作是一种方法，将观念及其真的说明以及关于实在的说明当作某种偶然的——就关于它们的讨论是用来例证和加强这种方法而言——那就是在遵循着詹姆斯先生的榜样。关于注重后果和结果的方向的态度，人们很容易就能看到，就像詹姆斯先生指出的那样，它有着与历史上的经验论、唯名论以及功利主义相近的主张。它坚持，一般的观念，要"兑现"为经验中的特殊对象和性质；"原则"最终要服从于事实，而不是相反；经验后果而不是先天的基础，才是制约和保证的要素。但是，所有这些观念都染上了实验科学强大影响——将观念、理论等看作工作假设，看作实验和实验观察的指导

① 这个学说的某些方面，在这里被有目的地忽略了，我们将在后面遇到它们。
② 《哲学、心理学与科学方法杂志》，第4卷，第547页。

者的方法——的色彩并被其所改变。作为态度的实用主义代表了被皮尔士(Pierce)先生高兴地称为"心灵的实验室习惯"的东西,它被延伸到可能富有成效地进行探究的每一个领域。我认为,哲学皈依使科学成为科学的东西如此之晚,科学家不会像对这点感到惊讶一样对这种方法感到惊讶。然而,要想对诚挚地和无保留地将此方法带入所有探究领域的思想变化作出预言,是不可能的。如果不考虑哲学的话,在历史和社会科学中——在政治、法律以及政治经济的观念方面,会有一个什么样的变化发生!当詹姆斯先生说"哲学引力的重心必须改变其方位,由事物所构成的地球长期以来被上苍的荣耀丢弃在黑暗之中,必须重新找回它的权力……它将是'权力中心'的改变,这一改变几乎使人们想起了新教改革"(第122—123页)时,他并没有要求得太多。

我可以想象,许多人会因为各种理由不接受哲学的这一方法,其中最有力的理由,或许是对经验和生命要素与过程的力量保证他们自身安全和繁荣的生活缺乏信任;也就是说,因为这样的一种感觉:经验世界是如此不稳定、容易出错以及支离破碎,以至于它必须有一个绝对永恒的、真实的以及完全的基础。然而我不能想象,围绕着以一般准则为基础的学说的内容和主张,会有这么多实际存在的不确定和分歧。正是在这种方法被应用于**特殊地方**时,问题出现了。詹姆斯先生在他的导言中提醒我们,实用主义运动已经找到了自己的表述方式,即"从这么多的观点中,那种很不一致的陈述已经产生了"。在谈到他的讲座时,他进一步说道:"我一直想以一种粗略的笔触,将按照其自身的模样呈现在我眼中的那幅图画统一起来。"这里所说的"不同的观点",总是与实用主义地看待许多不同事物有关。我认为,从现在的情况来看,正是詹姆斯先生结合它们的努力,有时导致了詹姆斯先生的读者的误解。例如,1898年,詹姆斯先生将它运用于哲学的争论,从迫切的实践问题方面表明它是什么意思。在此之前,皮尔士先生(在1878年)已经将这种方法作为*理解和定义对象*的适当方式。后来,它被运用于*观念*,以便根据它们为了成为真的而意指什么,以及它们必须意指什么和如何意指,找出它们的意义是什么。它们再一次地被运用于*信念*,被运用于人们实际所接受的、所坚持的和所确认的东西。确实,实用主义的本性就在于,它应该尽可能广泛地被运用,被运用于尽可能不同的各种事物、信念、真理、观念以及对象。但是,情形和问题终归是五花八门的,它们是如此不同,以至于虽然其中每一个的意义可以在"最后的事物"、"成果"、"后果"、"事实"的基础上被告知,但确

101

定无疑的是，特殊的最后事物和事实在不同的情况下是非常不同的，非常不同类型的意义将凸显出来。"意义"本身在"对象"的情况下所意味的某种东西，极大地不同于在"观念"的情况下它所意味的东西，因为"观念"是某种不同于真理的东西。于是，一直吸引我的关于当代实用主义讨论的令人不满的现状的解释就是：在把这些"不同观点"构造为一个单一图画整体的时候，适宜于每一个观点的独特类型的后果，因而也是"实践的"意义，并没有得到充分的强调。

第一，当我们单独考虑被运用了实用主义方法的话题时，我们发现，詹姆斯先生已经用他那从未有误的对于具体的本能，为每一个话题提供了必要的表述。首先，我们来看对象的含意（significanca）问题：即应该被恰当地包含在它的观念或定义中的意义（meaning）。"在我们关于对象的思想方面要达到完全的清晰，我们只需要考虑那对象会包含着什么样的可想象的实践后果——我们期待着从它那里获得什么样的感觉，以及我们必须准备采取什么样的回应"（第46—47页）。或者更简单地，就像奥斯特瓦尔德（Ostwald）所说的那样："所有的实在都会影响我们的实践，那影响也就是那些实在对于我们来说的意义。"（第48页）这里要特别提到的是：起点是从这样的对象开始的，它已经被经验地给予或显现，并在存在方面得以确定；问题是关于它们的恰当概念——什么是一个对象的恰当意义或观念？意义是这些给定对象所产生的效果。人们可以怀疑这个理论的正确性，但是我看不出人们怎么可能怀疑它的重要性，或责难它是主观主义或唯心主义，因为对象具有产生效果的力量是被假定了的。意义被明确地与对象区别开来，而不是与它们（如同在唯心主义那里一样）相混淆，它被说成是存在于对象逼迫我们或强加我们的实践回应之中的。于是，当它是关于对象的问题时，"意义"指的是它的概念内容或内涵，而"实践的"则意味着对象要求我们或责成我们所做的进一步的回应。

第二，但我们也可以从一个给定的观念开始，追问那观念意味着什么。实用主义当然会关注进一步的后果，但当我们从观念作为观念开始而不是从一个对象开始时，这些后果很明显是不同类型的。因为观念作为观念所意味着的东西，准确地说就是对象并不是被给定的。在这里，实用主义的传统做法是使观念"在经验之流中起作用。它看上去不是一种解决方案，而更是一种进一步工作的纲领，特别是它指出了现存的实在可能被改变的途径。因此，理论变成了工具……我们不是依靠着它休息，而是向前进，有时借助于它再造自然"（第53页）。换句话说,观念是根据现存的事物画出来的草图,是以某种方式对它们加以安排的行动意向。由此推导出,如果那草图被付诸实践,如果存在伴随着行动,以观念所希望的方式重新安排和调整自己的话,那观念就是真的。于是,如果它是关于观念的问题,它就是那实践的(作为一种意图)观念自身,它的**意义**就在它所意欲的、变化了的存在之中。对象的意义是它在我们的态度方面所要求的变化,①而观念的意义就是它作为我们的态度,在对象中所导致的变化。

第三,于是我们就有了另外一种表述,它不适用于作为对象和观念的对象和观念,而是适用于真理——适用于事物,也就是说,在那里,对象的意义和观念的意义被假设是已经确定了的。它这样说:"如果这个观念而不是那个观念是真的话,那么,它在实际上造成了什么样的差别呢? 如果不能找出任何实际差别的话,那么争论的双方所要说的实际上就是同一回事,所有的争论都是无效的。"(第45页)不可能"在抽象真理中有这样的差别,它不在具体事实的差别中呈现自身,不在因这一事实而引起的、强加于某人的行为中呈现自身"(第50页)。②这样,当我们从已经是真理(或被当作真理)的某个东西开始,根据它的后果询问它的意义的时候,我们便得到一种暗示,那观念或概念的意味已经是清楚的,它所指向的存在已经是在那里的了。于是,这里所说的意义既不可能是一个语词的内涵所指也不可能是它的外延所指;它们被这两个在先的表述所包含。意义在这里意味着价值、重要性。实践的要素是这些后果的价值特性,它们是好的或者坏的;可欲的或不可欲的;或只是无(nil)、冷漠。在后一种情况下,信念是闲置无用的,争论是徒劳的、因袭的或语词上的。

"意义"一词和"实践的"一词,如果孤立地看,没有来自它们的特殊语境和问题的清晰定义的话,就是三重模糊不清的。意义可以是一个对象的概念或定义;它可以是一个观念的外延存在所指;它可以是实际的价值或重要性。因此,在相关情况下,实践可以意味着对象施加于我们的态度和行为;或者是观念在先前存在中产生变化的能力或倾向;或者是某些目的的可欲或不可欲的性质。

---

① 只有那些已经迷失在对存在和意义的唯心主义混淆之中的人,才会认为这意指着对象就是我们的反应中的那些变化。

② 我假设,读者是足够熟悉詹姆斯先生的著作,从而不会被这个文本误导进而认为詹姆斯先生本人就像我所做的那样区别对待这三类问题。他没有这样做;但是,针对这三种情形的那第三种表述依然是存在于那里的。

一般的实用主义态度仍然被运用于所有这些情况。

如果"意义"和"实践的"这两个词的不同意义和相关的不同意味为我们所认识的话，并不是所有人都会转向实用主义的，但无论如何，我认为，当前关于实用主义是什么的不确定性和对于误解双方的持续埋怨将会减少。无论怎样，我已经得出这样的结论，那就是：实用主义当前所追求的，是一种对于这些不同问题和在每一个问题中实践意味着什么的清楚一贯的认识。因此，这篇文章的剩余部分就是要从实用主义方法的角度出发，阐明强调这些区别的重要性。

II

首先，关于被实用主义地加以处理的哲学问题，詹姆斯先生说道："哲学的整个功能就是应该去发现，如果这种世界表述或那种世界表述是真的话，它在我们生活的确定时刻，对于你我会造成什么确定的不同。"（第 50 页）这里，世界表述被假设是已经给定了的；它就在那里，被界定了和被构造了，问题是关于它的意义——如果被相信的话。但是，从第二个立场即作为工作假设的观念的立场来看，哲学的主要功能就不是去发现已有的表述，*如果是真的话*，造成了怎样的不同，而是要达到并澄清它们作为修正现存世界的行为方案的意义。从这个观点看，世界表述的意义是实践的和道德上的，不仅在后果方面——它产生于将某种概念内容接受为真的，而且也在内容本身方面。所以在一开始，我们就被迫面临这样的问题：詹姆斯先生是根据某些表述——其逻辑内容已经固定——在生活中的后果来运用实用主义方法去发现这些表述的价值，还是说他运用实用主义方法批判、改正乃至最后构造那表述的意义？ 如果是前一种，存在的危险是：实用主义方法将只被用来使那些本身是唯理主义形而上学的片段而非内在地是实用主义的学说生动化，如果不是使其有效化的话；如果是后者，存在的危险是：一些读者会认为，旧的观念，当它们在真理中被转译为新的和不一致的观念时，得到了确证。

想想设计的情形。詹姆斯先生从已有的观念开始，然后将实用主义标准运用其上。传统的观念是"看那制约事物的力量"（seeing force that runs things）的观念。从唯理主义的角度和回顾的角度说，这是空洞的：它在那里没有造成什么不同（这似乎忽视了这样的事实，那就是：过去的世界或许是依据一种盲目力量或明智力量在它自身中所造成的差别所导致的样子。不管是唯理主义者还是实用主义者都可能回答说，只是因为我们忽略了最重要的回顾方面的差别，所以从回顾的角度说，它没有造成任何差别）。但是，"我们和它一起返回到经验中去，获得关于未来的一种更加确信不移的视野。如果不是盲目力量而是明智力量支配事物的话，我们就可以理性地期待着更好的结果。**这种模糊的对于未来的确信不移，是目前在设计和设计者这两个词中唯一可以辨别的实用主义意义**"（第115页，重点符号为我所加）。那么，这个意义被用来取代"处理事物的明智力量"的意义了吗？还是说它被用来附加一种实用主义的价值和有效性在那明智力量的概念之上？或者，它意味着，不管任何这种事物存在与否，对于它的信念具有那样的价值。严格的实用主义需要的似乎是第一种解释。

同样的困难也出现在唯灵论的有神论对唯物主义的讨论中。比较下面两个陈述："上帝的观念……保证了一种将被永久保持的理想秩序。"（第106页）"于是，在这里，**唯物主义和唯灵论的真正意义就在于这些情感上的和实践上的不同的感染力**，在于我们希望和期望的态度以及它们的差异所带来的微妙后果的调整。"（第107页，重点符号为我所加）后面这种确定（譬如说）唯灵的上帝意义的方法，是否提供了一种对于上帝——作为对某种东西加以永恒保护的"超人力量"——观念的替代物；也就是说，它是否界定了上帝，为我们的上帝观念提供了内容？还是说，它只是在已被固定的意义上附加了一种价值？如果是后者的话，那么，那个对象——被界定的上帝，或观念，或信念（对于那个观念的接受）——影响了这些随后发生的价值吗？在后面这些选择的任何一种情况下，好的或有价值的后果都不能澄清上帝的意义或观念；因为，按照论证，它们是从关于上帝的先前定义着手的。它们不能为这种事物的存在加以证明或提出更加可能的理由，因为根据论证，这些值得期望的结果依赖于对这种存在的接受；甚至实用主义也不能从有利的结果出发证明一种存在，因为这些结果的存在是以其他存在的在那里为条件的。另一方面，如果实用主义方法不只是用来告诉一种信念或争议的价值，而且也用来确定这些信念所用语词的意义，那么，后来的结果就有助于构造那<u>些</u>语词的思想的或实践的意义。所以，实用主义方法会完全抛弃那种使某些存在永恒化的先前力量的意义。因为那个后果不是来自那信念或观念，而是来自那存在、那力量。它根本就不是实用主义的。

因此,当詹姆斯先生说"上帝、自由意志、设计这些词,除了**实践的意义**之外,**再没有任何其他的意义**。它们本身虽然晦暗,或者被理智主义地理解着,但当我们将它们带入生活的灌木丛中时,那晦暗就会在我们周围放射出耀眼的光芒"(第 121 页,重点符号为我所加)这些话时,它意味着什么? 它意味着当我们采用理智主义的观念并运用它的时候,它在结果方面具有价值并因此自身具有某种价值吗? 还是说,它意味着理智的内容本身必须根据赋予生活灌木丛以秩序时所导致的变化来加以确定呢? 我认为,对于这一点的清楚声明,不仅确立了本身有趣的观点,而且确立了对于确定什么是实用主义方法来说是根本性的观点。就我自己而言,我毫不犹豫地说,满足于发现一种观念的价值,这种观念自身的内在意义并非首先由实用主义所确定,这对于实用主义而言,是非实用主义的;这是一个事实,表明它不是被理解为一种真理而是简单地被当作一种工作假设。而且,在我们所讨论的这种特殊情况下,如何可能将实用主义方法运用于一种"永恒的长久性"观念,这种观念按照其本性而言,决不可能被经验所证实或在任何特殊情况下得以兑现。弄清这一点,是非常困难的。

这就把我们引向了真理问题。在作出定义之前,这个问题也是含糊不清的。什么是真理,这个问题是意指发现某个东西的"真实意义"吗? 还是说发现,一个观念必须具有什么样的效果以及如何具有效果,以便成为真的? 或者是说发现,当真理是一个存在着的和完成了的事实时,它具有什么样的价值?(1)当然,区别于对它的不正确诠释,我们可以发现一个事物的"真实意义"而并没有因此确立"真实意义"的真理,就像我们可以就有关半人马星座(Centaurs)的经典中一个段落的"真实意义"展开争论,而并没有确定它的真实含义一样,这种真实含义确定了存在着半人马星座这个观念的真理性。有时,这种"真实意义"似乎就是詹姆斯先生想要说的东西——当他在上面所引的关于设计的段落之后,继续说出下面这段话:"但是,如果宇宙的信任是对的而不是错的,是更好的而不是更糟的,那(对于未来的模糊信任)就是最重要的意义。那至少就是这些词语将在它们中所具有的可能多的'真理'。"(第 115 页)这里的"真理",似乎意味着一种真正的而不仅仅是约定的或语词上的意义:某种东西存亡攸关。经常有这样一些地方,在那里,真理似乎只是意味着真正的、不同于空洞的或语词的意义。(2)但是,真理的意义问题也可以是指那些已经作为真理而存在的真理的意义或价值。我们拥有它们;它们存在,那么它们意味着什么?答案是:"真实的观念不仅把我们直接引向有用的感性终点,而且也把我们引入有用的语言和概念的领域。它们给我们带来连贯、稳定和流动的人类交往。"(第 215 页)这一点,即指向已经真实的东西,我认为,哪怕是最无情的唯理论者也不会置疑;即便他对这些后果界定了真理的意义这种实用主义论点有疑问,他也应该看到,这里并没有对观念成为真的意味着什么给出说明,而仅仅是对观念在已经成为真的之后、真理作为既成事实意味着什么给出了说明。它是这里被定义了的作为既成事实的真理的意义。

　　记住这一点,我不知道为什么一个性情温和的唯理论者会反对这样的学说:真理不是自身有价值的,而是因为一旦被给予,它就会引向期望的后果。"真实的思想在此是有用的,因为作为它的对象的家是有用的。因此,真观念的实际价值首先来自于它们的对象对我们的实际重要性。"(第 203 页)而且,除了例如明确的实用主义者、功利主义者之外,许多人会说,我们追求"真理"的职责受到它引向就整体而言是有价值的对象的影响。"我们所获得的利益,就是我们把这种追求叫作职责的意义。"(第 231 页,比较第 76 页)(3)困难已经产生,主要是因为詹姆斯先生受到批评,说他完全转换了原先的命题,然后论证说由于真观念是好的,任何观念只要以任何方式是好的,也就是真的。以下事实确实推进了从这些观念中的一个转向另一个:观念的有效性由某种好性(goodness)来加以检验,也就是说,由它们是否很好地完成了它们所意图的东西,是否对于它们声称是很好的东西即某种对先前已经存在的修正是好的,来加以检验。在这种情况下,它是实践的观念,因为它从根本上说是在一种特殊情境下——它需要和提示一种具体改变,这一事实表明了这种情境是不能令人满意的——改变先前存在的意图和计划。于是就产生了这样的理论:观念作为观念,总是相关于获得特殊经验结果的一些工作假设,是一些获得它们的尝试性的方案(或方法的素描)。如果我们一直遵循这个观念,那么只有那样一些后果——它们实际上是由与先前存在的合作和运用于先前存在的观念的工作所产生的——在好的特殊意义上是好的后果,这种好与建立观念的真理性有关。有时,詹姆斯先生明确地认识到了这一点(参见例如第 201 页上关于证实(veri-fication)的谈论;第 205 页上对于证实意味着所谈对象的出现这一观念的接受)。

　　但在其他时候,任何由接受一种信念而来的好,都被当成了仿佛迄今为止的那观念的真的证据。这一点，尤其在考虑神学观念时，是成立的。我将进一步阐明，詹姆斯先生是如何通过对这种论点的如下陈述——即如果观念终止于好的后果然而那后果的好却并不是观念意图的一部分，那么这种好具有任何证实的力量吗——来理解这个问题的。如果后果的好产生于信念中的观念的语境而不是观念本身的话，它有任何证实力量吗？① 如果一个观念引向一些后果，这些后果只是在实现观念意图的一个方面是好的（就像当一个人喝一种液体以检验它是毒药的观念那样），那么所有其他方面后果的坏贬损了后果的证实力量吗？

由于詹姆斯先生把我说成是认为"真理是令人满意的东西"（第234页），我可以指出（撇开我并不认为我曾说过真理是令人满意的东西这一事实），除了当观念作为工作假设或尝试方法，以实现其意图的方式，被运用于先前存在时所产生的那种令人满意之外，我从来没有将令人满意与观念的真理性等同起来。

我的最终印象（对此，我不能恰当地加以证明）是：就整体而言，詹姆斯先生最关心的是针对唯理论的，强调关于作为既成事实的真理特征的两个结论，也就是说，它们是被创造出来的，而不是先天或永恒存在的；②它们的价值或重要性不是静止的，而是动态的或实践的。真理如何被创造出来的特殊问题并不特别相关于这种反理性主义的运动，虽然它是许多人感兴趣的主要问题。因为诸多问题之间的这种冲突，詹姆斯先生关于已经获得的真理的价值所说的话，很容易被一些人诠释为观念的真理标准；然而另一方面，詹姆斯先生本人似乎很轻松地从确定信念价值的后果转向了决定观念价值的后果。当詹姆斯说，提供"在嫁接经验的以前部分和新部分方面的令人满意"的功能，对建立真理来说是必要的时候，这个学说是很清楚的。后果的令人满意的特性本身是由导致它的条件来衡量和定义的。结果所固有的令人满意的性质并不被当作是在先的理智操作的证

110

---

① 譬如，不朽的观念或者正统神学的上帝观念或许能带来其好的结果，不是因为这个作为观念的观念，而是产生于那个持有此信念的人的特征；或者，它可能是理想考虑的至高价值而不是它们的暂时有用的价值的观念。

② "永恒真理"是让哲学家们失足的最为模糊的短语之一。它或者意味着永恒地存在着；或者意味着曾经为真的一个陈述永远是真的（如果一只苍蝇正嗡嗡叫着是真的，那么，刚才一只苍蝇嗡嗡叫就永远是真的）；或者，它意味着，某些真理，在完全概念的意义上，与在任何特殊时间作出的决定都是不相关的，因为它们在意义上是不存在的——譬如，被辩证理解的几何学真理，也就是说，它们并没有问是否有特殊的存在例证了它们。

实。但是,当他说(不是他自己的观点而是一位论敌的观点①),关于绝对的观念"只是就它能给人带来这种安慰而言,它肯定不是空洞无效的。它有那么多的价值,它发挥了具体的功能。于是,作为一个好的实用主义者,*就此而言*,我自己就应该把绝对叫作真的;我现在就毫不犹豫地这样做"(第 73 页)。当詹姆斯这样谈论关于绝对的观念时,这一学说似乎在另一个方向上是不含糊的,那就是:接受一个信念的任何好的结果,仅就此而言,②是真理的保证。在随后这段(通常典型的)话中,这两个概念似乎被混在了一起:"观念只要能帮助我们、与我们经验的其他部分建立起一种令人满意的关系,它就成为真的。"(第 58 页)然后,在同一页的另一个地方又说:"任何观念,*只要它顺利地将我们从经验的任何一个部分领向任何一个其他部分*,令人满意地将事物联结在一起,可靠地起作用,简化并节约劳动,那么就此而言,就此范围而言,它是真的。"(重点符号为我所加)是否这种领向功能,这种联结事物的功能,是令人满意的、顺利的并因而就它执行了观念的意图而言是真的;或是否这种令人满意和顺利存在于物质后果本身之中并就此而言使观念成为真的,关于这一点的清楚陈述,我坚信,会弄清争论之所在,并会使未来的讨论节约和富有成效。现在,实用主义被这样一些人所接受,他们自己的观念,在构造更新、激发和证实这些观念的手段方面,是彻底唯理论的。它被非唯理论者(经验主义者和自然主义唯心论者)所拒绝,因为在他们看来,它似乎等同于这样的观念:实用主义主张对某些信念的期望压倒了这些信

111

---

① 应该公正地说,这些表述通常出现在詹姆斯谈论他自己并不相信的学说的时候;我认为,它产生于詹姆斯的公正与坦率,这在哲学家中是不多见的,在我看来,它导致了他的非实用主义的倒退。至于他本人学说中的主张,他始终一贯地坚持他的陈述:"作为一个实用主义者,他自己认为,他比任何一个人都更多地被禁锢在了从历史中抽取的那些固定真理的整体和关于他的感觉世界的高压的中间,有谁像他那样,感受到了客观控制——在这种控制下,我们的心灵实施了它们的工作——的巨大压力?爱默生说,如果有人设想这个规律是宽松的,那么,请让他坚持其戒律一天。"(第 233 页)

② 当然,詹姆斯先生主张,这个"就此而言"是有严格限制性的。参见第 77—79 页。但是,我认为,除非这种满意是相对于作为目的的那个观念,否则,即便是最小的让步,也是非实用主义的。现在,所讨论的那种满意并不是源于那个作为观念的观念,而是来自于把它接受为真的。一种满意能建立在这样一个假设——相对于对一个观念真理性的检验,一个观念已经是真的——的基础上吗?并且,一个观念能像绝对——如果它是真的,就会排除掉对作为真理检验的结果的任何求助——那样,借助于没有绝对自我矛盾的实用主义检验得到证实吗?换句话说,我们混淆了对一个作为观念的观念的检验与对一个作为信念的信念的价值的检验。另一方面,非常有可能的是,詹姆斯先生在这里所说的真理所想表达的,是在这个论点中存亡攸关的真的(譬如,真正的)意义——它是真的,并不是因为区别于错误,而是因为区别于无意义或者文字上的。

念所涉及的观念的意义问题以及它们所指称的对象的存在问题。另一些人（包括我在内），完全相信詹姆斯所界定的作为一种定位方法的实用主义，并会运用这种方法来确定对象的意义，观念作为观念的意图和价值，以及把这种方法运用于信念的人类价值和道德价值。当这些不同问题被仔细区别开来的时候，我们不知道他们是否在某种其他意义上是实用主义者；因为他们不能确定，在确定信念价值的令人期望的事实这个意义上的实践，与作为对象所灌输的一种态度意义上的实践，以及与作为导致先前经验改变的观念的力量和功能意义上的实践，这三者之间是否给弄混淆了。所以，知道在任何给定的段落中所表达的是实践三种含义中的哪一种，是非常重要的。

112

然而，如果停留在此，对詹姆斯先生将是不公正的。他真正的观点是认为，一个信念是真的，仅当它既满足个人的需要又满足客观事物的要求。谈到实用主义，他说："她对于或然真理的唯一检验就是什么样的语词在**引导我们**的方式上是最好的，什么最适合生活的每一个方面并**与经验要求的整体**结合起来，而不遗漏任何东西。"（第80页，重点符号为我所加）又说："能最恰当地发挥它满足我**们双重迫切需要**功能的那个新观念，就是最真实的。"（第63—64页）从上下文看，这个"双重迫切需要"是个人的迫切需要和客观要求的迫切需要，这一点并不十分肯定，但它是可能的（参见第217页，在那里，"与先前真理和新颖事实的一致"被说成"总是最迫切的要求"）。根据这一点，关于绝对的真理的"就此而言"——因为它提供了满足——意味着需要被满足的两个条件中的一个已经被满足了，于是如果绝对的观念也满足了另一个条件，它就的确会是真的。我毫不怀疑，这是詹姆斯先生的意思，而且它充分地使他免于这样的指责：实用主义意味着，任何使人惬意的东西都是真的。同时，从逻辑严格性的角度说，我不认为，当两者的令人满意都是需要的时候，满足两个检验标准中的一个能被说成是使信念为真，即便是"就此而言"的。

III

无论如何，这提出了一个至少尚未触及的问题：个人在决定真理方面的地位。例如，詹姆斯先生在下面强调了这样的观点："我们说这个理论比那个理论更令人满意地解决了它（那个问题）；但是它却意味着对于我们自己的更加令人满意，不同的个人会不同地强调他们的满意之点。"（第61页，重点符号为我所加)这就产生了一个问题,我不可能在此讨论这个问题的诸多方面——个人要素在构成知识体系和实在方面的地位,我只能说像詹姆斯先生大胆提出的这种综合的实用主义所采用的形式,非常不同于他所谓的"芝加哥学派"或人本主义在解释个人本性时所采用的基本观点。按照后者的观点,个人是终极的、不可分析的、具有形而上的实在性的;而且,与唯心主义的联系导致了它的唯心主义转向,结果使一元论的理智主义唯心论转变为多元论的唯意志主义的唯心论。但根据前者的观点,个人不是最终的,而是要被进一步分析的,要按照它的发生学对它作生物学的界定,要按照它的未来和功能对它作伦理学的界定。

然而,上述引语所阐述的这个学说的一个方面,在这里是有直接相关性的。因为詹姆斯先生承认,个人因素进入了关于是否一个问题已经令人满意地得到解决或没有令人满意地得到解决的判断之中,他被指责为极端主观主义,鼓励个人喜好因素残暴地凌驾于所有的客观控制之上。现在,上述引语中提出的问题,首先是事实问题,而不是学说问题。在真理评价方面是不是能发现个人因素?如果是,实用主义并不承担引入它的责任。如果不是,那么就应该尽可能诉诸经验事实去反驳实用主义,而不是将它贬斥为主观主义。众所周知,哲学家总是和神学家以及社会理论家一样,肯定地认为,他们对手的学说是出自个人习惯和兴趣的,而他们自己的信念则在性质上是"绝对"普遍的和客观的。因此,就有了那种哲学讨论所特有的不诚实,那种不真挚。就像詹姆斯先生所说的那样(第 8页),"我们所有前提中那个最有力的前提从来不被提及。"在我们的哲学评价中充满着个人要素,一旦得到承认,得到充分地、坦率地、普遍地承认,哲学的一个新时代就将开始了。我们将不得揭示正在无意识地影响着我们的那些个人要素,并开始对它们承担一种新的道德责任,一种由它们的后果判断和检验它们的

责任。只要我们忽视了这个要素,它的行为就将大多是恶的。这不是因为它是恶的,而是因为它在黑暗中活跃,没有责任,没有检验。控制它的唯一方式,就是承认它。尽管我不想预言实用主义的未来,但是我想说,现在被如此广泛地谴责为理智上的不诚实(也许因为接受它将会涉及对心灵探求的一种不安的、本能的了解)这个要素在未来将被正当地置于哲学之中。

总的来说就这么多。在特殊的情况下,詹姆斯先生的语言可能偶尔给人们留下这样的印象,即每个信念中都不可避免地包含着个人要素这一事实给了某些特殊信念以特殊的批准。詹姆斯先生说,他关于信仰的权利的文章被不幸地

题名为"信仰的意志"(第258页)。嗯,如果个人或信念要素是不可避免的话,那么甚至"权利"一词都是不幸的,说不幸是因为,它似乎表明一种特权,这种特权尽管不能在科学中但却可以在特殊的场合,比如宗教中,被运用;或因为它向某些人提示,信念中渗透个人串通的事实是这个或那个特殊个人态度的根据,而不是要对它加以定位和界定以便对其负责的一种警告。如果我们所说的"意志"不意味着某种蓄意的或有自觉意图的东西(更不要说某种不真诚的东西),而是意味着一种积极的个人参与的话,那么作为意志的而不是作为权利或信仰意志的信念,似乎正确地表达了要点。

我一直试图更多地评论詹姆斯先生这本书中所表达的实用主义趋向的当下状况,而不是他的这本书;我一直只选择那样一些要点,它们似乎与当代争论的问题有直接的关联。即便作为这个有限领域的说明,前面这些篇幅的论述对詹姆斯先生也是不公平的,除了像书名页所建议我们的那样,认识到他的讲座是"通俗讲座"之外。我们不能期待着这些讲座具有那种满足专业技术兴趣的清晰性,这种清晰性激发了我的这篇评论。不仅如此,企图将迄今不相协调的不同观点组合为一个单一的整体,将不可避免地导致一些问题;这些问题与综合的任何一个要素都不相干,只能留给它自己。这篇评论企图在实用主义的意义上区别各个不同的要素,这种区别的需要和可能性如果不是因为詹姆斯先生的结合所导致的困惑和混乱的话,是不会为我所认识的。詹姆斯先生已经提供了如此多的证据表明他思想目标的真诚,因此考虑到它可能在澄清他所致力的问题方面作出的贡献。我相信,他会原谅我这篇评论的特点所可能对他造成的不公平。

至于那本书本身,它无论如何都超出了一个评论家的赞美和批评。它比我们时代的任何著作都更有可能成为哲学的经典。试图赞美它的评论家或许会更多地解释说,与创造性天才的多产相比,批评是空洞无力的。即便那些不喜欢实用主义的人,也会从詹姆斯先生所展示出来的对于具体事实的直觉、同情心的广泛以及他那富有启发的洞见中获得很大的教益。直率的坦诚,清澈的想象,化为简要有力的结论与生活多种多样的联系,对于具体的人类本性的敏锐感受,对于哲学从属于生活的持久领悟,用一种英语——它将观念形象地投射到空间中,直到它们成为围绕着它们并从多个不同方面进行审视的牢固事物——将事物表达出来的能力,所有这些在哲学中并不是那样常见,以至于它们闻起来不是那么芬芳,哪怕是以实用主义的名义。

关于实在论和唯心论的讨论[①]

乔赛亚·罗伊斯(Josiah Royce)(没有摘要)

约翰·杜威

116　　　这篇论文的结论是:实在论和唯心论产生于逻辑态度和解决问题的模式方面的不同,实在论代表了观察、描述、定义和分类的功能和作用,而唯心论则重视反思、诠释以及通过观念和假设的投射对事实进行再组织的功能。然而,由于这些功能在对知识的追寻中是相互协作和限制的,实在论-唯心论争论的真正问题也就成了为什么以及如何这两个**主题**(motifs)中的每一个都和另外一个相隔绝,并且因此而被夸大为一种独立完整体系的基础。

　　答案将在历史的思考中获得。古代思想的背景是习俗和习惯;一个由被固定了的特性所构成的世界,即那个由自然的或社会的确认,或观察所构成的世界,是对应于习俗和习惯的。所以,观察的逻辑与一种错误的并且不相干的宇宙论纠缠在一起。古典思想的结果是一种本体论,这种本体论甚至在关于**存在的理论**是唯心论的时候(就像在柏拉图和亚里士多德那里的情形一样),作为一种知识论仍然是实在论的。

　　在近代思想起源的条件下,强调的重点落在了进步上,并因此落在了对于接受既定的和习俗的秩序——无论是感官的还是制度的秩序——的抗议和反对
117　上。个体得到推崇,个体的观念投射的力量、发现的力量、推导新颖和差异的力量得到推崇。逻辑的强调重点因此以"资料"和观察为代价,被转移到"观念"和诠释上,它们则从终极性的事物被转换为思想的不完整的原材料。个体意识因此取代了可感宇宙的位置,成了对大写实在的形而上学刻画的线索,认识论的唯

---

① 首次发表于《哲学评论》,第 18 卷(1909 年),第 182—183 页。

心主义诞生了。

　　当前的迹象是趋向于放弃整体刻画"实在"(Reality)本身的企图。在这种情况下，追求知识过程中的观察和解释的相互合作以及限制、习俗和进步之间的相互合作和限制将得到承认，实在论和唯心论之间的绝对对立将成为一个历史的片段。

关于"感觉概念"的讨论^①

　　　　关于"感觉概念"的讨论是由约翰·杜威教授发起的,他区分了这个词的下述意义:

1. 解剖学的(anatomical)——只能这么称呼它——根据这种意义,感官和它的中枢联系被看作仿佛切割为各个部分的,与系统的其他部分隔绝的、独自行动的。隔绝是不真实的,任何部分的活动都和其他部分同时进行的活动以及同一部分和其他部分的先前及随后的活动,具有内在的关联。决不会存在着一种静止的状态,它适于将随后的活动分割开来,所有的事物都真正是一种在整个系统中进行再调节的过程。

2. 对于感觉运动反应的生理学或生物学的理解,就像时常说的那样,容易受到同样的批评:反应不是孤立的,刺激也不完全是体表的;因为,中枢器官的存在条件是反应的部分原因,这个反应帮助确定了最终有效的刺激。

3. 在心理学中,感觉经常被理解为"感觉的性质",这些性质被认为是原初的,与感觉器官中的基本过程是相称的。这在很大程度上是一种假设,性质只是作为生理功能整个系统的端点被我们所知。我们看到对象的颜色,而不是颜色本身。我们不是从感觉性质开始,通过把它们合在一起来建立对象的;而是从对象开始,只是通过精心制作的区分过程,我们才达到了感觉性质。感觉性质是后来的完成,不是原初的材料。结构心理学的"要素"是理智辨别的最后项。

　　　　4. 感觉的性质——作为洛克简单观念的同义语——被认为是知识的单位,

---

① 首次发表于《哲学、心理学与科学方法杂志》,第 6 卷(1909 年),第 211—212 页。

是不可还原的最小单位，不论如何批评知觉，也不可能将它毁灭。然而，洛克并不是说——它也不是真的——所有明显的知识都是由单个观念构造的。他对追溯知识的发生心理学没有兴趣，而是对提供一种逻辑手段来检验知识和反对偏见、教条以及权威感兴趣。他的感觉不是结构的要素，而是终极的因此也是基本的关于确信的标准和检验。

5. "感觉"一词的日常使用，在"感性的报纸"(sensational newspaper)这一说法中得到了阐释。这里，感觉不是一种要素，而是一种完全具体的经验。关于它的基本事实是：它是一种震惊(shock)，一种原本一直展进顺利的调节的中断。虽然"感觉性质"是完全客观的，这些震惊的经验却有着真实的主观性质，因为它们在那一刻没有意义或客观所指。它们的感觉特性由于所指的缺乏而穷尽；只存在一种真实的感觉性质——震惊的性质。从逻辑的观点看，震惊经验是有价值的，因为被暂停的所指状态是归纳方法的基础。相反，教条主义的做法就在于用某些既定习惯的语词对每一个新的震惊迅速地作出解释。在其真实意义上，心理状态或主观状态是一种性质新颖的习惯的一个有意识的出发点。

纯粹经验与实在:一个否认①

很难判断加入到回应批评的争论中去在多大程度上是明智的。对其惯常路径的考察,趋向于得出这样一个结论:花费在这些争论上的时间,通常更应该用在独立自主的分析或建构上。如果一个人的原始文本在发表时并没有受到争论的纠缠,被如此笨拙地表述以至于引起了严重误解的话,那么,为什么还要为哲学同行们的错误提供额外的根据呢?但是,"沉默即意味着赞同",并且可能会把误解传播给那些迄今为止一直保持着天真的心灵。而且,麦吉尔夫雷教授对我观点的误解,正如他发表于《哲学评论》五月号上标题为"纯粹经验与实在"(第16卷,第266—284页)的文章中提出的那样,是如此之过分,以至于在某种程度上可以对其进行分类处理。

1. 他把我归为这样一种人,他们主张"任何事物的实在性都是在它被经验并且仅当它被经验时才拥有的那种实在性"(第266页,重点符号为我所加);并且还认为,我主张"没有同时发生(contemporaneous)的经验,就没有实在"(第274页)。我不主张也从没有主张过,并且在我看来也从没有明示和暗示过任何这样的观点。经验意味着被经验的东西;所有哲学结论都将从那些被经验的东西中被推导出来(不是从这个经验概念中推导出来,我曾经坚持认为,除了能明确说明一种程序和求助的方法外,这个概念是完全空洞的);我已经断言过,事物就是被经验为(as)或者被经验是(to be)的东西。引语中的"仅当"从没有在我的

---

① 首次发表于《哲学评论》,第16卷(1907年),第419—422页。至于麦吉尔夫雷的文章,见本卷第295—313页(即本书边码,下同。——译者)。

任何作品中出现过。书、椅子、地质时代等等，就我所知，都是被经验为存在于其他时间而不是它们被经验的那些时刻。难道麦吉尔夫雷教授没有把它们经验为那种事物、没有把它们经验是那种事物吗？

2. 在这篇文章中所提到的、被麦吉尔夫雷教授作为其批评根据的那个问题（认为事物先于经验有机体而存在）是，"对于哲学来说，什么是关于实在的更好的标志，它的更早的形式还是它的更晚的形式"（这些话是原文中出现并且被麦吉尔夫雷教授自己引用过的）。也就是说，哲学将会根据作为先于其经验而存在的实在来解释实在，还是根据作为**现在被经验的**实在来解释实在呢？所给出的答案是后一种意义上的，即早先的形式［比如说始生代(Eozoic)的地质时代］被经验为一个当下经验的条件(condition)，这比把关于它的观念仅仅经验为前存在(pre-existent)更能充分地表达实在（对于哲学而不是对于科学而言）。这可能是一个错误观念，但这是一个完全不同于麦吉尔夫雷教授用大量的诗、修辞和幽默语言所表达出来的那种观点的观点。除非在时间上是先在的，它又是如何成为那个当下经验的一个条件的呢？但是，麦吉尔夫雷教授是如此清楚地知道这一点：一个事物相对于另一个事物在时间上的优先存在，根本没有触及时间的实在本性问题；并且因此就哲学而言，也没有触及时间顺序的实在问题，以至于我根本无法理解他从作品中所获得的那种满足，就像我完全无法理解那个根本区别一样。而且，如果这个学说是错误的，它也是麦吉尔夫雷教授自己主张的一个学说。他写道："没有某时某地的经验，就没有在任何时间和任何地方都有意义的实在。**这是蕴含在杜威教授论点中的一个真理**。"（第274页，重点符号为我所加）我会说是这样的：它就是我主张的唯一真理。因此，我对这个滑稽立场——在这里，麦吉尔夫雷教授给微不足道的我冠以"纯粹经验论者"的称号——的满意，在这样一个事实——根据他所表达出的认同，我能够容忍这个玩笑，如果他能容忍的话——中得到了提升。

3. 麦吉尔夫雷教授引用了我的话："那个最未启蒙的挖沟者的当下经验，用一种科学陈述所没有也不能采用的方式，也就是说，**不能作为形式化的知识**，对那个早先的实在（他指责我忽视了它的存在！）给予公正的哲学处理。"（第293页，重点符号为我所加）。不幸的是，就他的逻辑而言（但对他的幽默和诗意的隐喻而言，无疑是幸运的），他并没有引用或者注意下面的那个句子，它是这样说的："作为本身至关重要和直接的经验……后者是更有价值和更真实的，在对于其他解释更有价值这个意义上。"争论的关键之点,根本不是这些经验是否创造了已知的事物,而是这种科学公式或这种直接的重要经验对于哲学家而言是不是实在本性的更好标识。已经被明确宣布了的一点就是:一个包括科学说明的直接经验,好于一个不包含科学说明的经验。当麦吉尔夫雷教授自己强有力地公开宣布知识的表象特征时,他似乎也支持了我的主张,那就是:对于哲学而言,一个直接经验与作为这样一个经验的知识方面相比,是一个更好的标识。但是,也许只有犯错误的经验主义者才坚持认为:直接的经验比仅仅表象的经验更好。如果是这样的话,我甘愿自己是错误的,并且将信守这样的信念:一个经验——在这个经验中,符号是在其实现和具体化过程中被经验到的,要好于这样一个经验——在这个经验中,符号是单独被经验到的,就像它也要好于那个迄今为止依然是非表象的经验一样。并且,还存在着某些源自黑格尔——他主张,这种调和在一个新的直接性中找到了其成果——的回声。我希望,这些回声也传到麦吉尔夫雷教授的耳朵里。

4. 麦吉尔夫雷教授这样谈到《逻辑理论研究》:"在那部著作中,他(也就是本作者)坚持认为,思想的对象,当它已经从强调和紧张的经验中浮现出来,并在随后的稳定的经验中作为实用主义的调整结果而出现时,必定不能被不合时宜地追溯到先于这种调整的那个时间上去。读者因此就只能作出这样的推论:没有任何一个通过智识劳动所产生出来的真理,能够对在这种劳动结束之前就可能已经存在的任何真实事物保持其有效性"(第 287 页,重点符号为我所加)。

不是说读者只能"如此推论",而是说只有如此推论的读者才行得通。麦吉尔夫雷教授所提到的那个争论的关键之点,是所犯的这样一个时代错误,即把这个"思想对象"(作为一个典型的思想对象)追溯到先于这种思考而存在的实在。传统的经验主义者坚持认为,这种思考本身根本没有属于它自身的形式或模式,只不过是感觉的一种复合或者此前的一个复合的分解而已。唯心主义认识论者则认为,这些形式或范畴不仅存在,而且还是这样一种实在的特征,因此在哲学上,它将会被理解为一个思想关系的系统;这样一种思想,是由诸如此类的实在构成的。于是,这些研究的一个目标,与感觉主义者相反,就是强调这一点:思考确定了一个独特的客观情形,并且与唯心主义者相反;还强调:思考通过怀疑和探究在再确定过程中确定了一个目标。简而言之,其意思就是:所有的思考都是反思的,而且就本质或一般性而言,它不是由实在构成的,而只是由那些已经通过特殊的思考而被重新组织的实在构成的；这种重新组织最终通过这样一个行动——在这个行动中，重新组织得以完成并通过这个行动而得到检验——而得以发生。思想因此而被认为在起源上是一个生物学的控制-现象，在形成过程中是人文的、实践的或者道德的，包括所论及的真正实在的真实转化。因此，这篇文章中充斥着这样一些断言：实在——它是通过实验行动中的那个有机思考过程而被重构出来的——先于思考而存在，先于被认知而存在。

对于一个拥有麦吉尔夫雷教授的那些装备——更不用说其智力的要求以及那首独特的、悲惨的隐喻诗作——的思想家而言，完全有可能颠倒我作品中的意思，即使是把它的模糊和笨拙也考虑进来，这个结果最终也是令人失望的，假如我不是受到三个考虑因素鼓励的话。首先，他认为知识是借助于主观影像（image）的，这些主观影像对于它们所主观意指的实在获得了一种超主观（transsubjective）的指称，——很不幸，意向与影像之间的这种关系却并没有得到阐明。因此，如果我的逻辑信念的影像会在麦吉尔夫雷教授对于与它的对象完全不同的创造物的主观求助中出现的话，那是不用感到惊奇的。如果这一个"影像"拥有强大的审美能力和非同寻常的活泼特质的话，那么，它很容易就会向他施加影响。或者，那影像在超越主观的过程中被终止并最终偶然降临于我专注的头脑中，尽管最初是倾向于，比如说，某种感觉主义唯心论者的。很明显，当影像离开他之后，让麦吉尔夫雷教授对他就影像而言所犯的过错（faux pas）负责是不公平的。

此外，那些习惯于心理分析模式——这种心理分析为了心理学的目的，把经验分解为一个人的瞬间动作和状态，分解为一个心理-物理的有机体的感觉和影像——的思想家，可能会忘记这一点：其他人在一种更重要、更具体和更丰富的意义上使用了这个经验术语。因此，当其他人谈论经验时，就假定了这是批评家想要的心理学抽象。最后，现代哲学在认识论的基础上被建立起来；也就是说，它坚持认为，实在将会在对知识过程进行分析的基础上被哲学家所理解。因此，当一个作者努力天真地坚持一种明确的自然主义、生物学和道德态度，并努力根据知识在这个实在中占据的地位去说明知识时，人们就会这样认为：他的哲学终究只不过是另一种认识论而已。

实在具有实践特征吗？[①]

I

最近，我有这样一种经验，它本身并无多大意义，但却似乎意味着某种可作为当前哲学境况标识之类的东西。在对这个新康德主义观点——思想的一种先天作用对知识的形成是必需的——的批评中，重要的是拒斥其根本假定：即存在着先于所有客观认知的被真正称为精神状态或主观印象的东西，因而需要某种先天作用对它们进行排序以构成一个稳定一致的指称世界。这种观点论证说：这类所谓的原初精神材料，通过一种不相容的和动荡的状态，事实上构成了对客观事态进行重新调整和改变的转折点。"主观主义"的呼声迎合了这种学说！对于这种观点的持有者而言，这似乎是根据自然主义和伦理学的理由而对主观主义基本主张提出的一种批评。为什么会出现解释上的不一致呢？就笔者的判断而言，归因于这样一个事实：一些具有某种实践生活特征的东西，诸如缺乏和需要、冲突和抵触、渴望和努力、失去和满足，都已经明确地指称了实在；同时还归因于这个更进一步的事实：认知的作用和结构与这些实践特性是系统地关联着的。无疑，这些观念是足够激进的；后者或许多少是

---

① 首次发表于《哲学与心理学论文集》(*Essays, Philosophical and Psychological*)，第 53—80 页。这本文集是向哈佛大学教授威廉·詹姆斯表示敬意的，由他在哥伦比亚大学的同事们编著(纽约：格林·朗曼出版公司，1908 年)。以"实在的实践特征"(The Practical Character of Reality)为题，重印于《哲学与文明》(*Philosophy and Civilization*)，纽约：巴克·明顿出版公司，1931 年，第 36—55 页。至于麦吉尔夫雷的回应，见本卷第 314—316 页。

革命性的。这种可能性,这种先前的可能性是:充满敌意的批评者将会毫不费力地指出明显的事实和解释错误。不,一种更简单、更有效的方法,将会整个地瓦解肆无忌惮的主观主义。

这曾是并且将继续是思想的食粮。我只能找到一种解释:在当前的哲学中,具有实践本性的所有东西都被认为只不过是个人的,并且这个"只不过"具有拒绝宇宙判决法庭的合法裁决的力量。对我而言,这种观念在当代哲学中是一个被忽视的重要假设:许多当这个学说被明确表述后会对它拒而远之的人,仍然极其强烈地固守其蕴含的思想。但作为一个基本假设,它绝对是一个偏见,一个文化残余。如果我们假定,哲学讨论的传统已经被清除,并且哲学正沿着现在最积极的趋势——在社会生活、科学、文学和艺术中所做的那些努力——重新开始,那么,一个人就很难想象任何一种哲学观点——这种观点在其事物列表中没有给实践和个人的东西留下位置,并且也没有为此而采用那些声名狼藉的术语,诸如现象的、纯主观的等等——能够被提出并且能够获得信任。说得婉转一点,为什么那些给生活带来悲剧、喜剧和辛酸的东西应该被排除在事物之外呢?毫无疑问,我们称之为生活的东西,我们视为真正重要的东西,并不是事物的所有,而是事物的一部分,是对哲学家而言最为重要的一部分,除非他失去了古代人爱智的尊严。在一个个人以及个人的在政治、产业、宗教、艺术、科学方面都得以凸显的时代,如果每当个人出现在视野中,哲学都满足于现象主义的人云亦云的口号的话,那么就人道的和自由的兴趣被关注而言,哲学会怎样呢?当进化的观点使得科学把主动、变异、斗争和选择的原则引入这个世界时,当社会力量使得把绝对静态的教条作为生活行为的权威破产时,对于哲学而言,拒绝直面这种状况就显得有些轻佻了。把过程、需要、压力与张力、冲突与一致这样的东西归于纯粹个人的,并把纯粹个人的归于某种不伦不类东西的拘禁之中,这看上去就是对传统偏见的缺乏思考的重复。

当我们超越传统的余波时,关键似乎就是知识与事物的实践功能之间的关系。可以随你所愿地让实在本身是"实践的",但绝不允许这个"实践的"特征对真理造成亵渎。每一种解释生活的新方式——每一个新的福音——都会受到唯信仰论的指控。受习惯束缚的想象力理解的是被放宽的限制,以及被去除的检查,而不是那种必然的责任以及新观念引入的标准。因此,知识在事物中和对事物造成差异,这种观念在那样一些人看来是放荡不羁的。他们没有看到,认真做好这个工作的必要性和创造正确差异的必要性将智力置于从来不被人们所知的那些束缚之下:哲学的绝大部分内容,那些步骤的最放纵的不负责任以及智力的那些历史成果的最最呆板沉闷。

为什么知识在事物中以及对事物制造差异这个观念天生就会惹人讨厌呢?如果一个人已经持有了这样一个信念:实在是被整齐地并最终被捆装在一个没有零碎材料、未完成的问题或新的叛离的袋子里的,那么,就像反对任何其他无关的强迫者一样,他也会反对制造差异的知识。但是,如果一个人相信世界自身就是变化的,那么,为什么知识就是其最重要的改变方式和唯一的导向机制这个观念就会是**天生**令人讨厌的呢?

我认为,除了下面这点外根本没有答案,即我们已经根据一个静态的世界观念建立起了系统的知识理论,以至于即使是那些完全自愿地接受了关于运动着的能量和进化的物理学和生物学教育以及关于人类事件的持续变动的历史学(也包括科学)教育的人,也仍然会毫不迟疑地相信一种与他们自己的关于将要被认识的那些东西的理论永远不可能一致的知识理论。现代认识论——它提出了这样一种思想:形成正确观念的方法就是对知识进行分析——强化了这种观点。因为它立即就引出了这样一种观点,那就是:实在自身必须具有一种理论化的和理智的色彩——而不是一种实践的色彩。很自然,这种观点与唯心主义者相似;但是,那些实在论者,通过声称根据一种形式化的知识理论而表明实在必须是什么,而不是采用事物作指导以推断知识是什么,将会很容易地为唯心主义者提供方便——这点如此异常地引人关注,以至于为静态的实在观念已经给知识观念提供了最后的担保这种观点提供了支持。譬如,之所以最引人关注,那是因为这样一个极端的实例——关于一个过去事件的知识。这个假设:知识对知识的决定性的确切内容——满足了认知条件的题材——产生了影响,是荒诞的。在这个事例中,它将为所欲地并在无穷倒退中把自己推向错误。但是似乎理智主义的这一迷信,即假设关于知识的这个事实能够确定对过去事物的正确指涉的性质是决定性的。如果对它有充分的明确证明的话,任何关于知识的学说都不可能阻碍这样一个信念——我们认为是过去的那些东西,可能就是已经**不可挽回**地受到知识影响的某些东西。

于是,反对实用主义——我指的是这样一种学说:实在具有实践特征,并且这个特征在理智的作用中得到了最有效的表达①——的那些论证,似乎就很自然地走向了谬误。它们假定,主张知识在存在物中制造差异,就是主张知识在将要被认识的对象中制造差异,因此背离了知识的目的;它们草率地假定,在一个特定实例中是知识的正确对象的实在,可能正好就是认识在其中成功制造必要差异的实在。这个问题不是靠操纵知识概念就能解决的问题,对知识的本质和性质进行辩证的讨论也不能解决这个问题。它是一个事实问题,一个关于在存在系统中存在着什么样的认知的问题。如果事物都处在变化之中,并且没有因此而不真实的话,那么,就认知是事物中的一种特殊变化,以及可以在成功地实现这种预期的变化的过程中找到它的检验标准而言,就不存在什么形式上的障碍。如果认知是实在中的一个变化,那么,认知越多地揭示这个变化,它就会越清晰、越胜任。如果所有存在都处在变化之中,那么,认为自己就是那些存在的一幅柯达相片的那种知识,恰好就是折射和歪曲了那些存在的那种知识。出于同样的原因,通过以一种必要的方式促成这种变化的方式而积极参与了一个变化的一种认知,就是那种正确有效的认知。如果实在本身是变化的——这个学说不是令人讨厌的实用主义者提出的,而是由物理学家、自然主义者和道德史家提出的——的话,那么,知识是一种在自身中造成特殊的具体变化的实在这一学说,似乎就有最好的机会来支持一种认知——这种认知本身就与真实和有效之物处于有益的关联之中——理论。

II

如果消除了对这一根据的先天反对,如果很明显不能借助于对"知识"或"真理"的任何形式的或辩证的处理而只能通过表明某些特殊的事物并不是我们所要求的事物,才能处理实用主义的话,那么,我们就应该仔细考虑实用主义一些常识性的属性。常识认为,智力是有一个目的的,而且知识就是要成为某种东西。我曾经听到一个完全不了解实用主义争论的物理学家这样评论说:一个机

---

① 这个定义在当前的讨论状况中,是一个武断或个人化的定义。在这篇文章中,意思并不是说:"实用主义"只在这种意义上被普遍使用;显然还有其他意义。这并不意味着:应当在这种意义上使用它。我并不是希望为哲学或语言立法。但是,这表明这篇文章是在这样一种意义上使用的;并且,这种实用主义的运动一直是宽松和变化的,以至于我认为一个人有资格确定他自己的意义,如果他表明并坚持这种意义的话。

械工或农民的知识,就是这个被美国人称之为精明的东西——根据事物的属性和用法来确认事物;对于他来说,自然科学也只不过是更大范围的精明:根据它们最有效的用处,对很多事物所构成的整体进行的方便分类和安排。一般来说,好的判断就是对事物相对价值的判断;好的判断力就是普通常识,就是正确把握事物、找到解决困难的合适手段,为完成一个任务挑选合适资源的能力。合理的也就是能辨认出作为障碍和作为资源的事物。智力,在其平常的使用中,是一个实践性术语;是评估不同情势下——人们要在这些情势下做事情——的各种需要和可能性的能力;是根据这些它们使之可能或阻止其出现的调整和适应来设想事物的能力。我们对有还是没有智力的客观检验会影响行为。没有作出调整的能力,就意味着没有智力;对复杂而新奇的情况作出明确的处理,就是一个更高层次的理性。这些情况至少表明了:一个将要被认识的实在,一个是知识的正确题材的实在,是被使用和正在被使用(直接或间接地)的实在;而且,就知识而言,一个不在任何一种使用中或者与使用相关的实在,将会被遗弃。

我想,没有人会否认这一点,那就是:所有知识都诞生于在某种程度上改变事物的某些行动——一个只是对已经本能地开始的行为的一种更深思熟虑的保持行动。当我在一个街角看到一个标志牌时,我可以转向或者是继续,我知道我在做什么。科学家的知觉不必有这些明显的或"功利主义"的用法,但是在获得它们之后,他的行为举止的确发生了变化,就像一个探究者那样,如果不是以其他方式的话;而且,这些变化的累积影响最终改变了这个普通人的公开行动。在这个事件之后,认知产生了这种影响。我想很少有人会否认:如果这就是实用主义的观点,那么,或许它可以作为一个无害的真理而被接受。但是,却存在着一个更进一步的问题:这个"作为结果的"行动是怎样与"在先的"知识相联系的呢?何时是"在这个事件之后"?连续性在多大程度上存在?认知与明智地行动之间的区别是种类的差别或者仅仅是一个具有主要特质的差别呢?如果一个事物在认知过程中没有发生变化,它在行动中怎样产生其结果?此外,这些积极地产生的变化难道不构成这种知识的全部意义,并因此而构成其有效性的检验和标准吗?如果认知在被利用时进入了某个行动只是偶然发生的事件的话,那么,这个随后的行动是靠什么样的奇迹才恰好在这种情况下发生的呢?这种"知识"是在对随后结果的预知中形成和建立的,并且在它是明智和谨慎的意义上可以随时修正,这一点是不正确的吗?当然,伦理学家[一个人可能会引用,譬如歌德、卡莱尔和马齐尼（Mazzini）]和普通人通常会同意：对实在的完备知识和充分理解，只能在完成思想的过程中才能被发现；我们必须建立一个学说以获知它的真理，否则它就只是一个教条或者一个教条主义的计划而已。实验科学承认，没有任何思想有资格被称为知识，直到它已经进入对物理条件的这种公开处理之中并构造了这个思想所谈及的对象。如果一个人能清除掉其传统的逻辑理论，并根据一个普通人、伦理学家和实验主义者的方法重新开始建立一个新的知识理论的话，那么，说我们所知道、所确信的实在正好就是那些通过认知和在认知过程中形成的实在，这是一种被迫的还是自然的做法？

我转向另一种思考。当然，现代生活一个最本真的问题，是科学的世界观与道德生活要求的一致。根据对运动中事物的重新分类（或者其他某些隐藏着的公式）所作出的判断是唯一有效的吗？或者，根据可能性和愿望、主动和责任对世界作出的说明也是有效的吗？没有必要详细阐述道德生活的重要性，也没有必要抬高理智在道德生活中的重要性。但是，却似乎有必要追问道德判断——关于将会（would）和应该（should）的判断——是如何把自己与科学知识联系起来的。要构建一个知识理论——它使得拒斥道德思想的有效性是必要的，或者把它们归因于其他某种从常识和科学中分离出来的世界，是褊狭和武断的。实用主义者至少是努力去面对，而不是逃避这个问题，即道德和科学"知识"是怎样能够维系于同一个世界的。并且，在他提供的答案中，无论困难有多大，这个观念——科学的判断将类似于道德——都更接近于常识，而不是这样一个理论：因为它们与一个关于科学判断所必定涉及的那个世界本性的理论并不相符，所以道德判断的有效性将会被否认。而且，所有的道德判断都是关于那些将要被创造出来的变化的。

132

III

我现在转向实用主义理论与新近科学成果之间的一种联系。一个事件以知识的方式出现，以用特殊方法反应或行动的有机体的方式出现，这种必然性似乎像任何一个科学命题那样，被完全建立起来了。一个奇怪的事实，一个非常令人好奇的事实是：理性的作用似乎被植入了一个实际调整计划。有机体的器官和组成部分，当然主要不是为了纯粹理智或者为了理论沉思而存在于那里的。大脑，思想的这个最后的物理器官，是为了让环境适应于这个有机体生活要求的那同一个实践机制——腿、手和眼都属于它的一部分——的一部分。大脑把有机体的行为从直接物理条件的绝对奴役中解放出来，它使得实现遥远且不断扩张的目标的能力有可能得到释放。的确，这是一个十足的事实，但却不是要把大脑从这类有机的行为工具中挪移出来的事实。① 这个思考的器官，知识的器官，至少在最初是一个行为器官。对于这一点，我想很少有人会否认。即使我们试图去相信，认知作用已经发展成了一种不同的功能，我们也很难相信：这种形变已经是如此彻底，以至于认知已经使得它与原初推动力相联系的所有痕迹都不复存在了。但是，除非我们做出如此的假定，否则，除了坚持认为原初推动力的持续存在是一个会永远阻碍知识实现其自身目标的干扰和妨碍因素之外，我们还有别的选择吗？ 或者对原初推动力的某种提升，某种发扬，在事物中制造某些差异，就是知识的目的？

说这些考虑因素是"纯粹发生的"或"心理学的"，只与认知的起源和自然史有关，是不能避开——除了掩耳盗铃外(ostrich-wise)——这个问题的。因为关键是：这种器官的反应，这种有机体的行为，影响了知识的内容。所有知识的题材都是与有机体相关的事物——作为直接或间接的刺激物与之相关，或者作为当下的或遥远的、将来的或完成的反映材料与之相关。就我所知，就觉识(awareness)的感知领域而言，没有人会否认这一点。痛苦、快乐、愤怒和渴望，所有"第二性"的特质，都不可避免地与有机体和环境之间的"相互作用"相关。这个感知领域是被作为有机体以自己为中心的可能的选择性反应领域被分配和安排的。上下、远近、前后、左右、软硬（还有黑白、高音低音）都指向一个行为中心。

这种题材如此长时间地成为唯心主义的论点和不可知论者的知识相对性宣言的存货，以至于哲学家们都已经听得厌倦了。但是，即使是这样一种昏昏欲睡的状态，也可能会被对实用主义解释的适度热情所刺激。红色、远近、软硬或大小都包含着一种环境与有机体之间的关系，这一点与水包含了一种氢和氧之间的关系这个事实一样，并不是为唯心主义提供论证的。② 然而，它却为这些差异——它们是在没有有机体作用事物将会是什么方面所造成的差异——的重要

---

① 指出下面这点是非常有趣的，即当人们不再一般地将大脑孤立为心灵的一种独特的物理基础，而是将它仅仅当作适应行为手段的身体的一部分时，关于"平行论"、"交互作用"、"机械行为论"——"意识"与"身体"之间的关系——的那些形而上学困惑是如何被消解的。

② 我把这种说明归于我的同事蒙塔古(Montague)博士。

实践价值提供了论证。这些差异并不是"意识"或"心灵"造成的，而是作为行为系统活动中心的有机体造成的。而且，不可知论的"相对性"学说的圈套在于这样一个假设，那就是：知识的理想和目标就是重复或复制一个在先的存在。在这种情况下，有机体在关于觉识的事实方面对同时发生的差异的制造，当然会妨碍并永远阻碍知识功能实现其真正的目的。知识，觉识，在这种情况下遭遇到了任何治疗都不可能使之更好的困境。但是，如果知识的目的恰好就是通过有机体的重新调整对环境造成某种改变，把有利的情况保持下去，这些改变在环境中不偏不倚地进行，那么，有机体的改变就会完全渗入觉识的素材中这个事实，就不是对知识的限制和歪曲，而是其最终目标的部分实现。

于是，唯一的问题就是这些恰当的反应是否会发生。整个不可知论的、实证主义的争论，由于简单的一招而受到了侧翼攻击的威胁。问题不再是一个观念上必要而实际上不可能的拷贝*相对于*通过有机体的抑制和刺激对实在进行不合适但却不可避免的改变；相反，它是正确的、经济的、有效的，以及——如果一个人愿意冒险的话——有用的和令人满意的反应，相对于不经济的、奴役性的、误导性的和使人混淆的反应。有机体反应的存在，影响并改变了每一个内容、每一个觉识的素材，这无疑是个事实。但是，重要的是有机体的行为进入的*方式*——它产生影响和改变的方式。我们把不同的价值分配给了不同类型的"知识"——或者说是包含有机体态度和活动的素材。有些只是猜想、意见、可疑的特性，另一些则是尊称和褒义上的"知识"——科学，有些则被证明是错误、失误和过失。在那些被认为是正确的知识中，从哪里、如何找到特征上的区别？某些知识为什么又是怎样成为真知（genuine-knowing），而另一些则是误知（mis-knowing）呢？觉识本身是一个总括性术语，既包括错觉、怀疑、混淆、模糊，也包括定义、组织、

有证据和理性保证的逻辑结论。任何自然主义或实在论的理论都坚持这种观点：所有这些术语都公平地与被认为是绝对存在的事物具有相同的关系。无论如何，我们都只有这些相同的存在——种类是相同的，只是它们被不同地安排或组合了而已。不过，为什么在价值上会有这些巨大的差别呢？如果非自然主义者也就是非实在论者说，差别是一种存在的差别，它由此时是良性的，彼时是恶性的"意识的"、"心理的"运作和状态对作为知识素材的存在所施加的作用而产生的话，那么，仍然存在着这样一个问题，即对这些贴上意识标签的特殊"存在"

的良性和恶性干涉的各自性质和条件进行辨别。① 错误、模糊、怀疑和猜想的存在产生了一个问题，这个问题已经如此长时间地困扰了哲学并带来如此多的思辨的冒险，以至于——哪怕只是为了多样性——似乎值得听一下实用主义的解决方案。在实在中制造出某种差别，不是制造出任何旧有的差别、偶然的差别，这是包含在所有认知中的那个有机体的适应的事务。正确的、好的差别是这样一种差别，它能够令人满意地实现那具体的目的；正是因为这一目的，认知发生了。所有的产品都是一个行动的产物，但并不是所有的产品都同样是好的。因此，所有的"知识"都是认知在事物中制造的差异，但有些差异并不是在认知中所考虑到的和想要的，并因此而在它们出现时成为干扰和障碍——而其他的差异则实现了认知的目的，它们与有机体的一贯行为如此协调，以至于强化和扩大了它的作用。错误严格说来，是一种处理不当；疑惑是反应的一种暂时犹豫和动摇；含糊是那些可供选择但又相互冲突的反应处理方式之间的矛盾；探究是一种暂时的、可补救的（因为是有机体内部的）活动方式，它在着手于知识——这种知识是公开的、必然发生的（它没有未雨绸缪），因为它已经在公开的行动之中产生了物理的效果——之前就开始了。

说令人敬重的认识的准则不在它的对象中制造任何差异，与说认识的目标在实在中实现并支持一种具体的差别，这两者并无二致。如果认知使其自己的对象发生了改变，它就是失职的——那是一个错误；但其对象却仍然是一个以某种方式被改变的在先存在。这并不是在玩弄"对象"的这两种涵义——目的和素材。有机体有它自己的适当功能。保持和更大程度地发挥正确机能，是它的职责。这种作用的发挥不是在真空中进行的。它包括对宇宙环境的合作性和重新调整的改变。因此，觉识的恰当素材并不是整个实在，不是一个将要在一张被糟糕构造出来的精神复印纸上复印——它最多只能产生不完整的、模糊的和错误的复制品——的形而上学世界。其正确合法的对象是有机体与环境之间的关系，在这种关系中，功能被最充分有效地完成；或借助这种关系，如遇阻碍和随后需要实验，它后来的畅通道路会变得最容易不过了。至于其他实在，整个形而上学的实在，就觉识而言，都是无关紧要的。

----

① 当然，根据我有兴趣阐明的这个理论，所谓的"意识"活动，仅仅意味着以行为的方式而进行的有机体的释放（organic releases）。这些行为是觉识的条件，并且改变了它的内容。

为了普通目的,也就是说,为了实践目的,事物的真实与事物的实在性(realness)是同义的。我们都像是说"实在地和真实地"(really and truly)的孩子。一个实在,如果在有机体的回应中被如此地加以处理以导致随后的离题和不相关的反应,那么,尽管从存在论的角度说它完全是真实的,但它并不是一个好的实在。它没有价值特点。由于它是我们想要的那一类对象,它将尽可能地促进一种稳定的和自由的或成长中的机能。因此,对于我们而言,它就是这种——真实的一种——独享实在这个名称的实在。从实用主义的角度说,从目的论的角度说,对真理和"实在"的这种认定是合理的和有根据的。从理性主义的角度说,它产生了关于实在的复制样式这种观念:一种实在是绝对的和静止的,因为它已完全被阐述了;另一种则是现象的并持续忙碌着的,因为如不这样,其自身天生的非存在性将会使它完全消失。因为它是唯一真正或真实的事物,这些事物对于它们以结果的方式所自称的——我们想要的或正在追寻的——东西是有益的,所以,实际上,只有它们才是"真实的"。

IV

迄今为止,我们一直在把觉识作为一个事实——与所有存在的事实一样的一个事实——来处理,并一直努力表明:觉识的素材,无论如何,都是处于变化过程中的事物;而且,在这个变化中,认知功能参与了对变化的指导或驾驭,以至于某些(而不是其他的)变化产生了。但是,觉识本身又会怎样呢?当它被做成觉识的素材时,发生了什么事情?它是一类什么样的事物呢?要么说,如果我们不陷入无穷倒退,就不可能觉识到觉识;要么说,每当我们觉识到任何东西,必然一劳永逸地觉识到觉识,以至于除了纯粹形式的和空洞的特征之外,它没有任何特征。我认为,这两种说法都完全是诡辩(是无效的)。作为一个具体的事件,觉识是有某些可辨明的条件的。我们的确可以只把它作为一个形式上的事实来认识,就像我们可以认识到一个爆炸而根本不知道它的性质一样。但是,我们也能带着一种好奇和分析的心情觉识它,并且着手详细地研究它。这种探究,就像其他任何探究一样,随着对条件和结果的确定而发生。在这里,觉识是一个特有的事实,表现为对其自身特征的探究;并且,关于觉识的正确知识,与关于光谱或一匹奔驰的骏马的正确知识一样,是同一种东西;一般来说,它以同样的方式一般地进行,并且必须符合同一个一般检验标准。

那么,我们将会发现觉识是什么呢？下面的这个回答,形式上的教条主义总结,显然包含着困难,它略去了许多我们一直以来很不了解的东西。但是,它却表现了一种被普遍贯彻的科学研究趋势。关于它与实用主义的论争无关这个优点,我没必要再说。觉识意味着**注意**,注意意味着一个现存境遇中的危机;意味着关于某些材料的不同方式的分叉,即走向这条或那条道路的趋势。它表现了某些麻烦、某些失常,或某方面的威胁、不安全、疑问和吃紧。这种紧张状态,不明确的暗示、投射和倾向的状态,不只是发生在"心里",不只是情绪的状态。它处于作为过渡性事实的情景事实之中;情感或"主观"的动荡只是这个更大动荡的一部分。而且,使用心理学的**语言**,如果我们说注意是一种相互冲突的习惯的现象,是通过找到一个作用于所有这些相关因素的行动来消除这个冲突过程的话,那么,这种语言就没有使这些事实成为"纯粹心理的"——无论它意味着什么。① 这些习惯就像它们是"个人的"一样,是生物的;就像它们是生物的一样,也是宇宙的。它们是通过某种方式被表达出来的事物的整体秩序;正如一个物理或化学现象是用其他一种方式表达出来的同一种秩序一样。根据习惯的冲突和重新调整给出的这个陈述,最多只是把这个动荡归于**事物**的一种方式;它没有为实在提供替代物或对手,也没有提供"心理的"复制品。

如果这是正确的,那么,即使在它最困惑和混乱的状态下,一个关于其素材在最大限度的怀疑和不稳定状态下,觉知也意味着一些东西借助于被称为有机体的这个特殊事物,加入到不同的——或附加的——变化的条件中。我们怎么能拒绝提出并考虑如下这个问题:在这种条件下,事物是怎样与那个先前出现在它身上的状态发生关系,并与随后发生在它身上的事物状态发生关系的?②

设想关于一把椅子的觉识的情况。设想只是当以某种方式——无论多么遥远——与这把椅子相关的可疑情况存在时,对它的觉识才会发生。它究竟是不是一把椅子,或它是否足够结实以至于可以站在上面,或者我应该把它放在哪

---

① 它意味着什么呢？当一个生物学家给出了一个生物学陈述时,事实的客观性消失了吗？为什么不根据它们是"纯粹"生物学的而反驳他的结论呢？

② 这是**一个与另一个连续发生的不同事物状态的关系**问题——在这里,实用主义方法取代了对一类纯粹精神的、时间性的但不是空间的、非物质的、由变化的不可靠的意识构成的存在是如何可以超越自身并有效地指称完全不同的一类空间的和延展的存在,它又是如何能够从后者那里接受到印象等等问题的认识论探究。所有这些问题,构成了各种被称为认识论的根深蒂固的理智"破伤风"。

儿,或者它是否值得我花钱买下它,都可能成为一个疑惑;或者,就像经常发生的那样,这种包含不确定性的情形可能会成为某些哲学问题——在这些问题中,关于椅子的感知作为证据或例证而被引用(足够滑稽的是,对它的觉识甚至也可能被引入一个想要表明觉识与不完全和模糊情形无关的哲学论证之中)。那么,在进入令人困惑的探究情境过程中,这把椅子经历了什么样的变化呢? 这是我们所关心的那把椅子的真实性的一部分吗? 如果不是,这个变化是从哪儿发现的? 是从被称为"意识"的某些完全不同的东西中发现的吗? 在这个例子中,探究、观察、记忆和反映的作用是如何确保可以回过头来指称这个正确对象的呢? 可以断言,这个预设是:这把"我们正在谈论的椅子",就是"我们正在谈论的"那把椅子;这同一个事物就在那里,它也卷入了这个令人困惑的情境。此外,把"意识"作为这个疑惑的唯一所在地的说法,只不过是对这个问题的重复而已;因为根据正在考察的这个理论,"意识"毕竟只意味着这个可疑情境中的那把椅子而已。你可以说,这把*物理的*椅子并没有变化。的确,如果这是全然可能的话,物理上**意味**的东西正好就是作为整个觉识——通过为了其他某些实际的目的而进入这个觉识情境,但为了某些可能的目的,它没有受到影响——对象的那把椅子的**那一部分**。但是,在实际的探究之前,我们是怎样把这把"物理的"椅子与现在作为将要被认识的对象的这把椅子区分开的;当我们试图不根据它自己而根据被选择的那类对象——它是其他某个认识的恰当素材——来确定一个觉识的对象时,我们又将会陷入什么样的矛盾?

但是,觉识既意味着怀疑,也意味着探究——这些是事物的消极和积极、回顾和展望的关系。这意味着一个真正的**附加性质**——对在先事物的一种重新调整。① 我知道,任何东西都不能承担新关系这个辩证的论点;因为为了这样做,它就必须是已经被完全关系化了的(completely related)——当它被一个绝对主义者提出时,我就能理解他为什么坚持这种观点,即使我不能理解这个观点本身。但是,除了这种概念推理之外,我们还必须遵循素材的指引;并且当我们在探究过程中发现了一个承担了新关系的事物时,我们也必须接受这个事实,并建构我们的事物理论和知识理论以涵括它,而不是因为我们已经拥有了一

---

① 这里,在一个更具分析性的平台上,我们已经到达了这个早先提出的关于认知**诞生于**改变事物的活动这个事实的观点。

个排除它的知识理论就断言它是不可能的。在探究中,已经变得可疑的存在总是会遭遇实验性的重构。这可能在很大程度上是想象的或"猜测的"。我们会观察某些事物,就好像它们被置于变动的条件之中那样,并思考在它们身上将会发生什么。但是,这些差别就它们本身而言也确实是变动的;而且,这些探究从来就不会得出可以最终被证明的结论。在持续稳定的重要探究中,我们以实际物理构造的方式坚持某种东西——它只不过是一个图表而已。换句话说,科学,或尊敬意义上的认知,是实验的,它包括物理的构造。我们坚持与之有关的某些东西,认为我们会看到:当这个观点被实现时,它是如何与其他事物——通过它,我们的行动被限制和释放——保持一致的。通过说认知没有对"真理"造成任何变化而只不过是发现真理的初步练习来避开这个结论,是我们在这个讨论中多次遇到的那种旧观点:把一个先于认知的存在同终止和实现了认知的对象混淆起来的谬论。对于认知而言,使自身的最终条件发生变化,完全是使自我失效的行为;只要认知的目的是把事物直接引向这个条

141 件,它就会依然如此。当"真理"意味着把某些新的差异成功地引入条件时,为什么它还会如此愚蠢地造成其他更多的差异——这些差异是我们不想要的,因为它们是无关紧要的和误导性的——呢?

如果不是悲哀经验的教诲,就不会有必要增添这一说法:认知对环境所造成的变化,不是一种整体的或奇迹般的变化。改变、重新调整、重构都暗示在先的存在:这些存在拥有自己的特征和习性;在不同问题的不同语境中,这些习性必须以不同的方式被接受、参考、迎合、处理,或者被忽视。对实在造成差异,就意味着制造那些我们借助于实验发现,可以在一个给定的条件下造成的差异——即使我们仍然可能期望其他时间和其他环境中不同的好运气。尽管如此,这也不意味着让一个事物变成非实在;可是,实用主义者有时却会遭到批评,就好像所有的实在变化都一定是一个向非实在的变化一样。在改变这个事实——那就是,只有一个永恒者才能改变,而且改变也是一个永恒者的改变——上的确存在着很多困难,既是论证方面的困难,也是实在的或实践方面的困难。但是,在我们严禁植物学家和化学家们根据这个理由——对于所有事物而言,改变意味着失去它的实在性——谈论他们的素材的变化和改变之前,我们还是允许逻辑学家有类似的谈论为好。

V

从永恒的观点看,还是从时间的观点看(Sub specie aeternitatis or sub specie genoration),我容易受到前一个理想的美学魅力的感染,谁又不是呢? 存在着很多放松的瞬间:存在着这样一些时刻,在这些时刻,对平静的要求——这种要求被置之不理并被从我们居住的这个世界的持续要求中祛除,以至于我们应该觉醒并为它做些什么——似乎是难以抗拒的;在这些时刻,被在一个运动着的宇宙中生活所强加的责任,似乎是不可容忍的。我们用同样的心灵沉思永远沉睡的思想。但毕竟,它是这样的一个问题——在这个问题上,实在而非哲学家拥有最终裁决权。在哲学之外,这个问题似乎都被很好地解决了;在科学中,在诗歌中,在社会机构中,在宗教——无论在什么地方,宗教都不是绝望地受一种消灭自身创造者的(Frankenstein)哲学支配的,这种哲学最初是作为它自己的奴隶而被创造出来的——中。在这些情况下,存在着这样的危险,那就是:哲学——它试图通过躲进永恒形态的避难所而逃避时代形态——将只会被归入一种过去时代的形态。通过求助于传统的问题和目的而努力逃离时代的陷阱和缺陷,而不是让死者埋葬它们自己的死亡。哲学在当下的生活斗争以及自己时代问题的积极参与中犯错误,也许比它(哲学)置当下的创造性观念于不顾,而保持一种僧侣式的绝对纯洁更为可取。在一种情况下,它将会受到尊敬,就像我们尊敬所有的优点——它通过承担困惑和失败,就像分享努力的欢乐和成功那样,证明了自身的真诚——一样。在另一种情况下,它有望共同承担任何在那些美好时光的衰落中还能保存其优雅而不是其活动的事物的命运;也就是说,它有望舒适地躲藏到关于自己的体面的意识中去。

142

对麦吉尔夫雷教授的问题的回应[①]

143   在麦吉尔夫雷教授向我礼貌地提问的时候,有些相关的情况(见《哲学、心理学与科学方法杂志》,1911 年 8 月 17 日),使我没能及时注意到它们。我希望,这个很长的时间间隔没有使我现在所作的这个回应失效。

他的问题基本上是以下面的这段出自"纪念詹姆斯卷"的引文为基础的,那就是:"这个所谓的'意识'活动,只是意味着有机体在行为方面的解放——它们是觉识的条件并改变了它的内容。"如果我不能直接地,或者以他提出这些问题的形式回答麦吉尔夫雷教授的问题的话,那是因为这些问题,如他描述的那样,在我看来,依赖于对*所谓的*先于行动的力量以及对"意识"这个词的引号的忽视。通过这些预防措施,我想提醒读者的是:我正在谈及的是这样一种我并不对它负责的观点,尤其是关于"意识"。事实上,我认为,引号里的*意识*显然正好指出了一个我正在批评并为之提供一个替代物的概念。但是,在我看来,向我提出的这些问题(我可能误解了它们的意思)依赖于这样一个假设:我正好接受了我想要排斥的东西。于是,这些问题就很自然地暗示我已经陷入了严重的前后不一致。

我引用两段话,它们提供了明显的证据以证明我的印象是正确的。"尽管杜

144   威教授在这篇论文的其他地方把觉识定义为注意,但我认为,在这个句子(上面引用的那个句子)中,他也打算要把意识包括在它的非注意的形式中。"与他的下一个问题相关,他说:"大概,知识就是一种意识。"根据引号中被提到的这个意识

[①] 首次发表于《哲学、心理学与科学方法杂志》,第 9 卷(1912 年),第 19—21 页。这篇文章是对麦吉尔夫雷回应的一个反驳,见本卷第 314—316 页。

概念,这些假定都是很自然的;但是,我却很难把它们与我自己的观点联系起来。现在,如果我的假设——麦吉尔夫雷教授的"意识"是一种意思,而我的则是另一种意思——是正确的,那么,在回应他的问题时,我就有点尴尬了。如果我在他的意义上进行回应,将会歪曲我自己;如果我在我的意义上进行回应,就可能引起另外的误解,因为这些回答将会根据他的意义而被理解。因此,我将努力说明我的观点是什么,然后再陈述他的问题在其基础上将要采取的形式。

我的论点是:"意识"是行为的一个形容词,是在特定条件下附着于行为的一种性质。当我们创造了"有意识的"(conscious)这个词的名词形式并且忘记了我们是在处理(就像在其他有-ness后缀的名词的情况下一样)一个抽象名词时,我们会犯类似这样的错误:仿佛我们从事物中抽象出红色,然后讨论红色与事物的关系而不是讨论红色的事物与其他事物的关系一样。因此(就来到了问题1),当然存在着一个关于有意识的行为、注意的行为与其他种类的行为之间的关系问题。但是,这并不是一个在被错误地提出之后能被有益讨论的问题。如果这个实际的问题是关于大脑在某些种类的行为中的作用的话,那么,平行论者、机械行为论者等等,就都是在他们把这个问题翻译成其他人为的形式之后而寻找答案的。

因此,关于第二个问题,我的回应(在我已经翻译了这个问题之后)是:(指称所指向的)知识的目的是丰富和引导随后所有种类的行为。那种有意识的行为,萌芽于本能和习惯的(惯常的)行为,且是道德、技术、审美等行为的先决条件;并且,以这种方式看待它是理解思维("意识")以及与之相关的所有一切的一种恰当的方式。上面这些看法也许与事实不符,但我并没有发现这些看法涉及内在融贯性的问题。

第三个问题是这样说的:"如果在认知活动中,是有机体的释放改变了环境,那么,区别于这些有机体释放的认知会为了自己而对环境作出任何改变吗?"这个问题,在它提出的认知与行为之间的那个区别方面,涉及了那个被排斥的意识概念。如果意识是一种行为——不同于其他种类行为——的特别性质的话,那么,麦吉尔夫雷教授的问题就不能被提问。唯一的问题,是关于区别于其他种类行为的有意识行为带来了什么改变的问题。我的答案是刚刚给出的那个答案:那些有助于指导随后行动并丰富其意义的改变。

第四个问题的其中一种形式是这样的:"一旦在意识与有机体的释放之间作

出区分,我们有什么正当理由断言知识只是关于知识条件的效果呢?"而且在这里,这种区分也支持麦吉尔夫雷教授明显归给"意识"的那种意义,而不是我的"意识"的意义。翻译成我的术语,这个问题将是这样的:"我们有什么理由认为认知(注意)行为发生于其他种类的行为之后呢?"在这个问题将会像"我们研究其他任何东西一样"被研究这一点上,我很同意我的质疑者。考虑到认知"工具"理论遭到攻击的次数——理由是它将其考虑限制在知识的作用上——那么,发现人们说它拒绝扩大它的视野以把它们都纳入进来,就是一个很有意思的变化。① 对我而言——但是,对于那些批评它的人而言可能不是这样——这暗示了:这个"工具"理论正在努力去定义认知,努力把它置入与它的产生条件及其结果——或作用——之间的关系之中。

---

① "如果知识是明显区别于其条件的,那么,难道我们就不应该像研究其他东西那样——不是把我们完全限于其条件的作用,而是扩大我们的视野以纳入它自身可能拥有的所有可能作用——来研究它吗?"

对象、材料与存在：
对麦吉尔夫雷教授的回应[①]

对于麦吉尔夫雷教授在了解我的逻辑分析以及如此清楚简洁地提出其结论的过程中所付出的耐心和努力，我能做的只有感激。[②] 这种感激，至少会引导我对他的善意挑战作出回应。

I

我以引用他几乎整个一节的批评作为开始。为了方便随后对讨论中所涉部分的参考，我在中间插入了一些字符。

"与杜威教授对观念和事实的新区分相关，有一个更进一步的困难，我希望能摆在他的面前。(a)我想，我们大部分人都接受月球有另一面是事实，它和月球有这一面的事实是同价的……(b)这个事实，虽然作为被接受的事实，它和月球的这一面是等价的，然而作为被经验的事实，似乎明显不同于它。我可以看见一个，但我看不见另一个……在月球具有两个半球的结论被得出之后，在我们的经验中仍然存在着两个半球之间的明显区别，这种区别，不论我们如何用改变术语涵义的方式来撬动它，都似乎没有稍微移动。追随日常用法，实在论者说，虽然有两个月半球，但却只有一个可以被直接经验，而另一个只是借助于观念接近我们的……实用主义会怎样对待这种不同？ 如果它忽略它，那它还能保持与科

---

① 首次发表于《哲学、心理学与科学方法杂志》，第 6 卷(1909 年)，第 13—21 页。至于麦吉尔夫雷的文章，见本卷第 317—327 页。

② 载于他的题为"芝加哥'观念'和唯心主义"(The Chicago "Idea" and Idealism)的文章，发表于《哲学、心理学与科学方法杂志》，第 5 卷，第 589 页。

学的和睦吗？……(c)科学在观察和推论之间、经验事实和在事实基础上的科学构造之间作出了彻底的区分……被我们当作卫星的东西，远在行星地球 240000 英里之外，毕竟或许不能证明就是我们认为它所是的那个样子。但假设这种科学构造中的改变竟然会发生呢？(d)所有的一切，并没有从现代科学事实中失去；这样一个事实，仍然保留在那里：在经验中偶尔存在着某个明亮的东西，从微小的月牙变为圆满的天体……这个事实也许会被解释为你喜欢的任何东西并被接受为那个东西；但它将在那里以某种方式被接受，只要任何与我们构造相同的人睁开眼睛，在适当的时候将它们转到正确的方向上来。这种事实——存在着很多这种事实——构成了不可反驳的思想材料。它是所予的最后所予(datissimum datorum)……这些第一级的材料就在游戏之中，而不是关于游戏的。它们把首要性赋予一个月半球，任何地球上的思想重组都不可能把这种首要性赋予另一个月半球。于是，一种关注经验的哲学不可能完全忽视这两种材料之间的区别。"

在这段素材中，人们看到了很多矛盾——一个自然的推论是：它们来源于我的主张。是这样的吗？或者说，这些矛盾是我的批评者所持观点的固有的一部分吗？让我首先对这个对我指控的根据作一个尽可能简要和公正的说明。我一直坚持认为，在一个判断的**结论**中被接受的对象(例如，这个月球)产生于一个判断**过程**——在这个过程中，材料(缺乏理性的观察事实)和假设的意义(概念性的观念)是同时被相互区别开和相互指涉的；而且，它们是通过这样一种方式产生出来的，那就是：最终被接受的对象既通过"观念"呈现了对这个材料的重组，也通过这个实验的过程——通过它，一个意义被吸收进了这个材料——呈现了对这个"观念"的确证。麦吉尔夫雷先生认为，这导致了我的主观唯心主义——因为除了那些"观念"参与构成的东西之外，它不承认任何"事实"和"对象"。它还使我陷入了与科学方法的冲突之中，因为它忽视了"第一级的材料"——就所有"思想重构"而言，这些材料在昨天、今天和将来都是一样的。①

---

① 那恩先生在他的启发性的论文《科学方法的目标与成就》(Aims and Achievements of the Scientific Method)中，也基于本质上相同的理由，批评了在《逻辑理论研究》中提出的关于假设及其功能的观点。参见第 67 和 68 小节。

II

大体说来,我的回应是:(1)我并没有忽视所予的最后所予(datissima datorum)的存在;断言它们的存在先于观念,对于我关于重构的自然理论和反思过程的著作来说,同样是必要的;(2)我的批评者混淆了这些拥有完全非认知和非逻辑特征的材料,与那些在判断中并属于判断、因此而具有典型逻辑特性的材料;(3)在把一种更高的知识价值赋予(第二种)材料(data),而不是认为它属于被接受为判断结果的那个对象方面,他使自己陷入了与科学的冲突之中。

接下来的讨论,虽然包括上面的主张,但是将按照一个不同的顺序进行。我将设法说明:在用(b)、(c)和(d)标志出来的引言的那些部分中,他已经反复再三地把在一种情形中仍然有效的东西转移到了另一种情形中;而且,他发现的这些困难并不是源于我的观点,而是这种主张之间互换的结果。这些观点,其中每一个就其自身而言都是合理的,但在意义和指称上却又是如此不同,以至于否定了这种转换的可能性。

1. 这个月球(它是启发性的,就像我们将在下面看到的那样,我的批评者紧紧地坚持着"两个半球"而不是坚持一个球体)是与——就像在(b)中说明的那样——这个以双重方式对它进行认知的个体活动相关的。正是因为(a)中的断言是正确的,即这两个半球都是同样被接受的事实,所以,在理解这个单一整体事实时,个体不可能以同样的方式与远的一面和近的一面相关联。因此,关于经验这两个球面的方式之间的区别的陈述,与对这个对象的接受——它包含着一个判断——是一致的,并且它只与对它的接受一致。根据这种情况的性质,对一个事实被理解方式的分析不可能产生一个关于那个事实性质——它与其理解方法正在被分析的那种性质是不一致的——的陈述。我到达了为什么我否认自己是一个唯心主义者这个问题的终点;但是,在这里,这个问题的要点却正好在此。所有我知道的唯心主义认识论,恰好都从事着在最后一句话中所指出的那种自相矛盾的活动。

对于我的批评者的这样一个陈述——"作为一个被经验的事实",月亮的另一面与这一面是不同的,即使它"作为一个被接受的事实"是相同的——而言,有两种候选的解释方式。根据第一种解释方式,"只有一面可以被直接经验到,并且另一面只有借助于观念才能理解"这个事实,正好谈及了我们理解一个复杂事

149

实中相互联系的不同要素的那些方式。这个命题的谈论领域,不是月亮的这一面和另一面的相应认识地位或各自的知识价值,而是*我们理解*拥有相同认识价值的要素的方式。另一种解释方式得出结论说:因为我们的理解方式是不同的,因此,我们能理解的这些要素是立于一个不同的立足点上。①

2. 让我们来考虑一下关于麦吉尔夫雷先生主张的这些候选解释。如果我们采纳第一种(在我看来是完全合理的),就可以清楚地辨别出月球的两面与我们的理解方式之间的不同关系;并且,从月球与我们的认知有机体之间的关系这个立足点出发,就可以区分开月球这一面的感性特质与月球另一面的观念性或联想性特质。如果我们愿意(但是我不希望有人愿意),在这样一种关系中,我们甚至可以把前者的那些特质称为感觉;而把后者称为观念——但是,那些事实(如果我们这么称呼它们的话)当然支配这些名称的意义,而不是这些名称支配那些事实的特征。"感觉"就是麦吉尔夫雷教授在早先的一篇文章②中所称谓的感觉材料,譬如,与我们的理解方式有关的一个对象的性质。令人失望的是,在这篇文章中,麦吉尔夫雷先生忘记了他在此前同样明确指出的一点——即"感觉这个术语是一个综合性的(omnibus)术语"(第 458 页)。如果他记住了这一点,那么,他本该认识到:在指出这辆客车——麦吉尔夫雷先生已经发现这辆客车上的四个旅客——上一个不引人注意的角落里的第五个乘客时,我既没有改变这个术语的"普通意义"(我想知道,这四个中的哪一个才是"普通的"?),也没有否认其他四个中任何一个都共同指称的那些事实的存在。但是,无论如何,如果麦吉尔夫雷先生已经意指或接受这个候选解释的话,那么,我的论证路径就没有不融贯。作为一个被接受的天文学事实,月球的两面是同等的就是正确的;并且,作为一个被接受的心理学事实(无论这个指称的领域可能是什么),假如给出了*这个天文学事实*的话,那么对这个事实的理解经验就是以不同方式与月球的两面相关的这一点就是正确的。

如果另一种解释被接受了,那么,就只能是**这一面**拥有某种相对于另一面的优先性和优越性;并且,只有如此,麦吉尔夫雷教授才能指控我忽视了普通的科

---

① 考虑到麦吉尔夫雷先生前面在把这个观点归于我的基础上对我的批评,被引用的这段话中的那个暗示——作为被直接经验到的这个事实,与在判断后被接受的事实相比,在认识上占据着一个优先地位——多少有点令人吃惊。而这种观点却是属于"后者"的。

② 《哲学、心理学与科学方法杂志》,第 4 卷,第 457 页。

学程序。但是，如果他意指和接受了第二个替代解释，那么，他就是在用他对我们认知经验的分析来质疑科学知识——这两面作为半球是一样的这个结论。在这种情况下，结果证明，应该考虑"与科学和平共处"的是他而不是我，因为我并不认为他可以说服天文学家来接受这样一个月球，它的这一面是事实而另一面是观念：绿干酪是可能的，但"观念"绝不可能。

3. 在被指明的(c)那一部分中出现了另一个混淆。现在，对一个事实的两种认知方式之间的区别，与判断或认识过程中——即"观察与推论"之间，"经验事实"与对它们的科学重构之间——的区别混淆了起来。而且，也可能存在两种候选解释。要么是：这个区别（具有建立在"观察"和"经验事实"这一面之上的优越性）存在于判断月球的真实形式过程中，也就是说，我们仍然是在寻找一个"可接受"的事实；要么是：这种价值特性在得出结论之后仍持续存在——甚至在它的形式问题得到解决之后！如果他的意思是前者，那么，他与我并没有什么冲突；因为正是材料和观念之间的这种对立关系，已经被我当作区别于不确定性的判断过程的独特种差(differentia)。但是，如果他意指的是后者，那么，他又将怎样做到与科学和平共处呢？因为，科学知识的特征是：它是在一个系统的推理研究过程的结论中发现其真正可接受的对象的，而不是在独立于所有推理过程的"观察"或者与被合理组织和解释的那些事实相对立的"经验事实"中被发现的。于是，当关于客观特征的疑惑出现或者重复出现时，这个对立理所当然也就再次出现了；并且，这些材料就成了实际的要素，而这些观念就成了假设的要素。但是，只要这个结论一直没有受到挑战，那么，这个对象就一直是这个结论所描述的那个对象。而且，当一个怀疑出现时（因此，当判断正在进行，没有得出结论时），这个实际的优越性只属于这些材料，因为那个判断只优越于其作为假设被提出来的解释，而不是优越于那些被接受的科学结论的事实。因为，对这些未加工材料的整个重整过程，依赖于对其他事实系统整体的接受，它不会被同时质疑，它是思想已经介入到其中的其他判断的结论。

4. 在(d)这段话中，问题转向了一个在我看来似乎更为合理的立场。直到这一点为止，我的批评者都一直认为，月亮这一面的半球性质是一个被给予的"经验事实"，另一面的半球性质是来自于它的一个推论！如果我们有任何有关月球的这一面是一个半球的直接知识的话，那么，另一面也是一个半球这个"结论"就可能会使对康德分析判断的阐述完善化，或者使一个关于"直接推论"的论述变得生动,但是,它不能说明天文学的历史。当然,这个推论就是:**月球是一个球体,两面的半球特征包括在这个结论之中**。这个明显的事实,在麦吉尔夫雷先生把"有一个时常出现在经验中的明亮的东西,它从纤细的新月变成满月"作为基本材料提及时被揭示出来了。

用这个陈述代替这一面的半球特征,无论如何(它可能会得到正确的回应)都只是强化了麦吉尔夫雷先生的论点,因为最终这里的确有所予的最后所予(datissimum datorum)存在。但是,这又怎样反驳我呢?我坚持主张(更多是对"客观唯心主义者"的怀疑):对于任何一个具体的反思情形(并且,所有的反思情形都是具体的)而言,不存在非逻辑的前提,以至于与思想相关的知识都是由一个先前经验中的非反思或非逻辑的("实践的")因素产生的。① 关于当前思想中的**理智主义**②认识论立场的证据,我认为再没有比下面这一事实所能提供的证据更好了:所有判断过程中,思想都在起作用(并因此体现在所有判断结论中),这在绝大多数批评家们看来,已经涉及了关于存在本性的唯心主义理论。如果**存在**(to exist)和作为素材或认识结果是等价术语的话,那么,就确实会这样。但是,对理智主义完全排斥的一方却宣称:存在,甚至作为"经验"的事情而存在,也将不会被认定为像某一个被认知事物那样存在,无论是在判断过程中还是作为它的结论。这种存在形式给我、也给麦吉尔夫雷教授提供了一个坚不可摧的堡垒,一个"所予的最后所予"(givenest of given)。如果相信它就会成为一个实在论者的话,那么,我也是一个实在论者。

如果在我们之间存在一个区别的话,那么,它一定是在分配这个先天因素的特征方面的区别。"像我们一样被构成的一个人,无论何时睁开双眼并把目光转向一个正确的方向"(重点符号是我所加),使得我们看到了一弯新月或月球时所

---

① 我可能会顺便这样说,我的观点并不要求这个先天情形作为先天的在本质上是非反思的,而只是作为**对思想的唤起**——它是借助于一个抵触或冲突来唤起思想的,无论它在其中被发现的那个情形是多么反思的,这个冲突都完全是非反思的。如果已经明白了这一点的话,那么,其中某些从客观唯心主义出发来反对这种观点的批评就不会被提出来了。

② 麦吉尔夫雷教授附带地质疑了我在"后期作品"中对"理性主义"这个术语的用法。我并不记得这个术语被多么宽泛地使用了,但是我服罪。理性主义一方面与"自由思想"或自由批评联系太紧密,另一方面与经验主义的对立面联系太紧密,以至于不能方便地被作为一个用以标明与实用主义相对的唯理智主义的术语而使用:因为,在第一种意义上,实用主义可能是"理性主义的",而经验主义则可能会——感觉经验主义已经——像任何理性主义理论一样,是唯理智主义的。

发生之物的本性是什么呢？我认为，所发生的东西拥有一个行动所拥有的那种本性，它作为一个行动而**存在**。我已经说过，虽然这个行动可能是**认知性的**(cogni-tive)(也就是说，对进一步的知识产生影响)，而它自己却不能被恰当地称为认知。① 麦吉尔夫雷教授是怎样说的呢？

如果他说它是知识的一种形式、内容或对象，那么，作为知识，它的内容与判断中的材料又有什么关系呢？它与前者是等同的吗？当我们睁开双眼并转动我们的脑袋时所看到的那个天空和地球上的东西，与那些孤立的、被选择的观察材料——这些材料被天文学家作为所予而接受，并在指出月球形状的过程中产生作用——是同样的东西吗？那么，理性的或客观的唯心主义者就正准备借助于麦吉尔夫雷教授的简单办法，指出这些材料的仅仅特殊的、仅仅观察的(例如，可感的)、仅仅破碎的、无序的、无规律的特征，以及用来把这些粗糙的琐碎材料构造成对我们有意义的相互联系的对象世界的那些概念(思想)关系的必要性，以出其不意地击溃麦吉尔夫雷教授。或者，另一方面，麦吉尔夫雷教授的意思是观看和看见事物才是最卓越的知识吗？它最好地体现了认知作用吗？那么，他又怎样与科学和平共处呢？他又怎样避免这样的结论——科学知识是一个骗局，一个对我们通过一个更好更正确的方法认知的东西的故意武断的曲解和背离——呢？但是，另一方面，如果我们承认：当"一个像我们一样被构成的人"按照器官自身的构造使用他的器官时所发生的东西——在这个术语的任何理智或科学的意义上——根本就不是知识，那么，我们就可以承认与所有思考相关的某个事物的原初存在，同时也可以承认：当知识的立足点一旦被作为知识接受时，这些系统推理的结论就拥有了一个优越于其他任何一个决断的地位了。

我希望，这至少回答了麦吉尔夫雷教授关于当我说我并不认为我的观点是

① 除了这个问题之外，为了避免误解，一个辩证的困难或许将会被提到。有人可能会说，我在假定：在这里，原初"材料"被视为——或可能被视为——行动；并且，我自己因此已经把它们还原成了被解释过的"材料"或者还原成了已被接受的判断对象。这个反驳如此频繁地被提出，又一次表明了理智主义观点的统治地位。我的看法是："经验"这个术语主要指示了一种**存在**形式；经验可能会作为一个拥有某一特殊性质的行动而**存在**，并且不必为了具有它所具有的这个特征而被重复为知识。至于另一个被频繁提出的反驳——对一个行动的这种提法纯粹是个人主义的，在这里，我只想指出：诸如观看这样的一个行动属于个体或者被个体拥有的某种东西，是批评者的假定，而不是我的。在我看来，这个个体是在这个行动之中而不是之外的，并且只是作为它的一个要素而在行动之中的。

唯心主义时意指什么的问题。我认为，看和听与消化一样，都不需要"思想"；但我也认为，在思想已经介入了这样一个行动之后，它可能会被更好、更经济、更有效地——也可能更混乱、更浪费地——实施，更不用说它的结果拥有更无限贵重的价值了。

III

麦吉尔夫雷教授考察了：在唯心主义的当前意义上，在一个他所陈述的意义上——即"这个理论，认为所有的存在都包含在各种经验之中，或包含在一个大写的经验（Experience）之中"——我是不是一个唯心主义者。他还说："在上面所定义的当前意义上，杜威教授是不是一个唯心主义者？我确信，杜威教授对这个问题清楚的和不含糊的回答，将会使他的观点更明白易懂得多。"啊，我亲爱的质问者，我很想再重复一遍：对于"一个清楚的和不含糊的回答"而言，是有特定的先决条件的，也就是说，这个问题也应该是清楚的和不含糊的。"包含"是什么意思？它有**存在的**（existential）意义吗？——被称为经验的某些**东西**把其他东西物理或形而上学地包含在自身之内了吗？那么，我不接受这个理论。或者说，它的意义是**方法论上**的吗？哲学，像科学一样，只是通过获取被经验的而不是先验的事物，并通过讨论它们在经验上所拥有的特征，而不是它们依照某一个**先天**方法而**应该**拥有的特征，才容易理解并富有成效地走向可证实结果的吗？在这种情况下，我的回答可能是肯定的，这可能会与这个认同——我为对"所有实在"知之甚少而感到羞耻——有关，因为我的经验主义正好就是：我对之有所知甚或将会有所知的那**些**仅有的实在，正是那些被经验的实在——因为我并不认为"所有实在"这个短语是为我设置的一个陷阱。

此外，一个"清楚的和不含糊的"经验定义难道不既是一个一般的请求、又是一个对所提出问题给出一个清楚的和不含糊的回答的先决条件吗？在麦吉尔夫雷先生明确给出的这两种经验的意义上，我都不能肯定地回答他的问题。在这种意义——在接下来的一页（在 324 页）中，他在这个意义上使用了这个术语，但没有对它进行定义——上，我的回答将可能会是肯定的。但在那种情况下，我却被弄糊涂了，因为麦吉尔夫雷教授说那种观点是实在论。一个使我同时成为实在论者和唯心主义者的回应，将不可能作为"清楚的和不含糊的"而打动任何一个人。但是，如果麦吉尔夫雷先生将清楚地阐明这个意义——在这个意义上，譬如，他在谈论这个处于从新月向满月变化过程中的月亮的经验时使用了"被经验的"这个词，并且把那种用法与他在知觉到的石头的这个例子中对"经验"的用法相对照，那么，或许他会发现一个重要且富有意义的经验意义——这个意义将会揭示出，作为人，他和我在我们的经验的意义方面是非常相似的。而且，在这种情况下，我也非常愿意把我们将会被冠以什么样的名号这个问题留给我的批评者。

在全国黑人大会上的致辞[①]

156 　　这个科学的讨论已经如此充分地成了主角,因此,我将耽误你们一会儿时间;实际上,如果不是给了我这个表达对这次聚会目的的赞同的机会,并给了我敢于耽误你们非常少的时间这个特权,我根本不会出现在这里。一个已经在科学上被提出来的观点,那就是关于遗传学说的观点,或许应该被强调。

　　习得的遗传特征,换句话说,一个个体通过他的日常生活和训练获得的能力,改变了被遗传下来的世系,这个假设——因为没有证据或对证据的考虑,只能是一个假设——已经存在很久了。现在,在当前这个时代,生物科学的整体趋势是合理地确定这一点:个体习得的这些特征不是可遗传的,或者说,如果它们是可遗传的,那么,也是在一个很小的程度上,以至于在比较和相对的意义上可以被忽略掉。乍一看,这个自我欣赏的学说似乎是一个令人失望和沮丧的学说——一个个体通过他自己的努力和训练所习得的东西,并不改变那个下一代人将从此开始的水平。但是,我们已经表达了我们对所提出的关于社会性遗传的另一种论点的反对,并反对这样一个事实,即在以个体为立足点的精神文化和以社会为立足点的精神文化之间存在着一个巨大差别。

　　习得性特征是不可遗传的这个学说就成了一个非常鼓舞人心的学说,因为
157 它意味着:就个体而言,他们都拥有一个完全公平和自由的社会机会。从生物学

---

① 首次发表于《1909 年全国黑人大会会刊》(*Proceedings of the National Negro Conference* 1909),纽约:全国黑人大会总部,第 71—73 页;重印于由阿诺出版社和《纽约时报》出版的一个摹本(纽约:阿诺出版社,1969 年),它"来自哈佛学院图书馆文集中的一份拷贝"。

上讲,每一代人都是在前一代或过去的几代个体的水平上再一次开始的。换句话说,不存在"劣等种族";并且,所谓的这样一个种族中的成员,与一个更优越种族的那些成员一样,都将会拥有同样的社会机会和人格。今天,这些个体实际上已经开始了。在这里,更优越的那个种族的成员也作为个体开始了;并且,如果他们有更多的缺点阻碍了进步,那么,他们就会依赖他们身边的机会,教育中的机会,不仅有学校教育的机会,而且还有来自行业、工作职责、产业和社会责任等教育的机会。所以,保证提供这样一种环境以利用正在产生于其中的所有个体资源,这就是作为一个整体的社会的责任,它是从一个忽略所有感情和所有道德因素的严格科学的立足点出发被理解的——它是作为一个整体的当今社会的工作。

如果这些种族差别,就像已经指出的那样,是相对比较小的,那么,个体差别就非常大了。在任何一个种族中,所有的技能都被展现出来了。从低等个体到优秀个体,一个没有提供环境、教育以及各种各样机会——这将培养并有效地发挥更优秀的才能,无论它来自哪个领域——的社会,不仅仅是对那个特殊种族和那些特殊个体的不公正,而且也是对它自己的不公正,因为它正在使自己失去这么多的社会资源。

作为一门大学学科的教育[①]

用通常推算年代的年数来计算,教育作为一门大学学科,不过是一代多一点的时间。当一所大学的所有工作都包含在教育之中时,试图把教育变成一个孤立的研究课题,这种过去广泛流行的论点是多么荒谬啊!如果,除了那种简单化的处理方法以外,我们对这个问题还给予更进一步关注的话,那么,就总是会想起一种"教学法"形象。它作为这种所谓的教育教师们的艺术,就是教育他们如何借助于细致琐碎的设备和特有的教学方法——所有这些都趋向于用"方法"替代那些关于素材的知识——进行教学。再加上少许关于教师天赋个性的备注、对经验和技巧的要求,就使得这件事情相当完整了。这不是一个用以记录关于大学被侵入——首先是通过被分散的教育专业的教师,接着是通过系科,后来是通过类似法学院和医学院那样的建制完善的学校和学院——的统计数字的地方。或许,记住这一点就足够了,即在过去,无论是错还是对,一所大学的校长一旦相信:任何一个有理智的人都能在几个小时之内学会理论上能够学会的所有关于教育的东西,那么,这所大学就已经把这个学科建成了一个独立的系科。

然而,毫无疑问,这种观念却一直被一些文化保守主义者所坚持,那就是:教育理论的主要目的就是兜售那些教授一个学科——其中不包含太多学识——的便捷廉价方法,就像科学的医学被认为是在尽力发明一些使鱼肝油和其他令人作呕的药物变得更美味的方法一样。而且,对其可能性进行认真审查的许多人,

---

① 首次发表于《哥伦比亚大学季刊》(*Columbia University Quarterly*),第 9 卷(1907 年),第 284—290 页。

也很少停下来去认真思考作为一个严格的大学学科内容的那个话题所涉及的明确范围。我们或许可以断言——这断言并未面临成功挑战的危险——说，没有任何一个学科在如此多的方面触及了生活，并为它自身带来了许多与关于人类的过去和现在令人振奋的观点混合在一起的素材资源。不言而喻，学校是一个社会机构。但是，无论美国公众和纳税人为这些学校目标的实现做了多少实际贡献，也不管对这个主题的讨论是多么繁荣，这种讨论至少从爱德华·埃弗里特（Edward Everett）的那段时间就已经开始了。无论是政治科学，还是它更年轻的姊妹——社会学，直到最近，也都没有认真对待过所有这些包括在这个事实——学校是一个像家庭、像教堂、像商店、像政府那样的机构——中的问题，也没有认真考虑过它将会成为一门严谨的学科。

首先从它更外在的方面、从它的机制来考虑这个机构。存在着与这个机构的建立、维持以及建筑设备和薪金的确定与分级相关的经济问题。这些问题既是经济问题，同时也是政治问题，这一点已经被正在美国各大城市中实际展开的那些讨论所印证了；还有座位的不足问题、半工半读学生的不足问题、租用建筑的缺乏问题、煽动增加薪资的问题、煽动寻找更好的方法以根据他们的报酬等级对教师进行分类的问题，等等。我们大学的社会领导层应该忽视这样的研究和讨论——这种研究和讨论将会使这些大学的毕业生有能力立足于理性的出发点与某个权威就这些问题的经济和政治方面展开商讨，更不用说涉及人的根本利益了。这样说他们，是对他们的恭维吗？除非这些问题在某种程度上成了系统研究的对象，它们就仍然会像在过去一样，在将来继续通过大声呼吁、经验规则和政客利益而得到解决。尽管如此，在外在方面仍然存在着数不清的和复杂的卫生和审美问题，卫生设施的问题，取暖、照明和通风问题，座位、黑板和运动场所问题等等。当然，纯粹技术方面的问题，必须由设计者来解决。而且还存在着这样一些问题，对于这些问题，重要的是那些公众教育的职业领导者应该有能力指导并形成公众意见。

于是，就有了这种管理机制，作为公民和国家管理计划一部分的学校的地位和作用。关于这门学科的全部美国文献，以"学校法"（School-laws）的简编形式被概括出来，并没有多长时间。现在，我们有关于联邦政府与教育关系的讨论；关于各种类型的州、地区、镇区和区域组织的讨论；关于学校合并和学生输送的讨论；关于将被纳入城市宪章的学校管理的很多方面，以及那些将被留给地方学校董事会的学校管理方面的讨论；关于这些董事会的正确组织和在管理者与商业经理之间的功能分离的讨论；关于学校系统的所有构成成分、管理者、合作者或区域管理者、监督者、校长、教师等等的权利和义务的界定问题的讨论；关于学校预算构成的讨论；关于有这种程度的系统和一致性的学校报告——这些来自不同城市的学校报告，既可以被统计学、经济学的学生和公众政府进行有益地比较，也可以被教育者比较——制作问题的讨论，等等。并且，其中的任何一个主题都会在无数个方向上延展分叉。

随着从外部向更为重要问题的过渡，就会产生无数不仅被那些声称自己是政治家的人而且被社会学家们和道德家们所关注的问题。童工问题只是一个方面，一个儿童教育的反方面的问题；义务教育；亲代学校、逃学者学校、改良学校；有缺陷群体、残疾人、弱智者的培训，不幸者、聋人和盲人的培训；为特殊群体服务的特殊学校的组织，夜校、产业学校、俱乐部、运动场、娱乐中心，都是社会力量的正确方向问题。无论是在教育学这个主题下，还是在其他主题下，儿童的社会学将会把现在大量散落在慈善、刑罚学、经济、法学和医学领域中的很多主题都聚合在自身之内并组织起来，这只是一个时间问题。尽管如此，社会的每一个成员都有生有灭，仍然是最为确定的一件事；换句话说，社会必须通过在不成熟中对它的不断更新而维持它的生命。但是，所有社会事实的这种最为确定和最为明显的东西，却遭到了最为普遍的忽视。在我们把教育不仅作为一个严肃持久的学科的合适主题，而且也作为这个学科最重要的对象而被理解之前，这个事实永远不可能得到真正的关注。

作为一门大学学科的教育，在其能力的详细目录之中，至少必须包括对其历史性方面问题的简单的讨论。如果关于一个机构的完备知识可以让科学家重构一个完整的机构的话，那么，关于教育机构的恰当知识，关于素材的恰当知识，关于希腊人、罗马人、中世纪欧洲人或者最近的德国人、英格兰人和法国人的理想和方法的完备知识，就会激发我们探究那些人的内部奥秘。认识他们的教育，就是认识他们的家庭生活、他们的宗教、他们的科学和他们的哲学。这一历史既涵盖了机构的历史，也涵盖了观念的历史。教育史就是社会机制——通过它，未成年人被培育成为社会类型的人——的历史，是思想——通过它，人们谋求对他们的社会形态作出辩护并进行改革——的历史，是人类在战争艺术和工业技术方面的进步历史，是各种各样的科学发展的历史。所有这些中的任何事物，哪怕是最抽象的科学,都不是居住在真空中的,即使我们给这个真空贴上"心灵"的标签;它们只发生在社会传递和交流的过程之中,也就是说,最终要依靠教育。教育的历史,就是智力——应用的和"纯粹的"——的历史。

我没有谈及教育的这个方面——由于它首先在师范学校的形成过程中被教育专业自身所认识,所以在公众眼里,它一直都是最重要的——那就是:在指导和规训中对待孩子们的方法。然而,很多重大的错误却都产生于"方法"这个名称;在这里,这些仍然是深刻和多样的科学学科所研究的主要问题。心理学,无论是生理的、实验的还是社会的心理学,都仍然处在科学的童年阶段。我们之所162以不怀疑医学和外科学,是因为它们已经等待化学、细菌学和生理学从经验主义和准巫术阶段到理性技术阶段的必然发展这么长时间了。没有哪一种学科,阅读、写作、算术、制图、音乐、示范训练、历史、外国语,无论是其中哪一个学科,我们都不能说关于它的某种教学方法在生理和智力上(因此在道德上)比其他的更好。这些力量各自的价值是可以被科学地确定的,并且,直到这个确定被做出之时,我们都一直在盲目使用着其中最重要的那些力量。明智的人都不会认为,到现在为止,我们已经对这些领域进行了深入研究;但是,不需要提供什么论证来说明,现代大学并不是完全为了重复过去的知识而存在的;它存在,恰恰是因为存在着这么多的领域——在这些领域中,相对而言,我们并没有走得很远;但是,在这些领域中,最重要的是,我们应该走得更远;而且,在这些领域中,大学的存在所培育起来的那种探究和讨论是前进的唯一手段。

我想简单地谈一下关于教育研究的另一方面。对于很多人来说,这一方面并不被他们关注,但或许通过它拥有的强烈魅力可以补偿这种关注的缺乏,那就是教育的哲学方面——它的抽象理论。哲学总是倾向于探究根源;并且,正如在这些情况下发生的那样,这些根源既在质上是退化的,又偶尔会被扩散以至于产生了杂草——也就是说,耗尽了土壤却收效甚微的植物。哲学,像任何一个专业一样,趋向于把它自己的技术发展到这种地步——在这里,这些技术为之而产生的那些目标被遗忘了;技术问题取代了生活问题;并且,具有讽刺意义的是,这些问题相反却被认为是生活问题为之而存在的那些问题。就让学生重新认识这些问题而言,没有比让哲学在具体——在其与教育实施的关系——中表现出来这种方式更可靠的方式了。要把这些问题置于知识理论的核心。当它们因为很多讨论变得陈旧俗套时,当它们被还原成那些只为哲学家并且只是在他进行哲学讨论的时候才存在的问题时,当它们表现为对这样的实际教育问题——比如说,智力训练与更好的行为控制之间的关系问题,科学与艺术之间的关系问题,自然和人文学科的关系问题,科学的正确划分和联系问题——的明确表达时,它们才获得了一种富有意义的生命力。于是,人们看到:哲学课堂上,孤立的技术性问题既不开始也不终结于哲学自身,哲学只是一种语言、一种表达冲突的方式——根据它,人们在他们更为无意识的和习惯性的方式上实际地分成了不同种类。理性主义对经验主义,感觉的要求和思想的要求的适当调和,当人们把它们看作是在教育系统中正确使用观察和思考的问题时,就获得了一种新的意义。心物关系问题,当一个人已经根据对学校内的自由文化和有用行业各自要求的调整设想它,并因此一个人可能会仔细检查所有历史悠久的哲学问题时,就变成了一个对人而言更有意义的主题了。

我希望我没有说过这样的东西,它们不仅是明显的,而且是如此之明显以至于产生了为什么值得写下这些老生常谈这样一个问题。但是,最重要的却正是这些老生常谈,并且它们也是最后接受科学教育的东西。科学开始于星体和数学的点——开始于遥远和抽象的东西,并缓慢地到达人类——结束于熟悉的和具体的东西。所有东西中最普通的东西,就是从无助的童年到训练有素的成熟的生长过程。它是如此普通,以至于它自行其是地受到习俗、变化无常和高级力量的展示的支配。但是,社会进程的趋势却是依赖于它的进程的。要是不可能有深思熟虑的、有意识的方向,那么,科学的研究,这种大学里固有的研究,就必须提供出方向。

在美国,还有另外一个赋予作为一门大学学科的教育学以重要性的理由。我们的政治和社会传统反对任何来自政府中心和部门对教育系统和集中的控制。极端的地区性自治政府对教育的控制,如果有可能,甚至比对我们的管理过程中的其他部分还要强。有些人对此表示遗憾;另一些人则在其中看到了对教育精神和理想——必须随着民主一起变化——的变化的认可。当目标是通过完全达到一个共同的模式而抑制很多个性特征,特别是那些变化和创新的特征时,一种权威系统,——它产生于从高级到低级,最终到最低级(the infimus gradûs)即儿童的等级分化——,就是自然的。但是,如果自我进取和自我负责的个性发展是目标的话,那么,就一定会给灵活性、试验和局部多样性留出更多的机会。但是,无论一个人是遗憾还是赞成,我们的教育系统都需要来自专业资料的指导。如果它不是来自强制,那么,就一定是来自自愿。如果它不接受一个官僚机构的权威,那么,就一定是接受科学、哲学和历史的权威。大学自然是这个自由和谐系统的中心。他们搜集和关注的,是目前实践中出现的最好的东西;是在关于素材的更恰当观念的发展方面进行实验;是给学校带来不是获得官僚认可而是获得智力认可的成效。通过领导的教育,通过劝说和说服的方法,它们必须完成选择和组织的任务;在更专制的中央集权的计划中,教育的执行者会对其产生影响。总之,对教育的科学研究应该表现出大学对其自身工作和命运最大限度的自觉,对其自身使命和社会——大学既是它的执行者、也是它的机构——使命的自觉。

宗教与我们的学校[①]

博学和自觉的一代人已经切实地发现,宗教是人类本性的一种普遍倾向。由于其博学,他们已经传唤人类学、心理学和比较宗教学来提供这个证言。但是,因为其自觉,这一代人是心神不定的。在他们审视自身时,他们担心自己不笃信宗教,孤独地处身于这些时代。这种完全同样的博学——它已经使这一点变得非常清楚,那就是:其他时代的人已经把宗教信仰渗透进了他们的生活——是导致那些时期宗教不可能出现的那些条件的一部分。这个两难是令人吃惊和令人困惑的。让我们相信宗教是必然的那些环境条件也会使宗教不可能吗?宗教是一种普遍倾向,这个证据会使那些知道这种倾向的人成为它的普遍性的明显例外吗?关于宗教"直觉",我们已经学了这么多,我们会因此失去它们吗?

这一点看上去确实很不容易:已经积累了不光是物质财富而且是知识财富的一代,在某种程度上要拆毁它的谷仓——他们的多种哲学和教义系统——并建造更大的谷仓,那些无知和穷苦人已经当然拥有的生活的恩惠和奖惩,是这一代人所缺乏的。但我们这博学、自觉的一代人也是机械的。对于每一个事物,我

[①] 首次发表于《希伯特杂志》,第 6 期(1908 年),第 796—809 页;重印于《人物与事件》(*Characters and Events*),纽约:亨利·霍尔特出版公司,1929 年,第 504—516 页;载《现代世界中的智力》(*Intelligence in the Morden World*),纽约:现代图书馆,1939 年,第 702—715 页,题目是"学校与宗教"(The Schools and Religions);以及《今日教育》(*Education Today*),纽约:G·P·普特南出版公司,1940 年,第 74—86 页,都是由约瑟夫·拉特纳(Joseph Ratner)编辑。

132　　杜威全集·中期著作·第四卷

们都有一个工具;并且,对于这一代人而言,几乎每一个事物也都变成了一个工具。那么,我们为什么还将更长时间地忍受宗教的不足呢?我们已经发现了我们需要的东西:让我们把这些工具运转起来,它会提供我们所需要的东西。我们已经控制了物质福利的要素;我们可以使光和热归于有序,并操纵那些传输手段。现在,让我们把一种类似的活力,善良意志以及缜密思考用来控制精神生活中的事物。为了探寻合适的体系,我们已经取得了很大进展,下一步就很容易了。教育是现代通用的传播者,并且,学校将承担起确保我们重新恢复那濒临灭绝的宗教遗产的责任。

我不能期望,尤其是现在正在自觉参与维护和扩大明确的宗教教育的那些人(暂时必须使用这个颠倒问题和答案的称呼),将会承认他们拥有的那些我刚才所说的态度和意图。而且,这也不适用于那些承诺了特殊的宗教教条——它们是特殊宗教团体的专利——的那些人。对于他们而言,为宗教中的特殊机构、特有财产和教育方法而战斗,是他们职责中的应有部分:然而,正如对于那些不相信宗教是一个专利或一种被保护行业的人而言,为了教育和宗教的利益,使这些学校摆脱那些他们认定是错误偏见的东西,则是他们的职责。那些相信人类本性没有特殊的神助就会丧失的人,那些相信他们已经拥有了这种特殊途径——通过它,所需要的帮助可以被传送给我们——的人,很自然,一定会十分努力地让这些途径向人的心灵敞开。但是,当这些在特殊的时间、特殊的地点通过特殊的手段为特殊的宗教教育进行的论证,源于哲学家——源于那些其基本前提是拒绝任何对人、世界和上帝之间关系的破坏的人——时,一种非现实的感觉就会笼罩我。这些论证必然在反讽的意义上说明它们自身。它们似乎这样说:既然宗教是生命的普遍功能,那么,我们就必须特别地对它进行保护,以免它消失;既然宗教是对经验的精神含义的自觉,那么,我们就必须找到用于发展它的机械工具。

那些从无约束的反思方面而不是从传统方面来考虑宗教和教育的人,都有 必要知道由对超自然事物的系统拒斥所带来的理智态度上的巨大变化;他们知道,这些变化不仅包括教条和仪式的变化,而且包括对世界的解释和社会规划,并因此也包括道德生活计划方面的变化。这证实了当前哲学的非现实性(它本身可能是一个强迫性的唯心主义——现代思想把它当作避难所——的产物):哲学家似乎会认为,对生活进行最大限度的理智概括可能是为了对它的内容进行分类，而并不意味着生活自身的意义深远的实际改变。不存在任何其他的方式，可以很容易地说明这种态度——这种态度的持有者，确信关于世界和人的超自然解释这个最后起点，或者认为，像教会和学校这样的机构，在它们还能适合于培养符合现代民主和现代科学的各种宗教感情和思想之前，没有必要被彻底重建。

科学拥有与超自然主义一样的精神意义；民主与封建主义一样都转变为相同的宗教态度；它只是一个措词的轻微改变问题，一个从旧的符号论到新的意义差别的发展；这些信念证实了那种想象力——它是教条式信念的一贯结果——的迟钝。教会的重建是这样一个问题：就其结果而言，它确实涉及整个共同体，而发起它的责任则主要归于那些教会内部的人。但是，引导其他教育机构发展、重建的重任却主要是属于作为一个整体的共同体的。至于它的理智方面，它的哲学，则特别地属于那些对自然、人与社会的现代观念有了某种程度的认识并因此最有能力预测社会变化方向的人。正是清晰、真实和实在的意义，才要求：直到非-超自然的观点更彻底、详细地表述了其全部含义并更彻底地占据了教育机构为止，这些学校都应该袖手旁观并将尽可能少地发挥作用。这实际上是一种**放任主义政策**。它是如此不加掩饰和开诚布公。而且，毫无疑问，放任主义政策在自觉的和机械论的时代并不流行。在我们的时代，其中一个更大的讽刺是：因为已经发现了无意识、有机的和集体的力量在人类发展过程中所扮演的这种角色，所以，我们正怀着一种强烈的渴望、一种强烈的不安，准备自觉地培养和引导这些力量。然而，我们必须接受生活在这样一个以历史标示出来的最大理智调整为标志的时代所承担的那些责任。毫无疑问，在这种变化中会失去一些高兴、安慰、某些种类的力量和某些灵感源泉。在这里，会出现不确定性的明显增多；精力的某种停滞，以及精力在物质主义领域中的过度应用。但是，回到已经变得不可信的那些观念，回到那些已经被掏空了显而易见的意义内容的记号的特有努力，却没有给我们带来任何收获。这些措施——它们增加了混乱和模糊，它们趋向于一种情感的伪善和一种似乎意味着一个事物而实际上却暗含其反面的原则的空谈——也不可能给我们带来任何收获。我们会尽最大能力承受时代的过失和麻烦，坚持不懈地努力争取暗含于民主和科学之中那些积极生活信念的澄明和发展，并努力为改革所有实际教育手段直至它们与这些理念协调一致而奋斗，也正是这一部分人的职责。在这些比我们目前可以真正断言的更进一步的目标来到之前,我们的学校与其去做错误之事,倒不如什么也不做。对于它们而言,与它们将要凭借精神文化形成那些与符合民主和科学的思考习惯相冲突的思考习惯相比,致力于它们所面临的明显紧迫任务是更好的选择。倡导放任主义政策的,既不是懈怠懒惰,也不是玩世不恭;它是诚实、勇气、清醒和忠诚。

如果有人要问,为什么美国传统会如此强烈地反对所有国家与教会相联系,甚至为什么惧怕国家扶持学校中的宗教教学基本原理,那么,就不难找到一个直接明确的答案。主要原因并不是对宗教的冷淡,更不是对基督教的反对,尽管18世纪的自然神论起了重要的作用。原因很大程度上在于各种各样教派的多样性和生动性,其中每一个教派都十分确信:如果有一个公平的领域且没有偏爱,它就会成功;而且,每一个教派都会有这样一种担心:如果任何一种国家与教会的联系被允许了,那么,某一个竞争教派就会获得一种不公平的优势。但是,却有一种更深层次但绝不是完全无意识的力量在起作用。在世界历史上,美国很晚才成为一个国家,这足以使它得益于那种现代(尽管希腊也有)事物——国家意识的生成。这个国家是在这样的条件下诞生的,这些条件使它能够分享并能够挪用这个观念:国家的生命,社会整体的生命力,比任何一个部分或阶层的繁荣都更重要。对于教会机构而言,普通主权国家的原则是一个实在,而不是一个文字或法律的虚构。在经济方面,这个国家由于诞生得太晚,从而不能认识到与阶级观念相对的国家观念的全部力量。我们的父辈天真地梦想着开拓性条件的延续和每一个个体的自由机会,并且不采取任何预防措施来维持国家超越阶级的无上地位,而这些措施正是更新的共和国所采取的。因为缺乏远见,我们已经付出了沉重的代价,并且将会付出更沉重的代价。不过,位于新教起义和国家形成之间的这两个半世纪的教训已经被很好地总结了,那就是:维持国家完整之必需,反对任何分裂性的宗教分离。毫无疑问,我们的很多先辈都将会有些震惊地去审视他们自己关于教会从属于国家(被错误地称作教会与国家的分离)这种态度的全部逻辑;但是,这种国家观念天生拥有这种生命力和创造性力量,以至于无论有没有对其哲学的自觉理解都能带来实践性结果。并且,关于学校的宗教教育问题的讨论在美国的普遍展开只能有一种解释,那就是:由于经济上的种族隔离和未同化的外来移民,这个国家的国家意识已经随着社会派系的形成而被削弱了。于是,我的作品是立足于那个我直接了解其传统和趋势的国家的。但是,仅就环境使美国比其他同时代国家(比如法国)更迅速地穿越了某一段路途而言,以美国的条件为基础的东西,实质上,也一定适用于其他国家的教育条件。

II

正如我再一次提到的那样,某些柏拉图对话讨论了德性是否可教这个问题,并且所有这些对话都包含着这个主题的蕴涵或追忆。因为这个讨论持续了很长时间。什么是德性?这不是一个非常容易回答的问题;并且,因为要回答这个问题,我们就必须知道德性而不是仅仅拥有关于它的看法,所以最好还要发现知识是什么。而且,教授就意味着学习,并且学习就是逐渐知道,或者知识存在于学习过程之中。那么,成为知识(becoming of knowledge)与就是知识(being of knowledge)之间的关系又是什么呢?既然德性的教授并不意味着获得关于德性的知识,而是向好的品质的转化,那么,在变好与作为学习结果而变得明智之间,究竟有什么样的关系呢?

不知何故,与确信任何一个对德性是否可教这个问题的最终答案相比,我更能清楚地意识到柏拉图讨论了所有这些问题。然而,我却似乎唤起了为得到一个答案的某些建议。如果,正如我们有理由相信的那样,人的灵魂天然地类似于善——事实上,如果它确实是善的唯一组成部分,那么,就有各种各样的对象也存在于它们的善的实质表现(measure expressions)中,能够唤起它们的灵魂或原初本性。如果这些多样的唤起因素有机地构成了一个全面、连续的系统,并持续地发挥作用——如果,换句话说,能找到一种被正当组织的状态——的话,那么,这个灵魂将最终会理解其自身的存在或者善;这种逐渐认识和逐渐生成,我们或许可以称之为学习。但是,如果我没有记错的话,柏拉图总是将教授美德的努力与相伴随的对于作为混乱的和自相矛盾的思维产物的社会生活和科学——如智力派就是一个例子——彻底重组区别开来。

我们有什么理由认为宗教教化这个问题在观念上将会更简单或者在实施上将会更容易呢?事实上,当前这个问题显得更加错综复杂和困难重重。就像与柏拉图同时代的古希腊人关于什么东西应该包括在德性主题之下并被教授的观点是千差万别和相互冲突的一样,什么东西可以归于现今的宗教这个标题之下的这个问题,由于我们的社会生活在起源和构成成分上比雅典人的社会生活更异质,也更加难以决定。我们当然不能把宗教作为一种抽象的存在体来教授。

我们必须把某些东西作为宗教来教授,这实际上是指某一种宗教。哪一种宗教呢?在美国,至少不可能被草率地普遍回答成是基督教。我们的犹太后裔不仅与基督徒一样拥有相同的"双手、器官、身形、感觉、情感、激情",而且像他们一样,也纳税、选举并服务于学校。然而,即使仅仅是基督教这一个问题,我们的状况也不会好很多。哪一种基督教?起源于东方的基督教,自从它拉丁化和德国化之后,就已经是这样了;而且,甚至还有那些梦想使之人道主义化的人。

至于学习的过程诸方面,即逐渐认识到的各方面,当今的问题更为复杂。在柏拉图的时代,艺术和科学,技术性的实践和理论,都只是刚刚开始被分化。就像一个人在成为制鞋匠的过程中学会制鞋一样,一个人也可能在成为一个好的国家成员的过程中获取德性——如果这种东西能够被找到的话。当今的知识是专业化的,并且学习也不在于在智力上对一种能力的掌握,而是在于获取关于事物的多样化信息以及控制支配为事物设定象征性指称的技术方法。知识对于柏拉图而言,是一件我们的某些祖先称之为"理解宗教"的事情。它是一种亲身体验和最终实现。但是,作为教育成果的宗教知识,现在又会意味着什么呢?它会意味着从性格向灵性的转化吗?它会意味着有关宗教的信息的积累吗?或者,*172*还存在这样一些人——他们仍然相信固存于所记忆语词、短语中的某种魔幻力量,相信正在把它们转变成个人体验的事实,相信基本情绪的发展和对体验的永久态度的形成——吗?

当我们从知识的方法方面以及从这样一种立场——什么使得某种东西真正值得被称为知识——出发去考察知识时,这个问题的难度就增加了。显然,科学的观点及其精神至今都没能给我们的教授方法带来非常充分的影响。从那些我们称之为科学的调查和检验方法的立场出发,大部分或许绝大部分称得上知识的东西,实际上都是柏拉图称为意见的那些东西。我们的科学仍然只是一件或多或少被笨拙地穿上的旧外衣,而不是一种心灵的习惯。但是,精神活动的科学规范,在日常生活中却依然表现得更加接近于生活和学校。我们每天都在更进一步地摆脱这样一些状况——在这些状况下,依旧通过教条式的、问答式的和机械记忆的方法而被教授的一门学科是收效甚微的。我们正逐渐认识到,在把那些在学校中偶然被学习和获得的东西称之为"知识"时所表现出的荒谬性,当它们借助于经常与那些对于科学而言所必需的方法相冲突的方法而被获得的时候。那些把哲学和历史的宗教观点视为人类精神在一种适宜环境中盛开的花朵和结出的果实的人,能容忍包含在"教学"这个通过外在的和形式化的方法而产生的紧密相连的重要事件中的不协调吗?而且,那些坚持认为真正的宗教是从外部被引入的某种东西的人,能容忍任何其他方法吗?在这两种相互分离的观点之间寻求一种调和,难道不是混淆吗?

通常,在我们的学校教育精神中,总是渗透着这样一种感觉——任何一门学科、任何一个主题、任何一个事实、任何一个公开明示的真理都必须服从于某一种公开和公正。所有被提供出来的学习样本,都必须进入这同一个化验室并经受同样的测试。坚持认为所有这样的"摊牌"都是渎神的和堕落的,是所有教条式宗教信仰的共同本质。从它们的观点来看,宗教的这种特征就是:它是——从理智上说——神秘的、非公众性的;被特别启示的、非普遍认知的;被权威以命令的形式宣布的,而不是通过普通方式被沟通、传达和检验的。对于在学校的其他学科中获知标准与在宗教信仰问题中获知标准之间的这个正在加剧的对立,我们将做些什么呢?我并不是在说这个对立是固有的,或者说这样的时代——这时,宗教被如此彻底地植入人们的内心和心灵之中,以至于它能够被公众性地、公开地并借助于普通的检验来考察——不会到来,即使是在有宗教信仰的人中间。但是,指出如下这一点是中肯的:只要宗教像现在被绝大多数公认的宗教家所构想出来的那样被构想,那么,谈论宗教教育就是自相矛盾的,就像在同样的意义上,在自由探究方法所适宜的那些话题方面谈论教育是自相矛盾的一样。"信教者"将是最不可能愿意以这种精神对宗教的历史或内容进行教授的人;相反,那些人——对于他们而言,科学的观点不仅是一种技术性的方法,而且还是心灵虔诚的一种具体体现——则必定反对它以其他任何一种精神被教授。

当柏拉图开启了关于德性教育的谈论时,要了解的还有另一个方面的因素——教师。柏拉图十分确信这一点:无论德性是否可以被教授,它都不可能由其公认的教师——智者——来教授。我对柏拉图表示出赞赏,并不是对我们这个时代的专业教师不欣赏。如果柏拉图重新回来参加眼下这个讨论的话,他也会像质疑他自己时代的那些教师一样,质疑那些准备教授宗教的人,当我这么说时,并不意味着,教育将会落入其手的那些人,是如此没有宗教信仰或不信仰宗教,以至于他们不适合这个工作。智者们在个人美德上无疑是优于而不是劣于他们同时代的普通人的。恰当地拥有美德甚或德性秉异是一回事;具有成功为他人植入德性的条件和资格,是另一回事。宗教方面的专家在哪里?权威的教师在哪里？这里有神学家,我们想要神学被教授吗？这里有历史学家,但是我担心,宗教的历史能够像历史一样被教授的时代还没有到来。这正好就是那些需要花大力气去澄清和批评的领域之一。在这些领域中,专业的宗教学家正是我们需要认真对付的最为严重的阻碍之一,因为一门更博大深刻的历史知识将会颠覆宗教家的传统基础。

这里有传教士和讲经师,但是,除非我们致力于某种特殊宗教或教会,它都不是构成宗教教育的那类训诫和原则。这里有心理学家,但内省是我们的目标吗？毫无疑问,这里仍然有一群可信的、或多或少做好准备的、正艰苦工作着和已艰苦工作过的教师。这把我们带向了整个问题的症结。宗教是一种如此专业化的、如此技术性的、如此"信息化的"东西,以至于像地理、历史或语法学那样,可以在特殊的课时、时间和地点由那些已经完全"理解它的"并被公认为拥有合适的特征和接受过足够的专业训练的人来教授吗？

特殊教育的模式、时间和材料这个问题,实际上接近于这样一个问题——其中,国家的趋向和传统的作用非常重要。我非常清楚地认识到,在这个学科上,一般而言,其实际理智态度完全相同的一个英国人和一个美国人几乎不可能相互理解。我认为,没有任何东西比这个事实——即使是这个自由主义阵营的最激进分子,也都几乎有着痛恨、否认任何带来这种事物状态的意向;在这个方面,除了路德教徒和罗马天主教徒之外,我们所有人都恰恰把这种状态视为正常的——给予追随关于最后这个英国教育法案的争论的美国人以更强的冲击。我没有权利假定这些反对者和否认者都对政治利益作了明智的让步。我们必须设想一种完全的态度和信念差异。因此,我现在必须说的这些话,是如此确定无疑地从这种美国观点中被构想出来,以至于它在一种不同的情形中是不可能被理解的。但是,我们并没有发现,把教授一门具有宗教性质的学科的任务赋予这些普通的教师是切实可行的或值得实施的。

在来自各教会和教派的宗教教师之间分配学生的那种替代方案,恰好让我们遇到了这样一个问题——它已经做了太多事情,以至于使教会失信并使宗教的根据遭到怀疑。这或许不是宗教本身的根据,而是有组织的和制度化的宗教的根据:对抗和竞争性的宗教团体的增加,这些团体各自都有自己的启示和见解。我们的学校在把那些不同国籍、语言、传统和宗教信仰的人集合起来的过程中,在以共同的和公众的努力与成就为基础把它们融合在一起的过程中,正进行着一项意义非凡的宗教性工作。它们正在促进真正的宗教和谐最终所必须出现的社会和谐。我们会阻挠这项工作吗？我们会因为把这样一门学科——它只有通过对学生进行种族隔离并在特殊时段上反复考察他们进而将他们划分成敌对信仰的代表才能教授——引入教育，从而冒险地取消这项工作吗？接受这样一个方案——它建立在维持宗教中的社会分离的基础上，除表现了生活的基本一致和谐外，它是空洞和无用的——将会是很慎重的一件事。最近，一个敏锐的英国评论家就已经把我们叫作一个"乡民国家"(nation of villagers)了，这在很大程度上是正确的。但是，在教育这个问题上，至少还没有让我们得来不易的国家意识溜走，以至于堕入分裂的乡村习气。事实上，我们还远没有获得一个明确清晰的关于教育中民主的宗教意义的意识，以及民主中教育的宗教意义的意识。但是，在它们还远没有达到融会贯通的理论形式之前，有些基本的信念就在无意识的习惯中变得根深蒂固，并在模糊的暗示和紧张的劳动中得到了表达。通过这种模糊、盲目但却有效的方式，美国人意识到：他们的学校在为社会统一提供依据的过程中，也为宗教的统一提供了最好的依据；并且，在特定的条件下，在没有任何传统宗教教育印记和方法的情况下，与它们在以社会和谐为代价发展这些形式的过程中相比，学校在实质和承诺上都更加富有宗教性。

176　　我们的确会怀疑，在某种相对的意义上，这是不是一个特有的非宗教时代。绝对地说，这无疑是正确的；但是，浅薄、轻浮和生活的外在性都是这种过去时代所共同缺乏的特性吗？我们的历史想象，最多也是一点一点形成的。我们对过去进行了过分的概括和理想化。我们把琐碎事件组织起来作为符号，来标识漫长世纪和无数个体的繁杂生活。而且，我们，甚至那些名义上放弃超自然教条的人，仍然还在很大程度上处于那些已经成功地把宗教与礼拜仪式、象征和与这些宗教信条相关的情感视为一体的人的观点的控制之下。正如我们看到后者正在消失那样，我们正逐渐走向非宗教。因为我们都知道，正在放弃对这些事物的坚持的心灵的完整，与它正在取代的所有东西相比，在潜在的意义上都更富有宗教性。正是关于自然的增加了的知识，使超自然显得不可思议，或至少使之难以置信了。我们是从超自然的立足点出发来衡量这种变化，并称之为非宗教的。或许，如果我们从它正在培育的对自然的虔敬的观点出发来衡量它——在自然和人在一项共同的事业和命运中的永恒和必然的暗示的意义上——的话，它就会呈现为宗教的发展。我们注意到了常见历史类型的有组织宗教团体间的影响和聚合的衰退，而且我们也按照惯例判定宗教将会日渐式微。但是，它们的颓废，也可能就是一个更宽和更广泛的人类交往和联系原则的成果；这个成果的宗教性太强了，从而根本不能容忍这些主张垄断真理，私人地占有精神洞见和灵感。

可能就是这样的；宗教衰退的征兆，就像按照惯例被解释的那样，可能就是一种更加完善和深刻的宗教正在到来的征兆。我并没有断言我知道。但是，有一件事情我却十分确信：我们关于宗教的复兴和衰落的普通看法是高度传统的，主要是基于对一个宗教标准的接受，这个标准正是不可信的历史宗教中的那些东西产物。就教育而言，信仰作为人类经验一种自然表达的宗教的那些人，必须致力于改进蕴含在我们心中的新科学，以及我们还要进一步更新的民主中的生活理念。他们必须投入到那些机构制度的转变中去，直到他们与这些理念保持一致为止，这些机构都仍旧贴着这个教条主义和封建主义的标签（哪一个没有呢?）。在履行这种服务的过程中，尽其最大努力阻止所有的教育力量以这样的方式——这些使用方式不可避免地阻碍着对科学和民主精神引入的认同，并因此而阻碍着对那种将成为现代精神文明成果精华的宗教的认同——被使用，这是他们的职责。

实用主义对教育的影响[①]

论文一

按照实用主义的观点,智力或者思想的力量是在有机生命体为确保其功能成功得以发挥所作的斗争中发展出来的。如果从宽泛的意义上说,这个学说可能会被喻为"关于历史的经济学解释"这个理论。按照这个理论,任何一个特殊社会结构的基本特征,只有通过首先对这个社会是如何解决维持其自身存在的问题——它如何承担起"创造生活"的首要职责——的研究,才能被最好地理解。类似地,相继的社会状态的转变和进化,依赖于把新的因素和力量引入工业生产和交换,以至于人们的价值观即价值判断,以及对力量的定位——对自然的控制并因此而对其他事物的控制——都会发生改变。于是,通过一种在某种程度上相似的方式,实用主义主张:个体有机生命的所有更高成就,都源于维持生命功能这个问题的紧张和压力。因为生命仅仅作为"创造生活"的有机体,通过对环境的正确处理以及对后者进行符合自身最终目的的恰当调整,才能继续存在下去。用最简单的话说,就是:个体生命的生物学问题与社会的经济学问题完全是同一个问题。在每一种情形中,目的都是支配自然环境的资源和力量,以使它们都为生命功能服务。

现在,尽管这要求在攫取、消化等等的过程中与事物直接发生联系,使资源

[①] 首次发表于《教育进步杂志》,第 1 卷(1908 年 12 月),第 1—3 页;第 1 卷(1909 年 1 月),第 5—8 页;第 1 卷(1909 年 2 月),第 6—7 页。

服从于功能的这种直接方法的局限性也非常大。神经系统的进化,表现了对这种间接控制——它是通过根据过去和现在对当前环境,以及根据眼前和长远对感觉到和观察到的事物的处理来实现的——的优越性的发现。

以此为根据,通过理论的和深思熟虑的精确性反映一个外部世界,并不是思想的职责。选择与最有效地维持生命功能相关的一切东西,并对所选择的东西进行安排——这种选择和安排不是根据某些外部的模式,而是与推动一个有机生命的所有可能活动的全部实际实现有关的——才是它的职责。因此,知识并不试图模仿一部百科全书的形式来拷贝这个世界的所有方面。它是对人类过去在实现调整和适应过程中所取得的最成功的成就的反映,以某种形式表示出来以便有助于在将来维持和促进对环境进行更好的控制。

这个关于智力与知识本性的理论,与其他两个理论——这两个理论,过去已经实际地分割了它们之间的这个领域——形成了对比。一个理论,它可能被称为纯粹理性主义的先验理论,它是:心灵是一个非物质实体,它暂时地栖居于一个物质的有机体,拥有思想或理性作为其独立的和先天的能力,并通过其自身能力的运用创造知识,这恰恰是因为生产知识正是思想的本性。知识,根据这种观点,完全是其自身实现的一个目的。它只是描述了这个产生于一种纯粹理论能力运用的沉淀物而已。或许,它在活动中可能得到某些有效的运用,但这完全是偶然的——它是一种事后的再思考。只要理性的这种纯粹理论能力已经表明了自身,知识就完全是自我实现的。

另一种对立的观点是:心灵是一张白纸,或者是某种被动的类似蜡块的东西,物体可以在其上留下自己的印迹;并且,这些后来所留痕迹的积聚就构成了知识。这种观点是斯宾塞进化理论的基础;按照这个理论,精神的本质和能力是通过环境力量的持续影响发展出来的,更为暂时的特征正在消去其他特征的影响,而较恒久的特征则把智力铸成了它们自己的相似性。根据这种观点,知识是在意识中对已经存在的现成外部世界的一个复制或复写版本。

现在,关于心灵和知识的这种实用主义观点赞同后一种解释,因为它把心灵看作是发展的,并且着力强调了有机体和环境之间的关系。但是,它却认为,心灵的进化是源于生命通过让环境服从自己而不是通过让自己适应于一个从外部起作用的强制性力量来维持并丰富自身功能的一种固定不变的倾向。因此,它认为,智力不仅仅是一个进化的结果,而且是一个引导进化过程的因素;因为它把智力视为一种生命功能的进化，以至于这些功能可以被最有效地履行。与此类似，根据这种观点，知识并不是一个其真理性将根据它相对于一个原初物的逼真度而被判定的拷贝；它是成功行动的一个工具。

我们不会根据手或眼是先前一直存在于环境中的某些东西的拷贝来恒定它们的价值，而是根据它们作为调整工具的价值来判定其价值的。根据实用主义的观点，这种情况与知识是相同的。检测其价值、其正确性和真理性的东西，是其把生命存在的行动引向成功的有效性程度。

因此，我们称之为"理论"和纯粹科学的东西，并不是孤立的或者先验理性按照其自身的一个先天法则而进行的纯粹理论式的训练。它们只是关于最有效和最富成果的行动的条件和结果的一种没有偏见、公正的观点的产物。因为，一个行动的成功，可能会从一个狭隘或宽泛的立足点出发而被判断。当一个个人孤立于他作为其中一个成员的社会来观察与他个人目的和需求相关的一切东西时，他就不会获得科学的知识，而只能获得意见和教条式的知识。当这个个人从他行动的条件和结果与共同体行动的成功或福利的关系这个立场出发来考察自己行动的条件和结果时，他就会得到对于人类而言，可能从之出发而进行认知的最普遍、最一般的（或者客观的）观点。接受这种社会性的而不是纯粹个人观点的结果，就是最好意义上的知识——即科学。而且，历史也已经表明：科学的进步，就是更为一般或社会性观点对纯粹个人的观点、意见以及仅仅一个阶层的观点——教条——所取得的渐进性胜利的表征。纯粹知识，简言之，就是以最普遍和最有效地适用和服务于社会进步而不是以其他人为代价从而得到保证的个人利益为基础的知识。因此，它并不完全反对实用的和有用的知识。

由于教育的一个基本职责就是心灵的训练——因为事实上，当我们在心灵与性格的有机关联中考察心灵的时候，这是教育的唯一职责——所以，一个已经改变的关于心灵的本性和目的的观点，就会带来在教育理念和教育实践上的极大变化。过去，教育几乎已经完全被我已经指出的那两个关于心灵——关于一种纯粹理性或一个完全被动和接受性的容器——的旧观点所联合支配。一般而言，"闲暇阶层"的教育，流行的"文化"观念，都是基于这个尽可能脱离物质条件以及因为与它们相关而受到污染的心灵观念，它的一个最高目标就是出于自身兴趣的知识生产。另一方面，"大众"的教育已经被视为一个过程——通过这个过程，他们特定的环境特征被内在地植于他们之中，直到他们的心灵被塑造为被动和顺从地一致于他们有关的存在类型为止。实用主义的心灵观念与教育的独特关系,必须由另一篇文章作进一步讨论。

论文二

在这个杂志 12 月份那一期上,我这样指出:在过去,教育理论与实践都与两个不同的关于心灵本性的理论有关。一个理论就是:心灵的最高才能就是理性或纯粹思想,这种才能的运用产生知识。这个观点,与知识是自身的目的而与社会运用和应用无关这种观念是一致的;它导致这样一种教育理论,该教育理论的反对者指控它是学院式的和学术性的,而它的支持者则总是以"文化"和一种"自由主义"、"人文主义"的教育作根据为之辩护。这种类型的教育,几乎已经完全在目标是培养英国传统意义上的"绅士"——即统治和闲暇阶层——的学校中盛行了。

另外一种心灵哲学,把心灵视为完全被动的某种东西。它由外部感觉和影像而留下印记,这些感觉和影像随后被整理而形成知识和信念。这种观念实际上主要盛行于大众或"较低阶层"的教育中,其结果或多或少是被有意识地设计的,是让他们成为现存秩序的消极被动和心甘情愿的支持者。因为较低级学校中的孩子们被教授的这些东西,绝大部分都不是自然的对象和事件,而是知识和计算技巧的符号——语言的书面和印刷形式以及算术的基本原理。结果是双重的:一方面,它培养了精神的依赖性和顺从性。对通过学校教师和教科书呈现出来的材料的顺从或服从的吸收,已经成为这些学校的传统和约定俗成的优势。另一方面,初级教育的社会和经济条件,致使绝大多数初级学校的孩子们在离开学校的时候已经达到这样的程度,即他们拥有了足够的阅读、书写和计算的能力,这可以让他们在所属的经济岗位上发挥更大的作用;但是,却不足以激励或促使他们(除了极少数特例之外)达到这样的程度,即他们是自己的身体和精神力量方面的掌控者。

于是,就像我在早先文章中建议的那样,实用主义的心灵和知识理论不仅适合一个不同的教育实践方案,而且还适合一种追求这种教育实践的不同的社会目标。实用主义心灵观就是:智力,首先是作为在对不断提升其复杂性的积极作用的需求中进行再适应和再调整的机能而被发展出来的。一个变形虫几乎不需要心灵和知识。它的功能是简单的,在很大程度上未分化的,并且是在一个简单的、基本上全部是同一类的中介中发挥的。人生活在一个高度分化的环境中,生活在一个自然和社会世界中;在这里,有无穷多样的因素都需要被考虑到;而且,在这里,生命的维持和目标的成功实现,依赖于把各种各样的因素精巧而又眼光长远地组合起来。文明的每一个进步,每一次进步的社会变革,都增加了起作用的因素的数量,并且增加了使它们相互之间保持和谐平衡(或者就像我们说的那样,技术上的协同)的难度。原始人的餐食、衣服、蔽身之所,相互之间都发生关联,不过这些只是数量很少的因素,几乎发生于一个很短的历史时期之内,发生在寥寥几平方公里的地域之内,并且包括人们的协作,但最多也只有很少人参与。一个现代城市居民需求的相应满足,甚至是一个最贫困的居民,都是这些因素——它们的作用几乎遍布整个世界,覆盖了一个包含很多年持续活动的时期,并且要求成千上万人之间的相互协调——的综合与协调。

到目前为止,这是对发展的一般法则唯一的一种解释。现代天文学家和化学家不仅有数千种情况等待处理——而他们的先辈却只有一种,而且还面临对每一个新情况的澄清和分组问题,使之符合其他情况的问题,一个或许要求对旧情况进行纠正和重新分类并对新情况作出解释的过程。譬如,按照这种方式,达尔文发现的新情况,不仅仅是在旧情况的基础上有所增加;而且这些情况的发现,迫使我们对每一个先前已知的植物学和动物学细节彻底地进行一个重新检验和重新申述。无论在什么地方,我们都会发现,有机体的进化既在增加参与进来的因素和细节的数量,也在增大保持所有这些因素相互之间平衡协调的任务和问题的难度。否则,单纯的数量增加和部分之间的不相似,将会导致彻底的混乱和因重负而崩溃。因为人类机体拥有如此多的比变形虫和牡蛎更加专门化的组成部分或器官,故而它更容易面临其他动物所没有的合作活动失调和失败的危险。在比较现代社会与原始群落时,情况同样如此。

实用主义的理论指出:心灵和智力,正是有机体在自然和社会中成长过程的伴随物。心灵,可以说,就是记录说明那些已经增长的条件的差异和倍增,以及为了行动的目的和手段而进行预先统筹和安排——这将使那些各种各样的因素相互之间得以保持真正的协调一致——的一个工具。这说明了这样一个事实:所有的智力都包含这样一个特殊的混合,即消极的教育理论所强调的感觉和接受性因素,与纯粹理性活动理论所强调的积极理智因素的一个特殊混合。感觉的功能,就是为被正确指导的行为——譬如,将会使生命功能得到正确调整的行为——提供刺激物。至于知识,感觉则指示出有机体必须对此作出反应的那些事物的状况。感觉的目标,不是去反映甚或记录整个外部世界,而是要让个体行动者认识到这个环境中的那些事物;这些事物威胁到了这个行动者的安宁福祉,或者为在特定时间内个体的生命调整提供所需的资源。如果我们认为感觉的意图完全是给出关于外部世界的知识的话,那么,可笑的是:它们并不胜任这个目标。如果我们把感觉视为用以把威胁性的危险物警告给一个行动者,以及唤起那些将会使这个行动者能够保护自己并避开或者摧毁这些障碍的反应的工具,那么,它们就能很好地胜任这个目标。

然而,当情况变得复杂时,一个有机体会得到许多关于需要注意的那些事物情况的报告,如果这个有机体能坚持住的话,就是非常多样和不能和谐共存的。对于这个有机体而言,突然间对它们都作出反应是不可能的;但是,它随意武断地选择一个或者少数几个而忽略其他的情况却可能是致命的。选择过程中出现的一个失误,必定会破坏这个有机体。因此,思想就发展成了一种衡量这些需要注意的各式各样刺激物的重要性的方法。判断,在平常的使用中,恰恰就是估价要求被注意和作出反应行为的事物的*相对价值*的能力。从长远看,一个微弱的声音或许会比一个洪亮的声音来得更为重要;对于有机体的福祉而言,一缕暗淡之光可能比一缕明亮光线富有更大的重要性。思想需要看轻它们的直接力量,并且需要根据它们*间接的*和*长远的*结果来解释它们自己。想象力对各种彼此冲突的刺激加以衡量,发明方法以减弱那些或许只是暂时更加剧烈的刺激,并精心制作似乎无足轻重的报告。因此,想象和思想都是根据其可能的未来结果来估价所观察对象的方法。它们都是关于当前条件就未来发展显示或预示了什么的预测、试验性的预言或推测。所有的观念都具有科学家称之为"工作假设"的性质;都是关于在未来条件下将会发生什么的预测;都是还要被用以引导和指导行动、以至于如果有可能我们想要的情况就会实现的预测。真正"起作用"的那些观念,当它们实现以后,将来的事件就会对它们进行检验的那些预测,关于成功按照所期望的方向改变条件的行为的那些计划和方法,都是*正确的*;适用于判断和观念的这个"真理"术语,除此之外,就再没有其他什么意义了。

现在,我简要地谈一下这个心灵概念与那个教育方法问题的关联,而把它与这个研究素材的关系以及与学校目标的社会和道德基础的关系留给更晚的一篇论文来处理。

185

1. 任何一个教育过程都将从做某件事情开始；而且，必要的感知、记忆、想象和判断训练，也将从所做事情的情况和需要出发而生发出来。所做的事情不应该是任务指派者所武断强加的任务，而是某件原本就很有意义的事情；并且具有这样一种性质：学生本身足够充分地认识到它的重要性，以至于对它产生了必不可少的兴趣。这就是这个孩子获得他最初的能力训练以及他所有关于这个世界最初知识的方式。在实现其获得、运用、丢弃的本能式意向过程中，一个孩子学会了认识他的四肢及其功能，并熟悉了事物的属性——它们的坚硬度、颜色、形式、大小以及其他很多属性。他开始并不知道这些事物，也没有任何一位老师为他开设发现它们性质的课程。他是从做某件事情开始的，而且这些结果必然会产生。

在其生命中的一段时间里，最初的一段时间，一个孩子本能的热心和自然环境都被调整得如此之好，以至于这种教育训练以极快的速度进行下去；并且，相对而言，几乎没有任何监督和引导。这样一个时期到来了。在这个时期里，一个更加富足、丰裕和经过更仔细选择和安排的环境，需要提供最富教育性活动的刺激因素和条件——一个比普通家庭环境更复杂多样、却不像一般的社会生活那样复杂多样、混乱无序、无法抗拒和过于专门化的环境。

自觉的教育是从这一点开始的。如果它是其应该是和即将成为的那种教育的话，那么，这种教育就在于对物质和技术环境的选择和安排。用这一个关于自然的最辉煌成就的模式来唤起并发挥孩子的生活功能——换句话说，就是向他建议值得做的事情，并使他专心致力于做这些事情。教师将是目前更有能力、更富经验的社会成员；但是，他们却将作为工人同伴和游戏同伴——贯彻游戏和工作活动计划过程，以及在与这些孩子们一起建立一个缩微世界，作为他们参与活动的明确结果和酬报过程中的同事——而出现。

2. 感觉训练将不可避免地产生于对这些各式各样活动的参与。玩弹子和球类的男孩，给洋娃娃着装和卸装并给她做衣服的女孩，都获得了感觉的训练。这种训练更加有效，因为对于某些行动计划的执行而言，它是偶发附随的，并且自身并没有被设定成一个特殊任务或目标。泥塑模型，园艺、木材和金属的商店经营，烹饪，编织，等等——这些都是培养观察能力和对感觉的精确解释的常规方法。人类并不是为了知识而获得其最初的信息储备，也不是因为自然对象自身而在心灵上留下了印记；其理解植物、动物、石头、金属、气候等等，是因为关于这些事物的知识是解决食物、住所、衣服、社会协作和防卫等问题所需要的。

3. 更高智力水平方面的教育,一般观念和原则的储备,对反思和慎思习惯的要求,都将被置于同一基础之上。所有的思考在开始的时候,都是计划、预测、形成目标,以及选择和安排能最经济和成功地实现这些目标的方法。相比较而言,在我们目前的学校系统中,发展这种思想所必需的实践活动的机会很少被提供出来。独立处理材料的机会,获取成果、监测和纠正错误的决心和责任,都是极其罕见的。所以,思考的能力仍然在相当大的程度上没有被开发出来,除了少数天生适合于更加专业和纯粹理论性学科的人——其思考高度集中于事物的符号而不是事物自身的那些孩子和青少年——之外。这些人自然地进入专门的学术研究和思想者的阶层。无疑,这个世界很大程度上归功于它的纯粹"研究人员"和学者;但是,如果他们从教育中获得了思考其抽象观点与社会问题之间关联的习惯,那么,世界还要在更大的程度上归功于他们。实际上,他们已经在很大程度上逃避进了一个孤立和偏远的阶层——也就是说,社会意义上的孤立和偏远,在这里,他们的思想成果相当"安全",因为它们并没有被从符号转化成行动事实。

在一个实际上包含实用主义思想观念的教育计划中,智力的教育将会因此具有下列特征:(a)它将全部产生于学生自己从事的活动的需要和机会。这个原则将会是普遍性的。目前,在某种程度上,它已经在较低层次目标的幼儿园、较高目标的科学实验室,以及在商店经营、烹饪等人工职业活动中被零星地表达出来了。(b)信息将不会被作为自在目的而被收集、堆积并被灌输给学生,而会围绕着活动的开展聚集起来。为了做什么事情都取得成功,有些信息是当下需要的;一个不懂得关于土壤、种子、量度、植物及其生长、雨水和阳光情况等知识的孩子,不可能成为聪明的园丁。但是,致力于持续开展这样一种活动,将会使心灵对与当下需求没有直接联系的很多事物产生好奇并对之开放。在这片和其他土地上从事农艺的方法,这个职业的历史演变与之相关的社会和经济问题,对于一个已经形成个人对一种相似活动——对于一个仅仅听说和阅读过它们的二手材料的人而言,是不能了解它的——的兴趣的人的心灵而言,都是一种自然的兴趣和路径。在学校有组织地致力于某些持续性的职业方向的过程中,一个主要的目标就是:这些能为各种各样的事实与观点的收集和组织提供自然的导向。(c)在这个基础上开展的教育将会这样教导心灵:所有的观点、真理、理论等等,都具有工作假设的性质。人类进步的主要障碍就是心灵的这个教条式习惯，这样一种信念：某些原则和观点拥有这样一种终极价值和权威，以至于它们将会没有任何疑问、没有任何修正地被接受。心灵的**实验性**习惯把观点和原则视为解决问题和组织材料的试验性方法，这是最近才出现的。以实用主义观念为基础的教育，将不可避免地培养出这样一些人——他们认识到通过把他们的观点和信念付之于实践应用来持续检验它们的必要性，以及根据这个应用的结果修正他们的信念的必要性。

总结论文

在一般地谈论实用主义理论及其与教育方法的特殊关联之后，我打算简单地谈一下它与教育的素材或者研究的课程材料之间的关系。在最近两三个世纪，教育改革者们已经就它的人为性和远离生活对传统的研究计划提出了反对。首先，他们反对它的文字和语言特征，反对这样一个事实：它是如此排他地致力于学习的符号。这种抗议已经或多或少地产生了效果，来自于自然的内容（科学）和人类生活的内容（历史）也已经被引入了学校。然后，就有了对这些研究的排他性信息特征的反对——反对对记忆的强调和知识的堆积，以及对将会与当前的社会需求有更直接和更有用联系的内容的需求。工业制图、手工艺训练、各式各样艺术的入门都已经被引入，以满足这种需求。如果把诸音乐学科和其他的"纯粹"艺术增添到最终在学校中从事的学习系列的话，那么，我们就不会对已经爆发的对一个缺乏统一和集中性的分散教师和学生的活动并使之精疲力竭的超负荷课程的反对之声感到惊奇了。这儿甚至还有向旧式的基本知识的单调学习的简单性回返的呼声。然而，就没有确保内容有组织性和目的的统一性的其他途径了吗？

从整体上看，人类的教育已经通过所从事和发展出来的这些职业而获得了。在社会中得到发展的这些行业、职业、一系列的活动，都已经为知识提供了社会性激励以及知识得以组织的中心。如果职业成为教育的基础，那么，学校工作将遵守社会和精神发展的自然法则。这种改革已经开始被引入了。福禄培尔（Froebel）已经在他的幼儿教育计划中隐约地发现了这种观念，尽管他的计划因为太过浪漫空想和富有象征性从而不可能使这种观念得到充分表达。工程和技术院校在这里进行着对科学社会效用的研究，这说明高层次学校中同一个原则的另一方面。在小学和初中,对园林、园艺、烹饪、纺织以及木材和金属营销不断增长的强调,就是这同一个运动的另一个征候。目前,这个趋向产业化教育的运动的终极价值和命运(让我们期望),将取决于它是否切断了进入阶段教育——在这种情况下,这种运动迅速终止将会更好——的方法,或者它是否承认在典型、持续的系列活动中进行训练的重要性,这些活动对每个人来说都有社会价值。

认为职业活动只具有单一的功利性或经济性价值,是一个致命的错误。它们首要的价值是教育性的。这种价值在于对儿童思维的训练是与那些因为值得做而吸引他们的事物密切相关的,而不是通过在一定程度上是形式化的任务和操练对思维能力的训练。这并不排除而是包括一个宽泛、自由的知识方案。所有典型的社会性职业,都依赖于科学的洞见和信息。商店营业、纺织、园艺等等的主要价值之一,即使在小学也是这样的:它们把自然事实和力量引介给学生,并给他们一个彻底获悉这些具体事实以及自然规律的动机。这些职业——借助于它们,人们已经通过获悉自然的秘密而征服了自然,并学会为了共同的目的而如何与其他人合作——的历史发展,为研究历史提供了钥匙;它指出了,在从过去延续下来的大量事实中,哪些是重要的,哪些是无关紧要的。对典型职业的彻底掌握,把学生引向了对社会状况和当前目标的研究;引向了这些事实——它们一经被分类,就形成了社会学、政治经济学、公民学和政治学。美术也自然地被包括在内;因为,正如莫里斯(Morris)和其他人已经指出的那样,所有观点的外在体现,当它在活动中被自由、愉悦地实现时,都趋向于获得一种艺术的性质。简而言之,不存在这样一种科学、历史或艺术,过去的教育经历已经显示了它们的价值,而职业教育却不具有这种价值。旧的价值将会被保存下来,但是将会围绕一个新的原则而被集中起来,并获得一个崭新动机的生命力。

最后,这样一种教育将会改变学校的精神主旨。因为后面这些活动将会与人类的普遍兴趣和活动一起持续下去,学校将不再拥有伦理学和道德训练的特殊法典,只要学校是封闭的,它就一定具有这样的特征。它将会把道德目标和社会同情、合作与进步的力量都整合进自身。职业把人们自然地聚合成群,形成一个有所区分而又协调合作的自觉力量群体。像目前那样表面上只为了个人目的而被探求的知识、学校教育的成就、审美文化,都将会导致利己主义、社会的分层和对抗。

对教育者而言的历史①

　　如果历史被认为只是对过去的一种记录,那么,就很难找到声称历史将在小学教育的课程中扮演重要角色的任何理由。过去就是过去,死去的或许被安全地保留下来以掩盖它的死去。当下有着太多的迫切需要,未来的门槛上有着太多的要求,以至于不可能允许孩子深深地潜心于那些永远消失的东西。当历史被认为是对社会生活形式和力量的一个说明时,情况就不是这样了。我们拥有的社会生活总是伴随我们左右,过去和当下的区分对于它而言是无关紧要的。生活发生在这儿还是发生在那儿,只是一个短暂的时间问题。尽管如此,它还是生活;它展示了把人们聚集在一起或者分散开来的动机,并且描述了什么是值得做的、什么是有害的。无论历史对科学史学者而言可能是什么,但对于教育工作者而言,它都必定是一门间接的社会学——对完全展现出其生成过程和组织模式的一个社会的研究。现存的社会,对于一个孩子而言,既太过复杂又太过封闭,从而不能被研究。他不能在具体事件的迷宫中找到任何线索,也无法登上据此可以获得一个整理视角的高地。

　　如果历史教育的目的是让孩子能够欣赏社会生活的价值,让孩子能够在想象中懂得那些有助于人们彼此有效合作的力量,让孩子理解那些起推进和阻碍作用的历史人物的话,那么,所表现出来的这个根本的东西就是使它成为运动的、动态的。历史必须被呈现出来,不是作为一个结果或后果的堆积、一个对已发生事情的简单陈述,而是作为一个有说服力的、起作用的东西呈现出来。这些

---

① 首次发表于《教育进步杂志》,第 1 卷(1909 年 3 月),第 1—4 页。

动机——也就是这些原动力——必须被清晰地呈现出来。研究历史不是积聚信息，而是使用信息构造出一幅人们如何、为什么这样做以及取得成功和走向失败的清晰图景。

当历史被认为是动态的、运动的时候，它的经济和产业方面就会得到强调。这些仅仅是一些专业术语，它们表达了人类一直关注的那个问题，即如何生活，如何掌握和利用自然，以使它为人类生活的富裕作出贡献。文明中的伟大进步已经经历了那些智力的显现——它们已经把人类从对自然的危险征服中提升了出来，并向他揭示了应该如何使自然的力量与他自己的目的协调起来。

孩子现在生活于其中的这个社会是如此丰富和充盈，以至于了解它付出了多少代价、在其背后奠藏着多少努力和思想，都不是一件容易的事情。人类拥有一个现成的、威力巨大的装备。孩子可以被引导着把这些现成的资源翻译成流畅的术语；他可以被引导着了解与自然直面而立的人类，而不使用任何继承性的资本，不使用工具，不使用任何人造物资。而且，他还可以一步一步地了解人类认识自己所处情形的需求、那些创制武器和工具以使他们满足这些需求的方法，以及学会这些新的资源是如何打开了新的成长视界，并产生了新的问题。人类的工业历史并不是一个物质主义的或纯粹功利主义的问题，而是一个智力问题。它记录的是人类如何学会思考，考虑一些后果，改变生活条件以至于生活本身变成了一个不同的东西。它也是一个伦理的纪录、一个对人们已经努力创造出来为他们的目的服务的条件的说明。

实际上，人类如何生活这个问题是主要的兴趣——孩子利用这种兴趣处理历史材料。正是这种观点，使那些工作在过去时代的人能够接近与他保持日常联系的那些人，并赋予他们相互理解的能力。

专注于人们的生活方式、他们不得不利用的工具、他们的新发明、源于由此而获得的这种能力和闲暇的生活改变的那个孩子，渴望在他的活动中重复相似的方法，以重制器具、再生方法、重新处理材料。因为他只能通过了解他们从自然中得来的那些障碍物和资源而理解他们的问题以及他们的成功，所以，孩子才对土地和森林、海洋和大山、植物和动物感兴趣。通过建立一个他正在学习的人们生活于其中的自然环境概念，他获得了对他们生活的理解。除非他了解了这些环绕于其自身周围的自然力量和形式，否则，他就不可能实现这种再生。对历史的兴趣，赋予他对自然的研究具有一种更人性化的色彩、一种更广泛的意义。

他的自然知识为他的历史研究提供了支点和精确性。这就是历史和科学之间的那种自然"相关性"。

这个相同的目的——对社会生活的一种深度认知，决定了传记性事件在历史教育中的地位。当它们以个人形式呈现出来，当它们在英雄人物的生活和事迹中被集中起来，毫无疑问，这些历史材料就会最彻底生动地吸引孩子。但是，使用这些传记也有可能致使它们变成一个纯粹故事的汇编。在感觉主义的意义上，它可能具有吸引力，但却不能让孩子更加贴近于对社会生活的理解。当这个故事中的英雄个人被从社会环境中孤立出来的时候，当它并没有使这个孩子感觉到激起其行动的那种社会状况以及其行为对之作出贡献的社会进步的时候，这种情况就会发生。如果传记呈现为一个对社会需求和成果的生动总结的话，如果这个孩子的想象描绘了这些强烈呼吁人类的社会缺陷和问题，以及个体应对这种突发事件的方式的话，那么，这个传记就是一个社会研究的工具。

对历史的社会目的的自觉，防止了任何把历史没入神话、童话和纯粹文学作品的倾向。我不能避免这种感觉：就像赫巴特式（Herbartian）学校为了丰富历史方面的基础课程所做的那样，它通常颠倒了存在于历史和文学之间的真正关系。在某种意义上，美国殖民历史的主题和笛福（De Foe）的《鲁滨逊漂流记》的主题都是一样的。都表现了这样的人——他实现了文明化，他获得了成熟的思想，他已经形成了行动的目标和手段；但却突然必须重新依靠他自己的资源，以应付一个生疏而又充满敌意的自然，并且必须借助于纯粹的智力、能力和持久特性而重新获得胜利。但是，当《鲁滨逊漂流记》为三年级或四年级的孩子们的课程提供材料时，我们难道不正是在本末倒置吗？为什么不把《鲁滨逊漂流记》用作在某一个同类问题和活动的特殊情况下的想象的理想之物，从而把真实情况连同其更大的范围、其更强烈的力量及其对生活的更生动和更持久的价值一起提供给孩子们呢？而且，无论研究一般原始生活和特殊的北美印第安人的价值可能是什么，为什么这不能通过《海华沙之歌》（Hiawatha）这个媒介间接而不是直接地获得呢？——实际上，是借助于这首诗而赋予这个孩子先前已经以更具体的形式认识到的那一系列条件和斗争理想化的和终极的格调。要么，印第安人的生活表现出了社会生活中一些恒久的问题和方面；要么，它在一个教育计划中几乎没有任何地位。如果它具有这样一种价值的话，那么，它就会为了自身而被凸显出来，而不是丧失于一个纯粹文学化表现的精致与美妙之中。

195

这个相同的目的，即在它们的自然依赖中理解人物和社会关系，我认为，可以使我们能够根据即将被赋予的重要性来决定历史教育中的年代排列次序。相当多的强调已经被赋予通过其实际发生——从幼发拉底河和尼罗河流域开始，接着在希腊和罗马等地继续发展——的连续步骤来理解文明发展的假想必要性。人们极力主张的一点是：当下依赖于过去；并且，过去的每一个阶段都依赖于更早的过去。

在这里，我们被引入了一个对历史的逻辑解释和心理学解释之间的冲突。如果目的是对社会生活是什么以及它是如何继续下去的认知的话，那么理所当然，这个孩子就必须处理精神实质上相近的东西，而不是处理距离遥远的东西。巴比伦人和埃及人的生活所遇到的困难，与其说是它在时间上的久远，不如说是它与社会生活的当前利益与目标之间距离的遥远。它既没有足够的简单化，也没有足够的普遍化；或者，至少它并没有以正确的方式这样做。它是通过忽略现在有意义的东西而不是呈现根据较低标准安排的因素来做的。其显著特征很难把握和理解，即使是专家也不能。毫无疑问，它表现了为后来生活做出贡献以及在时间之流中改变了事件进程的那些因素。但是，孩子还没有达到能够认识抽象原因和特殊贡献的程度。他所需要的是一幅关于有代表性的关系、条件和活动的图景。在这一方面，存在着很多史前生活，这些生活要比巴比伦或埃及的复杂的人为生活更加接近于他。当一个孩子能够意识到制度时，他就有能力看出：历史上的每一个国家都代表了什么样的特殊制度观念，以及哪些因素为当前制度的复杂性做出了贡献。但是，仅当这个孩子也能够开始在其他领域中抽象出原因时，换句话说，就是当他逐步走近中等教育时，这个时期才会到来。

所陈述的这个原则，连同被指出的对工业历史、传记和故事以及年代顺序的适用，都将以一种概括的方式对一个已经被概括出来的计划作出说明。在这个一般的计划中，三个阶段性时期是得到承认的。

第一个时期来自普遍化和简单化的历史——在地域和年代顺序的意义上，这种历史根本就不是历史，但是其目的在于让孩子觉察到并同意各种各样的社会活动。这个时期包括6岁的孩子们在学习现在的国家和城市里的人们的典型职业过程中所做的工作；包括7岁的孩子在学习各种发明创造的进展及其对生活的影响过程中的工作，以及8岁的孩子在处理把整个世界带入人类视野的大型移民、探险和发现运动过程中的工作。最初两年的工作，显然与任何特殊的人群或特殊的个人没有任何关系——也就是说，在这个术语的严格意义上，与历史资料无关。同时，为了引入个体因素，大量的领域通过戏剧化改编得以展现。对伟大探险家和发现者的说明，是为向局部和特殊东西——它们依赖于生活在某些特殊时期和地方的某些特殊人物——的过渡服务的。

这把我们引向了第二个时期，在这里，局部的条件和特殊人类群体的有限活动凸显了出来——与孩子们处理有限的确定性事实的能力的增长是相符的。既然芝加哥以及美国都是这样的地区——孩子可以根据这种情况的性质对它们进行最有效的处理，那么，接下来三年的材料就是直接和间接地得自这些资源。在这里，第三年同时也是一个过渡年头，开始处理美国生活与欧洲的联系了。

到现在为止，这个孩子应该准备好处理某些完全不同的、可以说是特殊类型的社会生活，而不是处理一般的社会生活，甚或他最为熟悉的社会生活；应准备好处理每一种社会生活的特殊意义以及它对整个历史作出的特殊贡献。因此，在接下来的一个时期，年代顺序就被采纳了，从有关地中海的远古时代开始，接着又经过了欧洲历史从而到达美国历史的特殊和不同的因素。

这个计划不是被呈现为唯一一种解决这个问题的方式，而是被呈现为对这个问题的一个贡献，即为这个孩子提供所必须掌握的材料。它不是思想的结果，而是这些课题经过一年又一年大量实验和变化的结果；同时又一步一步地走向更加全面和准确的关于社会生活原则和事实的知识，并为随后的专业历史研究作好准备。

中学物理教学的目标和组织①

一个在专业和技术上对教育学科都不熟悉的人，如果没有任何假定条件的话，那么，就只能说出这样一些观点——从这些观点出发，他认为，这门学科应该被当作要获得它最大限度的功效来对待。对于像物理学材料那样如此难懂和具体的材料，无论如何都必须并从某个立场出发进行选择和摈弃；而且，被如此选择的材料必须在一种特定的语境和动机氛围中传授给学生。关于这些选择的原则和动机，一个不是物理学家的人，或许不用侵入他不了解的领域就可以谈论一些东西。

1. 物理科学在现代生活中的社会应用的重要性，无论是在选择还是在介绍学科内容的过程中，都应该始终牢记在心。高中的职责，首先是一个社会职责，而不是去培养一个专家阶层。为支持学校而纳税的公众的如下要求是合理的，即无论何时只要这个目标可以在不要与教授的学科冲突的条件下得以实现，这个学科应该被如此教授以使个人变得更加聪明并因此胜任其在社会生活中的角色。当代文明在如此大的程度上依赖于应用科学，以至于除了掌握作为其基础的某些科学方法以及成果之外，没有人能够真正地理解它；换句话说，从它们适用于对工业、交通、通讯的控制这个立场出发，对科学资源和成就的考虑不仅提高了那些受教育者在未来社会中的效率，而且增加了这门学科的直接吸引力和兴趣。

---

① 首次发表于《学校科学与数学》(School Science and Mathematics)，第 9 期(1909 年)，第 291—292 页。

2. 科学方法在其最广泛的意义上，就是在科学教学的智力方面的证明；并且，科学的心灵习惯的形成，将成为高中科学教师的基本目标。科学的方法，在其最广泛的意义上，不只是单纯的测量、操作和试验技巧。在训练科学专家过程中可能有这样一个时期，在这期间，这些东西暂时成了目的本身。在中等教育中，它们的价值，它们的范围根据它们在创造和发展逻辑态度和心灵习惯方面的反应程度而被确定。在所有领域里提供理智的完整性、真诚性和能力的实验性探究和检验方法，而不是专属于其专业的那些方法，才是高中教师所必须牢记于心的。**一种崭新类型的心灵**，正在科学方法的影响下逐步形成；物理学教师应该做他该做的事情，以促进这种心灵的扩展和至上性。

我想就其逻辑学训练的一个方面再谈一些。几乎所有的智力学科都拥有从实质上具有"形而上学"特征——在坏的形而上学意义上——的早期思想中继承下来的规律概念。规律，要么被理解为以类似于法规和法律条例的某一种方式"统治"事实和事件的铸铁令，要么被理解为只是在这些事实和事件中一贯重复出现的顺序和共存。在大众的心目中，这是对两个观点的合并。任何一个知晓哲学史的人，都能指出这些概念的起源；它们产生于科学之外，并从外面被引入科学。以这些方式中的任何一种方式来理解，规律都缺乏生命力和意义。它们不是对思考不可或缺的帮助，而是标志着对思考已经设定的固定和永恒的限制；而且，规律这个概念还变成了一个令人困惑的谜。逻辑规律是普遍的方法。通过这些方法，我们把连续性和秩序引入经验，否则就会产生不一致和混淆。它们是在我们关于事物的经验之间的鸿沟之上架起桥梁的手段，是消除表面的冲突以趋于和谐的手段。换句话说，就是把规律视为**逻辑的**工具和手段，它们的令人惊叹的价值也就变得自明了。否则，规律就只能是形而上学之谜。**毫无疑问**，规律就是引入连续性和系统的理智工具。让我们从确定性的东西开始。如果规律不仅仅是逻辑工具的话，那么，当这个学生开始进行形而上学研究的时候，逻辑工具之外所剩余的那些东西就确实可以被讨论。

非教育的教学①

随着反思性注意力的发展，产生了改变孩子教育模式的需要和可能性。直到 7 岁之前，直接、自发的态度一直是孩子的标志，这源于他对新经验的要求，以及他对通过构建影像并在游戏中表达它们来完善其不完全的经验的渴望。这种态度就是作者所谓的典型的自发的注意力，或者就像有些人说的那样，是非自决的注意力。

这个孩子完全专注于他所做的事情，他从事的这个工作彻底地抓住了他。他毫无保留地专注于它。因此，虽然有很多精力被花费，但却没有自觉的努力；虽然这个孩子专心到了专注的程度，但却没有自觉的意图。

随着对更远大目标的感知以及对引导行动以使它们成为实现这些目标的手段的需要的感知的形成，我们就转向了所谓的间接的，或者像有些作者更愿意说的那样，自决的注意力。一个结果被想象到了，并且这个孩子也注意到了他所面对的或者他直接做的事情，因为它有助于确保这个结果。就其本身而言，这个对象或行动可能是无关紧要的，甚至是令人厌恶的。但是，因为它被认为是属于想要的或有价值的某些东西，因此，它就占用了后者的吸引力或把持力。

这就是向"自决的"注意力的转变，但却仅仅是个转变。仅当这个孩子以问题或疑问的形式考虑了结果，也就是他为自己寻求结论时，这种转变才会彻底出现。在这个中间阶段(比如说，从孩子 8 岁到 11 岁或者 12 岁)，当这个孩子根据他想达到的某个目标指导了一系列中间活动时，这个目标就是即将被做或制定

---

① 首次发表于《教育进步杂志》，第 1 卷(1909 年 6 月)，第 1—3 页。

的某种东西,或者某个即将被实现的切实可行的结果;这个问题是一个实际困难,而不是一个智力问题。但是,随着能力的不断增长,这个孩子就能把这个目标设想为将被找出、发现的某种东西,并且能控制其行动和想象以对探究和结论有所帮助。这才是真正的反思的注意力。

在历史作品中,存在着这样一个转变,即从故事和传记的形式,从对产生的问题的讨论到问题的系统阐述的转变。拥有各种可能的不同意见的观点,各种经验、反思等等可以被拿来对之施加影响的材料,总是会在历史中出现。但是,用这个讨论来把这个疑惑和差异发展为一个明确的问题,让孩子正好感觉到这个困难是什么,然后在查询与这个观点有关的材料过程中让他依赖他自己的资料,以及在运用判断或得出一个结论时让他依赖他的判断,这是一个显著的智力进步。在拉丁语中,存在着一个从聆听和阅读故事、根据某种观点谈论和书写答案到变音和句法问题——发现已经被实际处理过的问题的理论意义——的转变。

一般来说,这个成长是一个自然的物理过程。但是,对它的正确认识和使用,或许是教育的智力方面最为重要的问题。一个已经获得反思性注意的能力、能够提出问题和疑问的能力的人,就此而言,从智力方面说,就是受过教育的。他有精神修养——心灵的能力和支持心灵的能力。没有这种能力,心灵仍然会受习惯和外部建议的支配。有些困难通过谈及一个差不多支配了普通类型教育的错误几乎不能得到说明。常见的是:我们总是认为,只要有这个适当的意愿或意向,注意力就可以直接地被给予任何学科内容,失败被认为是不愿意或难教的标志。算术、地理和语法课程被摆在了孩子面前,并且为了学会它们,他被告知要注意。但是,除了有一些问题、一些困惑作为这种注意力的基础出现在心灵中之外,反思性注意力是不可能的。如果对于这些材料有足够的内在兴趣,就会出现直接的或自发的注意力。就其本身而言,这种注意力是极其卓越的,但仅凭它自己,并不能给予思想的能力或者内部精神控制的能力。如果没有内在的吸引力,那么,这个教师(按照他的气质和训练,以及学校的先例和期望)将会努力用外来的吸引力包围这些材料,通过"让这门课程有趣"而召唤或吸引注意力;或者将会求助于反向刺激(低分数、不提升的威胁、放学后的留下、个人的非难,以各种方式表达出来的唠叨、连续要求孩子"注意",等等);或者可能会使用全部这些手段中的某一些手段。

但是，（1）因此而获得的这种注意力，从来就是不完整的或分散的，并且（2）它总是依赖于外部的某种东西——因此，当这种吸引力终止时，在内心或理智控制方面就收获很少或毫无所获。（3）这种注意力总是为"学会"服务的，例如，记忆那些将被其他人提出的可能问题的现成答案。真正的注意力，反思的注意力，从另一方面说，总是包括判断、推理、慎思；这意味着这个孩子有了他自己的问题，并且正在积极地致力于寻找和选择用以回答这个问题的相关材料，仔细考虑这些材料的关系和联系——它所要求的一种回答。这个问题是某人自己的，因此，注意力的刺激因素也是他自己的；因此，获得的训练也是某人自己的——它是修养，或控制力的获得；也就是说，一种思考问题的习惯。

下面这种说法一点也不为过：在传统教育中，太多地强调把现成的材料（书本、实物教学、教师的谈论，等等）传授给孩子；并且，孩子还完全排他地被迫承担起背诵这种现成材料的任务，以致只有培养反思的注意力的偶然机会和动机。几乎没有对这种根本需要——引导孩子把这个问题作为自己的问题来理解，以至于他为了找出这个问题的答案而自我诱导地注意它——给予考虑。确保自己提出问题的条件已经被如此彻底地忽视了，以至于这个自决性注意力的概念被彻底误解了。它被认为是通过非自愿的努力来衡量的——被认为是由压力条件下外部的、甚至是令人厌恶的材料，而不是自己发起的努力唤起的。"自决的"被认为意味着不情愿的和不合意的东西，而不是通过个人兴趣、洞察和能力实现的自由的、自我引导性的东西。

204

公立学校课程的道德意义[①]

205 　　如果我们从对构想这篇论文立足点的阐述开始的话,将有助于理解这篇文章中比较特殊的那些部分。为什么我们会期望学校课程的素材要具有某种道德价值呢? 知识、信息的主体怎样才能转化为品质? 把事实、观念、艺术品转变成个人努力的素质,我们有权假设这个奇迹能够实现吗? 除非我们记住这两个原则,通过把它们铭刻于实践之中而牢记于心,否则这种期望就是不合理的。

　　这两个原则是:课程的素材呈现了过去人类社会的奋斗和成功的那些成果,以及心灵——认知能力,通过它的素材被掌握和消化——是他们努力控制环境的基本推动力的一种表现形式。因为艺术、自然科学和数学都在人类的行为和经历中得到了发展,所以,它们是超出纯粹理智的某种东西;它们是人类的愿望、热情、努力、成功和失败的结果。它们不是在某些只对认识感兴趣的心灵中被抽象地产生出来,相反,是在人类与自然和他们的同类的合理有效的联系中所进行的长期的、艰苦奋斗的结果。正是因为这个事实,它们才充满了道德意义。

　　类似地,孩子们把握素材的这些能力,也是天然的本能和反应的产物。这种
206 本能和反应是更加类似于饥饿、干渴、伸手、触摸、移动的倾向,而不是个别的独立理论认知能力。

　　这些一般性的陈述,说明了把素材作为道德教育的手段在使用过程中的成

---

① 首次发表于北伊利诺伊教师协会,《全体大会议题:公立学校中的道德与宗教训练》(*Topics for General Sessions: Moral and Religious Training in the Public Schools*)1909 年 11 月第 5 次和第 6 次会议,埃尔金,伊利诺伊,第 21—27 页。

功和失败的根源。当课程被认为只是通过记忆、思想等纯粹理智能力而学会时，道德结果就是没有保障和偶然性的。当它们被视为人类的成就、对童年时代倾向——但是，它们的目标却是无意识的、不完整的类似的成就——的诉诸时，这种道德关系就是肯定的和直接的。

艺术——文学只是其中的一个分支，尽管这个分支最适合在学校使用——可能是对人类努力成就最纯粹和最简单的记录。由于这个原因，在学校里，它已经作为与其他学科相比较而言的一个道德力量被过度使用了。孩子们很容易被刺激——他们的情绪是动荡的——并且教师也倾向于认为，对这些情感多少有点瞬间性的反应，是一种截然不同的伦理收获。早些年里，严重的缺陷伴随着对阅读内容的使用。孩子通过视觉符号接受观点的能力如此之低，以至于"文学"被认为在理智上是不成熟的；而且，指向一种道德的最强意向也没有弥补观点的琐碎和贫乏。由于这个原因，听觉成了一个自然的通道，但却存在着这样一个危险：即使是口述的故事和诗篇，也是根据在捕捉到瞬间的注意并唤起兴奋的迹象过程中的成功而被整理出来的。经典故事尽可能地采用经典形式，比为孩子们创作的故事或诗作更有价值，这并不是一个偶然事件。它们成为经典作品，是因为它们经历了连续很多代人的检验，并被证明符合人类经验的本性。它们的持久性就是它们的纯正性、它们真正本性的标志。最主要的保护在于牢记这一点：文学是艺术的一个分支，以至于如果这种文字材料，无论是散文还是诗、无论是口头的还是刊印的，没有表现出精心选择、提炼和精制的经验的标记，那么，它对孩子们的影响，即使是引人关注的，也很可能是感性的，而不是有道德教育能力的。伴随他们左右的物理反应和情绪波动激起了道德反应；并且，父母和老师——他们根据被激起的临时兴奋来判断故事和诗作的价值，而不是根据艺术作品中被精简过的经验的内在意义来判断其价值——也正在颠倒价值尺度。

假如真正的艺术，生活、文学及其道德影响的主要条件中的重要东西的真正结晶，是被无意识地吸收而不是被自觉地推进、检验和完善的，那么，就没有什么东西比这样一种做法，即首先支持文学的内在伦理价值，然后通过建议、问题和讨论而记住这个即将从一篇文学作品中被推出的道德观点或知识，在理论上更荒诞以及在实践中更有害了。在这里，要说明的真正意思是：教师根本不相信所呈现出来的这个场景和观点的道德力量，但是却相信他自己的谈论和个人影响力。因此，当他谈起一首诗或一个故事的道德意义时，实际上，他只把它用作他自己的道德说教的一个契机而已。结果是对所谈论的、作为一个艺术作品的这首诗或这个故事的破坏；而且，无论产生什么道德影响，都归于这个教师的人格和方法，其影响也可以通过稍微灵活的训练从乘法表中被计算出来。

人们很难经常提醒自己：艺术作品是被欣赏的，而不是被有意识地分析的。说它们是被欣赏的，意味着用来理解它们的，是一种同情的想象力。它们是根据在观众或听众中被唤起的相似的本能和经验而被理解的。这种感染力是直接的，因此也是无意识的。无论如何，没有人能够说出，这个人是如何作出反应的：他把自己融入这部作品及其处理模式，他接受所呈现的这个场景的颜色。这个过程是一种无声的调整、一种吸收、一种消化，包括对个人气质的重塑。确保想要的道德结果的自觉努力，可能会妨碍这个消化过程，它不可能促进这个过程。理智的领悟和重构，是缓慢而有机的过程。有意识的努力和捷径，最终只能留下表面的、扭曲的和惯常的结果。

此外，文学欣赏还是一件个性化的、高度个体化的事情。教师，就像任何一个专业评论家一样，可以通过指出他自己是如何被感动的、哪些记忆和期望在他的内心被唤起，从而提升其他人对一件艺术作品的欣赏。但是，当他预先确定了特定的一首诗或一个文学抄本的道德真理就是如此这般并随后强加于作为一个整体的班级——一个由拥有不同的性情、经验和偏好的个体组成的班级——时，他就会把一种惯常的肤浅解释植入学生们的心灵，并因此而武断地阻碍这部艺术作品完成其真正的工作。无论如何，在阻碍其他人——无论是孩子们还是作者——更深和更有机的反应过程中，存在某种不恰当；在坚持认为自己的反应就是经典的和基本的反应过程中，存在某种同情心的过度缺乏。而且，最糟糕的是：当这个教师开始把一件艺术作品变成贴上"道德"标签的托辞时，他很难从其真正的反应中有所获益，而只能求助于毫无特色的关于一般性的陈词滥调。

总之，既然艺术表现了人类经验的精炼的成就，那么，它的伦理价值在其最好的状态上，实际上是最高的。但是，因为它的作用如此之重要，所以，它的运作模式是最精致的，是最容易被干扰和打乱的。"文学"没有神秘的自动功效，完全是因为它被称作文学。它的重要性还衡量其使用的危险性，因此，尽管不能认为当前的教学方法夸大了文学的道德价值，下面这一点却是正确的：只要它们产生了这样一种信念——就素材的各种分支而言，文学是教师主要的、有意识的道德资源——它们就很容易让人误解。

历史,而不是文学,毫无疑问再现了最有效的有意识的工具(我说的不是学生各种各样的积极活动和训练,而是课程中的常备学科)。在这里,有意识的分析,对动机和结果的研究,起着作用。甚至在这里,必须记住这一点:自觉的注意力,不应该被引向这个教师所认为的体现在所考虑的那一部分历史中的特殊道德真理,而是应该被引向素材自身,以清除其模糊性,更清晰更生动地呈现它。总之,要确立一个完整的场景——学生们可以作为一个整体对之作出反应。"神秘王国并不伴随观察而出现",此外,可以被用来寓意这一点:促进道德培育的这些反应太个人化了,以至于不能被提前设计出来,即使是最有能力的教师也不能。他的工作,在历史中就像在文学中一样,是看清楚彻底的公正已经在对客观素材的描述中实现了,以至于道德反应必定会进入学生的同化性反应。

以此为前提,我们自然会问:在历史的素材中,哪些内容特别有助于那些值得期望的个人态度的形成?首先,以稍稍专业的方式提出这个问题,我们或许会说,就像文学为认识这些完美结局——已经实现的人类经验的理想和标准——提供了机会那样,历史为理解其代表性的问题——阻碍发展的主要障碍,进步的主要方法——提供材料。它给出了过程而不是结果,并由于这个原因而如此迅速地投身于分析性讨论。①

人们通常会说,历史必须从原因和结果的立场出发进行研究。这个说法的真理性,依赖于对它的解释。社会生活是如此复杂,并且它的各个部分之间以及与自然环境之间又是如此有机地相互联系在一起,以至于我们不可能说这个或那个事物是其他某个特殊事物的原因。但是,对历史的研究却可以揭示这些发现、发明、新的生活方式中的主要工具。正是它们,开创了社会进步的伟大纪元;并且,它们还可以把各种社会进步的路径呈现给学生,并把什么曾经是进步之路上的主要困难和障碍展现在学生面前。只要承认社会力量本身总是相同的——在一百年和一千年之前起作用的同一类力量现在仍然在起作用——并且,特殊的历史年代为这些基本力量起作用的方式提供了说明,就能做到这一点。

于是,任何事情都依赖于历史被从一个社会的立场出发而看待;视为对已经影响了社会发展的那些力量的显示,以及视为对代表性制度——在这些制度中,

---

① 从这一点开始,这篇文章延续了我的论著《教育中的道德原则》[(*Moral Principles in Education*),豪顿·米福林出版公司,1909 年,第 32—43 页]中的路线(本卷第 240—245 页)。

人类的经验自然地具有了形式——的呈现。文化-时代理论尽管在路径上是正确的，却并没有认识到将过去时期看作与当前相联系的重要性，没有认识到过去提供了对其结构的代表性因素的洞察；这个理论太多地处理了这些时期，仿佛它们自身就拥有某些意义或价值一样。传记的方法通常用这种方式来处理，以至于从孩子们的意识中排除掉（至少是没有足够地强调）其所包含的社会价值，而正是这些社会价值赋予这些传记自身以道德意义。关于英雄们的独立故事，关于乔治·华盛顿和亚伯拉罕·林肯的故事，都属于文学而不是历史；并且，除了被专家讲出来的时候之外，它都属于二流文学。当然，这些个体是重要的，而不是抽象的力量和原因；但是，在这些方法——它们发布单个的逸事，无论它如何令人振奋，或者如何打算灌输一种道德——和那些方法——通过这些方法，领袖被看成是众多个体中的一个，在他的指导下，众人的力量集聚在一起，并且满足了对他在其中生活和工作的特定社会环境有益的需求——之间却存在着根本的区别。在伦理学上，脱离社会状况的个体是不真实的；而且，任何通过有关他的故事来灌输讲真话、爱国主义、勤奋等精神的方式，都没有真正成功地隐瞒这种情况在道德上的不实在。

简而言之，历史教学的伦理价值是由过去事件在多大程度上被当作理解当代的手段来衡量的——提供对是什么构成了现今社会的结构和运行方式的洞察。现存的社会结构极其复杂。实际上，一个孩子根本不可能完整地把握它并获得任何关于它那清晰的心理意象。但是，历史发展的典型阶段却可以被选择出来，它将展示——就像通过望远镜那样——现存制度的基本构成。

211　　　　一方面将地理学与历史相分离，另一方面将它与"自然科学"相分离，这完全是人为的。历史不是"在天空中"进行的，并且即使是在天空中进行的，这个"天空"也是一直与地球有着紧密联系的天空。人类行为是在自然条件下产生的；它被地理条件所改变，并且反过来改变它们。如果历史是在水中写成的，如果它没有在本性上为自己留下持久的变化——这些变化使得后代的人们在一个更高的活动平台上从事他们的工作得以可能——那么，它就是无意义的。对人类福利的自然、物理条件保持敬畏，或许就是科学研究的主要道德成就。

因此，必须从社会地理学开始坦白地承认地球是人的家园，他们在相互联系中从事活动。任何地理学事实的本质都是两个人或两群人的意识，他们同时被物理环境分开和聚合，并且其兴趣就在于了解这些人是如何借助于物理环境这种手段同时在他们的行动中被分开和聚合在一起的。湖泊、河流、山脉和平原的根本意义并不是物理的,而是社会性的——在改变和指导人类关系方面所起的作用。显然,这包含了商业地理学的外延,它并不是仅仅与狭隘意义上的商业相关,而是与就像受自然形式影响那样与人类的交流和交往相关的所有东西相关。政治地理学以静态的而不是动态的方式表达了同样的社会相互作用,也就是说,以某种形式临时把它固定下来。

如果要问这与地理学的道德意义有什么关系,答案并不难找到。品质的发展并没有在对各种美德的本性的学习,以及把它们的意义在情绪上表达出来的过程中被穷尽。有效的品质——并且,这在现代生活条件下更加正确——要求关于行动的那些自然资源和条件的智力。脱离了对行动得以实施的那些条件的了解的道德,是感情用事的,否则就是常规老套的。

在其宽泛的意义上,作为对真正作为人类家园的地球的研究,地理学包括了 *212* 自然科学。植物和动物生活在地球上;脱离了它们作为其中之一部分的那个整体场景而对它们进行的认识,带来的只是些不连贯的信息,这种知识在理智上并且因此在道德上都是无用的。电、热、光、地球引力等等,都可以被专家作为单独的课题来研究;但是,在一般教育中,却把它们的意义归于这样一个事实:它们也属于作为人类家园的地球;与此同时,其规律也说明了使自然资源适合人类目的的方式。

最后要说的话是关于数学的。对数的学习,在基础教育中所遭受的是动机的缺乏。这种、那种和其他特殊的坏方法的背后,是认为数是自身的一个目的而不是实现某个目的的手段这个彻底的错误。让孩子获得一个关于数的用处是什么、它究竟是为了什么的意识,这场战役就胜利了一半。现在,这种关于用处或原因的意识暗示了某种目的——它含蓄地是社会性的。

在更高级的算术研究中,荒谬的事情之一,就是这样的数字运算——它们没有与众不同的数学法则作为其特征,但却表现了在商业联系中发现的某些普遍法则——被介绍给孩子。在这些运算中训练孩子,而根本不注意它们在其中被使用的那些商业事实,或根本不注意使这些商业活动成为必要的那些社会生活的条件既不是算术也不是常识。孩子被号召在企业、合伙企业、银行业、代理公司等一长串业务中做练习,却没有尽力弄明白这一点:关于算术,他已经牵涉进了某种社会现实的意义。就其性质而言,这部分算术实质上是社会学的。它要么应该被完全省略掉，要么应该在关于相关社会现实的研究中被教授。

在正确性、纯洁性和全面性方面的训练——它常常习惯地与数学相联系，是足够真实的；但是，当数学关系在它们与这些社会现实的联系中被发现时，它毕竟还是超出了它自己的特殊领域。在这里，严密性、明确性、精确性和不忽略任何东西被认为是重要的。

总之，我们可以这样说：在很多方面，学校生活中使用的素材既决定了学校的普遍气氛，也决定了教育的方法和基本原则。单调的"课程学习"，即贫乏、狭隘的学校活动领域，不可能有助于一种生机勃勃的社会精神或者这样一些方法——要求同情和合作而不是兼并、排斥和竞争——的形成。

"课程"在这种程度上具有道德价值，即它们让学生能够富有同情心和想象力，认识到他所参与的这个社会场景；认识到他从自己身边汹涌流过的人类活动长河中得到的恩惠；认识到自然和社会所组成的这个大世界的一致目标，以及他忠实于他的遗产并真诚地投身这些兴趣的相应责任，这些兴趣使他成为他自己并给予他所拥有的机会。如果这种道德训练看起来是缓慢和迂回曲折的话，我们甚至可以用这种观点来激励自己，那就是：美德不是一种奇迹，而是一种征服；而且，品质不是一个偶然事件，而是有机体能力的有效增长。

哲学和心理学研究[①]

查尔斯·爱德华·加曼(Charles Edward Garman)以前的学生编著,以此
纪念他作为哲学教师在阿默斯特学院(Amherst College)从教 25 周年

波士顿和纽约:霍顿·米福林出版公司,1906 年

这一卷由加曼教授以前的学生所组成的五人委员会编写,是美国学院生活中严肃思想和独立研究的进步所获得的重要成果,是学者们不断增强彼此之间团结的明证,是令人欣慰的理智虔敬的不断发展的标记! 加曼教授作为一名教师,其催人奋进的影响力,对那些着迷于哲学的人而言早已是人尽皆知的事实;而且,随着时光的流逝,尽管还没有消除但却已经减轻了他的这样一种遗憾,即他没有把自己最具创造力的精神成果付之印刷。我认为,最近对美国心理学和哲学教师与作家的学院教育状况进行的研究调查表明,考虑到机构的相对规模,这些教师中绝大部分来自阿默斯特学院,比其他任何一个机构都要多。加曼教授作为一名哲学教师,在其供职的学院工作了 25 年,这本《纪念文集》(*Festschrift*)中对其圆满的功德进行纪念无论如何是再恰当不过的。

该文集的导言可以在加曼教授所写的一封 10 页纸的信函中找到,并且已经在 1898 年的《美国心理学杂志》上发表。这个导言阐述了加曼教授的教学理想和方法。本文接下来所引用的部分,表明了支撑他得以构想哲学训练的精神;这些引语或许也是对这样一些哲学见解——事实上,它们已经呈现在作为该文集主体组成部分的那些文章中了——的鲜活和多样性所做的最重要的评论。我所引用的就是:"倘若你能够让一个人对权衡证据的能力抱有信心,能够让他认识到有多少文明成果可以归功于它,认识到生活的每一部分如何只能通过科学的

[①] 首次发表于《哲学评论》,第 16 卷(1907 年),第 312—321 页。

思考才能得到改进进而使之升华为一个道德问题,并表明:理智的诚实、为了真理而作出的对真理的至上选择,以及决定尽一个人的最大能力去遵循证据,就是圣人和罪人之间的分水岭——如果你能推动这些问题的解决并赢得胜利,那么,这个班级随之就会变得完全不同。我不认为,没有这种道德争斗,也不考虑这个问题的伦理向度,就能获得最好的理智成果。"①

这一卷中的论文可以分成两部分,一部分由八篇"哲学研究"方面的论文组成,另一部分则涵盖五篇"心理学研究"的论文。不过,严格地说,哲学研究中的其中两篇其实是社会学的论文,因此,我可能会首先就此稍作论述。

在《论欧洲的扩张对其人口的影响》一文中,威尔科克斯(Willcox)教授认为,现代历史的中心事件是欧洲在其自身之外进行的扩张——这种扩张,其经济方面与政治、军事方面一样巨大。这种扩张的影响是世界人口的激增,大约从1750年的10亿递增到1900年的15亿。威尔科克斯教授认为,这种扩张已经不仅仅是数量上的,而且是更高生活质量方面的一种发展,它昭示着对自然力更为强大的控制和更加自觉的现代生活的展开。

伍兹(Woods)先生一篇论及《民主——人的力量的新展现》的文章,可以称为是一个对不同于纯粹的经济和政治的伦理社会主义的呼吁。在这篇文章中,他把民主运动和人类团队生活能力的提高等同起来,并考察了这样一个崭新的推动力和更为宽广的视野——对个人来说,它来自于他从一个团体协作的整体出发来审视自身的能力的提高。按照伍兹的观点,民主发展的早期阶段,人们过

分强调了自由和平等两个因素,而忽视了深思熟虑的政治和社会组织的价值,并且在经济上强调*自由放任主义*的观念,这在很大程度上是一个历史的偶然事件。随着民主运动逐渐脱离作为其早期发展条件的环境的限制,其固有的友爱和合作本性就得到了释放。现代化的工业体系,连同它对社会和政治生活的影响,将不再被单独归诸那些机械发明,而是将被根本性地归诸使得对这些发明的利用成为可能的协作精神的增长。伍兹先生论证说,由于政治民主的终极趋势就是提升个人的主动性和能力,以至于现代工业的巨大生产力在很大程度上被归诸

---

① 值加曼教授辞世之际,这篇评论已经写就。我斗胆添加了另一引证,这个引用语也许更能清晰地代表他教学的精神。"真正理解自己并且珍视真理的、从事哲学活动的年轻人,不再是一个形式的奴隶,而是充满了真诚而又持久的钦敬之感的人。"

政治自由带来的间接影响。所以，我们就有充分的理由推测，无论临时调整的困难有多大，工业民主的终极影响都会增加人类的主动性，激励有才干的领导者！这个论证得出的结论就是："民主联合不是以任何方式来限制生活和使生活变得僵硬，而是将会为这个必不可少的推动力提供无限多的各式各样的自然的、精神充沛的、鼓舞人心的释放出口。"

这一卷的第一篇文章是塔夫茨教授的《论道德进化》。塔夫茨教授尽力运用现代普通心理学、现代发生心理学以及社会心理学的研究成果为道德的自我发展勾勒了一个轮廓。心理学的观点，尤其饱受称赞的那些心理学观点，有三个，即(1)心理的和道德的发展起源于生物物种的本能和冲动；从以上阶段发展出来的智力人格，作为更加单纯和直接的本能释放受到了检验，并且，一条反应的迂回径路在思考和谋划的基础上被建立起来；(2)认识到自我既是很多个也是一个，而且在成为那一个之前就是很多个——自我从一开始就是一个对其自身的特有信号作出反应的那些不同的本能和冲动的或多或少松散联系着的集合，而不是通过在它们必须在其中发挥作用的情境中认识到那些统一性和一般性原则而整合起来的一个有组织的能力系统；(3)自我的社会特征：起初，无意识的协同是这样一种状况——分离的和个体的利益只是逐渐地才被相互分开和组织起来，直到自觉的个体性和自觉的社会利益成为最终的结果。这些一般性观点被用来从两个方面解释道德特征的发展：内部的控制、目的、情绪，以及对环境的外部控制。

塔夫茨教授的论文非常紧凑、简洁，其中很多部分以概括性的方式书写，几乎都是概略性的纲要，以至于对其进行进一步的压缩非常困难。因此，我将引导有兴趣的读者去处理文章本身的细节，而把我自己限定在文章给我留下的某些总体印象。首先，我应该说，塔夫茨教授已经非常成功地避免了那个很容易困扰我们关于道德进化的讨论的谬误，即在"更高"和"更低"之间作出的固定区分。找到以这样一种方式被设想以至于使得当前的伦理状况的发展让人难以想象的那些早期阶段，并不是一件难事，除非要以对其绝大多数的重要特征都作出解释为代价。这激起了这样一种反应：要么因此而坚持认为道德进化原本就是不可能的，要么主张更高级和更晚近的那些要素在其早期阶段就已经是"隐藏的"或"潜在的"了。然而，塔夫茨教授却以这样一种极为具体的方式构想了这些早期阶段，以至于能够认识到这样一点：在这些早期阶段中存在的一些要素，与更为

220

发达的伦理状况中的那些要素极为类似，以至于我们一方面无需否认道德的本质特性，另一方面不会陷落于可疑的形而上学泥潭，就可以处理从前者到后者的那个进化了。

第二个印象非常具体，即作者认为个体的社会特征就是个体的。"社会心理学"不能被当作个体常态（normal）心理学的附庸，更不能当作一种向被贴上"社会心灵"标签的神秘超灵魂（over-soul）的求助，但是可以当作一种解释自我的实际构成和功能的方法。在整个讨论中，我们都发现，我们自己正面对着这样一个社会特性已经在其结构中被建构起来的个体；面对着一个被视为一种媒介的社会环境——在这个社会环境之中，被巩固成为一个个体并展示了其自身的以往的社会性，都得到了发展，并且通过对抗和努力而得到了重构。正是这一立场，而不是其他任何东西，我认为，要对我此前提到过的第一点负责；因为，它使得塔夫茨教授无论在什么样的历史进展平台上，都能够抓住每一种情形中真正的道德问题、要素和方法。

夏普（Sharp）博士论"道德判断"的文章，是值得关注的伦理讨论，因为它连贯一致地采用了一个独立而又朴素的观点，并通过各种盘根错节的论述而坚持了它。他的论题就是：得到许可（approbation）这个事实，就是基本的道德生活现象。通过表明以下这一点，他首次将道德许可与其他形式区分开来：虽然所有形式都包括一个理智要素和一种情感满足的结合，但在一个被认为是实现了的观念中，道德许可被指向一个目的、一个行动者的预期目标，由于它展示了行动者的兴趣，"就它们是确定行动的力量而言，这目标可以被等同于那人的欲望系统。"然而，这并不是全部。我们可以不赞成一个目的，就像一个律师为了他的委托人而反对我们赢得官司一样，这个目的是对我们有害的，而不认为这个目的在道德上是错误的。仅当我们认为这个目的对任何一个人而言都是错误的，在同样的情况下，这种不赞同才是道德上的；或者，肯定地说："仅当我们把我们自己置于一个或大或小的社会秩序之中，并希望其中的每一个成员在给定的条件下都使这个目的成为自己的目的之时，这个目的才是在道德上得到赞成的。"

因此，正当就不仅仅是我们确实赞成的东西；实际上，所有的道德讨论都包括对一个普遍得到许可的目标的设想。在一个实际许可的纯粹事实之后，存在着一个对于正当而言的客观性。道德许可对象的观念中，包括了这一客观性，它与特定情景下所有人的目的相关。这包括了各种愿望之间必须存在一致性的理想——它们实实在在就是一个系统。在此基础上，就可以很容易地把义务解释成一定条件下的认同过程的产物，而毋需创造一个道德所必需的基础性概念。当我们发现一个目的，它在道德上可以得到许可，但却又令人厌恶，此时就会存在一个约束情况，在其情感方面，就是我们所谓的责任意识。

我希望，即使是这一不那么充分的描画，也给出了一个关于一种清楚而又简单的方式的观念，夏普教授以这种方式阐明了他的论点。然而，我不敢确定这种清晰性实际上不会令人迷惑（delusive）——不敢确定，也就是说，夏普教授的论证是否没有避开或者规避了真正的问题？可以预见，夏普教授排斥关于责任范畴的根本特性的康德主义观念，尽管他会采纳与之相连的康德主义的"目的"普遍化观念，并把它作为正当性的检验标准和标志。康德主义者也许会问，为什么我们不能完全接受我们发现了"善"这一事实——我们肯定会赞成——并把它（善）当作正当的象征呢？为什么我们紧紧盯住那个愿望或意图——其中，那个愿望就其在一个理性化的、普遍化的系统中的地位而论，表明了自身——不放呢？的确，康德主义者会这样论证，仅仅就是因为这样做是一种义务——**这种义务：这一义务就是道德律令，就是道德的本质**。换言之，夏普教授并没有进行正当性证明，就从这个许可**事实**转换到了某种许可**理想**了，准确地说，许可理想就是所有行为的评价和赞成理论的一个症结（crux）。顺便提一下，倘若夏普教授自己确实已经注意到了这个转变的问题及其获得成功的那种做法的话，那么，他将很可能会比他实际所做的更加敬重（除了一些可以被消除或者改造的细节外）亚当·斯密的"公正的旁观者"的机制。实际上，因为忽略了这样一个问题，即从一种特殊的或事实上的评价到理论上的或普遍化的评价的转变。这一机制，或者任何其他的社会心理学的方法，对他都没有任何用处。

这一卷中最重要的严格意义上的形而上学论文，是伍德布里奇（Woodbridge）所写的《意识问题》。这篇论文，在其批判的和历史的方面是这样一种陈述，即一种特定的关于意识的观念（conception）支配了从洛克到黑格尔并最终不可避免地终结于对世界的唯心主义构造的整个认识论发展历程；在其所提出的建构性方面，表述了这样一种新的意识观念（idea），其实在论含义像旧观念的唯心主义含义一样明显，而且为各种基础意义（import）的逻辑问题提供了一个出发点。历史的批判被有力而又近乎戏剧般清晰地呈现出来；考虑到其所占用的空间，这个批判是详细的。建构性的部分，对大多数读者而言，将遭受极度压缩，无论如何这都是非常困难的。但是，当这个观念不是作为"哲学问题的解决方法，而是作为哲学问题的创造者"被公然提出的时候，也同样非常困难。

现代哲学的三个基本观念，显然是由洛克明确提出的。它们是：观念是知识的唯一对象；观念被得到了；知识就是它们的组合，所有这些都依赖于心灵概念，作为一种终极条件（end-term），而不是作为一种条件关系。同样的，心灵天生就是接收器或容器，被赋予了构造能力，需要外在因素激起其活动——这个终极因素是另一个终极条件，可能是一个未知的实体（substance）、物质，可能是上帝，也可能根本没有人知道它是什么。于是，这种心灵或意识概念的价值（既然自身是空洞的），"只有通过在越来越多的检验中给它指派这样一种特性——这种特性可以最终让那个经验整体和世界拥有它们的本质特征，才能得到保存"。因此，属于宇宙的一切东西逐渐被提供给了心灵；"我们可以放进口袋，或者把它扔出窗外；吸纳进我们的胃中，或者对它闭上眼睛和掩上耳朵"的那些事物，就变成了很多"心理状态"；而那些综合原则、客观经验世界的关系，则变成了意识某些积极的或者综合的功能。这种出自洛克的辩证法滋生了新康德主义；伍德布里奇教授也将黑格尔置入其中，但在我看来，除了提供一种有趣的历史顶点之外，并没有什么显而易见的理由这样做。

于是，伍德布里奇教授向唯心主义提出了一些反驳，其中主要是：尽管具有逻辑的系统特征，相信它仍然存在着自然的困难；并且，它的方法具有人为性，和这种方法一致，感觉被宣布为非物质的，因为根据这一理论，它们应该是非物质的，然而同时物理事物却被当作了感觉。"人们不可能通过这样一种方式来理解心灵，即先主张所有的对象都是观念，然后再试图通过这样一种方式——即坚持认为，根据心灵的本性，观念就是心灵的唯一对象——而证实这个主张。正是对唯心主义所作的论证的这个怀疑，再次让它表露了其人为性和不可信性。"在其他反驳唯心主义理论的外部理由中，主要是：关于"一个巨大而又无所不包的自然——科学凭借其稳定而进步的成就，不断使之在我们内心深化——的那个不断增加的意识，让我们对"那些主要从人们只是碰巧意识到它的一小部分这一原初事实出发来寻求对世界进行解释的哲学"产生了越来越多的怀疑。进化观念被引入自然科学，对唯心主义来说，尤其令人讨厌。它扭转了整个思想观念，以至于问题不再是：心灵是如何认知世界的？而是：世界如何进化到对其自身意识的？

在伍德布里奇教授建设性的陈述中，他坚持认为，我们应该从有意识的情境本身——就像在我们熟悉的反思意识研究中被例证的那样——开始。既然问题只有在这种情况下才会出现，那么，我们就有理由假设：解决办法必定与它相关——必须是对它的一种解释和阐明。因此，关于意识起源的发生学理论，因为攻击了这个问题而被拒绝作为正确的方法，何况这种方法还将通过对知觉过程的分析来界定意识。当我们接受这种意识探究情境本身时，发现它是可以消融于以某种方式与其他事物相关联的那些事物之中的。非常明显，在这些关系中，很多都是时空关系。同样明显的是，事物互相之间也维持着另一种关系，即意义关系。在这种有意识情境之中，事物相互之间不仅仅是左右分开或者前后相继的，而是一个事物意指或意味着另一个事物。这些意义关系自身就可以自行组织和凝结，而毋需以其任何方式改变事物之间的其他关系。在这个对比中，它们完全可以被称之为非物质的关系。逻辑要处理的就是它们的安排和凝结，正如物理科学在事物的其他关系中处理这些事物一样。225于是，伍德布里奇教授提出的这一假说的要旨就是：意识正好意味着事物之间关系的这种意义的可能性。拿开意识，事物仍然处在它们所有的其他关系之中；加入意识，你只是增加了一个事物意指、象征或意谓其他事物的可能性。于是在哲学上，理论就包括了一个自然实在论的背景，一个物理科学以为正是自己要处理的那一类空间事实和时间事件的世界。另一方面，它赋予意识一种独特而又重要的关系，即意义的关系，以至于这个理论与那些把意识仅仅当成一种附带现象的观点划清了界线。

伍德布里奇教授把对某些问题的概略作为总结，这也是他的观点不可避免要暗示出来的东西。事物在意识情境中的不同关系之中被分组成群，这一事实产生了这样一个问题，即那些联系彼此之间是不是并置的或者从属性的，或者，它们是否全都是源于一种一般的统一关系？这个问题至少暗示了一个"表达着最简单、最一般的存在类型"的一种关系公式。无论如何，我们所拥有的似乎就是两个变量之间的一种关系，变化的事实独立于这种关系；而这种关系则表明了这些自变量彼此之间独立变更的方式。即使这些关系能从一个或更多的基本类型中被演绎出来，相关术语的变化这个事实也仍然是无法演绎的和终极的。只有通过假设它们的原初独立变化，这些关系的演绎才真正具有意义。即使我们把意识视为所论及的那种基本关系,这仍然是正确的。"事物"仍将不得不被视为"自变量",它们彼此之间的变化模式在那些各式各样的不同关系——在这些关系中,意识(或者意义)被表达出来了——中得到了规定。但是,它应该属于核心类型,这一点似乎是其间歇性(intermittent)的特征所禁止的。

另外一个问题被意识属于一种核心类型的关系这一事实暗示出来了;那就是说,属于这样一种类型,在这种类型中,其中一个相互关联的事物以决定这些关系的范围这样一种方式发生变化。在这里,这一点也被暗示出来了,即:正如对关系类型一个非常一般的研究将会说明在意识中被例证的那种特殊关系一样,于是,一个对特定关系的核心类型的研究,尤其能够阐明意识的个别方面。最后,对属于意义关系的不同关系类型的研究,就为对拥有典型范畴的不同知识系统或种类的研究提供了一个自然基础。

在一篇评论的临时段落中提出对这样一个理论——这个理论马上要在表现形式上被如此这般地压缩,并且可能被如此这般广泛地应用——的任何相应的批判都是非常困难的。基于此,我将会相应地把自己限定在少量概括性的评论中。对唯心主义如何从作为一个终极术语的意识概念中演化出来的概略描画,对我来说似乎是最具启发性的。对于一个领会了它并对其富有同情之心的人而言,它是如此地富有结论性,以至于几乎使得任何其他的对康德式唯心主义的解释都变得不必要了。虽然这个关于现代哲学的其中一个主题的分析是如此的精致和富有意义,但是,在我看来,它却似乎遗漏了其他两个同等重要的主题。从洛克至康德的这个分析成功地处理了大多数确定的二元论,这些二元论是中世纪精神从古希腊哲学中继承而来的,并将它们传递到了现代。一系列的二元论,譬如实体和属性、灵魂和肉身、绝对和有限、初始的原因和派生的结果、本体和现象等等,都是沿着同样的路径发展的。它们都在简单普通的日常经验的差异和关系之中消失了。在人们已经放弃这样一种观点后,即"意识"、"知觉"和"观念"等词汇中存在着某种魔力,正是这个经验的民主共同体是贝克莱和休谟所谓的恒常真理。另外一个主题就是对判断的逻辑分析,它从那些哲学中产生出来,虽然名义上与心灵理论相关,实际上却独立于它。知识就是判断,判断包括一个直接给定的多样性和那些间接的或概念(conceptual)的统一之间的区分和联系;就是概括这种发展的一个公式(formula),该公式比伍德布里奇教授似乎承认的更加接近于他自己的公式。① 正因为这个公式中所涉及的问题是这一哲学运动的最终结果,所以,伍德布里奇教授自己的那个关于反思性情景——在这个情景中,可以找到那些物理关系和意义关系(它们被设想为彼此不同却又相互参照)——的公式,在我看来,是提供了关于这个运动的概要。它在一定程度上摆脱了观念和感觉的偶然连生(经由中世纪经院心理学从希腊思想中继承而来的,而不是现代心理学的真正产物)。它将这一判断,即知识包括反思,揭示为一个问题。当然,伍德布里奇教授自己论证的关键之点就是这样一个假设:这个关系公式表明了存在的一般类型。我们希望,他重现这个假设而不依赖于那个唯心主义—实在论的论证,并且努力证明这个可以适用于实在的模式,以反驳那些很早以前就被提出来用以反驳它的那些致命的批判。同时,必须注意的是,诸如格林(T. H. Green)这样的作家恰恰是把他们的唯心主义建立于这个公式之上的;而且,其结果似乎就是把实在和理性等同起来;似乎就是一个没有任何意识的思想体系,除了每一个偶然事件(per accidens)之外,就像亚里士多德的 νοησις νοησεως 那样,亚里士多德似乎只有在公然(flagrant)无视他自己的心理学和逻辑学的基本原则时才把它当作有意识的。

诺顿(Norton)教授论"音乐中的智力要素"的论文,是一次引人关注且富有成效的尝试,它试图在音乐中确定概念和判断的逻辑方面。如果把智力因素等同于判断的这个一般倾向是有效的,那么,音乐形式被处理为判断模式就不应该仅仅是阐明了音乐,而且还应该为各种各样关于判断问题的解决提供一条新鲜而又出人意料的路径。劳布(Raub)教授试图在康德主义中寻觅实用主义,在实 228 用主义中发现康德主义。他对实用主义的解释大部分都以常规的方式进行,即博采席勒(Schiller)的人文主义、詹姆斯的实用主义及其彻底经验主义,以及芝加哥学派的工具性逻辑的方式。他对实用主义的解释,或许就是一幅关于一个模糊倾向的公平图画,就像任何此类杂记可能所是的那样。至于康德,其主要的绊脚石当然就是那些先天(a priori)范畴。他对这些范畴的处理方式,并不是建议把先天范畴解释为对那些最重要的有用假设——这些假设在对象的选择性确

---

① 然而,这种印象或许是由于处理的简洁,因为在一个段落中,伍德布里奇写道:"我想,我给出的对这种意识情景的描述与一种唯心主义的经验描述一致,当经验在其直接的、显著的特征中被接纳的时候。"

定中被使用了——进行分类的一种努力，一个只与未来努力相关的先天范畴；而是指出一些实用主义者接受了斯宾塞主义的理论，即对于种族而言的所谓后天的东西对个体而言，就是先天的东西。莱曼（Lyman）教授试图运用实用主义的方法来调和神学与现代心灵理论，指出了我们把超自然的东西解释为经验中的伦理的东西而不是超经验的东西的必要性，并提出了通过把教条独断的神学转化为历史神学，保存那些人类可以利用的产生于种族宗教经验的伟大价值的可能性。这篇文章极富思想性，并且既摆脱了感伤主义，也摆脱了某些时候与一种表面上的实用主义宗教观相伴随的专断的僧侣主义。

至于心理学方面的论文，我已没有篇幅进行讨论了，而且其中一些是如此具有技术性，以至于只有那些实验心理学家才有资格对它们言说一二。其中一篇是皮尔士教授撰写的论下意识的论文，另外一篇则是伍德沃思（Woodworth）教授撰写的论自主行动的条件的论文，无论如何，它们都是如此清晰和全面，以至于肯定会为其领域内的进一步讨论提供出发点。

理性生活,抑或人类进步的诸阶段[①]

乔治·桑塔亚那(George Santayana)著

纽约:查尔斯·斯克里布纳出版公司,1905—1906 年

即使是从我自己的立场来看,对桑塔亚那教授的《理性生活》(*The life of* *229* *Reason*)一书中关于生活的批判给出一个恰当解读,也颇感为难。对我而言,毕竟这是该书一个最为显著的特征。它是一种对人类经验实在性的生动、同情、微妙而直接的感觉,与对于几乎所有的哲学家就此所想、所说的东西的同样敏锐、同样微妙但相应间接和对抗(antagonistic)的感觉的一种混合。在现代哲学中,我不知道都有哪些著作更加公正、更加令人满意地正确评价了人类生活的力量,简单、坦白、自然地说,就是更少地通过人为哲学的透镜这一媒介来折射它。不过,必须加以补充的是:我也知道没有其他书籍更加间接,充斥着更多暗示(大部分尚未标识),通过对其他(但大多是不喜欢的)哲学解释的回忆而获得了更多粉饰。这个五卷本的系列(与大多数哲学的文献相比)立刻就显得极端直接和个性化,而且还显得非常学术化。"博学",充满着对往昔的回忆。

它是一种混合! 我们不仅可以在同一章,而且可以在同一页,甚至在同一个句子中,看到混合在一起的那些东西。桑塔亚那先生甚至很少让自己去选择一个段落。一有所见、所感,他就宣布关于某些事物的真理,而且他让自己在同一问题存在着三个或四个其他观点的地方转向(根据读者的胃口,转向某些方面,或者读者感到困惑的地方)一些无足轻重的东西,而这些东西毫无疑问还没有出现在他面前而成为思考的对象。因此,这一著作——它就是一部著作,尽管印刷了五卷——将会以完全不同的方式影响不同的读者。如此众多的哲学家聚集在

[①] 首次发表于《教育评论》,第 34 卷(1907 年 9 月),第 116—129 页。

一起，就有如此众多的看法，不仅关乎《理性生活》一书的价值，而且关乎其目的和品质。人们（或许我应该告知读者，在这里，我是站在自己的立场上的）受到了桑塔亚那先生著作某些部分——这些部分显示了桑塔亚那先生对人类生活的事实和主题作出的评价——的激发，另一些人们则因为桑塔亚那先生对其他哲学的各种主义的处理而转变了态度——要么是转向赞同，要么就是转向反对；第三类人则感到他们自己在这快速的全景式转化场景中被撕得粉碎。在这样的场景下，他受到邀请去支持而且相当肯定地认为这本书纯粹就是"文学"（尽管是值得尊敬的文学作品），完全缺乏哲学的立场或方法。

说实话，尽管桑塔亚那先生把生活一般地看作正处于其最好状态，他却常常将哲学家、神学家以及科学家看作正处于其最糟糕的状态——就其一般而言。当一些像桑塔亚那先生的观点一样危险的观点在充满疑虑的地方展开时，它们就遭到了严厉的批判；而且，那些不愿意像桑塔亚那先生那样作出明确区分的读者，也就会指责他前后不一、缺乏连贯的立场。这种风格助长了这样的印象——在外在形式上是古典的、学术的和准数学的；在其真理的获得和产生上，几乎就像变色龙根据当下特殊的环境以难以琢磨的方式调整自身一样。其中，万物皆流，无物常在。它不断振荡摇摆，却没有引起共鸣（resonant）。我怀疑，其全部秘密就是一种简单同情——它夹杂着一种并不总是宽泛得足以成为理智的同情——的才智。有时候，桑塔亚那先生的方法让人们想起马齐尼（Mazzini）就卡莱尔（Carlyle）——他完全相信，社会改革没有造就任何有助于改革得以实行的改革家——对社会改革的态度所说的那些观点之一。桑塔亚那先生对经验中的各种因素是完全赏识的——除非某些哲学家对它们进行了明确的阐述。

不过，作为一个总体印象，这已经足够了，甚至有点太多了。素材是通过五个分卷来分配的，分别涉及常识、社会、宗教、艺术以及科学中的理性生活。在这五卷之中，第一卷和最后一卷相互之间最为密不可分，在它们对桑塔亚那自己的哲学的影响上，几乎不能被彼此分离地理解。其中的立场和方法，在宽松的意义上都是历史的。这本书的主旨并不在于对现实给出最终的哲学解释，而是为各种各样的方式提供说明；通过这些方式，人性已经表达了诸多实现自身合理化的尝试性努力，并对这些尝试各自的价值进行必要的评估；这种评估是一个更进一步的工作，那就是对已被描述的理性生活进行澄清、净化、遴选。他批判所谓的那些历史哲学事实上假定了"事件预先根据它们所激起的那些兴趣而引导了自身"——而根本不管这些兴趣纷繁复杂、彼此冲突这一事实;他批判对这样一种"历史的力量——这种力量在对各种各样的自然进程的洪流和片刻的特殊原因进行深入探究这一点上中断了"——的华而不实的诉求。不过,他却建议对这种方法进行净化。如果这个哲学家在回顾事件的时候承认,他之所以认真查看它们完全是为了从中抽象出能够说明他自己的理想的那些东西,诚如他走遍人群,是为了找到他自己的朋友,那么,这种做法就变成了完全合法的。"一种溯源性的政治学,一种对与它们体现或背离的道德理想相关的那些事件的评价,可能会紧随实证历史而出现……眼前这本著作就是在这方面的一个尝试。"然而,被启蒙的历史主义者将会认识到,他用作试金石的那个理想并不一定就是一个专断的个人教条,它本身就是他根据它们与它之间的关系而对之进行测试、详审的那些历史事件的产物。他一定非常敏感于生活在其各种表现形式中发展和保存下来的所有善的东西;他的标准将会是一种"多样化的、无所不在的幸福"。哲学史家"必须让自己成为过去所有渴望的发言人"——不包括神秘主义者、先验主义者以及一些好战的自由主义者的那些渴望,这一点可能会被附带地谈到。

诚如我所说,方法宽松地说来是历史的;在宽松的意义上,方法也是心理学的。而且,既然桑塔亚那先生很少以精确的术语谈到自己的意图,那么,我就再次引证:"这种情况经常性地出现在哲学文本中,即:被假定在人类的头脑中发生的东西为了支持某些观察或者说明某些论证而被描述和诉诸了——例如,频繁出现在英国人对人类本性的更早批判中,或者就在那些文献中。在这些情况下被提供出来的东西,仅仅是一种对根据某种特定的方式进行思考的鼓励。理解或解释某些事实的方式被提出了,以或多或少斯文的方式挑动读者去抵制他自己拥有的被如此激起和表现出来的经验的说服。在这样一种意义上,即:为了成功,它依赖于读者的生活和心灵的整体运动而无需通过视觉证实或纯粹辩证法来强求一种细节上的赞同,这种诉求的方法可以被称为心理学的。"简言之,这种诉求就是去发展人类的经验,只要这种经验在可以想见的范围内被个体根据其自身的经验再生产出来。

我不会为这些扩展了的引证而致歉,因为我认为,那些不能抓住在引证中被阐明的这本书的目的和方法的读者,也将不能理解其思想的连贯性,无论这些引证可能为他提供多少偶然的愉悦——或者愤怒。

除了在其历史发展中对人类经验作出的批判性评价——就像在对个体自身

232

经验的反思中被证实的那样——之外，桑塔亚那先生认为哲学或者形而上学是否可能，这一点我不敢肯定。有时候，对于桑塔亚那而言，这些批判性的评价似乎完全就是整个有用（profitable）的"形而上学"王国；而在另一些时候，他似乎又把这样一种解释视为仅仅是发生学的或者"主观的"；倘若这种解释被认为是实证的形而上学，一种把对人类发现方法的解释提升为对被发现了的实在的解释的尝试，那么，情况就是正在被呈现的那样。哲学决不是一种历史的现象，决不是人类为了在其立身其中的那个茫茫宇宙之中解读和批判其自身生活之旅而付出的努力的一部分，这一点对现在的作家来说，似乎就是邪恶形而上学的原初谬误；而且，他将欣然相信，桑塔亚那先生已经放弃了这样一种异端的假设，即：无论对他自己，还是对其他什么人，历史都会为一个人停留足够长的时间，以使他走出其进程并从本质上（sub specie aeternatatis）反映实在。换句话说，现在的作者倾向于认为桑塔亚那先生的《理性生活》展示了自己值得投入进去的唯一哲学类型；一种向古代那种把哲学等同于道德、等同于爱智的做法的回归。为了指导其进一步的努力，强调和捍卫它的成就，避免重复其无用和浪费的过分行为，激励它增加耐心和勇气，而借助于智力对智力过去的战斗、失败和成功进行审视，这的确是一种能够把它从它在黑暗岁月里所陷入的不敬和失望的泥沼中拯救出来的哲学观。我认为，这就是桑塔亚那作品中被认为具有永恒价值的东西，无论其打着什么样的旗号去追求"形而上学"声色场。

那么，什么是理性？什么又是理性生活？答案在我已引证过的段落中还不甚明朗。"于是，《理性生活》将会成为感知和追逐理想——所有行为被如此控制，所有的感觉被如此解释，都是为了使自然的幸福趋于完美——的那部分经验的称谓。"一旦人们停止沉浸于感觉之流，他就会专注于将来和过去；这样，经验就被根据其价值而会聚和分级；它们就会依据其相对价值而被理解。过去是根据它激起的现在而被评判的，而现在也将根据它可能唤起的将来而被评判。现在所蕴含的对后果的预见，就是后果意识、目的意识。因此，所有的反思都是理想的，理性总是包含着出于现在、当下和纯粹存在的涌现；它就是立足于最后、将来对此的评价、观察和批评。但是，这种预见和识别却把一种新的复杂性引入了存在自身；正是其自身的这样一种改进转而改变了将来。理性必然是实践的，也是思辨的；理性就是一种意向态度，就是一种意志态度。"当生命冲动被反思和与根据过去而宣告的判断相一致的转向修正时，就可以被合适地称为理性。人的理性生活存在于反思不仅发生而且还证明其有效性的那些时刻。于是,不在场的东西在现在起作用。"根据过去的最好经验对可能的将来进行的预测,本身就是实现更好、避开最坏之物的推动力。

因此,反思就在价值、善以及多种多样和无所不在的幸福中发挥作用——那就是反思的生活。"它就是一个喜爱善的心灵赋予全部存在的那个统一整体。在人性的更高区域,与较低的区域一样,合理性依赖于对优秀东西的辨别……当明确的兴趣被认识到,并且事物的价值按照那个标准而得到评估时,那么,理性就诞生了,一个道德的世界也就出现了。"

在这里,我们了解了桑塔亚那先生的整个哲学所开始展露的那些因素。一方面,有原始的存在,它们在变迁洪流中不断地改变着、过渡着;纯粹的自然,一个缺乏精神、缺乏目的的世界,但却充满了冲动和试验。这个世界在其运动过程中产生了价值、卓越的时刻——人们愉快地在这些时刻停留下来,它们是如此令人愉悦。它们的记忆持续着,也就是说,理想持存着。依凭它们,人们对那些原始的存在进行观测、分类和组织;通过它们,人们作用于这个变迁,并把它们带入更为持久的秩序。这些价值,这些意义,当它们被反思捕捉到的时候,就都成为了古人所谓的事物的形式;而且,"我们通过形式而存在,对形式之爱就是我们全部的真正的灵感"。对于桑塔亚那先生,就像对于古人——当然是希腊人——那样,"秩序就是智力所意指的东西,卓越秩序的产生就是理性之意指"。但是,这种秩序,即智力,却不是创造性的,不是原初性的,也不是绝对的。它就是神圣的人类。在任何地方,都有波动的自然过程,这个过程首先产生继而保持了那些意义。这就是那样一些人——它们在这些人心中产生,就是为了珍爱和扩展它们——的职责和对他们的奖赏。因此,相对无意义的变迁被进一步征服了,并且被更加有效、更加稳定、更加深入地给予了理性的资源和关注。

这五卷就是这一主题的各种变化形式。它们追踪着这些方向和实验——沿着这些方向,通过这些实验,给我们带来幸福的那种卓越与和谐,因为增加了对它们从中产生的那些自然基础的承认,而得到了保存和扩展。这五卷也描述了那些没有结果的侧面台阶,那些不合逻辑的背离,它们曾是被夸大其词和狂热追捧的意识的花朵。自然的确产生了这些意识,但却拒绝进一步为它们负责。这五卷也记录了对理性的那些回返、盲目屈从和放弃。桑塔亚那先生通过一种或另一种形式发现,它们是实证主义、怀疑主义、神秘主义以及类似先验主义的特征。因为作为成功。它只是以一种方式获得的，即通过在对那些偶然地产生的价值的有意识的、审慎的、持续的和人为的热爱中追随自然而获得的。所以，所有错误——无论是实践的还是理论的——的根源，都在于对自然基础或理想目标的遗忘或者否认。一方面，精神的自然根基被忽略了，即"它一定是正在进行之中的冲动的一个产物或综合。一个脱离了生命存在实际需要的理想，距离成为一种理想是如此之远，以至于它甚至都不是一种善"。认识到存在之善就是存在产生的善的其他哲学，把这个道德真理变成了一种错误的物理学，并因此而坚持认为：善的、精神的、理想的东西都是物理东西的原因和产生根源。希腊人最早"用道德术语创造了一种错误的物理学，于是，神学随后得到了发展"。其结果，就是这个非自然的保守传统的精神世界。"为了构建一个实体世界，由价值和定义构成的一种机制被放置在了现象背后。"那种道德和逻辑的意义——在这个意义上，价值和意义使事物成为了其自身——被转化成了一种准物理的，并因此而完全神秘的、神话的因果和实体化模式。这种方式带有虚假唯心主义和精神性的错误。

另一种类型的错误在于对原始自然境况的粗暴忠诚。这里有实证主义者、唯物主义者和那些"从外部观察生活的"极端自然主义者（over-naturalist）；"自然进程使他们忘记了它的效用"。这些人——他们以其获得的启蒙而自豪，"抛弃了他们的祖先用来表达理想的方法；他们没有认识到这些符号代表了**理性生活**，并对本质上什么是纯粹人性给予了奇异的、令人困惑的表述；于是，他们仍然沉陷于这样一个巨大的错误之中，即：理想是某种偶然的、无意义的东西，理想在人的生活中根本就没有滋生的土壤，也不可能得到实现"。

每一卷的论证都要回到价值是自然生成的这种观点；论证都是从这种观点出发而进行下去的。关于社会解释的一个基本观念就是："爱有一个动物性的基础，但却有一个观念的对象。"但是，由于这些命题通常都似乎是自相矛盾的，所以，"没有哪一个作者冒险提出多于一半的真理，并且这一半真理又超出了它的真实关系"。流行的观点使得那些情感——它们是把人们联合起来的一种纽带——在起源上变得神圣，在对象上变得自然，"这正是真理的对立面"。家庭的目标，就像其他社会秩序、工业、战争以及政府的目标一样，就是"要把物质力量的矛盾转化成观念之善的光芒"。然而，相对而言，家庭的全部作用，以及奠基在家庭基础之上的国家的全部作用，都是自然的：它要去生产不同的个体，并且用道德自由的**先决条件**来武装他。于是，自由社会就随之产生；在这个社会中，通过参与某种理想的兴趣，物理的联合被提升为友爱和同情。但是，"理想的社会超越了偶然的整体联合；随之而出现的，就是它孕育和拥有的卓越、美好和真理的那些符号。宗教、艺术和科学都是主要的领域，在这些领域中，人们可以建立起理想的友谊"。

理性关注价值和意义，关注对自己的永恒化和扩展。宗教可以说成是对作为生活目标和标准的那个理想至上性的一种被想象地表达出来的情感。意义意识、价值意识，就像我们曾经说过的那样，通常就是理想——它就是不在场的、将来的东西。因此，很自然，宗教是从对将来之物的热爱中诞生的。"它开启的这些展望以及它提出的那些神秘之物，就是将要生活于其中的另一个世界；而且，将要生活于其中的另一个世界——无论我们是否期望完全进入其中——都是我们拥有一种宗教的所有用意。"但是，宗教，即便在目的上与理性如此接近，而在其结构和结果上却远远不及理性。相反，不是把这个理想作为伦理的灵感和支柱，而是趋向于把它物质化，倾向于把宗教变成一种解释、一个原因、一种准物理的力量和物体。它忘记了它是诗歌，忘记了自己只是谎称拥有"字面上的真理和道德的权威，其实，任何一个它都没有"。为了让这个理想在生活中生效，它必须可以被人们所想象，必须在感性层面有所体现。这些诗意的想法，因为对另一个客观世界——它以某种方式包围着这个自然的世界——的诸多报道而发生了。

宗教没有认识到它与经验相关，就像它应该的那样；并且认为，其关于一个更加美好实在的理想化符号，"就是关于别处的一个实在的信息"。因此，神话具有"揭示自然在人类生活中的作用"的真正的诗歌特征；但是对于存在于自然之外的某些东西而言，它却被认为只是在字面上正确。因此，巫术、祭祀以及其他五花八门的工具，都是为了进入与这另一种存在之间的有益联系。

在有利的条件下，宗教依然会促进理性生活。想象力至少维持着"一种理想的行动标准和一个完善的沉思对象"。在这里，其适宜的功能，就是虔诚和灵性。虔诚连接着人类存在的来源中的任何成分，也是这种存在值得拥有的那些价值的自然和历史的源泉。这是一种值得珍惜的意识，即人类的精神是源于虔诚并且是值得依赖的，在自然和过去的社会努力中有它的根基。灵性是自由的赋予者，它连接着自身作为目的的那些价值；它是预期的，就像虔诚是回顾的那样。"虔诚沉醉于力量和秩序的深远而基本的源泉：它研究自然，尊崇过去，滥用并继续着它的使命。灵性运用如此获得的这种力量,重新塑造着它所接纳的全部东西,并期望着将来和理想。真正的宗教是完全人类的和政治的⋯⋯超自然的工具系统要么是自然条件和道德目的的象征,要么就是毫无价值的。"

艺术甚至是生活理性更加有力的表达——也就是说,是运行其功能和用途以及形成秩序和稳定的和谐的自然之更加有力的表达。同时,在起源上,它完全是自然的,是本能和冲动的自发流溢;在过程上,是本能逐渐觉识到其用途并把自然塑造成了这种用途的更好体现。实际上,它是理想化的、和谐的自然:实践的成就、合理的洞见与遵守原则的幸福的联合体。在艺术中,幸福的本能既永久化了自己的功能,又再生产和扩展了自身,因为艺术是一个理智的、深思熟虑的过程,是可教的。因此,艺术是双重理性的。

美,这个特殊的美学元素,因此是一个事件。在通过使自然变得更倾向于体现价值而重塑自然的过程中,自然呈现为对灵魂一种更加适意的刺激,对这种适意的直接理解就是这个对象的美。"美学的善和其他的善(效益、功利等等)一样是在同一个巢中孵化出来的,也不能在一个不一样的天空中高高飞翔。"另一方面,纯粹工业化的艺术仅仅是工具性的。让自然屈从于经济上的用途使得自由的生活得以可能,正是这种生活为工业提供了正当性证明。没有认识到这种工具性的作用,是真正的唯物主义。它忘记了这一点:已实现的目的的价值,就是对这种实现劳动的唯一确证。它的道德哲学,"因为偏好而详述了这样一种可能性,即现在的一种暴力和持续的征服可能会导致一个辉煌的未来统治"。工业化的艺术只是"给予自然那样一种形式,如果能更加彻底的仁慈,它可能从一开始就会为了我们的利益而拥有这样一种形式;自由的艺术给精神成就带来了这样一种本质:要么是自然,要么是工业已经准备并施予了福祉"。

正如前面已经说过的那样,优秀的艺术是原始的动物自发性或者自动性的一个联合,也是取得价值实现的成功的一个联合。他们的目的完全是这两个特征的叠加。与此同时,这两种因素又把它们的运行过程稍稍分开一些。很多自发性活动都是多余的和不相干的。许多成就都是劳累的、痛苦的、强制性的、不自由的,而且在某种意义上,还是不自然的。某些优秀的艺术,像舞蹈、音乐以及言语的艺术——诗歌、戏剧——强调自发性的因素。它们很少留下确定的印痕,很少留下对它们自身状况的改变。它们的愉悦就是这种自发性,不过这也是它们的缺陷。"如果纯音乐,即使带有极大的感觉吁求,也是如此容易令人乏味的话,那么,什么样的一种宇宙哈欠才必定满足那种除了自身的彩虹之外什么也没有说出来的废话。"那些造型艺术、人工建筑、雕塑、绘画都强调效用,强调成就,强调通过使它变得能够更加切合和适宜地体现那个理想的一个行动而完成了的自然转化。

最终的问题就是工业和优秀艺术的结合。"艺术,在更好的意义上,是一个实践劳作的人幸福快乐的条件;因为,没有艺术,他仍然是一个奴隶;但是,只要艺术不符合他的必要劳动而只是妨碍了它们,那么,对他来说,它就是不幸福的又一根源。于是,艺术就使他疏远了自己的世界,而不可能有效地把他带入一个更好的世界。"现在的"优秀"艺术大部分都是没有价值的,是"对理性实践的一种简单逃离"。

科学是理性生活的表达,对"现代"人而言,这一点或许太显而易见了。现代人是如此地意识到这一点,以至于他(她)很容易遗忘桑塔亚那先生如此真诚地表达出来的观点:社会、艺术以及宗教也都是理性的生活。但是,我只是不敢确定,桑塔亚那先生是如何认识艺术、科学各自与理性的关系的:这个怀疑让我无法确定,到底在什么角度下,他的整个思想方案可以得到解释。从表面上看,与科学相比,艺术似乎是生活理性一个更为具体和最终的表达。因为,就这一承认通过服务于有意识的美好和幸福的行动来发挥所用而言,除了对秩序与和谐的智慧的承认之外,艺术似乎不可能被认为是别的什么东西(要理解桑塔亚那先生的幸福概念意味着什么,就是要理解道德的终极关怀)。因此,与艺术相比,科学就是初步的、预备性的——实际上,科学本身就是艺术的一种形式,只不过是摆脱了其隐秘命运的艺术的一种形式。在桑塔亚那先生的作品中,有很多思想证实了这一观念。这种哲学,根据这个时代的哲学诨名,就会是实用主义——一种高贵而重要类型的实用主义。但是,在桑塔亚那先生思想中(并且最终的重要性正在于此),却有很多东西阻碍了这样一种解释。这本书的最后一段的标题是"对**理性生活**而言,它(也就是科学)已经足够了"。而且,除了这些文字之外,这本书中还有很多这样的断言:所有的科学都是道德的、人类的、实践的、终将发生的、象征的、假设性的,被至关重要的偏爱、冲动、目的决定的;它是"一种本能的产物,是黑暗之中人类勇气的一种向前迈进"——"一个我们提出的主张"[1];有

---

① 参见第 5 卷,第 177 页。"智力不是实体;它是艺术和秩序的原则;它要求一个给定的情境和一些特殊的自然兴趣发挥作用。"

很多其他的段落宣称行动是奴性的和工具性的；生活的目标就是沉思——当然是在古希腊人的意义上——而科学则被断言为实在的终极揭示者和判官。换句话说，读者——至少这个读者——面临着这样一个困惑：他想知道，最后，桑塔亚那先生认为自然基础和理想目标之间以及它们分别与实在之间的关系究竟是什么？对哲学家而言，实在就是道德生活本身，就是理性的生活吗？物理学——对自然借以维持自己的目的的那些秩序或机制的阐述——和辩证法——对被提出和维持的那些意义和目的的说明——都是这种生活所必不可少的工具吗？抑或，科学不断揭示的机制以及辩证法决定的不变真理的永恒秩序①都是实在，而人类经验的那些目的、努力以及成就仅仅就是实在因为我们偶然的快乐和混淆而碰巧用来反映自己的一面容易消散和肤浅的镜子吗？我不知道。我们的作者的那些更加明确、正式的声明都是后一种意义上的。这本书的精神和重要成就则是前一种意义上的。

桑塔亚那先生似乎——也许我歪曲了他——已经对这个明显的自相矛盾进行了化解。一个对尊贵的、艺术的以及道德的"实用主义"的说明——我更关心的是理性的生活，而不是这些话——在历史上得到了很好的坚持；一个对这样一些方法——借助于这些方法，人类逐渐发现了什么是真正的东西——的说明；而那种冷漠的科学的、物理的以及辩证法的观点则保有着这样一种实在，这种实在的历史只是一个短暂的显现。因此，把"理性生活"视为哲学家的实在，就会陷入这样一种唯心主义者的常见错误，即唯心主义者认为，那些工具、方法和即将认知的状态废除了那些已知的实在。②

但是，的确还有另外一种选择。让桑塔亚那先生把他对那些唯心主义——无论是"邪恶的心理学的类型，还是先验的类型——的结论非常谨慎的讨厌扩展到它们有关认知过程和方法的假设，让他坚持他自己如下的假设：认知就是一种通过生命冲动而进行的实在（不是主体、自我或者意识）的运作；而且，辩证法和物理学保有着实在，不过，不是把实在与勇气、风险以及生命冲动的结果分开而保有它，而是通过——就实在体现了自身而言——一种选择了美好并尽力使之

---

① 比较第 5 卷，第 315 页——数学"是绝对自明的、必然的，在它被发现之前就是这样。因此，数学就是一个明显的真理领域。这种真理因为其自身内部的运行而向人类的智力敞开，但是，它却是完全独立的，是永恒的和不可废止的，而那些说出它的思想则是生命短暂的。

② 譬如，参见第 2 卷，第 200 页。

盛行的生命冲动而保有它。对我而言,桑塔亚那先生似乎就会处于这样一种不稳定的立场之上,即:立刻把一个沉重的负担抛给了"生命冲动",然后根据它自己的将来产物在"形式"上诅咒它。

但是,即使在这个方面,桑塔亚那先生(尽管是无意识的,并且可能与他的意图相反)也仍然是一个真正的历史主义者。因为,当代的理性生活仍然在古代的"形式"原则和现代的生命冲动原则之间摇摆,缺乏对理智和行动的任何可靠综合。我们感激桑塔亚那先生已经给予我们的那些东西:这是美国对道德哲学所作出的——通常除爱默生(Emerson)以外——最充分的贡献。我将会以这样一个最富有爱默生精神的引语作为结论:"最无知之处在人自身,在于他断断续续的非理性的倾向。如果一个更好的体系能够在我们的生活中流行,那么,一种更好的秩序就会在我们的思想中建立其自身。不是因为对敏锐感觉、个人天赋或者外部世界的不变秩序的渴望,人类已经无数次地回到了野蛮和迷信;而是由于它渴望良好的品格、优美的范例、善治的政府。只要他们愿意相互赐予这样的机会,人们就会拥有一种谋求高贵生活的感人的能力。"

亨利·西季威克传记[①]

A·西季威克和 E·M·西季威克编著

伦敦和纽约,麦克米兰公司,1906 年

对于在以一种不得要领的且时而杂乱无章的方式完成的、适合于沉思性反思的重要文献中获得愉悦的一个闲逸读者而言,这本关于新近英格兰最伟大的伦理学教员之一的传记,将会产生很大的吸引力。它给出了一幅关于英国思想从 1860 年到 1900 年之间的理智变化的反思性图景(在附录中所给出的那个西季威克所著论文的目录,覆盖了这四十年)。这个反思是在剑桥大学的思想氛围中完成的;它的描述之所以如此直接而不拐弯抹角,这归因于西季威克本人特有的清晰的思想方法。它始于这所传统神学仍然占据统治地位的大学,而这些更年轻、更开放的心灵,一方面极大地受到了密尔的影响,另一方面受到了来自把哲学和历史学的批评应用于基督教神学的教条和文献的极大激励。它接着对从这所大学和总体上的有教养的思想的解放,直到反对政治学和经济学领域中的自由主义,以及神学和道德中不可知论的回应,进行了大体描述。对某些人而言,这个对一个重要时代的理智发展历程的无意识纪录,才是最令人感兴趣的。

另一些人会对个体态度和信仰发展更加隐私的和心理学的描绘感兴趣。无论是西季威克本人的作品还是在这本书中,都没有病态和情感意义上的“内省”成分。在浪漫的自我主义和对一个人本身的意识的内在戏剧性事件的兴趣中,没有任何东西,譬如说,像在埃米尔(Amiel)的《杂志》(*Journal*)中所记录的东西那样,具有吸引力或令人反感。但是,西季威克却在一个显著的程度上,把自己以及他自己的思想和信念都纳入了他那非凡的批评能力和习惯。他的自我批评与他对

---

① 首次发表于《政治学季刊》,第 22 卷(1907 年),第 133—135 页。

哲学和道德体系的批评一样尖锐;事实上,它在某种程度上——在这种程度上,我没有发现类似的东西——是这同一种批评的一个部分。它是一个心灵——其理智分析的方法总是冲突于其情感意愿——的记录。以非同寻常的激情,西季威克更愿意成为一个乐观的个人有神论者;但是,他却从来没有找到外部的或哲学的证据,以证明屈从于这一个意愿是正当的,并且作为一名哲学家的良知不允许他这么做。这个结果,在他关于艾尔弗雷德·马歇尔(Alfred Marshall)教授对其教学生涯进行的一个独特的无情批评的评论中得到了很好的表达;并且,对西季威克毫无保留的抱怨,以及他为得到包含在其中的真理而对马歇尔教授的文字进行的努力分析,都是非常有代表性的:

> 然而,我却没有觉得不愉快;因为命运,它赋予了我这种从全景的角度看问题(vue d'ensemble)的可疑才能,也给我除了这种感觉——我必须说出的这个最深刻的真理决不是"好消息"——之外的所有这些丰富的外部快乐资源——很多朋友、一个妻子、适意的职业、从物质烦恼中解脱出来。所以,很自然,我不愿意把这种个人的影响施加于其他人——这会使得他们与我类似——就像更乐观和更具先见之明的那些人很自然地打算发挥这种影响一样。因此,作为一个教师,我本能地想限制我对那些倾向于和蓄意选择寻求最终真理的人的教学……如果我能,我将不会;并且,如果我会,我就不可能言说任何将会使哲学、我的哲学得以流行的东西。

第三种观点——从这个观点看,这本书完全是启发性的——是它所提供的那些对各种不同的、西季威克或多或少直接关注的实际运动的一些偶然卓见。他总是在这个术语的实践意义上关注政治,并且他通过婚姻建立的与巴尔弗(Balfour)之间的联系,很自然,也为他提供了很多对英国政治发表评论的机会。有趣的是,人们发现他在早期的 60 年中曾这样写道:"我似乎看到,仿佛就像在历史上那样清楚,一直等候着我们的直到辉格党消失为止的长期保守的反应;并且,我还发现了,当他们充分激怒了这个国家时,激进的反对派所带来的冲击与威胁。"那些感兴趣于大学行政管理和教学课程与方法的改革历史的人,将会发现各种各样的丰富材料;但是,必须承认,关于课程的变化,西季威克通常站在失败的一方而战斗。在 90 年代,绝大多数人——废除必修希腊语的那种主张被他们所击败——令他非常沮丧，并且"他常常沮丧地指向作为坚持过时的文学考试形式的结果之例证的中国官话"——一种使他始终饱持兴趣地积极参与伦敦大学重组的态度。他在促进妇女高等教育以及构建纽纳姆（Newnham）学院中作出的贡献是巨大的。

这本书还是关于"灵魂研究"、西季威克本人对幽灵的兴趣等等的一个信息资源库。在很多年之前，他就作为一个奠基者而成立了这样一个协会。尽管他有最强烈的意向，为不朽之物的实在性寻找经验的证据；并且，尽管很明显，他总是处于发现他所需要的东西的边缘，却从不超出有希望的怀疑主义之外，这也是其智力公正性的特征。他的兴趣不仅仅是个人的，而且是哲学的。在他的伦理体系中，他的根本假定是幸福和义务的基本同一。然而，在这个世界上，他却发现它们是不一致的。因此，他无法为学说的不朽找到证据，无论是经验的还是理性的。这使得他在关于他的伦理体系的基础方面显得非常犹豫不决。

在其更主要的哲学特征中，西季威克是新近思想一个最典型特征的代表。他把科学的、归纳的和经验的兴趣与对观念和精神渴望的大量个人感知融合了起来；并且我们最终发现，他自己不可能令人满意地调和这两种倾向。实际上，他反思了此前半个世纪密尔式的自由主义在坚持自身立场上的无能。从结论上来判断，它处于一种不稳定的平衡状态。它部分地，转向了激进主义和社会主义；部分地——关于这一部分，虽然有很多顾虑，但西季威克还是表示了同意，它走向了保守主义。但是，最重要的是，西季威克仍然是密尔的所有思想精华的典型特征——他的简单性、思想开放性、绝对的公正和真诚——的典范。在密尔的百年诞辰之际，值得记住的是：像西季威克这样一个人的思想和方法，大部分是在密尔的影响之下形成的。

反实用主义[①]

对社会民主和知识贵族各自权利的审查

艾伯特·欣兹（Albert Schinz）

巴黎：菲里克斯·阿尔坎，1909 年

除了附录中两篇重印的文章之外，这本大约有三百页的书是由三部分构成的。第一部分，标题为"实用主义与理智主义"，是从"实用主义的基本原则"这一章开始的。在这一章里，首先提出了实用主义作为其基础的三个论证，并接着"反驳"了它们。这三个基本原则是：(1)所有纯粹的理智主义体系都不能让我们满意；(2)所有体系（无论我们是否知道这个事实）都是由个人的和实践的动机激发的，并且构想了实践的结果；以及(3)实用主义调和了所有的哲学思考，因为，在其中任何一个思考，无论什么东西都是有用的，能够让我们承认其为真，尽管大体上它们是被迫排斥彼此的。

欣兹(Schinz)教授是一个一贯的反经验主义者，一个彻底的概念论者(conceptualist)。这一点在上面的摘要——它提出的不是任何一个实用主义者都曾经将其作为自己基础的那些论证，而是对一个属于一种有点非同寻常的抽象种类的理智主义者有吸引力的正式的理性主义理由——中是足够明显的。

因此，他的"反驳"遵循一条高度形式逻辑的路线，这一点是可以预想的。(1)即使所有的理智主义哲学都是错误的，这也不会为实用主义的正确性增加丝毫的证明；(2)如果我们承认所有哲学都已经受到了主观的和个人的偏好的激发，那么，根据实用主义自身的论证，这就正好把实用主义自身声称的完全相同的优势授予了他们，并因此而否定了它自身优越性的断言；(3)这些科学，当它们

[①] 首次发表于《哲学评论》，第 18 卷(1909 年)，第 446—449 页。

把这些有用的东西当作对竞争性假说的选择和调和标准时，总是意味着是对智力有用的东西，而实用主义所指的则是对社会有用的东西——一个典型的"盎格鲁-撒克逊"标准。主观主义是所有现代哲学的一个已经被确立的基本原则，这是由休谟和康德完成的；但是，在一种哲学——它坚持认为现象必须适合于我们某些固定的天赋理智能力——与另一种哲学——它主张，它们是受愿望和意志因素影响的——之间却存在着截然的不同。这些反驳的那种极其抽象的理智主义味道，不用明确指出，就可能已经很明显了。一个普通人，甚至可能是一个"反实用主义者"，也是完全经验主义的，以至于如果他遇到这种观点——所有其他的哲学都处在与实用主义相同的一个水平上，因为实用主义主张所有东西都同样地受到了个人和实践考虑因素的影响——的话，那么他就会问，这个事实——实用主义承认这种影响，而其他哲学却否认和忽视它——是否并没有造成一个显著的差别。而且，与此相似的是，当欣兹教授设立了这个两难困境（这种两难困境是其习惯的思想模式）——要么是实用主义者接受这个矛盾原则并因此而承认理智主义，要么是否认这个原则并因此推翻它自己以及其他的哲学——时，普通的理智主义者（至少是一个盎格鲁-撒克逊式的人）就会停下来去考虑：实用主义者可能会有一个关于这个矛盾原则的实用主义解释。

第二章的标题是"杜威"，一种适当的谦逊阻止了我对它的讨论。但是，有点令我感到吃惊的是——有些反实用主义者可能会分享我的吃惊——得知这样一点：我的主要兴趣是把道德置于先验的形而上学基础之上。在我的作品中，对心理学和社会学的一种自然主义信任的踪迹，成为我"犹豫不决"和"自相矛盾"的证据！但是，正如欣兹教授在其著作的其他部分（第138页）中说的那样，"毫无疑问，解释实用主义并体会言外之意，对我们而言是必需的"——这一段完全可以作为其箴言。

在第二部分"实用主义与现代主义"中，我们获知，欣兹教授的字里行间的含义似乎是：工业民主，美国为了自身的利益对纯粹行动、成功、为胜利而战的坚决要求——这些以及作为一种对平民观点的衷心让步——在这个让步过程中，这类观点是暂时的，都是一种幻想——的实用主义。民主国家，尤其是工业主义精神在其中占统治地位的那些民主国家——就像在美国一样——都是不利于思想和科学自由的，因为它们只对结果感兴趣。

"威廉·詹姆斯的哲学准确地反映了这种看的方式……他力图达成证明。"

然而，在实用主义中却反映出了我们美国人生活的第二个特征。竞争精神的狂热，导致了极端的利己主义——所有人反对所有人的战争。某种抑制，某种限制，是需要的——因此，美国热衷于宗教，虽然说不上是多种宗教。因此，当詹姆斯教授在很大程度上作为一个实用主义者而发表演讲时，宗教的功利性方面是被强调最多的特性。

有人担心，就他在一节中用来论证在美国被普遍承认的关于宗教的金融价值的教条的例子而言，欣兹教授并不总是能够获得其幽默的充分威力。"在华尔街上，有一个经纪人的办公室的首脑是一个女人，叫盖勒德夫人。她每天从在办公室里进行祈祷来开始其工作。早在1907年，她就想做得甚至比进行祈祷更多；她安排一个牧师每周三来办公室，并邀请了作为其邻居的很多金融家——洛克菲勒家族、皮尔庞特·摩根家族、希夫斯(Schiffs)家族(！)——为了合作，她了解他们的宗教倾向。"在一个脚注里，他补充道，他不知道这个任务是否被执行了——"但毕竟，这是无关紧要的；引人关注的事实是，它被提出来了！"美国读者对这一整章的这个幽默的赏识(认为对一个法国文学作家而言的一种恩赐就是华尔街这一段！)，因为对思乡之情的思考——欣兹教授必须忍受着这种思乡之情在诸如他所描写的一个国家里生活——而有时是令人悲伤的。

接下来的一章，标题是"中世纪的实用主义和现代经院哲学"。中世纪哲学显然是实用主义的；它支持了神学——它确认了教会的社会责任。笛卡尔在解放哲学的过程中使用的理性主义方法，使一种新的实用主义成为了必需，因为宗教信仰的彻底瓦解对于社会而言太危险了。当前的实用主义哲学提供了这种必需；它是一种新的经院哲学，帕斯卡尔、卢梭和康德是其伟大的先驱。功利主义伦理学因为不是完全宗教性的，因而没有令人满意。

第三部分的第一章"实用主义与真理"，被称为实用主义的胜利。实用主义将会取得胜利；民主政治侵袭了整个世界。美国的今天，将是我们(欧洲)的明天。在美国，知识分子阶层的成员中没有孩子；来自低等阶层的移民越来越多地增加了。严格的科学真理对于这样一些人而言，将是危险的；他们不可能使用它们。而且，仿佛就像要证明他的这本书不仅仅是非实用主义的而且是反实用主义的那样，欣兹教授补充说："真理与生活实践相关这种愚蠢的偏见是什么？我们拙劣的民主政治时代在这些暴行能够被严肃地确认之前到来是必然的。""真理与生活无关"——并且由于这个原因，实用主义，把大众生活接受为一种哲学，是如此彻底错误的,以至于它将毫无疑问地获得胜利。

但是,在接下来的一章中,欣兹教授却从这种忧郁中恢复了一点。"拯救是可能的,不是不可能的",因为拉丁文明至少已经完整无缺地保留了理智的不平等原则。只要"社会的组织在革命继续进行之前被构想出来,并且存在于我们自己的时代,即使假定自由思想已经达到了(正如它已经达到的那样)自然界中的决定论观念,那么,也正是因为这个原则对于大众而言是危险的,所以社会才不必因此而屈从于实用主义的伎俩;它会接受这种决定论的结果,并会根据实践生活的观点,明确阐释一个适用于大众的行为准则,一个会令大众满意并且不会牺牲思想之高贵的准则。"如果不是太晚从而能以社会等级为基础建立这种社会结构(这个世界是我们的作者自己的)的话,实用主义仍然可能会失败——在美国,给反实用主义者的一个实用主义的建议是去从事政治工作,如果他们真的想击败实用主义的话。

最后一章的标题是"威廉·詹姆斯是一个实用主义者吗?"在这里,欣兹教授得出结论说,詹姆斯先生的主要目的,终究是反对这种流行的愚蠢实用主义,他发现他所拥有的是一种启发性的实用主义——它承认实践是如此不同于理论,生活是如此不同于哲学和科学,以至于后者没有任何来自实际生活的指令,就可以并应该在其自己的领域内拥有自己的权利。(质问:欣兹教授是否已经犯了由詹姆斯教授的一个同事撰写的一本书中的错误?)关于詹姆斯教授的这些二手思想,或许可以与前面的一章——这一章中,表明了詹姆斯教授"准确反映了"关于他的流行倾向——进行比较。看到欣兹教授把他喜爱的分离性两难选择应用于他自己,将会是一件有趣的事情。

如果读者想知道,为什么把如此多的空间留给了一本书——对它的前面所述,是一个恰好只允许留给它有限空间的大纲,我或许会提醒他:这本书出现在加拿大阿尔坎(Alcan)的"当代哲学文库"中,来自于一所著名的美国大学的一名教师,作为对美国生活和思想的诊断,至少在法国,它具有某种威信和权威。

249

教学大纲：当代思想中的实用主义运动

说明

这个教学大纲是概要性的,而不是分析性的。因此,第一和第二部分中的这些一般性思考,与接下来的各部分相比,相对来说,被更加自由地提出来了。这个目录既不是详尽无遗的,也不是典型选择性的;在这里,价值完全不同的很多论文被呈现了出来。

第一部分　历史背景

就其消极方面而言,实用主义运动是由各种各样的僵局产生的;现代思想已经接触到了这些僵局,并因此而使得对基本前提的一种重新考虑成为必要。就其积极方面而言,它产生于实验方法的发展,以及科学中发生和进化观念的发展。

I. 从这样一个问题——即找到一种自然的知识方法,以指导个体生活和控制社会组织——出发,现代思想一方面步入了实证主义、不可知论、怀疑主义或者唯物主义,它否认那些基本的实践价值;或者,另一方面,陷入了绝对主义和先验唯心主义,它(为了道德和宗教的假定的利益)脱离了科学。根据对其前提的分析,现代"认识论"已经成了一种超越科学结论的无效努力。

II. 积极的方面在于:

1. 因为实验方法对原先片面的归纳和演绎方法的彻底取代,导致了逻辑概念的修正。康德企图调和经验主义和理性主义:其基本的错误是把有用的或者功能性的区别转变成了固定的、现成的分离,与绝对主义相对的实用主义解决方案。

2. 早先的机械的和数学的自然观念发展成了动态的和发生的观念:历史方法和生物进化——新奇、真正的交互作用和转换相对于已完成的、固定不变的归类。

第二部分　现代思想中的实用主义旨趣

从 17 世纪到 19 世纪的哲学表明了在继承下来的理智工具——它们是静态的和理智主义的——与一种生机勃勃的旨趣——它是实践的和人文的——之间一种日益加剧的冲突。

I. 1. 培根、笛卡尔、霍布斯和洛克那里的实践旨趣。

2. 休谟对行为和原因的怀疑论反对。习惯和原因。

3. 康德在理论和实践上的固执的二元论。

4. 布拉德雷的"实践的权宜之计"——罗伊斯的"永恒的与实践的"。

II. 现代哲学的个人主义。笛卡尔和"私人判断"的权利。英国个人主义。在起源和趋向上的建设性，却变成了怀疑和瓦解。休谟和密尔的分析方法。孤立的殊相的世界。从传统和习惯中解放出来，但却没有积极的方案。简单的心灵实体在个体概念中的残存。"有机"概念在社会学和生物学中的出现。作为行动者的自我，保守的和突出的(projective)。

第三部分　哲学的重构

新的科学观念使得对被阻碍的现代哲学趋向的一种富有成效和连贯一致的完成，成为可能。

I. 在生物学上，知识被发现是自然功能的其中之一。所谓的知识与"实在"之间的关系问题，就是这些各种各样的功能之间的相互关系问题。神经系统是一个适应和控制的器官，与维持和行动的器官之间有多种关联。大脑和感觉器官：刺激和变向的反应——对刺激的修改。习惯——这个保守的原则；注意，它是进步的。在复杂情形中的习惯的冲突；"感觉"和"观念"的功能。"意识"和这种再调整。作为解放和重构因素的符号的重要性。传统知识理论中对语言的忽视。作为工具的知识。经验在意义的深度和广度上的增加。

II. 随着行动方法从习惯到反思的转换而发生的个体变化。"主体性"在知识中的作用。怀疑和探究的培养。贝克莱把心灵和自我的等同。作为一个本体论命题，是荒谬的；作为对道德和自主态度的表达，是有效的。与科学发现的关联。古希腊(演绎的和分类的)与现代的实验方法的差异。个体的结论性观点。

第四部分　实用主义方法在若干专业知识问题上的应用

现代哲学绝大部分都已经在关注(有意识或无意识地)经验与知识的关系问题。在其努力联结知识的一种经验(自然的)来源和知识的一种客观有效含义的过程中，已经陷入了两难境地。

I. 旧的经验概念：霍布斯——洛克和休谟的变革。怀疑论的结果。先验的解决方案。习惯将会拥有我们认为康德主义的范畴所拥有的所有作用。自然构成和原因。先天的与后天的。经验是持续的和生命的。发生的和最终的,或者目的论的。

II. 殊相与共相。感觉和概念。康德主义的判断理论。无用的或分析的,以及有益的或综合的;事实问题与观念的关系。数学、道德(常识)和物理科学互相之间都相互对立。殊相(存在的)和共相(意义)的实用主义意义。经验的重组相对于绝对经验。

第五部分　这些结论在真理问题上的应用

真理问题与意义(观念)和存在之间的关系有关。因此,一个正确的真理理论依赖于一个正确的关于理智及其功能的理论。

I. 比较实用主义理论与这样一种理论。

1. 真理是事物的属性。这走向了客观唯心主义。理性的"实在"。客观真理概念的实用价值。

2. 真理是某些观念的独立的先在属性。怀疑论的和唯我论的结果。融贯和符合的本真意义。作为投射和作为假说的观念。所有真理在特征上都是实验的。科学的确证理论。错误和误解。"真理标准"是发现和调整错误的一种有效方法。

II. 对实用主义真理理论的反对及其回答。

第六部分　个人主义问题

I. 现代哲学中的自相矛盾:去除个人因素的努力;对抗需要和选择的"热情",以及自我的提升。唯心主义(主观的和客观的)摇摆于以下两种情况之间:或者将自我视为一切,或者使自我消融在客观的事物中。休谟和先验主义在这一点上是相同的。自我,及其在知识中的作用,实在论的症结。斯宾塞与赫胥黎的两本簿记。

II. 唯意志论。个人唯心主义和人本主义。信仰意志。正确和错误的解释:"意志"是一个独立的实体还是被解释为一个自然的和社会的范畴?

III. 生物学上考虑的自我。逻辑上考虑的自我;怀疑、猜测和实验的功能。发现、知识体系生长以及从而自然生长中的个人因素。自然和艺术。

第七部分 若干一般性思考

I. **应用于宗教**。——宗教动机在哲学中的地位。詹姆斯在处理这个问题上的直率。作为辩护的哲学。詹姆斯的方法尽管是经验的,却并不特别是实用主义的。宗教哲学的问题是有关存在的事实和价值之间的关系。使价值本身成为存在的倾向。多元论的泛心论与一元论的先验论同样苦于这种谬误。宗教是道德的和实用的,而不是物理的、心理的和形而上的。"异乎寻常的"现象是不相干的,即使是真实的。与上帝和不朽问题的关系。

II. **应用于哲学**。

1. 实用主义必须自我诊治。不能成为旧意义上的一种形而上学,因为它自身就是一种知识。它所有的理论必定只能被承认为有用的假说,并且在性质上是实验的。

2. 作为方法而不是作为教条的哲学。

(1) 找出经验中的有代表性的冲突或问题。

(2) 设计出处理它们的计划。

3. 关于理论和实践的一般性结论。

4. 把实用主义曲解为理论对实践的随意屈从。自由或纯粹理论化的实用价值。没有独立的理智事业,就不可能有任何进步。但是,理论必须是对劳动的一种负责的分配,并且不篡夺不负责任的主权。

参考书目

Bibliography
I. GENERAL
(1) *Books*.
James. *Pragmatism*.
Moore. *The Functional versus the Representational Theories of Knowledge in Locke's Essay*.
Schiller. *Humanism; Studies in Humanism*.
Dewey. *Significance of the Problem of Knowledge; Studies in Logical Theory* (editor).
Pratt. *What Is Pragmatism?*
Schinz. *Anti-pragmatisme*.
Hébert. *Le pragmatisme*. See review by James, *Journal of Philosophy, Psychology and Scientific Methods*, Vol. V (1908), p. 689.

258

(2) *Articles expository and critical in general, mostly unfavorable*.

Lalande. "Pragmatisme, humanisme et verité." *Revue philosophique*, Vol. LXV
     (1908), p.1.

Chide. "Pragmatisme et intellectualisme." *Revue philosophique*, Vol. LXV (1908),
     p.367.

Stein. "Der Pragmatismus." *Archiv für systematische Philosophie*, n.s. Vol. XIV
     (1908), pp.1,143. [Summary ("A German Critic of Pragmatism") in *Monist*,
     Vol. XIX (1909), p.136.]

Bawden. "The New Philosophy Called Pragmatism." *Popular Science Monthly*,
     Vol. LXXIII(1908), p.61.

Aliotta. "Il pragmatismo anglo-americano." *La Cultura Filosofica*, Vol. III(1909),
     p.104.

Chiappelli. "Philosophie des valeurs." *Revue philosophique*, Vol. LXVII (1909),
     p.225.

Carus. "Pragmatism." *Monist*, Vol. XVII(1908), p.321; Parodi. "La signification
     du pragmatisme." *Bulletin de la société française de philosophie*, Vol. VIII
     (1908), p.249 ff.

Woodbridge. "Pragmatism and Education." *Educational Review*, Vol. XXXIV
     (1907), p.227.

Tausch. "William James, the Pragmatist." *Monist*, Vol. XIX(1909), p.1. See also
     p.156, letter from Professor James.

Colvin. "Pragmatism, Old and New." *Monist*, Vol. XVI(1906), p.547.

Russell, B. "Some Difficulties with the Epistemology of Pragmatism and Radical
     Empiricism." *Philosophical Review*, Vol. XV(1906), p.406.

Mentré. "La valeur pragmatique du pragmatisme." *Revue de philosophie*, Vol. XI
     (1907), pp.5 – 22. (Reply by Borrell, "La notion de pragmatisme," p.587;
     rejoinder by Mentré, "Complément à la note sur la valeur pragmatique du
     pragmatisme," p.591, same volume.)

Baldwin. "Limits of Pragmatism." *Psychological Review*, Vol. XI(1904), p.30.

Leighton. "Pragmatism." *Journal of Philosophy, Psychology and Scientific
     Methods*, Vol. I(1904), p.148.

Armstrong. "Evolution of Pragmatism." *Journal of Philosophy, Psychology and
     Scientific Methods*, Vol. V(1908), p.645.

Dewey. "What Does Pragmatism Mean by Practical?" *Journal of Philosophy,
     Psychology and Scientific Methods*, Vol. V(1908), p.85.

Lovejoy. "The Thirteen Pragmatisms." *Journal of Philosophy, Psychology and
     Scientific Methods*, Vol. V(1908), p.29.

Cox. "Pragmatism." *American Catholic Quarterly*, Vol. XXXIV(1909), p.139.

Hibben. "The Test of Pragmatism." *Philosophical Review*, Vol. XVII (1908),
     p.365.

Moore. "Pragmatism and Its Critics." *Philosophical Review*, Vol. XIV (1905),
     p.322.

Lorenz-Ightham. "Der Pragmatismus." *Internationale Wochenschrift*, 1908.

259

II. SPECIAL ARTICLES.

Peirce. "How to Make Our Ideas Clear." *Popular Science Monthly*, Vol. XII (1878), p. 286 (idea but not word).

James. "Pragmatic Method." *journal of Philosophy, Psychology and Scientific Methods*, Vol. I (1904), p. 673. (Reprint of Berkeley address of 1899 in which word was first used.)

Baldwin. "Pragmatism." *Dictionary of Philosophy and Psychology*, Vol. I (1901), pp. 321 – 23.

Peirce. "What Pragmatism Is." *Monist*, Vol. XV (1905), p. 161; "Issues of Pragmatism." *Monist*, Vol. XV (1905), p. 481; "Apology for Pragmatism." *Monist*, Vol. XVI (1906), p. 492.

Rieber. "Pragmatism and the *a priori*." *University of California Publications in Philosophy*, Vol. I, p. 72; Bakewell. "Latter-Day Flowing-Philosophy." *University of California Publications in Philosophy*, Vol. I, p. 92.

Creighton. "Purpose as Logical Category." *Philosophical Review*, Vol, XIII (1904), p. 284.

Dewey. "Does Reality Possess Practical Character?" In *Essays Philosophical and Psychological*, p. 53.

Gordon. "Pragmatism in Aesthetics." In *Essays Philosophical and Psychological*, p. 459.

Dewey. "Experience and Objective Idealism." *Philosophical Review*, Vol. XV (1906), p. 465.

Mead. "Definition of the Psychical." In *Investigations Representing the Departments*, Vol. III (1903), p. 75.

Moore. "Existence, Meaning, and Reality." In *Investigations Representing the Departments*, Vol. II (1903), p. 29.

Dewey. "Logical Conditions of a Scientific Treatment of Morality." In *Investigations Representing the Departments*, Vol. III (1903), p. 113.

Royce. "The Eternal and the Practical." *Philosophical Review*, Vol. XIII (1904), p. 113.

260   Schiller. "Pragmatism and Pseudo-Pragmatism." *Mind*, Vol. XV (1906), p. 375; also "Is Mr. Bradley Becoming a Pragmatist?" *Mind*, Vol. XVII (1908), p. 370; "Plato or Protagoras." *Mind*, Vol. XVII (1908), p. 518.

Bradley. "Ambiguity of Pragmatism." *Mind*, Vol. XVII (1908), p. 226.

Sidgwick. Reply to Bradley, "The Ambiguity of Pragmatism." *Mind*, Vol. XVII (1908), p. 368.

Russell, B. "Pragmatism as the Salvation from Philosophic Doubt." *Journal of Philosophy, Psychology and Scientific Methods*, Vol. IV (1907), p. 57; and elsewhere.

Schiller. "The Pragmatic Cure of Doubt." *Journal of Philosophy, Psychology and Scientific Methods*, Vol. IV (1907), p. 235; "Pragmatism versus Skepticism." *Journal of Philosophy, Psychology and Scientific Methods*, Vol. IV (1907), p. 482; "A Pragmatic Babe in the Wood." *Journal of Philosophy, Psychology and Scientific Methods*, Vol. IV (1907), p. 42.

Lorenz-Ightham. "Das Verhältnis des Pragmatismus zu Kant." *Kant Studien*, Vol. XIV(1909), p. 8.

III. MORE DISTINCTIVELY LOGICAL ARTICLES.

Dewey. "Experimental Theory of Knowledge." *Mind*, Vol. XV(1906), p. 293.

Moore. "Absolutism and Teleology." *Philosophical Review*, Vol. XVIII(1909), p. 309.

Vailati. "Pragmatism and Mathematical Logic." *Monist*, Vol. VI(1906), p. 481; "A Pragmatic Zoologist." *Monist*, Vol. XVIII(1908), p. 142 (see p. 150, quotation from Giardina on the nature of scientific inference).

Rogers. "James's Theory of Knowledge." *Philosophical Review*, Vol. XV(1906), p. 577.

Bode. "Concept of Pure Experience." *Philosophical Review*, Vol. XIV(1905), p. 684.

Woodbridge. "Field of Logic." In *Congress of Arts and Science*, Vol. I(1905), p. 313 (see especially pp. 319 – 26).

Perry. "Pragmatism as a Theory of Knowledge." *Journal of Philosophy, Psychology and Scientific Methods*, Vol. IV(1907), p. 365; "Pragmatism as a Philosophical Generalization." *Journal of Philosophy, Psychology and Scientific Methods*, Vol. IV(1907), p. 421.

Moore. Reply to Perry, "Professor Perry on Pragmatism." *Journal of Philosophy, Psychology and Scientific Methods*, Vol. IV(1907), p. 567.

Dewey. "Control of Ideas by Facts." *Journal of Philosophy, Psychology and Scientific Methods*, Vol. IV(1907), pp. 197, 253, 309; "Logical Character of Ideas." *Journal of Philosophy, Psychology and Scientific Methods*, Vol. V (1908), p. 378.

McGilvary. "Chicago 'Idea' and Idealism." *Journal of Philosophy, Psychology and Scientific Methods*, Vol. V(1908), p. 589.

Dewey. "Some Stages of Logical Thought." *Philosophical Review*, Vol. IX(1900), p. 465.

261

Schiller. "Axioms as Postulates." In *Personal Idealism*, p. 47.

IV. TRUTH DISCUSSION.

Stout. "Error." In *Personal Idealism*, p. 1.

Taylor. "Truth and Practice." *Philosophical Review*, Vol. XIV(1905), p. 265.

Bradley. "On Truth and Copying." *Mind*, Vol. XVI(1907), p. 165; "Truth and Practice." *Mind*, Vol. XIII(1904), p. 309.

Schiller. "Bradley's Theory of Truth." *Mind*, Vol. XVI(1907), p. 401.

Sturt. "Bradley on Truth and Copying." *Mind*, Vol. XVI(1907), p. 416.

Dewey. "Reality and the Criterion for the Truth of Ideas." *Mind*, Vol. XVI(1907), p. 317.

Russell, B. "The Nature of Truth." *Mind*, Vol. XV(1906), p. 528.

Taylor. "Truth and Consequences." *Mind*, Vol. XV(1906), p. 81.

James. "Humanism and Truth." *Mind*, Vol. XIII(1904), p. 457.

Baldwin. "On Truth." *Psychological Review*, Vol. XIV (1907), p. 264.

James. "Pragmatism's Conception of Truth." *Journal of Philosophy, Psychology and Scientific Methods*, Vol. IV (1907), p. 141; "Pratt on Truth." *Journal of Philosophy, Psychology and Scientific Methods*, Vol. IV (1907), p. 464.

Joachim. *The Nature of Truth: An Essay*; James. "A Word More About Truth." *Journal of Philosophy, Psychology and Scientific Methods*, Vol. IV (1907), p. 396.

Pratt. "Truth and Its Verification." *Journal of Philosophy, Psychology and Scientific Methods*, Vol. IV (1907), p. 320.

James and Russell, B. "Controversy about Truth." *Journal of Philosophy, Psychology and Scientific Methods*, Vol. IV (1907), p. 289.

Strong. "Pragmatism and Its Definition of Truth." *Journal of Philosophy, Psychology and Scientific Methods*, Vol. V (1908), p. 256.

Russell, J. E. "The Pragmatist's Meaning of Truth." *Journal of Philosophy, Psychology and Scientific Methods*, Vol. III (1906), p. 599.

Moore. "Truth Value." *Journal of Philosophy, Psychology and Scientific Methods*, Vol. V (1908), p. 429.

Pratt. "Truth and Ideas." *Journal of Philosophy, Psychology and Scientific Methods*, Vol. V (1908), p. 122.

Bush. "Provisional and Eternal Truth." *Journal of Philosophy, Psychology and Scientific Methods*, Vol. V (1908), p. 181.

262 Bakewell. "Meaning of Truth." *Philosophical Review*, Vol. XVII (1908), p. 579.

Creighton. "Nature and Criterion of Truth." *Philosophical Review*, Vol. XVII (1908), p. 592.

Gardiner. "Problem of Truth." *Philosophical Review*, Vol. XVII (1908), p. 113.

James. "The Pragmatist Account of Truth and Its Misunderstanders." *Philosophical Review*, Vol. XVII (1908), p. 1.

Knox. "Pragmatism; the Evolution of Truth." *Quarterly Review*, Vol. CCX (1909), p. 379.

V. PERSONAL AND VOLITIONAL FACTOR.

James. *The Will to Believe* (Title essay); *Pragmatism*.

Schiller. *Personal Idealism*, especially.

Dewey. "Beliefs and Realities." *Philosophical Review*, Vol. XV (1906), p. 113; "Psychology and Philosophic Method." *University* (of California) *Chronicle*, Vol. II (1899), p. 159.

VI. RELIGION.

James. *The Varieties of Religious Experience* (last chapters); *Pragmatism* (Ch. 8); *A Pluralistic Universe* (Chs. 7 and 8).

Santayana. *The Life of Reason: or the Phases of Human Progress*, (Vol. III) *Reason in Religion*.

Brown. "Pragmatic Value of the Absolute." *Journal of Philosophy, Psychology and Scientific Methods*, Vol. IV (1907), p. 459.

RELATED ARTICLES.

James. "Pure Experience." *Journal of Philosophy, Psychology and Scientific Methods*, Vol. I(1904), pp. 533, 561; "Does 'Consciousness' Exist?" *Journal of Philosophy, Psychology and Scientific Methods*, Vol. I (1904), p. 477; "Thing and Its Relations." *Journal of Philosophy, Psychology and Scientific Methods*, Vol. II (1905), p. 29; "Essence of Humanism." *Journal of Philosophy, Psychology and Scientific Methods*, Vol. II(1905), p. 113; "Place of Affectional Facts." *Journal of Philosophy, Psychology and Scientific Methods*, Vol. II(1905), p. 281.

Schiller. "Defence of Humanism." *Mind*, n. s. Vol. XIII(1904), p. 525.

Rey. "Vers le positivisme absolu." *Revue philosophique de la France et de l'etranger*, Vol. LXVIII(1909), p. 461.

Though not under the denomination of pragmatism, the following articles concerning the nature of science are important.

Le Roy. "De la valeur objective des lois physiques." *Bulletin de la société française de philosophie*, Vol. I(1901), p. 5.

Poincaré. "Sur la valeur objective de la science." *Revue de metaphysique et de morale*, Vol. X(1902), p. 263.

Boutroux. "L'objectivité intrinsèque des mathématiques." *Revue de metaphysique et de morale*, Vol. XI(1903), p. 573. An interesting discussion of knowledge and utility will be found (under the title of Ophelism) in Benn, *History of Rationalism*, Vol. I.

教育中的道德原则

1.
学校的道德目标

　　一位当代英国哲学家已经号召要关注道德的观念与关于道德的观念之间的区别。"道德的观念"(moral ideas)s 是任何这样一类观念,无论如何,它们都在行为中生效并改善行为,进而使得行为比在没有其参与的情况下所是的那样更好。类似地,一个人也可以说,不道德的(immoral)观念是这样一类观念(无论是算术的、地理学的还是生理学的),不管怎样,它们都使行为比没有它们的情况下所是的那样更坏;而且,一个人也可以说,非道德的(non-moral)观念是这样一些观念和信息,它们不影响行为,既不使它变得更好,也不使它变得更坏。现在,"关于道德的观念"(ideas about morality)可以与道德无关,或者要么是不道德的,要么是道德的。在关于道德的观念的本性上,在关于诚实、纯洁或仁慈的信息的本性上,没有什么东西可以自动地就把这些观念转变成好的品质或者好的行为。

　　道德的观念——任何一类这样的观念,无论如何,它们都成了品质的一部分,并因此成了行为的一部分有效动机——与关于道德行为的观念——它们可以保持惰性和无效,就像它们是关于埃及考古学的知识那样——之间的区别。对于关于道德教育的讨论而言,这是十分重要的。教育者——无论是父母,还是教师——的工作是负责这一点:孩子和年轻人获得的最大可能数量的观念,都是以这样一种必不可少的方式获得的,以至于这些观念在指导行为的过程中成为**推动性**(moving)观念和原动力。这种要求和这个良机,使得道德目标在所有的教育——无论其主题是什么——中都具有了普遍性和支配性。如果不是因为这种可能性,那么,这个熟悉的陈述——所有教育的最终目标都是品质培养——就会成为一个虚伪的主张;因为每个人都知道,教师和学生直接和当下的注意力,在大部分时间内都必须集中于智力的事情。保持直接的道德思考的持续至上性是不可能的。但是,致力于使学习的方法、获得理智能力的方法,以及吸收课程内容的方法,把行为变得比没有它们的情况下更加文明、更加连贯、更加富有活力,却不是不可能的。

"道德的观念"与"关于道德的观念"之间的这个区别,同样也向我们说明了存在于学校教师和校外教育评论家之间长期误解的一个根源。后者仔细审查了学校计划、学校学习课程,并且没有发现为伦理教育或"道德教学"留出任何位置。于是,他们断言说,学校并没有为品质培养做任何事情,或者几乎没有做任何事情;关于学生教育的道德缺失,他们非常肯定,甚至是断然肯定。另一方面,学校教师却憎恶这些批评,认为它们是不公正的,并坚持认为:他们不仅"教授道德",而且在一周五天的每时每刻都教授着它们。在这个争论中,原则上,这些教师是正确的;如果他们是错误的,那么,也并不是因为没有留出只能用于从事关于道德的教学的专门时间;而是因为,他们自身的品质,或者他们学校的氛围和观念,或者他们的教学方法,或者他们教授的课程内容,并不是那么详细,以至于没有把理智的成果与品质最终结合起来,以使这些成果变成行为中的有效力量。因此,不讨论所谓的直接道德教育(或者更精确地说,关于道德的教育)的局限和价值,这一点——当教育中的道德培养领域作为一个整体被考虑时,直接道德教育的影响即使在最佳状态,也是数量上相对较小、影响上相对较轻的——就会被作为基本原则而规定下来。因此,这个更大范围的间接的、重要的道德教育领域,借助所有的机构、部门和学校生活素材而进行的品质培养,就成为我们目前讨论的主题。

2.

由学校共同体给予的道德训练

不可能存在两套伦理准则，一套是为学校生活准备的，另一套则是为校外生 269
活准备的。正如行为就是一个一样，因此，这些行为准则也是一套。以这样一种
方式——仿佛学校本身就是一个机构——来讨论学校道德的倾向，是非常不合
宜的。学校的道德责任，以及学校管理者的道德责任，是对于社会而言的。学校
基本上是由社会建立的一个做某种特殊工作——在维持社会生活和增加社会福
利中发挥某种特殊功能——的机构。这个事实使得学校承担了一种伦理责任。
不承认这个事实的教育系统，是玩忽职守的，是一个不履行义务的系统。它不是
在做它被召唤去做的事情，也不是在做它自称要去做的事情。因此，一般的学校
整体结构及其特殊的具体工作，时常需要与社会状况和学校功能联系起来进行
考虑。

公立学校系统的道德工作和价值作为一个整体，将会根据其社会价值来衡
量。这样的一种观点，确是一种常见的观念；但是，它却经常以一种被过分限制
和严格的方式而被接受了。学校的社会作用经常被限制为对公民身份的培养，
而公民身份接着在一种狭隘的意义上被解释为明智选举的能力、遵守法律的意
向，等等。但是，在这种意义上约定和限制学校的伦理责任，却是无效的。孩子
是一个人，并且，他要么必须作为一个完整统一的人来过他的社会生活，要么就
必须遭受损失和导致矛盾。挑选出这个孩子所具有的社会关系中的其中一种关
系，并仅仅根据这种关系来定义学校的工作，就像建立一个巨大而又复杂的物理
训练系统一样，这个系统的目标只是促进肺功能和呼吸能力，而与其他的器官和
功能无关。在智力、社会和道德意义上，这个孩子都是一个完整的有机体，就像 270

在物理意义上一样。我们必须在更广泛的意义上把这个孩子当作一个社会成员，并且必须为学校和向学校要求，对于能够让这个孩子明智地认识到他的所有社会关系并参与这些关系的维持而言的所有必要的东西。

把形式的公民关系从这个完整的关系系统——它们实际上是交织在一起的——中孤立出来；假设存在着某一种特殊的学习或处理方式——它可以使一个孩子成为一个良好的公民；换句话说，假设一个良好的公民不只是一个十分高效和有用的社会成员，而且是一个其所有的身体和心灵能力都被控制住的人，这是一个我们希望它从教育讨论中立即消失的有害迷信。

这个孩子不仅将会成为一个选民，而且将成为一个守法国民；他也会成为一个家庭的成员，承担起培养和训练未来孩子的责任，并因此承担起维护这个社会共同体的责任。或者，他将会成为一个工人，致力于某个对社会有用的职业，这个职业将维持他的独立和自尊。或者，他将成为某个特殊地区和共同体的一个成员，并且，无论他在哪里，都必须为生活的价值作出贡献，都必须为一个文明社会增加体面和优雅。这些都是空洞和形式的主张，但是，如果我们让自己的想象力把它们都转变成具体的细节，那么，就会有一个宽广的和多样的场景。对于这个孩子来说，完全胜任这些不同的功能，就意味着在科学、艺术和历史方面的训练；意味着掌握基本的探究方法和交往及交流工具；意味着一个受过专门训练的健康的身体、灵巧的眼睛和手；意味着养成勤勉和坚定不移的习惯，即有用的习惯。

此外，这个孩子即将成为其中一个成员的那个社会，在美国，是一个民主和进步的社会。这个孩子必须既接受领导能力的教育，又接受顺从的教育。他必须拥有自我指导和指导他人的能力、管理的能力、承担责任的能力。培养领导能力的必要性，在产业方面与在政治方面同样重要。

新的发明、新的机械、新的运输和交流方法在一年一年地改变着这个整体行为的场景。把孩子培养成生活中任何一个固定的身份，是绝对不可能的。只要教育被有意识或无意识地在这个基础上实行了，就会导致在生活中没有任何一个身份适合这个未来的公民，于是使他成为一个游手好闲的人、依附他人的人，成为前进运动中的一个阻碍因素。不是照顾自己或他人，而是他变成了一个自身必须被照顾的人。在这里，学校在社会方面的伦理责任也必须在这个最广泛和最自由的精神中被解释。这等同于对孩子进行这样的训练，这种训练会给予

271

他驾驭自己的能力,以至于他可以对自己负责;不仅可以使他适应正在发生的变化,而且有能力去改变和引导这些变化。

除了参与到社会生活中去,学校没有任何道德目的和目标。只要我们把学校当作一个孤立的机构,就没有任何指导性原则,因为我们没有任何目标。例如,教育的目标被说成是个体所有能力的协调发展。在这里,没有任何与社会生活和成员资格的关系明显呈现出来,但很多人却认为,在这里,我们拥有一个完备的、充分的教育目标的定义。然而,如果这个定义被独立于社会关系之外而接受了,那么,我们就无法说明任何一个被使用的语词的意思是什么。我们不知道一种能力是什么,不知道发展是什么,不知道协调是什么。一种能力是一种只与那种被付诸实施的效用有关的能力,一种它不得不提供的功能。如果忽略了社会生活所提供的这些效用的话,那么,除了旧的"官能心理学"之外,我们没有任何东西能说明能力意味着什么,以及这些特殊的能力意味着什么。这个原则自身就还原成对很多诸如知觉、记忆、推理等能力的列举,并因此而声称:这些能力的任何一种都需要得到发展。

于是,教育就变成了一种体育训练。敏锐的观察、记忆能力,可能会通过学习中国文字而得到发展;推理中的灵敏性,可能会通过讨论中世纪的玄奥经院思想而获得。一个简单的事实是:不存在孤立的观察、记忆或推理能力,就像不存在一种原始的锻造、木匠或蒸汽工程的能力一样。能力,只是意味着特殊的冲动和习惯已经在完成某种特定种类的工作中被整合和构成了。为了能够说出一种精神能力的培养实质上意味着什么,我们就必须了解这些社会状况——在这里,个体将不得不使用能力来观察、记忆、想象和推理。

对阐明教育的这种特殊定义中适用的东西,不管我们从哪种视角出发,对待这一问题都能很好地适用。只有当我们把学校活动与和它们相关的这个更大范围的社会活动联系起来解释时,才能为判定它们的道德意义找到一个标准。

学校自身必须在比目前所认为的大得多的程度上成为一个重要的社会机构。我听说在某个城市有这样一个游泳学校,在这里,青少年被教授游泳而不用进入水中,只是重复地训练着游泳所必需的各种动作。当其中的一个年轻人被问及当他进入水中做了些什么时,他简洁地回答说:"沉入水底。"这个故事恰好真的发生了,如果没有真的发生,它看起来将会成为一个为了表明学校与社会之间关系的目的而特别创作的寓言故事。学校不可能成为一种为社会生活所作的准备,除非它在学校之内复制社会生活的典型条件。目前,它在很大程度上致力于一项徒劳的西西弗斯(Sisyphus)①式任务,正在努力培养孩子在某种社会生活——这种生活几乎已经小心谨慎且有目的地远离了与这个正在受训的孩子的联系——中有用的习惯。为社会生活作准备的唯一途径,是参与到社会生活中去。脱离任何直接的社会需要和动机,脱离任何现存的社会状况去培养社会有用性和可用的习惯,准确地说,就像是通过在泳池之外训练动作来教孩子学习游泳。最必不可少的条件被排除在了考虑之外,结果相应地也是偏颇的。

在学校中,智力训练和道德培训、获得信息和品质培养之间的这个令人遗憾的分离,只是在把学校设想和构建成一个自身之内就拥有社会生活和价值的社会机构上失败的一种表现。除了学校是一个初级阶段的典型共同体生活之外,道德培训就一定是部分病态和部分形式的。当重点被放在纠正错误的做法而不是形成实际服务的习惯上时,训练就是病态的。通常,教师对学生道德生活的关心以这种形式呈现出来,即对学生没有遵守学校规范和规则非常警觉。这些规则从这个孩子在这个时间的发展来判断,或多或少是传统的和武断的。它们是为了使现存的学校工作模式可以继续下去而必须被制定的规则;但是,在这些学校模式中固有必要性的缺乏,却在孩子的立场上以这样一种印象反映了自身:学校的道德训练是武断的。任何强迫教师去注意失败而不是注意健康成长的条件,都给出了错误的标准,并导致了扭曲和反常。关注不道德行为应该是一件普通的事情,而不是一个原则。为了从与他不得不做的那个工作的关系这个立足点出发来判断他的行为,这个孩子应该拥有一个对自身的明确意识。只有这样,他才能拥有一个必不可少的标准,一个能让他将失败转化为对未来加以解说的标准。

我说学校的这种道德培训是形式的,意思是说,当前被学校强调的这些道德习惯实际上是专门被创造出来的。即使机敏、规则性、勤奋、不干预别人的工作、对所派任务的忠诚那些习惯,它们是在学校中被特别谆谆教导的;这样一些习惯,是必需的,完全是因为学校系统本身就是这样的,并且必须保持自身的完好无缺。如果我们承认学校系统事实上的这种神圣性,那么,这些习惯就代表了

---

① 西西弗斯是科林斯残暴的国王,被判以永远将一块巨石推上海蒂斯的一座小山,但是,每当接近山顶时,石头又会滚下来。在这里,意指不可能完成的任务,或者徒劳无功的任务。——译者

那些持久不变和必不可少的道德观念；但是，仅就学校系统自身是孤立的和机械的而言，坚持主张这些道德习惯就或多或少是不真实的，因为与这些习惯相关的那个理想，本身并不是必要的。这些责任，换句话说，显然是学校的职责，而不是生活的职责。如果把这种情形与那种秩序良好的家庭情形放在一起进行比较的话，我们就会发现，这个孩子在那里所必须认识到的那些职责和责任并不属于作为一个专门和孤立机构的那个家庭，而是产生于这种社会生活——那个家庭参与其中并为之作出贡献——的本性的。这个孩子在学校中应该拥有相同的道德行为的动机，并应该根据这些相同的标准得到判定，就像一个成年人在其所属的那个更广阔的社会生活中一样。对共同体福祉的关心——也就是说，一种对察觉有利于社会秩序和进步的无论什么东西的关心，以及对把这些原则付诸实施的关心——就是这样一种道德习惯。所有这些特殊的学校习惯必须与之相关，如果它们要被生活气息所鼓舞的话。

3.
来自教育方法的道德训练

学校的社会特征这个基本原则作为在既定道德教育中的基础要素,也可以被应用于教育方法这个问题——不是在它们的细节上,而是在它们的一般精神中。于是,重点就指向了建构和提供,而不是指向吸收和单纯的学习。我们并没有认识到后一种方法实质上是多么个人主义的,以及它们是多么无意识却又是毫无疑问和有效地作用于孩子的判断和行为方式的。设想,40个孩子日复一日地忙着阅读同样的一些书,并忙着准备和背诵同样的一些功课。假设到目前为止,这个过程构成了他们工作比较大的一部分;而且,他们不断地被从他们能够在一个学时之内所理解以及在一个背诵课时之内所重复的东西这个立足点出发来评判,那么,这里就几乎不存在任何社会劳动分工的机会。没有为每一个孩子提供创造出他自己特有的某种东西——他把这种东西贡献给了公共仓库,而他接着参与了其他人的创造物的生产——的机会。所有的人都开始干同一个工作,并生产出同样的产品。社会精神并没有得到培育——事实上,只要这种纯粹的个人主义方法被运用到工作中,它就会因为缺乏使用而衰退。在学校中缺乏大声朗读的一个原因,就是推动语言使用的真正动机——交流和学习的愿望——并没有被利用。孩子完全知道,在他们拥有它们之前,这个教师和所有他带的学生都拥有完全相同的一些事实和观念;他根本没有给他们任何东西。而且,我们也可能怀疑,是否道德上的缺乏并不像理智那么严重?这个孩子是带着给予、行动、服务的自然愿望出生的。当这

种倾向不被利用时,当条件是这样以至于其他动机取代了它时,一种不利于这种社会精神的势力积聚就会远远超过我们的任何想象——尤其是当这种工作

负担周复一周、年复一年地指向这一边的时候。

但是,缺乏社会精神的培育并不是一切。积极的个人主义动机和标准是被谆谆教导的。必须找到某些刺激,以使孩子坚持他的学习。在最好的意义上,这将是他对老师的喜爱,以及这样一种感觉——他没有违反学校的规则,并因此而消极地,如果不是积极地,为学校的良好状况作出了贡献。就其本身而言,我没有什么反对这些动机的话可说,但是它们却是不充分的。这份即将被做的工作与对一个第三者的喜爱之间的关系是外在的,而不是内在的。因此,它很容易被打破,无论这些外部条件在什么时候被改变了。而且,这种对一个特殊人物的依附,当以社会的方式发生时,就会变得如此孤立和排外,以至于在性质上是自私的。无论如何,这个孩子都应该从这种相对外在的动机开始逐步成长起来,进而达到——为了其自身的利益——对他不得不做的事情的社会价值作出正确的评价,因为它与生活的更大关系并没有局限于两个或三个人物。

但不幸的是,这种动机并不总是处于这种相对好的状况,而是与较低层次的动机——它们明显是自私自利的——混合在一起。害怕是一个几乎肯定会参与进来的动机——不必是物理的害怕,或者对惩罚的害怕,而是对失去别人认可的害怕,或者对失败的害怕,它如此强烈,以至于是病态的和致人瘫痪的。另一方面,竞争和敌对也会参与进来。正因为所有人都在做着同一个工作,并且(在与分级和与选拔相关的背诵或考试中)不是从他们的个人贡献而是从相对的成功这个立足点出发被评价,这种对于其他人的优越感被过分地诉求了,而缺乏自信的孩子们则很沮丧。孩子们依据他们实现同样的外在标准的能力而被评定。弱者逐渐失去了他们的权力感,并接受一个持久稳固的低等地位。对自我尊重和对工作尊重的影响不必详述。强者学会了自豪,不是因为他们的实力,而是因为他们比较强大这个事实。孩子被过早地卷入了个人主义竞争的领域,并且,这发生在一个竞争最不适用地方,即理智和艺术的事情,它们的规则是合作和参与。

或许,除了被动的接受和为外在身份而竞争的不幸之外,接下来可能出现的,就是那些由对为一个遥远的将来做准备的持续不断的强调所带来的不幸。在这里,我并不是指这种能量和精力的浪费,当很大程度上生活在直接当下社会的孩子们以一种与他们关联甚少或根本没有任何关系的渺茫的和不确定未来的名义而被召唤时,这种浪费就会增加。我所指的是,当工作的动机是未来而不是目前时就会产生的这种习惯性拖延,以及这些错误的评价标准——当根据诸如通过了一个考试、得到晋升、进入高等学校、考入大学等等这样的一些外部结果,而不是根据当下的需要和目前的责任来评价工作时,这种错误的评价标准就会产生。谁能计算出产生于这样一种不变印象——没有什么事情就其自身而言是值得做的,只能作为其他某件事情的准备,而这件事情依次也仅仅是某个真正重大的遥远目标的一个准备——的道德力量的损失?而且,作为一个规则,我们会发现,遥远的成功是一个目标,它绝大部分依赖于那样一些人,在他们心中,企图超越——超越其他人——的私欲已经成了唯一太过强烈的动机。在他们心中,个人的野心是如此强大,以至于描绘出了一幅关于未来胜利的生动图画的那些人可能会被打动了;而拥有更加宽宏大量本性的另外一些人,却没有作出反应。

我不可能停下来去描述另一个方面。我只能说,每一种依赖于孩子的活动能力,他的构建、生产和创造能力的方法的引入,都标志着一个把伦理关注中心从一种自私的接收转变为一种社会性服务的机会。体力的训练,并不仅仅是体力上的;它是超越理智的;在任何优秀教师的手里,它都会很容易并且理所应当地有助于社会性习惯的培养。自从康德哲学产生以来,艺术就是普遍的,它不是纯粹个人的愿望、爱好或只能被个人拥有的产物,而是拥有一种所有理解他的人都参与其中的价值,这些已经成了一个美学理论的老生常谈。即使在绝大部分有意识的注意力都集中于道德考虑的那些学校里,这些学习和背诵的方法,也可以像这样来强调正确评价而不是能力,强调情感上对吸收他人经验的愿意,而不是被教导和训练出来的对那些价值的——它们在其他条件下和在过去,使那些经验值得拥有——发扬。无论如何,教育和品质之间的分离,都是作为学和做之间脱离的结果而在我们学校中持续存在着。把真正的道德效力与单纯的学习过程联系起来,以及与伴随着学习的那些习惯联系起来的企图,只能导致一种受形式化、武断性和一种对不一致的过分强调影响的训练。实现了的东西和存在的一样多,这显示了存在于这些学校的活动方法——这些方法为互惠、合作和实际的个人成就提供了机会——之中的诸多可能性。

4.
学习课程的社会本性

在很多方面,学校生活中使用的素材既决定了这个学校的一般氛围,也决定
了占支配地位的教育方法和原则。一个贫乏的"学习课程",也就是说,一个贫弱
和狭隘的学校教育的活动范围,不可能致力于一种重要的社会精神的发展或者
致力于要求同情和合作而不是吸收、排外和竞争的那些方法。因此,知道我们将
如何把道德评价的社会标准应用于学校工作的素材、如何应用于学生正忙着学
习的那些我们习惯上所谓的"课程",就成为一件头等重要的事情。

学习将被看作一种手段,它帮助孩子使行动的社会场景现实化。这样看来,
它给出了一个材料选择和价值评价的标准。我们目前已经建立了三种相互独立
的价值:一种是文化的,一种是信息的,以及另外一种是学科的。实际上,这些价
值只是提到了社会性解释的三个方面。信息,只是就其呈现了被置于一个社会
生活语境中的那些材料的明确形象和概念而言,才是真实的或教育性的。学科,
仅当它表现了一种信息的反作用——它反作用于这个个体自身的能力,以至于
他为了社会的目的而把它们纳入控制之中——时,才真正是教育性的。文化,如
果它将是真正教育性的并且不是一种外在的优雅或不自然的粉饰的话,就表现
了信息和学科的重要联合。它标志着这个个体在其生活态度上的社会化。

这一点可以通过对一些学校课程的简单谈论而得到说明。首先,在事实内
部并不存在这样一条划分界限,即它把这些事实分别划归为科学、历史或地理
学。这种目前如此流行的归档分类(通过在开始时,把学生引入包含在不同教科
书中的很多不同课程发展起来的)给出了一个关于一门课程与其他一门课程,以
及与包含所有这些课程的理智整体之间关系的完全错误的观点。实际上,这些

学科都与同一个最终的实在——即人的有意识的经验——相关。正是因为我们有不同的兴趣或不同的目的,才把这些材料和标记划分成类,一部分是科学,一部分是历史,一部分是地理,等等。每一种"分类",都代表了根据某一种支配性的特有目的或社会生活过程而被安排的那些材料。

不仅对于把一门学科从另一门中划分出来,而且对于把握每一门学科的根据——将会被表现出来的那些与此相关的动机——而言,这个社会性标准都是必要的。譬如,我们应该如何定义地理学? 这些不同的所谓地理学分支——数学地理学、物理地理学、政治地理学、商业地理学——之间的统一性是什么? 它们是基于这样一个粗陋事实——我们遇到了大量不同的事实——而进行的纯粹经验主义分类吗? 或者,存在着某种通过这些材料被分派在那些各种各样不同的标题之下的内在基本原则——存在于人类心灵对于它们的兴趣和态度之中的某种东西——吗? 我将会说,地理学与所有社会生活的这些方面——它们关注人类生活和自然之间的交互作用——都有关系;或者说,它与被视为社会交互作用场景的这个世界有关系。于是,任何事实,就它与人类对其自然环境的依赖有关或者与通过人的生活而给这个环境带来的变化有关而言,都应该是地理的。

因此,上面提到的地理学的四种形式,表现了讨论人类生活与自然之间相互关系过程中的四个渐进的抽象阶段。最初必定是社会地理学,它明确承认地球是彼此之间发生着相互关系的人们的家园。我这样说的意思是:任何地理事实的实质都是两个人或者两群人——他们同时被他们的物理环境所区分和联系起来——的意识;而且,目的是弄清楚这些人是如何借助于物理环境这个手段,同时被分开又在他们的行动中被联系起来的。湖泊、河流、山脉和平原的根本意义并不是物理的,而是社会的;这就是它在修改和指导人与人关系中扮演的角色。显然,这包含了商业这个术语的外延。它不仅仅在狭义上与商务活动相关,而且还与受到自然的形式和属性影响的人的交往和交流相关的所有东西有关系。政治地理学表现了以一种静态而不是动态的方式被理解的相同的社会相互作用;也就是说,被理解为以某些形式暂时地确定和固定下来。物理地理学(在这个名称下,不仅包括地相学,还包括对动植物群的研究)呈现了一个更进一步的分析或抽象。它研究决定人类行为的那些条件,而暂时不考虑他们具体做这些事情的方式。数学地理学重新分析更终极和遥远的条件,说明了地球的这些物理条件并不是最终的,而是依赖于这个世界在一个更大的系统内所占据的位置。换句话说,在这里被一步一步探索的,是把当下的社会职业和人群与最终为他们提供条件的整个自然系统联系起来的那些关联。一步一步地,这个场景被扩大了,并且关于参与了社会活动创造的所有东西的这个图景也被拓宽和放大了;这个关系链条,任何时候都不会被打破。

对它们一个一个地进行研究,并说明它们的意义是类似地受社会因素控制的,是不可能的。但是,我却禁不住对历史说上一两句。按照它从或者不从社会学的立足点出发所呈现出来的样子,历史对于孩子而言,是生机勃勃或者乏味呆板的。当它被认为只是已经过去和消失东西的一个记录时,它必定是机械呆板的,因为过去作为已经过去的东西是遥远的。仅仅是作为过去,这里没有任何注意它的动机。历史教学的伦理价值,将会通过过去的事件在多大程度上成为理解当下的手段——提供关于什么构成了现今社会的结构和运行方式的洞见——来衡量。现存的社会结构极其复杂。对于孩子来说,全面学习它并获得任何关于它的明确心理映像,实际上是不可能的。但是,历史发展的阶段类型是可以选择的,就像通过一个望远镜一样,这将展示出现存社会秩序的基本构成。譬如,希腊就展现了艺术和成长的个人表达能力象征着什么,罗马在很大程度上展示了政治生活的要素和影响力。或者,因为这些文明本身是相对复杂的,一个对文明开端时更简单的狩猎、游牧和农业生活形式的学习,一个对引入铁和铁制工具的影响的学习,就把这种复杂性简化成了更简单的一些要素。

历史的教学通常没有更加有效,一个原因就是学生以这样一种方式——没有任何时代或要素在他的心中凸现并成为典型的——获得信息的;所有的东西都被还原到了一个相同的死气呆板的层次。确保这种必要看法的途径就是把过去视为一个被投射出来的现在,只是它的某些要素被放大了而已。

差异原则与相似原则同样重要。因为,现在的生活是如此贴近我们,每时每刻都触及我们,因此,不可能逃离它而把它看成其真正所是的样子。没有什么东西清晰或明显地作为典型而凸现出来。在对过去时代的研究中,注意力有必要集中于那些显著的区别。因此,孩子获得了一个想象中心;通过它,他可以把自己从当前周围环境的压力中移开并定义它们。

在教授社会进步方式时,历史同样是可以利用的。人们普遍认为,历史必须从原因和结果这个立足点出发来研究。这个陈述的正确性,取决于对它的解释。社会生活是如此复杂,而且它的不同部分之间以及它们与自然环境之间是如此有机地相互联系在一起，以至于不可能说这个或那个事物是其他某个特殊事物的原因。但是，对历史的研究却可以揭示出这些发现、发明、新的生活模式等等——它们已经开创了社会进步的那些伟大时代——中的主要手段；并且，它还可以向孩子呈现社会进步的主要路径的类型，为他揭示出进步之路上曾经遇到的主要困难和障碍。社会影响力本身总是相同的——在一百年和一千年前起作用的同一种影响力现在仍然起着作用，并且特殊的历史时代为这些基本影响力起作用的方式提供了说明。只要这些得到人们的认可，上面所说的就可以被重复做到。

于是，一切都取决于从一个社会的立足点出发来对待的历史；把历史视为对已经影响了社会发展的那些力量的显示，视为对社会生活已经在其中表达了自身的那些典型社会制度的展现。文化时代理论，当它以正确的方式起作用时，并没有认识到在与现在的关系中看待过去的时代——认为它提供了关于其结构的那些代表性要素的洞见——的重要性；它已经过多地关注这些时代了，好像它们本身就有某些意义或价值一样。采用传记式方法的方式说明了同样的观点。它经常以这样一种方式被处理，以至于把参与了大多数人的联合的那些社会力量和原则从孩子的意识中排除出去（或者，至少没有充分地强调）。孩子很容易对从传记的立足点出发的历史感兴趣，这一点是非常正确的；但是，除非"英雄"被置于与其身后由他总结和引导的共同体生活的关系中来处理，否则就会存在这样一种危险：历史将会把自己弱化为一个令人激动的纯粹故事。于是，道德教育就把自己约简为从所涉及的这个特殊人物的生活中吸取某些教训，而不是拓宽和深化孩子关于社会关系、理想和方法的想象力。

需要牢记的是：我并不是为了其自身的利益而提出这些观点，而是与这个普遍原则——当一个学科被作为对社会生活的一种理解模式而被教授时，它就会拥有实际的伦理意义——相关的。正常的孩子所不断需要的，与其说是这么多关于坦率和诚实重要性的孤立的道德课程，或者一种特殊的爱国主义行动所带来的那些有益的结果，不如说是社会想象和观念习惯的养成。

我采用了一种更好的例证，即数学。它实现了或者没有实现其全部目标，要根据它实际上是被表述或者不是被表述为一种社会工具。信息与品质、知识与社会行为之间流行的分离，也潜入了这个场景中。目前的数学研究，已经脱离了它在社会生活中的使用上所拥有的地位；它变得过度抽象化了，即使是在纯粹的理智方面。它被表述成一种脱离了任何目的和应用的技术上的关系和公式。在基础教育中,对数的学习所遭遇到的是动机的缺乏。这种、那种以及其他特殊的糟糕方法的背后,是彻底错误地把数处理成了这样:好像它本身就是一个目标,而不是实现某种目标的手段。让孩子获得一种关于数的用途是什么以及它事实上为了什么的意识,这个战役就胜利了一半。现在,这种关于理性的用途的意识就暗示了某种蕴含的社会性目标。

在这种更高级的算术学习中,其中一件可笑的事情是孩子被引向这些数字运算——它们没有独特的数学原理作为其特征,但却表现了在商业关系中发现的某些普遍原理——的程度。在这些运算中培训孩子,而不注意这些运算作用于其中的商业现实,或者不注意使这些商业活动成为必要的社会生活环境,既不是算术,也不是常识。孩子被要求通过一长串的运算去做利息、合资、银行业务、经纪业务等等中的例题,而且没有花任何力气去弄清楚这一点——关于算术,他有任何关于这些相关社会现实的意识。这部分算术在其本性上、实质上是社会学的。它或者应该被彻底省略掉,或者应该结合一门相关社会现实的学科而一起被教授。就像我们现在所进行的学习是离开游泳池去学习游泳的古老例子的重演,在实践上,其相应的结果是很糟糕的。

在对这部分讨论的总结中,我们可以说,我们的道德教育观念已经太过狭隘、太过形式化和太过病态了。我们已经把伦理这个术语和某些特殊的行为——它们已经被贴上了"美德"的标签,已经被从大量的其他行为中分离出来,*285*并且已经更大程度地脱离了正在履行它们的那些孩子们的习惯性意向和动机——联系了起来。因此,道德教育是与教授这些特殊的美德相联系的,或者是与灌输与它们相关的某些情操相联系的。道德已经以一种太过伪善的方式而被理解了。最终的道德动机和力量,正好就是在服务于社会利益和目标的过程中起作用的社会智力——观察和理解社会状况的能力,以及社会能力——经过专门训练的控制能力。不存在阐明社会构造的事实,就不存在这样的能力——这种能力的训练,增加了道德之外的社会才智。

那么,我就通过要求你注意学校这个道德三位体来总结这一部分讨论。所要求的是社会才智、社会能力和社会利益。我们的资源是:(1)自身作为一个社会性机构的学校生活;(2)学习和做事情的方法;(3)学校的学科和课程。只要学校在其自身精神上表现了一种真正的共同体生活;只要那些被称为学校纪律、管理、秩序等等的东西都是这种内在本质的表现；只要所使用的那些方法都要求积极能动的建设性能力——它们允许孩子创造东西并因此而提供服务；只要课程是为了向孩子提供使他获得关于这个世界——在这个世界里，他必须扮演一个角色，并且必须满足这些要求——的一种意识的材料而被选择和组织；只要这些目标被实现了，学校就在一个伦理基础上被组织了。就普遍性的原则而言，所有这些基本的伦理要求都被满足了。剩下的，就是个体的教师和个体的孩子之间的事情。

5.
道德教育的心理学方面

迄今为止,我们已经考察了构成行为的那些目的和结果的组成——它的"什 286
么"(what)。但是,行为还有一种特定的方法和精神——它的"如何"(how)。行
为可以被看作是一个个体的态度和意向的表达,也可以被看作是社会成果的实
现和社会结构的保持。把行为视为一种个体表现、个人行动,把我们从道德的社
会方面引向了道德的心理学方面。首先,所有的行为最终都在根本上源出于天
赋的本能和冲动。为了知道要求什么和指望什么,我们就必须知道这些本能和
冲动是什么,以及它们在孩子成长过程中的每一个阶段中是什么。忽视这个原
则,可能会带来一种对道德行为的机械模仿,但这种模仿在伦理上却是呆板的;
因为它是外在的,并且它的中心是在个体之外而不是在个体之内。换句话说,我
们必须研究这个孩子,以获得我们的迹象(indications)、我们的征候(symptoms)、我
们的建议(suggestions)。这个孩子具有或多或少自发性的行为,将不会被认为
规定了教育者的努力所必须与之符合的道德形式——这只会导致对孩子的溺
爱,但它们却是必须被解释的征候:必须以特定方式对之作出反应的刺激;无论
其形式如何被转换,都是未来道德行为和品质的唯一原材料。

其次,我们的伦理原则需要用心理学术语来表述,因为孩子只为我们提供了
实现道德理想的手段和工具。课程的素材,无论多么重要,无论经过多么明智的
挑选,直到它被修改成个体自身的行动、习惯和愿望这些术语为止,都是没有确
定性道德内容的。在我们能够从历史、地理和数学中获得它们的道德潜在性之
前,必须知道历史、地理和数学在心理学术语中——也就是说,作为个体体验的 287
方式——意味着什么。

教育的心理学内容，当然是以对品质的考虑来概括自己的。说品质的培养是所有学校工作的目标，是一个老生常谈。困难在于对这个思想的执行；而且，执行过程中的一个潜在困难，是缺乏一个关于品质是什么的清晰概念。这似乎是一个极端的说法。如果是这样的话，那么，这个观点或许可以通过说我们通常只根据结果来想象品质而被传达出来；我们没有关于它的以心理学术语表述的清晰概念——也就是说，作为一个过程，作为发挥作用的或者动态的过程，我们知道品质在它产生的那些行动方面意味着什么；但是，作为一个发挥作用的力量系统，我们在其内在方面却没有一个关于它的明确概念。

　　（1）力量、执行中的效率或公开的行动，是品质的一个必要要素。在我们的道德著作和文献中，可能会把重点放在善的目的等等之上。但是，实际上，我们知道，我们希望通过教育而培养的这种品质是这样一种品质：它不仅拥有善的目的，而且还坚持要贯彻这些目的。其他任何一种品质都是软弱无力的；它是伪善的，而不是善的。个体必须具有在生活的实际冲突中坚持并获得某种东西的能力。他必须拥有不断进取、坚持不懈、持之以恒、勇敢无畏和刻苦勤奋的精神。总之，他必须拥有在"品质的**力量**"名下的所有东西。毫无疑问，在与生俱来的这一方面的天资上，个体之间存在着巨大的差别。但是，每一个人都仍然拥有某一种原初的能力：冲动、前进的倾向、天生的紧迫感。在这个方面，教育的问题是发现这些天生的能力是什么，并接着以这样一种方式开发它（提供既激励又控制的条件），并把它组织起来成为明确持久的行为方式——习惯。

　　（2）但是，除纯粹的力量之外，还需要更多的东西。纯粹的力量可能是野蛮的，可能会无视其他人的利益。即使是向着正确的目标，它也可能会不顾一切地扑向它们，以至于侵犯了他人的权利。而且，纯粹的力量也不能确保那个正确的结果。效率可能会被引向错误的目标，并且导致实际的伤害和破坏。力量，正如已经表明的那样，必须被引导。它必须沿着社会渠道被组织起来，必须被引向有价值的结果。

　　这不仅涉及智力，也涉及情感方面的训练。在智力方面，我们必须具有判断力——平常被称为机智（good sense）的那种东西。纯粹的知识或信息与判断力之间的区别是：前者只是被持有而没有被使用，后者是指导目标实现的知识。好的判断力是对各自或成比例的价值的判断力。一个有判断力的人，是能评估形势的人。他能够抓住在他面前的情景和形势，忽视不相关或暂时不重要的东西。

他可以抓住需要注意的那些因素,并根据它们各自的要求对它们进行分等。关于正确在抽象意义上是什么的纯粹知识,一般而言,追随正确的那些纯粹意图,无论其本身多么值得称颂,都不能取代这种训练有素的判断力的力量。行为总是具体的,是明确的和个体化的。因此,除了被一种关于它发生于其中的那种形势内的实际具体因素的知识支持和控制之外,它必定是相对无用和多余的。

(3)但是,对目标的意识必定不仅仅是纯粹智力的。我们可以设想一个拥有最好判断力的人,但他却不按他的判断来行动。在执行过程中,不仅必须有确保努力克服困难的力量,而且还必须有敏锐的个人反应——必须有一种情感的反应。事实上,没有这种敏感性,好的判断是不可能的。除非有一个对环境、他人的目标和利益的迅速和几乎本能式的敏感,否则,智力方面的判断力就没有作为其用武之地的合适材料。正如知识的材料是通过这些感觉被提供出来的那样,伦理知识的材料是由情感的反应提供的。很难用语言把这种品质表述出来,但是,我们却知道坚韧、拘谨的品性与同情、灵活和开放式的品性之间的区别。理论上,前者可能会像后者一样忠实地致力于道德观念;但是,作为一个实践问题,我们却更愿意忍受后者。与前者可以通过对规则的单纯依附来实现相比,通过机敏,通过对他人要求的本能式的承认,通过熟练的调整,我们指望它实现得更多。

于是,这里就有一个道德标准,根据它来检验学校在直接为个人的方面所做的工作。(a)目前,作为一个系统,学校赋予自发的本能和冲动以充分的重要性了吗?它为这些本能和冲动表现自己并作出自己的成就提供了足够的机会了吗?甚至我们能说,学校目前在原则上致力于这些积极的建设性能力而不是吸收和学习的过程了吗?难道我们关于自我活动(self-activity)的讨论,因为我们心中拥有的这种自我活动是纯粹"智力的",是与通过眼和手发挥作用的那些冲动无关的、在很大程度上并没有因此使自己成为无意义的吗?

仅就目前学校的方法并没有通过这些问题的检验而言,道德成果就一定是不能令人满意的。我们不可能确保性格的正面力量的发展,除非我们愿意为它付出代价。我们不能窒息或压制孩子的能力,或者逐步令它们夭折(因为缺乏练习的机会),并随后期待一种勇于进取、坚持不懈和刻苦勤奋的品质。我很清楚压制的重要性,但单纯的压制是毫无用处的。单纯的制止、单纯的抑制所具有的所有价值,就是把能力集中在一个实际目标之上。一个目标是不可能实现的,除非本能和冲动能够免于胡乱地释放和偏离跑道。在把工作中的能力集中在它们相应目标的过程中，为真正的压制提供了充分的机会。说压制高于能力，就像是说死亡高于生命、否定高于肯定、牺牲高于服务一样。

(b) 我们还必须通过发现它是否为好的判断力的形成提供了必要的条件来检验我们的学校工作。判断力，对相对价值的判断力，包括进行选择、进行区别的能力。获得信息从来不能提高判断力。判断力的发展无关于、也不是因为只强调习得的教育方法。仅当所获得的信息不得不被付诸实用时，检验才会出现。它会按照我们的期望来做吗？我听到一个极富经验的教育者说，根据她的判断，现在教育在智力方面的最大缺陷存在于这样一个事实中：孩子们离开学校时，并不具有智力上的洞察力。事实对于他们而言，似乎都是同等重要的。没有重要的位置，也没有不重要的位置。没有根据价值标准挑选事实和对它们进行分等的本能习惯。

孩子不可能获得判断力，除非他在判断的形成和检验中不断地被训练。他必须有一个为他自己而选择的机会，以及努力把他的选择付诸执行的机会，以至于他可以让这些选择接受最后的行动检验。只有这样，他才能学会区分哪些保证了成功、哪些允诺了失败；只有如此，他才能形成把他的目标和观念与那个决定它们价值的环境联系起来的习惯。作为一个系统，学校现在为这类实验提供了足够的机会了吗？学校工作的重点只要不是明智的行为，不是积极的调查研究，就不会为那种判断力——它是好的品质的一个必须要素——的训练提供必要的条件。

(c) 我将简要说明另一点，即对感受性和敏感性的需要。在教育的非正式社会性方面，审美的环境和影响是非常重要的。就这个工作以常规和公式化的方式被安排而言，只要缺乏学生之间以及学生与老师之间的偶然和自由的社会性交往的机会，学生这方面的本性要么会枯竭，要么就会沿着或多或少秘密的渠道去发现偶然的表达。当这个学校系统在实用的借口下（实用的意指狭隘的功利主义），把孩子限制在这三个方面以及与之相关的常规课程时，就会把他挡在文学和历史中那些最重要的东西之外，并剥夺了他接触到建筑学、音乐、雕刻、绘画中的精华的权利。在富于同情心的开放性和敏感性的训练中，期望得到确定的结果是没有希望的。

在教育中，我们需要的是真正相信存在着可以被有效应用的道德原则。就数量极大的孩子们而言，我们相信，如果我们足够长时间地坚持，就能教他们阅读、写作和绘画。至于与那同一个道德确信类似的任何东西的可能性，我们实际上即使是无意识地，也都是持怀疑态度的。我们固然相信道德规则和法则，但它们却是飘浮不定的。它们是某种自我生发的东西。它们是**如此的**"道德"，以至于没有与日常生活中的平常事发生任何联系。这些道德原则需要通过用社会和心理学的术语把他们表述出来而将它们拉到地面上来。我们必须明白，道德原则不是武断随意的，它们不是"先验的"；"道德的"这个术语并没有指定一个特殊的生活区域和部分。我们必须把道德翻译成共同体生活的环境和力量，翻译成个人的冲动和习惯。

剩下的所有东西都是薄荷、茴香和孜然①。我们必须做的一件事情是：在与其他力量是真实的完全相同的意义上，承认道德原则也是真实的；它们是共同体生活内在固有的，是个人的行为结构所内在固有的。如果我们能确保对这个事实的真正相信，那么，将会确保这样一个条件——它对于从我们的教育系统中获得在其之内的所有效力而言，是唯一必要的。带着这个信念工作的教师，将会发现：每一门学科，每一种教育方法，学校生活中的每一个重要事件，都充满着道德的可能性。

---

① 原文为：All the rest is mint，anise，and cummin. 在这里，指其余的是薄荷、茴香和孜然之类的辅料。——译者

附　录

1.

纯粹经验和实在[①]

麦吉尔夫雷(Evander Bradley McGivary)

在这个科学的年代,任何哲学家如果发现自己的学说使他与科学事实相冲突,都不会感到舒服。他可以大胆地批判和拒绝与他的哲学理论不一致的科学理论,但是却并不倾向于否定科学所说的事实。就像杜威教授所说的:"人们有权警告,不要企图硬将科学——不论是物理的,还是心理的——当作哲学……然而,大部分经验主义者都不大愿意采纳任何这样的哲学立场,这种立场可以被清楚地表明为:它依赖于对科学结果的忽视、否定或歪曲。"[②]

现在,近来被詹姆斯教授和杜威教授所发展的纯粹经验哲学被许多人怀疑为恰恰涉及了对"科学结果"的否定。如果任何事物的实在性都是在它被经验并且仅当它被经验时才拥有那种实在性的话,那么,科学——与在任何可被证实的经验之前已经存在的对象打交道——似乎与实在并没有什么关系;然而,这些科学却声称证明了作为科学事实的、先于化石年代的对象的真实存在。所以,纯粹经验哲学家们感到,他们有义不容辞的责任来说明他们在这个问题上是正确的。

詹姆斯教授近来已经如此界定了自己的立场,使其不再具有任何反实在论的含义,这种反实在论含义会使他与地质学和天文学发生矛盾。在回答皮特金(Pitkin)先生对他的提问,即是否他的理论预先排除了未被经验的事物的可能性时,詹姆斯教授说:"当然没有……怎么可能呢? 然而根据我的看法,我们应该聪明一些,不要去考虑任何那种性质的事物或活动,而是把我们的哲学讨论的范围限制在被经验者或至少

---

① 首次发表于《哲学评论》,第 16 卷(1907 年),第 266—284 页。至于杜威的回应,参见本卷第 120—124 页。

②《哲学、心理学与科学方法杂志》,第 3 卷,第 253 页。此后,这个杂志被简称为《杂志》。

是可经验者。”[①]当没有被经验的时候，可经验者具有什么类型的实在性，詹姆斯教授并没有告诉我们，至少在他最近的著述中没有。在他的《心理学》一书中，并没有试图缩略这种实在并把它描述为一种等待经验的签名和印章，以便加以实施的尝试性计划。同样地，在那些文字中没有任何东西论及他在加利福尼亚大学哲学联盟所说的实用主义方法，就人们所看到的而言，这种方法使他否认那种尽管没有被我们所经验但却在我们所经验的和将要经验的东西方面造成巨大差别的事物的完整和真实的实在性。所以，由于缺乏詹姆斯教授承认的对这一观念——未被经验但可经验的实在是不完整的实在——的明确拥护，人们可以假设，至少是暂时地假设，在他的实验主义中并没有任何东西，科学家能以它剥夺了他的研究对象为理由，而理性地加以反对。是否詹姆斯教授的哲学在根据刚才引述的句子被加以诠释时，保留了纯粹的实验主义，这是另一个我们在此并不关注的问题。

杜威教授采取了另一条道路。通过承认某种“非同时被经验的”事物，他试图把自己和科学连在一起。[②] 但他也通过对这种承认的如下限定来坚持他的纯粹经验主义：某种前经验的东西并不被当作完全真实的。对他的这种说法，杜威教授的《逻辑理论研究》一书的读者们一定已经有所准备。在那部著作中，他坚持认为，思想的对象，当它已经从强调和紧张的经验中浮现出来，并在随后的稳定的经验中作为实用主义的调整结果而出现时，必定不能被不合时宜地追溯到先于这种调整的那个时间上
297 去。读者因此就只能做出这样的推论：没有任何一个通过智识劳动所产生出来的**真理**，能够对在这种劳动结束之前就可能已经存在的任何真实事物保持其有效性。现在，这种推论第一次被杜威教授在刚才提到的那篇文章中加以确定。所以，这篇文章十分重要，它明确陈述了杜威对于在某些基础科学中所处理的那些事实的态度。这样，我们就有了关于他的经验哲学的科学特征的检验手段。如果他的哲学在这一点上不能承受与科学结果相比较的检验的话，那么这种哲学就是反科学的，像杜威教授那样的纯粹经验主义者处于面临重大抉择的时刻。他要么必须告别科学，要么必须放弃他的特定观点以及这些观点所采用的逻辑。在此，我们不必决定：人们在面临这些可供选择的替代方案时，会理性地选择哪一条道路。我们首先必须明白，这些替代

---

① 《杂志》，第 4 卷，第 106 页。最后八个字的重点符号是我加的。

② 《杂志》，第 3 卷，第 254 页，重点符号是我加的。后面所有来自杜威教授的引语都出自他的论文《作为经验的实在》，载《杂志》，第 3 卷，第 253—257 页（《杜威中期著作》，第 3 卷，第 101—107 页），除了那些有其他标注的之外；这篇论文很短，所引用的段落和短语在该文中都很容易找到。因此，我将不再标出参考文献的页码。

方案是不是完整的、详尽无遗的。杜威教授本人显然很欣赏他的体系在此所面临的危机。这里所说的那篇文章是避免危机的果断尝试。让我们来看看，它是否成功地做到了这一点。

正如我们已经说过的那样，杜威教授承认，某种事物先于经验而存在，即某种"非同时被经验的"事物。然而，尽管这种事物被称作"更早的实在"，但它并没有被当作与关于它的"后来经验"相对立的，就像一个完整经验对立于另一个那样。"从历史的角度说，它只是后来被经验到的东西的更早的一部分。这样看的话，实在对经验的问题就转变为只是关于实在的更早版本对关于实在的更晚版本的问题，或者说，如果"版本"（version）一词不合适的话，那么就是关于实在的更早的转译（rendering）或者说表达或形态与它自己后来状况（condition）之间比较的问题。然而，我们不能说一个更早的实在对一个更晚的实在，因为这否定了**朝向……转变**（transition towards）这一要点。在-这个-方向-上-的-连续-转换（continual-transformation-in-the-direction-of-this）是一个事实，它在（我们都已经同意诉诸的）科学基础上，消除了在非同时被经验的更早的实在与更晚的经验之间的任何割裂。如此看来，哲学的问题就把自己还原为这样的问题：对于哲学来说，什么是关于实在的更好的标志？是它的更早的形式还是它的更晚的形式？

在更早的形式中，"实在的某些重要的东西仍然被遗漏了"。所以，"更早的实在"并不是真正的、完全真实的。

298

> 缺少的是——什么？
> 夏天冗长
> 忧郁①弥漫
> 哪里是污迹？
> 世界敞亮着，但同时又是一片空白
> ——需要图画去填充的框架：
> 什么样的树叶？什么样的花朵？
> 玫瑰花无遮无掩地敞开自己！
> 那么来吧，整个的未完成者，哦，降临者啊，
> 透过蓝色的心跳，夏天的完美！

---

① Blueness 也可译为"蓝色"，在此有双关语的意思。——译者

仅仅吸上一口气，仅仅是呼吸玫瑰花的美，

在死亡的一切中

生长出生命，生长出爱，

生长出爱！

"降临者"实现了过去的承诺和潜能，将知识对象——这个对象以前只是处于制造中的——浸入"一个范围广泛的、充满活力的、直接的经验中"。瞧！实在是被制造的、完美的和完全的，不欠缺任何东西。但是，它并不一直都是好的和完整的。每当它不再被经验的时候，每当它不再沐浴的时候，它就会以某种方式溜回到那初始的状态。只有当经验之流经过实在时，实在才能抵御来自哲学的攻击。但这并没有导致严重的麻烦，因为它可以被不断地浸湿。那魅力，尽管短暂地消失了，还可以被重新获得。实在总是在手边的。对任何在自己的实用主义事业中需要它的人来说，实在是一种轻便的浴缸：需要只有在经验中才是可能的，而经验本身就是一种具有魔力的水。"因此，每一个经验，本身都悬而未决地拥有关于其整个对象世界——无论多大或多小——的知识。这里所说的经验，是认知切入的所有经验。它不是某种理想的，或绝对的，或详尽无遗的经验。"每一个先前的经验创造物，都通过经验，从不完整的束缚释放为辉煌的实在。这种极乐的景象使"朝向……的质的转型"达到高潮并具体化了。

在这一理论中，我们拥有关于先于经验的过去的一种大胆的非现实化（de-realization）。什么是关于它的正当性证明？我们被告知，正当性证明是在这一事实中发现的：天文学和地质学所讨论的所有对象，都是科学经验的对象。当科学家离开他对它们的经验而断言它们的实在性时，他忽略了这样的事实，即他必定要作出这个断言并因此使它们现实化。这种在他的科学判断中的使它们现实化，减弱了它们在被经验之前所具有的实在性的完美。因为，现实化就意味着真实化。当科学家使很久的过去事情的存在现实化的时候，他就是使那存在真实化了。如果他使那存在真实化的话，那么它以前就不可能是真实的；因为已经有的东西，他为什么要去使……呢？明白了先前经验性质朝向经验的转型，"是在当下经验中实现的，矛盾就消失了。既然性质的转型是朝向经验的，那么，除了在经验——在每一个这样的经验之中，知识对象O（Object 的简写）都呈现出来了——中之外，它的本性还能在别的什么地方得以实现吗？……从那个 O 的实在性中被删除的东西,总是在 O 所出现的那个经验中被恢复。那个 O 因此也就真正被当作了是其所是的东西——作为经验的实在性的条件"。

换句话说,知识的世界从一开始就是要去完成在纯洁经验的眼前一直进行着的表演。即便她不可能将那个舞台上的某些真正的事实排除在外,它们也不可能是令人讨厌的,因为它们完全被遮盖在她所提供的衣袍之中。在它们被衣服覆盖之前可能是什么模样,她永远不可能看到。或许,更衣室的图景应该在她的处女般的想象前掠过,她只将主人当作是正在经受着沿衣服方向不断持续的转型。对于她来说,它们决不可能是**真实的**,因为它们成为真实的只是当被装扮登台的时候。

经验所接触的一切事物从而因为她喜好的恩赐而被清晰化,在她拥抱的总体中而被制作成了整体。没有这种清晰化和有机整体化,任何东西都不可能来到她的面前。作为在被经验之前所存在的对象,不是实在的,而只是实在性的条件;这个条件对于实在的产生来说,并不是充分的。只有当这条件被使那对象现实化的经验所补充时,对象才成为实在的。

非常遗憾的是,在描述经验的现实化力量之前,杜威教授没有像他对"观念"和"意识"这些词所做的研究那样。对"实在"这个词的某些词典,做过详尽无遗的研究。因为甚至任何好的完整词典,都会向他表明,"现实化"至少意味着两点:(1)"使成为实在的",(2)"认作或者想作实在的"。因为对象的本性只是在经验中被"现实化",在经验之前不可能是完全真实的,这种论辩听上去像是在玩弄词语。一种双关语几乎不可能是"一种科学的事实,所有严格的客观主义实在论都在此触礁"。

如果我们将杜威教授在其文章中对于"现实化"一词的强调只看作是使用方便的语词,以加强用另外的方式所获得的观点,而不看作是试图将一种做作的哲学结构树立在对于语言的这种逻辑研究上的话,那么结果将不会在实质上有什么不同。他的体系的基础建立在这样一个事实上:在任何对象能被设置为真实的对象之前,一定存在着某种(认知的?)经验,在此经验中对象如此被设置。作为科学对象之预设的经验——它是被断言的——在物理科学中被忽视,这些物理科学处理对象并从经验中抽象而来,因为这些经验、这种对象作为真实的对象而存在。科学家在关于实在的陈述中能隐瞒这实在所具有的要素——更具体地说,是被经验的要素"只是因为(1)他对整个实在并不感兴趣,而只是对它可用来作为输入和投射的可信赖的提示的这一部分感兴趣;(2)被隐瞒的要素并没有完全被隐瞒,而是在他的经验中存在着,在它的超科学的特性中存在着。换句话说,科学家能忽略人的经验的某些部分,正是因为那一部分是如此不可弥补地存在于经验之中的"。

毫无疑问,我们在此得到了一个非常重要的真理;就实在论最终的哲学展开而言,它可能忽视这个真理。但是,我们以一种导致混乱的方式来陈述这个真理;正是在这种混乱的基础上,杜威教授建立起他反实在论的哲学部分。通过避免混乱然而却承认杜威教授所表达的真理——只是强迫它不正确地服务于一种错误的经验主义——实在论者可以将实在论和唯心论完满地结合在一起。他因此获得一种本体论的实在论和一种认识论的唯心论。当然,这个结果对于任何一个憎恶认识论一词的人以及已经使自己相信"通过只是在我们之内的观念认识外部世界是""一种内在的自相矛盾"①的人来说,将是令人讨厌的。

我所说的混乱,是指在对于一个事实——作为在场的经验——的理智认知和一个实在的事实——它被看作时间上先于认知它的经验——之间的混乱。在杜威教授使用这个词的意义上说,前者是"纯粹经验"。所有那些帮助获得这种认知的中介,也都被纯粹地经验为紧张和内在困惑的过程,它终止于纯粹地被经验到的对于内容的重新整合:在艰苦跋涉之后的宁静的纯粹经验中,在波涛汹涌的大海之后的避风港中。除非在经验的法庭上已经取得了移入证书(naturalization paper),否则,就没有任何东西能进入知识的王国,获得科学领地的公民资格,具有适合于那里的权利和特权。没有这种预先的过程,甚至一颗星星都不可能落户为星星,并被允许在星球构成的——科学的——宇宙中保留要求得到四分之一英里面积的权利!

某个事物在其被科学处理之前首先应该以某种方式被经验到,然后以某种科学的方式被认识,这种必要性似乎并没有被当今的科学家所忽视。大部分值得敬重的绅士们也许会为这样的建议而感到有趣,他们可能忽视了他们经验中的认知部分,而把注意力只放在被认知的那部分上,因为毫无疑问,认知部分是不可改变地存在于经验之中的。从认识论的观点看,除了给科学家为使每一个对象在被编目在科学范畴之前首先被经验到而制造的那种严谨的迫切需要提供

① 《逻辑理论研究》,第 83 页(《杜威中期著作》,第 2 卷,第 366 页)。

富有说服力的证明之外,显微镜、望远镜以及分光镜还能是什么呢?除了承认无论最终的科学陈述是什么、那一陈述都必须将科学家的经验当作其出发点外,最小平方的方法和允许人为的误差还可能是什么呢?科学陈述不是手枪的射击声:它是一个发展过程的成果,这个过程的萌芽和繁荣是在"纯粹经验"的氛围中发生的。经验就是生活,是自觉的生活,它属于科学,属于科学家所声嘶力竭呼喊的那种生活:

> 它是生活,我们的神经所忽视的生活,
>
> 啊,生活而不是死亡,正是我们的渴望;
>
> 更多的生活,更丰富的生活,就是我的所想。

接着,他被希望在自己的哲学和科学之间建立和睦友好关系的哲学家告知,"在真正真实的意义上,那个最未启蒙的挖沟者的当下经验,用一种科学陈述所没有也不能采用的方式,也就是说,不能作为形式化的知识,对那个早先的实在给予公正的哲学处理"。我推测,那位挖沟者在科学家的贬低中,由于赞美的嘉奖而获得了尊严;因为,在挖的经验中,沟成为真实的,而化石则不是这样的。如果地质学家在挖的过程中只能挖出化石的话,那么他的纯粹挖的经验就对实在作了哲学上公正的处理。除了在经验中,在化石作为知识对象而呈现的真正的经验中,化石的本性还能在什么其他地方得以实现呢?然而,这种纯粹经验很可能被职业地质学家们打上了不纯粹科学的烙印。

重视科学家的经验,把它当作对于他的结论的科学有效性来说是必不可少的东西,这是很好的。当我们这样做的时候,就获得了我曾经冒险称作认识论的唯心主义,或者这样一种学说:如果没有科学家以及科学观点和观念的实验,就没有科学的实在。如果存在一个真实事物所构成的世界,它不于某时某地在自身之中包括一些至少是关于它的某些部分的认知经验,并且是如此地自我封闭,以至于另一个世界的思想家甚至不可能猜测到它的存在,那么,这个世界的实在性就不可能是科学的实在性,它除了可能是没有意义之外,还能是什么?哪怕是关于这个世界最无效的梦想,也需要一种梦的经验,因为这种经验可能具有一种准实在性。我们所知道的实在和我们明白地或有意义地加以预测的实在,是对我们预测者而言的实在。甚至当我们将这种实在想象为在另一个未被智识或感

303

官经验的一缕光芒所照亮的世界中存在也是可能的时候,我们仍然是在思考它;如果不是在这个世界中进行思考,我们就不可能思考我们自己和这个世界中的其他一切事物。没有思想者,就没有思想对象;没有某时某地的经验,任何时间、任何地点都没有有意义的实在。这是蕴含在杜威教授论点中的一个真理。

但是,说没有经验就没有实在是一回事,说没有同时发生的经验就没有实在是另一回事。正是这个同时发生性(contemporaneousness),被杜威悄悄引入了真理的陈述中,由此而将它转变为——哦,让我们这么说吧——一个巨大的假设。"因此,知识对象总是同时与它自身一道,携带着另一个他者,即某个它与之相关的并且可说明的东西,这个他者与它的统一提供了它的检验、它的纠正以及证实的条件。这种统一是内在的和完全的。在知识部分本身和它自己被经验的语境——非认知的——之间的区别,是一种反思的、分析的区别。在它的被经验的内容和功能中,它自身才是真实的。"①

通过把经验和实在如此同步化,知识对象——对于一个科学的地质学家来说,它可能是属于遥远过去的一个真实的对象——由于它被认知地经验了这一事实而被如此紧密地和当下捆绑在一起,以至于它失去了过去实在性的品质,这种品质是科学知识要求它具有的。关于过去的知识,成了一种自相矛盾的事情。用鲍桑奎(Bosanquet)的话说,"判决的时间"(time of judgment)和"判决中的时间"(time in judgment)如此糟糕地混在一起,以至于它们必定被还原为同一个时间,即判决行为(judging)的时间。洛采(Lotze)关于思想的方式和事物的方式是不同的观点,被嘲笑为不值得考虑,以便为唯一的可选择的"观点,即把实在看作在判决中并通过判决而发展的观点"②让开道路。我们关于实在的观念的发展和实在本身的发展被合并为了一个发展,即在我们关于它们的认知经验中的对象的发展。

现在,让我们接着了解这个合并所带来的结果。我认为,我们应该看到,控股公司的股票的上涨,是以被操控的公司为代价的,它的股票跌到了零。在地质学中,科学家处理的事实被当作是先于他关于它们的认知经验的。杜威教授试图承认这一点;他走到了他的理论所允许的那么远。但是,他的理论不允许他把

---

① 除最后一个之外,所有重点符号都是我加的。
② 《逻辑理论研究》,第 126 页。

地质学的事实看作完全的实在。它从根本上说，是在转型为经验的过程中的实在。这个朝向实在的转型过程是一个事实，"像其他任何事物一样的客观真实"，并且"实现在当下的经验中"。所以，在科学家关于对象本性的陈述中，"被从实在中删除掉的东西"，"总是在"那事实"出现的""经验中被恢复起来"。

在处理朝向经验转型过程中的实在（reality-in-the-process-of-transformation-towards-experience）时，如果去掉第一个连字符号，你尝试"从后来的经验中砍掉非同时被经验的更早的实在"的实验，那么你就歪曲了经验主义的实用主义多样性，以及它关于反思知识或思想在经验控制中的地位的解释"，并且你一定记得，这种经验主义的实用主义多样性在此"似乎有一种呼喊"。如果你放下你的斧子，让那连字符号存在，那么那个连字符号就将毁坏与"严格客观主义实在论"紧密相关的一切财富。

这种经验主义的实用主义变种的真正麻烦在于：它如此多地致力于对**反思知识或思想在经验控制中的地位**的解释，以至于它忽略了这个对象对这种地位提出要求的权利——一种在时间上先于经验的地位。它要求这种地位不是作为一种不完全的实在，而是作为真正的已经在那里的实在，等着所有这些年代如其所是的那样被认出来。在认知经验中，这种确认并没有谎称将实在性赋予它认作真实的东西，就像这个行为登记者对传送行为的登记并没有使那个行为成为真实的一样。这个行为早已经是真实的了，或者说，任何一个从事登记工作直到世界末日的登记员都不可能将实在性登记到行为中去。

在杜威教授类型的经验主义的实用主义者看来，仿佛地质科学中的变化涉及地质对象过去的实际历史中的变化。然而我担心，他会发现很难与科学的地质学家们在下面这个论点上达成一致，即地质学发展所带来的发现，使那个发展成为真实的。地质学家们会表现出足够的不友好，以至于他们会这样说："发现不是发明。"过去的地图可能因为发现而有所改变，但并没有改变真实的过去。如果地图在反思性知识控制当前经验的努力中变得更加精确了，那是因为存在一个真实的过去，现在固定在它永恒的状态中。一张地图可以比另一张地图更加真实地表征它。只有那种奇怪的过去，才会顺从地调整自己，以适应制图者在努力重建自己关于制图困惑的纯粹经验时感觉到有义务作出的每一个变化。

还是让我们来看看这样一个重要的日子：在这一天，哥白尼在托勒密压力之后首次提出了他著名的对天文学经验的重建。真实的地球在那一刻被从它在宇宙的中心位置上赶了出来,并被置于围绕太阳旋转的椭圆轨道上了吗?尽管哥白尼的思想是伟大的,但依然很难想象它能突然将每秒钟许多公里的运动赋予巨大的地球和其他行星,并通过施行约书亚奇迹而达到高潮。科学家更愿意设想,在那一刻,真实的太阳系仍然在平稳的过程中继续着;这个过程已经继续了无数个千年,除了在哥白尼自己很小的神经系统中之外,它没有感到哪怕一点点的不安。

在所有这些前哥白尼的漫长时间里,哪里有哥白尼的"知识对象"一直"同时和自己"一道的那个"他者"?哥白尼的经验已经持续存在于所有前哥白尼的时期,还是说,哥白尼的"知识对象",除了和历史上的哥白尼同时之外,并不存在?我必须承认,根据"经验主义的实用主义多样性,及其关于反思知识或思想在经验控制中的位置的诠释"来考虑这个困惑的企图,使我有一种冲突和混乱的纯粹经验,一种"相互冲突的诸多特殊要素的"纯粹经验。我表面上所得到的那些事实"是未加工的、原始的、未组织起来的、粗陋的。它们缺乏关系,也就是说,缺乏宇宙中的确定位置;至于连续性,它们是有缺陷的"[①]。据说,这是实用主义荒谬性的标志。

但是,我们确信,可以通过把先于哥白尼的对象认作不完全真实的来避开所有这些困难。"真实的"是对科学的小慰藉,"不完全"是对经验主义的实用主义多样性的真实性的承认。这似乎是容易摆脱困难的一种方式,在接受这种科学和哲学的调和之前让我们稍微做些前瞻。"非同时被经验的更早的实在"不是完全的实在,因为它正经历着"……方向上的变化,至少可以说,它是像任何其他事情一样客观真实的"。这难道不是证明得太多?作为知识对象,太阳系的功能并没有穷尽在哥白尼的经验中。它继续存在于今天每一个受过教育的人的经验中。如果说,继续经历着……方向的转型是不完整的话,那么太阳系就是不完整的,因为它似乎每天都正经历着被连字符号连接起来的转型,并且在拜伦的《最后的人》(*Last Man*)在所有经验的终结之处终止他独有的哀伤之前,很难固定转型这个词。然而,甚至那个时候太阳系也不可能是真实的,因为,作为实现它的必要条件的经验并不存在。所以,我们获得了这样一个有趣的结果,即在没有任何事物可能作为真的被保留下来之前,任何事物都不可能是完全真实的。关于

[①]《逻辑理论研究》,第52页(《杜威中期著作》,第2卷,第339页)。

完整实在的观点涉及这种悖论的那位哲学家本应该发现这个悖论损坏了"所有严格的客观主义的实在论",就不足为奇了。但是,为什么他没有看到每一个其他的主义(ism)都有着同样的命运呢?

但可能有这样的争辩:尽管纯粹经验主义可能是一座漂浮的矿山,在爆破它自己的时候毁掉了整个哲学舰队,但任何其他的哲学学说还是否定了思想的价值和实在性。回答是:根本就不是这样,除非实在意味着整个宇宙,过去的,现在的,将来的;除非价值意味着这种整体实在的一切方面。思想可以是真实的而不必是实在总体(omnitudo realitatis)。它可以是宇宙的一个不可缺少的组成部分,具有它在时间中的确定位置和要做的确定工作。它的位置是什么,通过对和谐与重建经验的见证,得到了科学的确定,就像所有事物在科学中得到恰当的确定一样。作为后验于在科学观念中所经验到的实在,经验在实在的世界中给自己分配了一个位置。经验也认识到它自己在世界中的功能,就像它认识到整体实在的其他部分的功能一样。当它认识到自己是认识实在的必要条件的时候,它认识到了自己的独特价值;但如果它试图将自己从它自己的义务中解放出来并篡夺了其他部分的功能,它就使自己成为了笑柄,就像我们今天想要成为男性的女人一样。即便经验是实在的骨中之骨、肉中之肉,她仍然应该认识到,存在着某些真实的肋骨,其在先的存在是她进行创造的必要条件。她可以命名她面前的动物,但如果她独自僭取权力,将实在性赋予使她存在的条件,那么,她就是试图成为比斯宾诺莎的上帝更加伟大的东西,斯宾诺莎的上帝仅仅是自因(causa sui)。她想要成为自因之因(causa causae sui)。经验可以朝前或朝后,但她不可以转移位置。她可以包含真实,但它不可以将真实还原为对她的依赖。

如果要问,除非那过时的表象知识的学说是真的,否则可先于经验而存在的实在怎么可能成为关于它的后来经验的对象? 我会回答说,或许在那个学说中存在着比今天许多人所愿意承认的更多的真理。让我们按其实际所是的那样来看待经验,看清什么是事实。眼下我正在经验着我的打字机,也就是说,对于它以及其他事物有一种觉识(awareness),在它们中间是一组内容,被詹姆斯教授称作"经验的我(Me)"。觉识领会所有的它们,包括许多分别地和集中地存在于它们之间的关系。觉识不在它们的任何一个之中,而是关于它们全部的。这些不同的事物不是因为觉识而存在的,好像是从它那里借来了它们的实在性。它们在那里,在彼此之间的各种关系中,为它而存在。作为体察打字机颜色和形状的觉识,被称为看见了它;作为体察键盘硬度的觉识,被称为触到了它。以此被看见和触到的东西,就存在于我身体前的空间的凸现之中。现在,让我闭上眼睛,举起手指。在对象的领域,有一个变化。与其说那东西轮廓清楚,不如说现在有某个东西,我对它的觉识类似于片刻之前我身体前所存在的东西,但也有些不同。我原先经验到的现在并没有和这个新的某个东西一起出现,并通过它的出现,为相似关系赋予一种"relata"。相反,我只是觉察到这个新的某个东西是**类似的但却是不同的**。它与之相似又不完全与之相似的东西,并不在我的觉识——作为我当下经验的确定内容——中出现,但是我知道,只是在片刻之前它被经验到了。现在我移动手指,眼睛仍然闭着;我再次觉察到那种片刻之前,当我触到键盘时所经验到的硬度。与闭上眼睑我看到的当下颜色相似于睁开眼睛看到的颜色相比,当下的硬度和原先的硬度要相似得多。我还能看到的键盘是幽灵一样的白和黑,我看到的手指是幽灵一般的手指;但是,我感觉到的硬度却不是幽灵般的。现在我视域中的这个对象,"如此病态地带着思想的苍白色调",

309被叫作视觉影像,对应并相似于我只要睁开眼睛就可以一而再、再而三地看到的**事物**。而且,这个影像不仅仅是视域中的某个东西,它在那里代表着某个别的东西——那个我能看见并触到的被叫作真实的打字机的东西。通过这个影像,我知道了实在。如果你问我:"什么是打字机机座的颜色?"我回答:"黑色。"我看到我的影像的黑色,而它意味着真实打字机的黑色。在这种情况下,毫无疑问,我通过影像知道了实在。我能这么做,因为我觉察到影像所具有的对于实在的相似性;我在片刻之前看到,这种相似就存在于我眼前的它那毫无遮蔽的实在中。如果我怀疑这种相似,只需要睁开自己的眼睛。瞧!真实的事物就会无遮掩地呈现,正具有着我赋予它的颜色,因为在那影像中,我看到了那种颜色。也就是说,当我闭上眼睛时,我有一个关于我以前面对面看到过的那个实在的表象的视觉影像。

需要注意的是,这种表象知识非常不同于汉密尔顿(Hamilton)学派的表象知识。汉密尔顿认为,我们睁开眼睛看到的事物不是真正的事物,它只是真正事物的摹本。所以,他相信,我们的所有知识都是表象的。根据上面所给的说明,不是所有的知识都是表象的。我们睁开眼睛所得到的关于真实事物的视觉特征的知识,是直接的非中介的:它是直观的。只是当我的眼睛闭上的时候,我必须依赖表象的知识。现在,既然我可以拥有关于实在的直观知识,而又拥有关于实在的表象知识；既然我可以觉察到它们之间的相似和不相似，那么，当我拥有直观的知识时，就可以检验我以前拥有的表象知识的正确性了。所以，当转而反对关于我们大量知识的表象特征的被断言的事实时，针对所有知识的表象特征理论的反驳论证都丧失了它们的力量。如果我们把知识的这个表象部分称作"通过只是在我们之内的观念认识外部世界"的话，那么，就很难看到杜威教授的这种认识是"一种内在自我矛盾"说法的正当性。

310

然而，却可以恰当地追问这个影像是否"只是在我们之内的"这个问题。从经验的角度来回答，我应该说，是的。我从来没有发现任何理由，设想那个影像可以存在于关于它的觉识之外。我假设杜威教授说的"只是存在于我们之内"的意思是："只有当有一个关于什么存在的觉识时，才有存在。"另一方面，我认为，我有很好的理由相信我所看到的真实的事物；当我不再看它的时候，甚至当我不再想着它的时候，并且当我知道没有人以任何一种方式经验它时，也还继续存在。

汉密尔顿学派的麻烦在于，在说服他们相信我们的某些知识是表象的之后，他们放任自己推出所有的知识都是表象的。持杜威式思考方式的哲学家的麻烦在于，在说服他们相信我们的某些知识不是表象的，并且如果我们的所有知识是表象的，我们就决不可能拥有真理的标准之后，他们就跳到了这样一个结论上：我们的任何知识都不是表象的。如果人们直接放弃将所有知识还原为单调的一致性特征，并按事实的本来样子描述它们的话，我们就既不会有在我们不可能达到原初面目时证明摹本是真实的这一不可解决的麻烦，也不会有下面这些反科学的观点，即事物只有在经验中才是真实的；在我们关于它们的纯粹经验影像改变时，真实的事物也改变了；这些影像的改变就是事物的改变。

上面勾勒的关于我们知识的部分直观特征、部分表象特征的理论，使得与事实一致而不会产生矛盾的**超主观指称**（transsubjective reference）的涵义成为可能。根据这一理论，超主观指称意味着对超越觉识的直接对象——当那个对象只是主观时——而存在的东西的指称。

当我闭上眼睛，从打字机的键盘上移开手指时，我觉识到了影像（它们被叫作仅仅是主观的，因为它们被设想为除了出现在我们意识中外，不存在于任何其他地方）；但是，我也觉识到这些影像对此刻不直接出现在我意识中的东西——如打字机——的指称。这种超主观指称在记忆那里，找到了它最简单的说明。

311

被记住的事物和当我们回想时出现在意识中的影像，当然不是同一码事。我们不可能真正回想我们的童年时光，但是我们确实有影像，这些影像并不只是影像而没有别的任何东西：我们拥有以某种逼真的方式重新产生过去时光的那些影像。不仅有对过去经验的重新产生，而且也有识别。那些影像在表象中走近我们，呈现为携带王宫——它早已在时间的尘土中被毁灭——证书的使者。但由于它们所代表的权力，我们对那些证书满怀敬意，极其认真地对待特使。将当下呈现的影像当作过去实在的表象，是一种超主观关系。影像是一种"被关系者"（relatum），处在与非存在的"相互被关系者"（correlatum）的关系中。就只关注经验的直接内容来说，我们可以把这种关系称作单项关系（one-term relation），那另一项并不出现在此刻的"纯粹经验"之中。但是，它的缺席并没有损坏作为关系项的——被如此认定的——当下项的特征。存在着关于指称关系的纯粹经验；如果要使这个短语完整，那补充的部分存在于直接经验之外。因此，指向不在意识中出现的东西以完成指称关系的影像，是我要称作"观念"的东西。我们所有的联想的知识，都是借助了观念的。

现在，如果能借助观念知道我们已经不再直接觉识到的过去，那么，为什么不能以同样的方式知道那些我们对之没有直接觉识的当下对象呢？比如，现在有一个关于我在另一个房间中的那张床的影像，这个影像不是我的床；那张床在我写作的当下，也不是我的直接纯粹经验的对象。然而，那影像以记忆指向某个不是它自身的东西、某个现在不存在但过去存在过的东西的同样方式，指称着真实的此刻存着的床。在一种情况下，被指的对象是过去的；在另一种情况下，对象同时和影像一起存在，这一事实并没有在指称关系的超主观特征方面造成任何的不同。

312　　　如果被问道，我怎么知道那张床在我的房间里，怎么知道一种不同于我对它的影像的独特实在，就像我的身体坐在打字机前一样。那么，我会说，休谟已经很好地陈述了那些作为我的确切性信念之基础的事实。当然，尽管休谟不认为那信念是逻辑上有效的；信念对于他来说，只是一种想象力的虚构。但当他保持自我一致的时候，对于他来说，记忆影像也没有超主观的指称关系。无论我们把引起信念的动机叫作本能，还是理性或是常识；事实是，在通常的经验中，信念是出现的。对于它的不成立——这种不成立并没有同时假设它的成立和正确，给不出任何论证。

于是,正如我有一些指向以前被经验到的实在的记忆影像一样,并且正如我的一些影像指向不被直接经验到的当下实在一样,我也可以有些影像指向从来没有被经验到的过去或未来的实在。君士坦丁堡的陷落,布鲁诺的殉难,下一个七月四日以及我临床的经验,全部都是通过表象影像呈现给我的。我通过观念,多多少少准确地知道了它们。我所有的对于过去的经验,我所有的对于未来的预测,以及我所有的关于现存事实的知识,除了极少数我以"内在"和"外在"感觉-知觉的方式直接具有的知识之外,都是表象的。所以,当鲍桑奎说,我们在感觉-知觉中接触了实在的时候,他似乎离真理并不远。在其他任何地方,我们都有指向实在的影像,关于实在的观念,但不是实在本身。

如果我对詹姆斯教授的解读是正确的话,那么,这个观点与他的观点就是近似的;然而,在一个重要的方面,与他的观点有所区别。他似乎使经验——在此运用了替代的影像——的真理存在于这样的事实之中:这些影像实际上不间断地与经验——在此,实在成了感觉-知觉的对象——相连。我则倾向于说,对我想象的经验的一个重要检验,是在随后或先前的感觉-知觉中被发现的。然而,影像的真就在于那些影像和眼下存在的超主观实在之间的对应,或者和过去存在过的或将来要存在的超主观实在之间的对应,不论它是不是实际的直接经验对象。感觉-知觉确证了真理,但它自己并不是真理。真理是观念和实在之间的一致。这种一致,并不一定是确切的影像和实在之间一点对一点的对应。但是,对于真理来说,一定有一种涉及超主观特性的对应。

313

2.
杜威教授的"意识活动"①

麦吉尔夫雷

314   在《纪念威廉·詹姆斯的哲学心理学论文》的第 69 页（本卷第 135 页）的脚注上，杜威教授这样说道："当然，根据我有兴趣阐明的这个理论，所谓的'意识'活动，仅仅意味着以行为的方式而进行的有机体的释放。这些行为是觉识的条件，并且改变了它的内容。"如果这就是杜威教授关于施于存在——知识的直接素材——的意识行动的全部含义的话，那么，我有几个问题需要回答；因为自从读了《作为实践的实在》这篇有趣的论文以来，它们就一直缠绕着我。

首先，这样的一个理论是如何消解了"关于'平行论'、'交互作用'、'机械行为论'、'意识'与'身体'之间的关系的那些形而上学困惑"的？（第 132 页边码脚注）。据说，以行为方式进行的有机体释放是觉识的条件。尽管在这篇论文的其他地方，杜威教授将觉识定义为注意，但我想，在这句话中，他是想把意识也包括在觉识——这种觉识受有机体释放的制约——范畴下的非注意的形式中。如果这种释放是意识的条件，那么，它们就因此与意识区别开来了；它们同时被断言处于与意识的某种关系之中：它们是它的条件。现在，平行论者、相互作用论者、机械行为论者以及副现象论者都同意在某种意义上把大脑看作意识的条件。很难看清，"当人们不再一般地将大
315   脑孤立为心灵的一种独特的物理基础，而是将它仅仅当作适应行为手段的身体的一部分时"，这些不同理论之间所讨论的问题怎么就被消解了呢？——除非意思是说，任何问题如果被忽略，那就是被消解了。的确，如果"所谓的意识活动意味着以行为的方式而进行的有机体释放"的话，那么，关于意识*活动*与其他物理事物的关系就不

---

① 首次发表于《哲学、心理学与科学方法杂志》，第 8 卷（1911 年），第 458—460 页。至于杜威的论文，参见本卷第 125—142 页；至于杜威对这个回应的回应论文，见本卷第 143—145 页。

存在任何问题。这里,我们只有一个物理事物与其他物理事物的关系。但如果意识受"意识活动"(等同于以行为的方式进行的有机体释放)的制约,那么,关于这种关系的性质就存在问题。

其次,在什么意义上能说"某种促进,某种生命冲动的发扬,在事物中输入某种差别,是知识的目的"(第 133 页边码)?知识总该是一种意识。那么,当别人告诉我们说知识的目的是生命冲动的促进时,他是期待着我们把它理解为有机体释放的目的就是要促进生命的冲动吗?这是最自然的解释,因为意识的目的自然就是意识活动的目的。如果这是我们都期待的关于这个断言的解释,那么,知识的工具论似乎就是大脑工具论。如果事情就是如此的话,那么我想,我们都会赞成它。但是当我们这么做了之后,还存在着进一步的问题:什么是知识——它不同于而又受制于这些有机体释放——的目的?这导致了第三个问题。

第三,如果是有机体的释放在认识行为中改变了环境的话,那么,作为不同于这些有机体释放的认识,是否依靠自己在环境中造成了任何改变呢?如果没有,那么,杜威教授关于这一点的理论又是如何在原则上不同于"程序实在论者"(program realists)呢?如果有,那么认识又会造成什么样的进一步改变,他又是如何发现造成了什么样的改变呢?他采用的方法似乎是把"所有认识中涉及的有机体的适应"(第 135 页边码)所造成的不同,归因于认识的功劳。为什么是认识的功劳而不是那有机体适应的功劳,如果这两个东西是有区别的话?

第四,如果意识活动不是意识的行动,而是决定意识的有机体释放行动的话,那么,为什么当它们导致有机体释放的时候,事物不能如其所是地被认识,以及在这些释放转过来作用于这些事物之后,它们不能按照已变成的样子而被认识?换句话说,一旦意识和有机体释放被区别开来,我们有什么理由断言知识只能是属于知识条件的结果呢?如果知识不同于它的条件,那么,我们难道不应该研究它,就像我们研究其他事物一样,不是把自己完全限制在它的条件的功能上,而是拓展我们的观点去理解它可能具有的任何可能的功能吗?

316

3.

芝加哥"观念"和唯心主义①

麦吉尔夫雷

317   每一次从根本上说是新的科学重建的尝试,至少都在某种程度上涉及了一种新的术语学。一种语言的那些旧词汇可能仍然被使用,但是它们却被赋予新的意义。用心的读者的任务在于:在理解新信息的时候,注意不要滑回到旧的意义上去。这种老生常谈的反思,由于实用主义争议的当代状况而被提示了。杜威教授已经反复地抱怨说,他的批评者并没有理解他,因为他们解释他的话,仿佛他还在旧的意义上运用一些旧词汇。这种抱怨是充分正当的。当然,这种误解对于任何对他的工具逻辑的真正欣赏来说,都是一个障碍。对于杜威教授的读者来说,没有任何其他词汇比"观念"一词容易产生更多麻烦了。杜威教授并没有错,因为他已经花了很大的力气来澄清这个术语的含义。但是,他的含义与通常的含义大不一样。于是,当他的批评者们试图评价他关于观念的陈述的价值的时候,并没能忠实于他的定义,这一点就不足为奇了。比如说,当人们发现这一挑战被杜威教授的话——"除了在可疑的和被探究的情形下以外,观念会在其他情形下出现吗?"②——所摧毁的时候,人们很容易以一种过于自信的勇气接受挑战。因为,难道不是每一个人都知道,在没有被任何怀疑所烦扰的情况下,观念确实会不断地呈现自己吗? 但是,细心的读者知道,这个挑战是与它有着千丝万缕的联系的,并且不可能被轻而易举地应对。

318   在本文中,我将尽力尝试着阐述杜威教授著述中观念的新含义,然后询问一些

---

① 首次发表于《哲学、心理学与科学方法杂志》,第 5 卷(1908 年),第 589—597 页。至于杜威的回应,参见本卷第 146—155 页。

② 同上书,第 378 页(《杜威中期著作》,第 4 卷,第 93 页)。

由于这个新含义所提示出的问题。但在这么做之前,让我们先简单地考察一下这个词的当下含义。在通常的使用中,"观念"一词至少有两种很不相同的含义。这两种含义可以在英语中被追溯到洛克和休谟,它们可以被称作是这个词广泛的(inclusive)含义和唯一的(exclusive)含义。洛克用这个词指所有当我们思考的时候所意识到的东西,休谟则在与"印象"的对照中使用这个词。自从他们的时代以来,不用再往前进一步追溯,这两种用法都成了经典性的用法。当然,不论在哪种意义上,这个词所具有的特殊细微的含义都是由这些各种各样的观点——关于观念的起源和功能或指称的观点——所决定的,并且这些观点是各不相同的。例如,洛采像洛克一样,与(广泛的意义上的)观念世界相对照,设定了一个观念之外的实在世界,观念尽其所能地和这个世界打交道:杜威教授已经高明地表明,西西弗(Sisyphean)如何是一种在这个关于事物的图式中为观念而设定的任务。唯心主义者也在广泛的意义上使用观念,否定了任何不是观念的实在。所以,他不需要让观念为不是理想的实在来调整自身:唯一必要的调整,是在观念自身之中的。休谟在唯一的意义上使用这个词,然而他却发现,因为观念没有穷尽实在这一事实,所以并没有什么工作适合于观念。它们没有对于其他类型实在的指称关系。它们所要做的一切多多少少是生动的(lively),联想的法则为它们操纵这些事。当代心理学家倾向于在休谟给定的唯一的意义上使用这个词;但是,遵循休谟本人给出的暗示——尽管不是由他发展出来的——心理学家却将观念看作经验中这样一些要素,它们产生于脑皮层的中央刺激,与产生于边缘刺激的感觉相对立。"普通人"(plain man)是在与心理学家所接受的方式相近的意义上使用这个术语的,当然,尽管他对于观念和感觉区别之基础的了解非常模糊。我认为,可以这样恰当地说:对于这个术语的心理学使用,只是对于通俗使用的一种精致的和批判的改写而已。现在,当观念以这种方式在与感觉的对立中被使用时,人们可以看到,它们不仅是可以通过与大脑过程的联系得以说明的事件,而且也以某种方式成为了知识的媒介物。它们不仅有结构和起源,而且有功能和价值;这种价值由它们实现自己功能的成功所决定。这种功能就是认识(knowing)。对于观念的这种功能的审查以及在功能化过程中观念价值的审查,通常被心理学家转交给了认识论专家。如果后者按照自己的方式处理这个问题,忽视结构和起源的心理学问题,那么,我们就会有并列的两门抽象科学,这尤其是实用主义者和人文主义者的耻辱。劳动分工被看作是对手上现有材料的最终和绝望的割裂。经验的活的统一体被分裂为死的成分,伊希斯(Isis)在哪里将经验的散乱解剖聚合起来,以西结(Ezekiel)在哪里对死

319

的尸骨作出预言以使它们可能复活?① 在这些日子里,埃及没有神,以色列没有先知。

但是,我们有实用主义者,他们可以保证:超自然存在的缺陷对于自然的人类认识来说,不应该是致命的。他只是在原本会求助于大量超自然疗法的地方,进行了一点小小的阻拦。他不会在心理学和认识论之间施以劳动分工,因为很自然地,劳动分工是对你对之施以劳动的东西的割裂,这无论如何都是要避免的。一种非专业化的劳动者将被雇用,这保证了生产出来的产品的统一性。集聚,在产品制造方面是不可能的;因此,不要做任何使它成为必然的事情。逻辑学家能尽一切努力,让部分从头到尾连接在一起。

当然,这必然需要工厂中有一套新术语。陈旧方法的真正麻烦在下列两者的区分中被看出来了:一方面是"观念、意义、思想、想象事实的方式、理解事实的方式、解释事实的方式"、"建议、猜想、理论、预测"等等,另一方面是"事实"、"对象"、"材料"以及诸如此类的其他东西。这些并不永远固定在它们的永恒状态之中。另外,它们也与下列东西有关。它们只是一些工具性的区别、功能性的变化,只是你在任何时候对它们处理的结果。当然,即便如此,你也不能摆脱这些区别,因此也就不能摆脱劳动分工;但是,你有一种不同的劳动分工。这种分工是由逻辑学家所研究的材料承担的,而不是由学习材料的学生所承担的。由于这材料是活的反思的经验,它能暂时地忍受所有种类的紧张和混乱,着手处理它们并对它们施加作用,直到它导致了重新组织的效果。确实,没有这种紧张和混乱,就没有思想生活。但是,这样生活的学生一定不要把生活中——甚至在它的分工中——相互联系的东西分割开来。结果就是,尽管采用一种新的观念——即"材料和观念是劳动分工,是合作的手段,目的是经济地处理保持经验整体的问题",逻辑学家必须认识到,两者中的任何一个都"是一种完全的抽象,要么来自于留下来的被组织的经验的立场,要么来自于作为结果——客观的——的被重新组织的经验的立场。"②"因而主观性和客观性之间的区分并非意义本身和与料(即材料——编者)本身之间的区分。它作为一种规定性,相应地出现于与料和观念中。在形成认可意义的过程中所遗留下来的那种东西,仍旧被刻画为真实的;但其真实性现

---

① 伊希斯:古埃及神话中的生育女神;以西结:公元前6世纪的希伯来预言家。——译者
② 《逻辑理论研究》,第52页(《杜威中期著作》,第2卷,第339页)。第二个引语取自其更为狭隘的语境,在那里,句子的主词是一个独特的材料,即"太阳表面位置的纯粹变动(Mere change of apparent position of sun)。作为材料,它绝对是没有问题的"。但是,我认为,更大的语境证明了我对这个句子使用的正当性。

在仅仅是相对于某一经验方式——相对于有机体的某一特性。那种运动所朝向的东西，被认为在宇宙的或机体外的意义上是真实的。"①一方面心理的、理想的，另一方面宇宙的、客观的，都只是在经验不断生长的统一体之中变动着的价值。什么样的变动会产生，是由确定的具体环境下的问题及其解决所决定的。当一个智识问题在经验中被接受的时候，总是有某种暂时被当作事实的东西——这就是材料；有某种被看作是以某种方式适合于那个事实的其他的东西——这就是观念。观念也许后来会被思想的艰辛劳作的结果所排斥——在这个时候，在这个确定的场合下，它就被刻画为只是心理的。相反，那个建议也许被接受了，然后与材料结合在一起；在材料相应地被加以改变以接受被建议的内容之后，在那种场合下，它不再只是观念，而成为了客观的宇宙事实。

321

　　根据逻辑过程的具体事件和具体结果，这种变动不仅是一种降临于观念和材料的命运，它甚至同样将感觉和影像这样的术语画进了它的万花筒中。"《逻辑理论研究》的目的之一，就是要表明……诸如感觉、影像等的区分标志着在受控制的判断，即推论性结论发展过程中的一些手段和危机。"②是否任何经验都将会被当作感觉的，并不由诉诸心理物理的研究来决定——也许，除非那些问题是心理物理的而不是逻辑的——而是由对以前混乱环境的和谐结果的考虑所决定的。没有人告诉我们感觉和被接受的事实是不是同义的，但无论如何，我们都受到了这样的警告：不要"根据批评家头脑中的心理学"③来思考它。

　　现在，这些都是非常清楚的区分，尽管我也许没有公正对待产生这个观点的清晰的思想；但我仍然希望，作出这些区分的人和其他人认识到我已经充分地勾勒出了他们的区别。但由此推出什么？我认为，我们必须同意，有件事情是由此推出的，即必然要给出杜威教授为他在这个杂志的第 378 页（这一卷的边码第 93—94 页）上提出的五个问题所给出的那种答案。根据对观念和事实的这种新定义，除了在怀疑和探究的情况下之外，观念并不呈现自己。它们并不是与它们所指向的事实并列存在的，当这些事实本身被人们所知的时候。它们并不存在，除非当判断被悬置时。它们不是别的，只是在被悬置的结论中暂时被接受的一些建议、猜测、假设、理论等等。这些答案被已经给出的关于观念和事实的定义所决定。就做出适当的回答来说，任何对

322

---

① 《逻辑理论研究》，第 53—54 页（《杜威中期著作》，第 2 卷，第 341 页）。
② 同上书，第 5 卷，第 376 页（《杜威中期著作》，第 4 卷，第 92—93 页）。
③ 同上书，第 377 页（《杜威中期著作》，第 4 卷，第 93 页）。

于实际思考经验的审查,都不是必须的。人们所要做的一切,就是审查被使用的术语的定义,正如在欧几里德几何学中审查平行线是否相交时,人们所要做的一切就是询问平行线的定义那样。系统是十分简单的,如果你遵守这一系统,你就摆脱了某些非常具有分歧的问题;如果你拒绝接受它的话,这些问题就会强迫你面对它们。但是,如果所说的这些问题是由于决定观念的新方式是否和事实相一致的观点而被问起的话,那么,我们就有了一种不同的素材需要虑及。此刻,我不能讨论这个问题。

然而,当我试图接受一个给出定义的新体系时,有些问题必须面对。那个体系难道不是彻底的唯心主义而且是主观唯心主义吗?为了在提出问题时防范误解,我得同时马上说:如果"唯心主义的"涵义适用于体系中的"观念"涵义,那么,我不把作为这些定义之基础的观点设想为是唯心主义的。《逻辑理论研究》不仅承认观念的存在,也承认事实的存在,两者都以一种特殊的方式被定义。所以,杜威教授完全有权利拒绝这种看法,即他的体系是唯心主义的,如果唯心主义是根据体系中的"观念"加以定义的话。我们都记得,当有人认为他的观念方式取消了物质的时候,贝克莱主教曾经有过温和的愤怒。他很容易地表明了,它并没有这么做。难道上天的整个合唱和大地的装备没有在他的唯心主义中找到自己的位置,无论如何,物质的含义不正是这样的东西,它使上天充满乐音,使大地快乐舒畅?但是我相信,如果说贝克莱的观点承认那些物质事物这一事实并没有使他的学说非唯心主义化曾经受到怀疑的话,那么,今天它就得到了公正的解决。有一种关于唯心主义的当下定义,根据这一定义,我们判断体系是不是唯心主义的。**根据这个定义,杜威教授的体系是唯心主义的吗?** 唯心主义似乎一般地被运用于任何这样的理论,它将所有的实在看作被拥抱在一些经验之中,或一个大写的经验之中。它是这样的一种观点,在所有经验的详细目录被确立之后,不承认任何未被归类的剩余实在。被称作唯心主义的思想家,可能甚至不用经验这个术语;但我们从他的著述中可以看出,他是否——如果他曾经像这个术语的一般使用方式那样使用过这个术语的话——愿意像布拉德雷先生那样说:"我不能不得出这样的结论:对于我来说,经验和实在是同样的。别处所发生的事实,在我的心中,似乎只是一个语词和一种失败,或者是一种自相矛盾的尝试。它是一种有害的抽象,其存在是无意义的胡说,因此也是不可能的。"[①]如果有任何一位思想家赞同这种说法,那么,他就是一个唯心主义者。好了,当杜威教授的任何批评者称他是唯心主义者的时候,这位批评者是在现在这种意义上使用这个术语的。当杜威教授

323

---

① 《现象与实在》,第2版,第145页。

拒绝这个称号的时候，他是在另一种意义上使用这个术语的吗？如果是这样的话，难道在各自的意义上，它们不都是正确的吗？杜威教授几乎不会根据其论敌自身不能与其主张一致来反驳其论敌的主张。杜威在上述对唯心主义当下定义的意义上是不是一位唯心主义者呢？我肯定，杜威教授对于这个问题毫不含糊的回答，会使他的观点更加明白易懂得多。他的读者大多数已经发现他是唯心主义的，他们只是被告知犯了极大的错误。这使他们陷入了极大的迷惑不解。如果杜威教授认为，对上述问题的回答太过于纵容了他的读者的弱点的话，他至少可以告诉我们：当他否认自己是一个唯心主义者的时候，他说的唯心主义是什么意思。如果他按照定义来使用观念这一术语的话，他是否可以告诉我们，那个术语是在《逻辑理论研究》中的意义上来使用的。①

但是，当然，当经验被按照唯心主义的定义来加以使用的时候，我们就有了另一个困难。经验的涵义是什么？普通人在他的日常生活中使用这个术语，首先并不是包含了所有实在的。因为他似乎发现，经验是一个真正变动着的东西。在某一时刻是经验一部分的东西，在另一时刻并不是它的一部分。即便经验是在最广泛的意义上使用——不仅包括事实，也包括观念、猜测、假设、理论——毫无疑问，这些仍然是在持续的流动中，就像实用主义告诉我们的那样。这些不稳定的存在者不仅在它们所描述的形象方面被前后追逐，而且它们经常无节制地完全跳出那些形象之外。当这种消失发生时，普通人很容易说这些反复无常的存在者不再是经验的一部分。昨天我在小河边看见了某个石子，今天我记得我看见过它。在这间隔中，我既没有看见它，也没有记得看见它，没有它在场的哪怕一点点最小的迹象。不在场，离开，出走，喷发（Abiit, excessit, evasit, erupit）。它的喷发完全出自于经验。经验，在如此使用下，是最不安定的东西；但这种强烈的滑动和不稳定，在日常思维中，正是它的本质的一部分。但是，这个术语还有另外一种涵义，一种不同寻常的涵义，然而却流行于哲学的著述之中。不存在离开这个经验的出口，甚至不存在安全出口。比起希腊人乌兰（Urn）为他的情人和夫人所做的一切，它为我们不时在有限和变化中所失去的东西甚至做得更多。乌兰只是使她们生命中的一刻加以定型。"你永远地爱着，她会美

324

---

① 当我提问题时，我将很愿意提出另一个问题：杜威教授的"理性主义"和"理性主义的"是什么意思？Aufklärung 的理性主义，我们认为我们知道，我们也知道我们不是这一类的理性主义者；但是，我们不知道在表面上看来新的贬低意义上，是不是理性主义者，在这种意义上，这个术语在他最近的著述中被频繁地使用了。很自然，我们不愿意在不允许违反或没有违反我们面前的这个术语的规则的情况下，被指控是理性主义者。

丽而悦目。"但经验将所有生命的所有时刻弄得一成不变,过去的或现在的或将来的一切事物,都将在流动的河流的基础之上。在此,它们既是固定的,又是流变的。两种经验,对于经验来说,都有困难;尽管我们被告知,两种经验,对于大写经验来说,没有任何困难。但每一种经验都正是其所是,而不是其所不是;它包含的正是它所包含的东西,而不是它不包含的东西。杜威教授没有任何大写种类的经验,而他却没有任何不是经验的东西。但就像我们已经看到的那样,小写的经验没有为消失的石子留下任何余地,除了本身在大部分时间是消失了的记忆。这似乎是为什么人道主义的实用主义者将石子转变为自立(self-supporting)经验的理由。在这一点上,杜威教授不屑于追随人道主义者。现在,问题在于,杜威教授是否在不同于上面提到的那些意义的某种另外的意义上使用了经验。如果他没有,他就不是一个主观唯心主义者吗?他满怀着对认识论者将自己的观念和事实加以统一的"奇迹"的羡慕。如果实用主义者试图使零碎的和难以捉摸的经验,在没有对更加永恒东西的追求的情况下,从非经验中产生出它在解决逻辑困惑时总是需要的东西的话,那么,认识论者反驳这种羡慕就是正当的。但是,如果已经从经验中消失了的东西,尽管已经消失却仍然存活,然而却又并非发生在永恒大写经验中的话,这种谈论经验及其所需补充的方式是如何不同于严格的客观主义的实在论的呢? 但是,根据《逻辑理论研究》,从经验中消失的东西,除了作为一种完全的(没有根据的?)来自于被组织起来的或被重新组织起来的经验立场的抽象之外,如何能够继续存在?

与杜威教授对观念和事实的新区分相关,有一个更进一步的困难,我希望能摆在他的面前。我想,我们大部分人都接受月球有另一面是事实,且和月球有这一面的事实是同价的。如果我们不接受的话,似乎就会在经验中有一个明显的麻烦;我相信,这个麻烦会一直存在于我们大部分人这里,直到我们接受了另一面为止。那样,它就成了"事实"。这个事实,虽然作为被接受的事实,它和月球的这一面是等价的,然而作为被经验的事实,似乎明显不同于它。我可以看见一个,但我看不见另一个。就算感觉这个术语失去了它日常的含义,成了只是标识推论性结论的发展中的一种工具或危机的一个术语,在月球具有两个半球的结论被得出之后,在我们的经验中仍然存在着两个半球之间的明显区别。这种区别,不论我们如何可以用改变术语涵义的方式来撬动它,都似乎没有稍微移动。追随日常用法,实在论者说,虽然有两个月半球,但却只有一个可以被直接经验,而另一个只是借助于观念接近我们的。如果他被迫接受芝加哥词典编纂学的话,他会发现,关于这一点,他不知道该如何表达自己。但不幸的是,他没有发现任何遗失的事实要说出来。实用主义会怎样对待这种不同?

如果它忽略它,那它还能保持与科学的和睦吗? 它骄傲地宣称,这种和睦是它的成就之一。科学在观察和推论之间、经验事实和在事实基础上的构造之间作出了彻底的区分。现在,《逻辑理论研究》的伟大优点之一,就在于它指出了:被科学当作事实的东西和被当作理论的东西,其本性在很大程度上是模糊不清的。但这种模糊不清难道不可能被说得有些过头了? 我们当作卫星的东西,远在行星地球 240000 英里之外,毕竟或许不能证明就是我们认为它所是的那个样子。但是,假设这种科学构造中的改变竟然会发生呢? 所有的一切并没有从当下的科学事实中失去;这样一个事实仍然保留在那里:在经验中偶尔存在着某个明亮的东西,从微小的月牙成长为圆满的天体。这个事实先于托勒密并且其寿命远超过哥白尼,而且,我认为,它还将超过哥白尼主义,如果后者——已经开创了自己的时代——还会消亡的话。这个事实也许会被解释为你喜欢的任何东西并被接受为那个东西;但它将在那里以某种方式被接受,只要任何与我们构造相同的人睁开眼睛,在适当的时候将它们转到正确的方向上来。这种事实——存在着很多这种事实——构成了稳定不变的思想材料。它是*所予的最后所予*(datissimum datorum)。思想似乎与它的制造没有关系——尽管唯心主义者对于这个事情有另一种说明。思想也不可能以改变这些所予(datissima)的方式做很多事情。[①] 它们不仅构成了所有科学问题的基本出发点,而且在整个思想过程中以及在思想完成了它的全部工作之后,仍然保持着其质朴的特性。在观念和第二级材料玩着它们彼此捉迷藏的游戏时,这些第一级的材料就在游戏之中,而不是关于游戏的。它们把首要性赋予一个月半球,任何地球上的思想重组都不可能把这种首要性赋予另一个月半球。于是,一种关注经验的哲学不可能完全忽视这两种材料之间的区别。通过拒绝承认按照其感觉和观念之间区分的旧方式,将它恭敬地从前门送出,而它又会从后门隐名埋姓但同样冒失地进来。逻辑能忽视它吗? 如果并没有忽视它的话,那么,实用主义逻辑能把它固定在某处,在它很好地描述而旧逻辑却乐意抑制的可塑环境的跳跃中,把它固定在那里而又不放弃环境的整个可塑性吗?

① 思想在这个问题上能做多少,是一个有趣的问题。在这里,我们不可能讨论它。

4.
《教育中的道德原则》编辑"导言"^①

亨利·苏扎卢（Henry Suzzallo）

作为公共事务的教育

　　教育者的抱怨之一，是公众不像听从其他专业从事者的意见那样听从他的专业意见。乍一看，这似乎表明，要么是公众有缺陷，要么是专业有缺陷。然而，关于此情形更加开放的观点告诉我们，这种结论并不是必然的。教育对公众的关系，不同于任何其他专业工作的关系。在公众健康或法律权利的保护和恢复不是公共事务的意义上说，教育对于我们来说是一种公共事务。就除了国家本身之外任何其他机构所没有的特点而言，学校有修改社会秩序的权力。在我们的政治体制下，每个个人都有权利在制定社会政策时表达自己的声音，正如他在决定政治事务时拥有一票一样。如果这是真的，那么，教育首先就是公共事务，其次才是专门的职业。于是，外行总是有权利就公共学校的运作提出某些看法。

作为专家职业的教育

　　我已经说了"某些话"，但不是"全部"；因为教育工作有它自身独特的神秘性、它自身的知识和技能，这些对于未经训练的外行来说是不可能进入的。我们刚开始认识到，在这一方面，学校和政府有着共同的问题。教育和政治是从根本上受制于公共意见的两种功能。然而，学校和国家明显地缺乏效率和节俭，已经加快了我们对迫切需要专家服务的认识。但是，公众意见究竟应该在哪些地方得到正当的表达，什么应

---

① 首次发表于《教育中的道德原则》（波士顿：霍顿·米福林出版公司，1909 年），第 v—x 页。

该恰当地留给专家来判断呢？

专家意见和公众意见的关系

就决定影响所有人社会福利的广泛政策和最终目的而言，公众可以通过投票或多数人的声音来要求它解决问题的权利。但是，对有效地实施公众意志的具体方式和手段的选择和执行，必定在很大程度上仍然是专家的事情。公众完全有理由可以尊重这里所需要的高级的知识和技术。

在学校管理方面，公民有理由决定适合于他们的目的，他们有权判断结果的效验。对于关注所有组成的细节——由于这些细节，孩子们将被转变为期待中的那种男人和女人——的那些问题，至少在关于这个非常复杂的问题方面他所具有的高级知识相称的意义上，专家教育者应该是权威性的。学校的管理，学习课程的制定，课本的选择，教学方法的指定，这些都是人们或教育董事会的代表们不可能处理的事务，除了冒险成为纯粹的干涉者之外。

道德教育的讨论对外行的错误观点的解释

作为公共事务的教育和专家职业服务的教育之间的那个区分的有效性，最清楚地显示于对学校道德工作的公众讨论的分析中。后来有多少次，都是那些不熟悉学校特殊性质的人宣布了教育的道德目的，并且同时要求作为特殊方法——通过这种方法，道德目的将得以实现——的直接伦理教育！这种情况依然继续，根本不顾这样的一个事实：那些最了解作为工具的教育的力量和局限的人，已经反复指出了这样一个设想——关于正确性的知识构成了正确行为的保证——的无效性。那些断言教育就是为了社会效率的人，在设想学校应该返回到关于传统形式的话题、阅读、写作等其他的沉闷学科方面是多么的一样啊！这也违背了这样一个事实，即一个世纪的教育的发展已经改变和丰富了学习课程，这足以呼唤在社会生活方面的刺激和活动——它们需要在孩子中加以训练。有多少人热心地谈论公共学校为那些自由和自立的人的民主所提供的广泛服务，他们倾向于一种犬儒的、甚至是强烈的对学校"自我管理"的否定！这些人不会让孩子们学会管理自己以及彼此管理，而是要让主人管理他们。他们忽视了这样一个事实：孩童时代的这种公共实践可能是成人社会——在这里，公民被政治统治者们任意地管制着——中那种不好状况的基础。

人们不需要举更多的例子来说明公共方式在处理学校教学方法的技术问题方面的无能。很多例子都表明，那些足以对学校的目的和结果加以判断的善意的人们，也会错误地坚持这样一种特权即用教条主义来指导教育的技术方面,而这种教条主义并没有对他们关于任何其他知识或行动的具体领域的那些陈述的特征进行刻画。

关于教育中的道德原则的基本理解

没有任何事情比公众和教育专家理解他们各自的功能更有用了。教师需要理解公众意见和社会常规,就像公众需要理解专家教育服务的性质一样。需要时间来划出一条界限,它将有利于那些相关者的重视、管束和效率;但是在开始时,可以做一些基本的事情。没有任何东西像关于教育中的道德原则的讨论那样,如此触及我们教育思想的根本了。

我们很高兴来呈现一位思想家关于它们的处理,他对于学校教学方式改革的影响在他的同侪中是无与伦比的。在他关于道德教育的社会和心理要素的讨论中,有很多东西表明了什么应该由社会意见来决定,什么必须留给训练有素的教师和学校官员。

331

5.
《教育中的道德原则》大纲^①

I. 学校的道德目标

1. 道德观念和关于道德的观念

2. 道德教育和直接的道德指导

II. 由学校共同体给予的道德训练

1. 社会伦理学和学校伦理学的统一

2. 对公民身份严格和正式的训练

3. 学校生活应该训练许多社会关系

4. 它应该训练自我指导和领导能力

5. 脱离了社会环境,不存在能力的和谐发展

6. 学校活动应该是典型社会生活性质的

7. 学校的道德训练往往是病态的和形式的

III. 来自教育方法的道德训练

1. 作为与被动的个人专注相对立的主动的社会服务

2. 个人主义动机和标准的正面教授

3. 为外在地位而竞争的坏处

---

① 首次发表于《教育中的道德原则》(波士顿:霍顿·米福林出版公司,1909 年),第 59—61 页。

文本研究资料

文本说明

　　1904 年 4 月 28 日,约翰·杜威接受了哥伦比亚大学哲学系的一个职位,并在 1905 年 2 月开始教学。但是,在过去的那一年里,这个工作并没有进行;他写信告诉自己的朋友詹姆斯·麦基恩·卡特尔(James Mckeen Cattell)说,他已经与哥伦比亚大学校长尼古拉斯·默里·巴特勒(Nicholas Murray Butler)达成了大致一样的共识,因为他想确保做到这一点:"万一我在晚一些时候考虑了那个从事行政工作的愿望,那么,接受当前这份工作的决定就不会不可改变地给我造成约束。"①虽然他于 1904 年 4 月辞去了芝加哥大学的教职,但他的工作关系却一直在那里保留到了 1905 年 1 月;他和他的家庭在欧洲度过了中间这段时间。直到从欧洲回来,他才于 1905 年 2 月 1 日开始了在哥伦比亚大学的工作。显然,他在 1905 到 1906 年间的经历,恰好在本卷所代表的那个时期开始之前,是令人满意和发人深思的。这足以使他坚信自己已经作出的这个选择:他再也没有提到过步入行政工作的可能性。

　　从事教学工作以及与其同事们之间形成激励性关系的最初几年,标志着杜威整个职业生涯中这个最为激烈的论辩时期的开始。戴奎真曾经这样说:"在 1905 到 1914 年间,杜威写了 30 多篇详细阐明和澄清其观点并为之提供辩护,以反对批评者的重要论文。"②在这一时期——一位哲学家稍后称之为"一个被如此多的潮流和跨

---

① 约翰·杜威写给 J·M·卡特尔的信,1904 年 4 月 28 日,《卡特尔文集》手稿部分,美国国会图书馆。关于杜威不愿意放弃成为一个行政工作者观念的其他讨论,参见《杜威中期著作》,第 3 卷,J·H·博伊兹顿编(卡本代尔:南伊利诺利大学出版社,1977 年)的文本说明。
② 乔治·戴奎真,《杜威的生平和思想》,卡本代尔:南伊利诺伊大学出版社,1973 年,第 124 页。

潮流称颂（或诅咒）的时期"①——所进行的讨论中，一个重要的例证就是这一卷中所提到的杜威与麦吉尔夫雷教授之间进行的长期争论。《对麦吉尔夫雷教授的问题的回应》，杜威在始于 1907 年的那个争论中的一篇达到极致的论文，已经被收入这一卷，尽管这篇论文直到 1912 年才得以发表。正如这个争论所阐明的那样，《哲学、心理学与科学方法杂志》[由杜威的同事 F·J·E 伍德布里奇主编，从 1906 年开始，温德尔·T·布什(Wendell T. Bush)也参与了编辑]是这场争论的主要舞台。在本卷的 26 篇论文和评论中，单期杂志上发表的一个最大文章数目——7 篇——就出现在《哲学杂志》上。

但是，杜威在 1907 至 1909 这三年间的文章并没有仅仅局限于哲学争论，或者仅仅局限于《哲学、心理学与科学方法杂志》；他发表的文章所涉及的主题范围广泛，文章发表的杂志范围也很广泛。集中发表在《哲学杂志》上的那些论文的随后，是《哲学评论》上的四篇论文；尽管在时间上不太紧挨，但却只有两家其他的杂志发表了一篇以上的文章：3 篇出现在《教育进步杂志》上，2 篇出现在《希伯特杂志》上。一篇论文——《伦理学》(《智力与道德》)——被哥伦比亚大学作为专论出版了；另一篇论文——《实在具有实践特征吗？》，被收入了威廉·詹姆斯的《纪念论文集》的其中一卷，即《哲学与心理学论文集》(纽约：格林·朗曼出版公司，1908 年)，第 53—80 页；另一篇杜威在 1909 年全国黑人会议上的致辞，发表在该会议论文集上。剩余的 7 篇文章则发表在 7 家杂志上：《哥伦比亚大学季刊》；《教育评论》；《心灵》；《政治学季刊》；《通俗科学月刊》；北伊利诺伊教师协会 1909 年年会的论文集《大会主题：公立学校中的道德和宗教训练》；以及《学校科学和数学》。

339　　除了这 26 篇文章和评论之外，在这一卷里，还包括杜威的教学大纲《当代思想中的实用主义运动》，以及小册子《教育中的道德原则》，该小册子是为他在师范学院的同事亨利·苏扎卢编辑的《河畔教育专论》(Riverside Educational Monographs)丛书而作的。虽然没有被收入本卷，但也写作并发表于这一时期的，有杜威和塔夫茨合著的《伦理学》(纽约：亨利·霍尔特出版社，1908 年)一书中杜威写作的那一部分，即中期著作的第五卷。

杜威在这一时期同意撰写的另一篇评论文章显然并没有完成。在 1907 年，卡特尔曾经邀请他为《科学》杂志写一篇关于威廉·詹姆斯《实用主义》的评论；杜威表示

---

① Wilmon Henry Sheldon, "The Vice of Modern Philosophy", *Journal of Philosophy*, *Psychology and Scientific Methods* 12(1915)：5 - 16.

出了犹豫,他说他在马萨诸塞的海厄尼斯(Hyannis),手中没有这本书,并且说"此外,我告知伍德布里奇,我为《哲学杂志》写过了关于它的评论"。① 这篇"评论",即《实用主义所说的"实践的"是什么意思?》,②正如杜威所说的那样,结果证明并不是关于詹姆斯先生著作,而是关于这本书中所阐述的实用主义运动的当下地位③的一个评论。当杜威的论文在这个杂志上发表之后,卡特尔重新提出了他的请求。这一次,杜威给予了回应,说:"如果你愿意,我将会为《科学》写一篇关于詹姆斯的评论。"④然而,这篇评论却没有被发表出来。

杜威在这一时期所作的三个公开系列讲座也没有发表,虽然一个系列讲座笔记被保留了下来,即 1906 年秋天在约翰·霍普金斯大学礼堂所作的讲座。⑤ 其他两个系列讲座是:在马萨诸塞海厄尼斯师范学校的讲座,以及在伊利诺伊大学的五个讲座,其中,部分是在 1907 年 12 月 8 日、10 日、12 日和 13 日的《伊利诺伊日报》上讨论的。我们只知道这五个讲座中前四个讲座的名称:"哲学与教育问题之间的四点联系"、"个体与全体或社会"、"现代教育实践中的个体与社会的关系"和"教育中的文化对自然"。⑥ 除了这一卷中出现的这些课程提纲外,在杜威 1907 至 1909 年的课程中,一系列转录讲座的笔记被保留了下来:"高级逻辑",H·希思·鲍登(H. Heath Bawden) 1906—1907 年在圣路易大学的笔记集,第 60 页。

在本卷收入的这 26 篇文章和评论中,其中 18 篇,在杜威的一生之中只被刊印了一次;他为论文卷集的收录而修改了其中的 8 篇。其中一篇即《实在具有实践特征吗?》,直到 1931 年才被修改;这些修改版本的专门目录被收入了本卷。关于剩余 7 篇中的一篇,即《自然及其善:一场对话》,有其打印稿的一个复印本存在;然而,正如在这个评注中稍后描述的那样,《希伯特杂志》上的那篇论文的第一版已经被当作范本(copy-text)而接受了。至于这 7 篇文章,其中每一篇的首次印刷版本都是被作为范本发表的。

在那些经过修改的论文——对它们而言,杂志出版的版本都是范本——中,除了

---

① 杜威写给卡特尔的信,1907 年 7 月 11 日,美国国会图书馆。
②《哲学、心理学与科学方法杂志》,第 5 卷(1908 年),第 85-99 页。
③ 本卷第 98 页。
④ 杜威写给卡特尔的信,1909 年 7 月 7 日,美国国会图书馆。
⑤ 杜威著作特辑,莫利斯图书馆,卡本代尔:南伊利诺伊大学。
⑥ 杜威在这些年里所做的很多其他公开讲座和讲演,我们只知道题目,而且也没有公开出版。关于这些讲演的题目和地点的一个详细编目,参见戴奎真,第 147—148 页。

在已经提到的《希伯特杂志》上的那一篇之外，杂志加于杜威文章之上的出版风格和规范都是模糊不清的；而且，有时候明显是根据图书出版商后来的出版风格和规范而被大幅度地改变了的。杜威在次要方面的特有习惯不被人们所知，或者被人们认为是变化的。在此，这种修订次要方面的一般方法，就是不仅接受与实质修订一起发生在同一个句子中的那些次要方面的改变为权威的改变，而且也接受那些发生在实质的修正之内或与实质的修正内在相关的改变为权威的改变。此外，那些次要的改变——它们本身代表着可以信赖的杜威本人所作的修订——也已经被接受为范本的修订了，例如，他为了引起对一个语词或一个语词的特殊用法的注意而加上的那些斜体或引用标记。除了这些情况之外，这种方法都是保守的：只是为了达到所期望的正确性，就像在后面几节所说明的那样，这种经过次要方面修订的读物比范本更受人们偏爱。①

在后面的这几节中，讨论了范本以及对这 7 篇修订论文的编辑方法问题。

《达尔文对哲学的影响》

本卷中的 4 篇文章——《达尔文主义对哲学的影响》、《自然及其善：一场对话》、《智力与道德》和《真理的理智主义标准》，在它们被放进《达尔文对哲学的影响及当代思想的其他文章》(纽约：亨利·霍尔特出版公司，1910 年，以下简称《达尔文对哲学的影响》——译者)出版以前，杜威已经对它们进行了修改。在后面几节中，对其中每一篇文章都进行了单独讨论；因为，《达尔文对哲学的影响》的出版历史出现在了这里，而不是出现在其严格意义上按年代排序应居的位置。所以，在关于那本书所包含的 4 篇文章的这几节中，参考书目可以被给出。

除了《关于真理的简短问答》这篇文章之外，《达尔文对哲学的影响》中的所有文章，都已经于此前的 1897 至 1909 年间在各种杂志上发表过。正如杜威在"前言"中写的那样，因为在他看来，它们是连贯一致的，②所以，他把它们集合起来，作为对《我们观念储备的实验和片断性重构》③的一个"贡献"。对这些论文的再版，为实质性修改提供了机会；就像关于每一篇文章所讨论的那样，这种修改在某些情况下是大范

---

① F·鲍尔森在他的文章《文本的校勘原则和程序》(《杜威中期著作》，第 1 卷，第 347—360 页)中详细讨论了在编辑《杜威中期著作》过程中使用的文本校勘原则和程序。

② *The Influence of Darwin on Philosophy and Other Essays in Contemporary Thought* (New York: Henry Holt and Co. , 1910), p. iii.

③ *Influence of Darwin*, p. vi.

围的。①

这本书的版权属于 1910 年 4 月 23 日的版本,版权号码是 A26141。源于这本书
的所有副本的版权页上都有这样一个通告:"1910 年 4 月出版。"被检验过的有些副本
的标题页上也有"1910 年"的字样;而另一些则没有。普林斯顿大学霍尔特出版社记
录中的一部分发行量纪录显示,这本书的第二次重印是在 1916 至 1920 年间进行的,
可能是 1917 年。根据国家图书馆版权本的副本,对这本书②的两种副本的机器校对
显示,在本卷中出现的这些论文的文本中并没有进行什么改动。

我们应该把注意力集中于当前这个版本中的编辑处理方法——在这个版本中,
当它们被收入《达尔文对哲学的影响》这本书时,对这些文章进行了三类调整。在限
制性从句(在这 4 篇文章中出现了 31 例)中频繁而又一贯地用"which"代替了"that",
这的确不是杜威本人的改动;在这种修改过程中,杜威远远不是一贯的,无论是在原
始文本还是在修订版本中,而且不存在作出这种编辑决定所赖以为基的规范模式。
因此,虽然这些改动中的某些改动可能是由霍尔特的一位编辑做出的,但是,其中的
很多改动显然是在杜威本人所作的实质性修订版本中被插入或者与之相关的。在当
前这个版本中,这些改动已经被接受为这个范本的修改了;但是,在三个这样的例子
中,《达尔文对哲学的影响》中的改动与《希伯特杂志》已经出版设计的《自然及其善:
一场对话》的原始打印本是一致的。因此,《达尔文对哲学的影响》中的这三篇文章并
没有被修改,而是对原文的复原。然而,没有被接受为修改的还有在文中的一系列
"and"和"or"之前一律加上的一些逗号。在这个问题上,杜威本人的改动也是不一致
的;而且,根据不同的权威性原则,范本受人们偏爱。在首次发表于英国杂志《心灵》
和《希伯特杂志》的这三篇文章中,因为拥有美式拼写,所以,在标点符号的相应位置
方面,遵循了标准的美国惯例。在其他方面,除了在已知的杜威本人偏爱的拼写的地
方,在拼写上也遵循了范本。

《达尔文主义对哲学的影响》

杜威参与了于 1909 年春天在哥伦比亚大学举行的一系列关于"查尔斯·达尔文
及其对哲学的影响"的讲演。在这一年的 4 月 13 日,他把一个题为"达尔文对哲学的

---

① 对重印于《达尔文对哲学的影响》的其他六篇文章的讨论,参见《杜威早期著作》,第 5 卷,第 132
页;《杜威中期著作》第 1 卷和第 3 卷的文本说明。
② 杜威中心(a),在标题页上有"1910";杜威中心(b),标题页上则没有这个日期。

影响"的演讲稿副本——大概是一个打印本——送给了《通俗科学月刊》的一个编辑——卡特尔，并这样说道："毫无疑问，你那里有更多写给《通俗科学月刊》的充斥着达尔文的稿子。但是，我认为，我要附送给你的这篇稿子却是与众不同的。"①这篇文章发表在《通俗科学月刊》的七月号上：《通俗科学月刊》，1909 年第 75 期，第 90—98 页；在这里，《通俗科学月刊》的版本被用作范本了。

杜威对这篇文章进行了修改，可能使用了一个选印本；并以《达尔文主义对哲学的影响》为新标题，并于次年作为主题文章出现在《达尔文对哲学的影响》中（第 1—19 页）。除了被本卷作为范本的修改所采用的杜威本人的那些实质性改动以外，与这些实质性改动相关的——要么是这些实质性改动引起的，要么是与它们邻近的——10 处标点符号的改动，也已经作为符合杜威本人对这篇文章的意图的改动而被接受了。这些改动是：在 4.24、4.34、5.15、7.33、8.2(2)、12.31 和 12.37 处增加的逗号；在 14.14 处删除的逗号；以及在 7.36 处增加的分号。根据杜威的特殊用法，8.14 中"half-instinctive"中的连字符也被接受了。

《自然及其善：一场对话》

1908 年 12 月，约翰·杜威向纽约哲学俱乐部——一个通常拥有 12 到 18 个来自纽约的成员的小组织，其定期的成员集会很多年来都是在哥伦比亚大学举行的——宣读了一篇题为"自然及其善：一场对话"的文章。②

这个演讲手稿——不是由杜威打印——的一个长 23 页的副本，被保存在哥伦比亚大学专门收集的关于这个哲学俱乐部的论文中。在首页的顶端，显然是由一位秘书写的说明："这些复印本无需返还。俱乐部成员们都得到了这样的提醒：它们可能是已经被注解的(anotated)（原文如此），是在 12 月 10 日下午 5 点被提交给会议的。"一个成员，就像未被确认的那样，要这样注解一个副本；现存的文档是这个成员的，而不是杜威本人的。在标题后面，他这样写道："来自约翰·杜威——在 1908 年 12 月 17 日纽约哲学俱乐部会议上被宣读。"散布在这篇文章中的是出自同一手笔的修改，因为没有权威性，它们没有在这里被记录。但是，就像这个文件的原始版本一样，这个副本也有权威性，即使它的打印是非常专业的。

---

① 杜威写给卡特尔的信，1909 年 4 月 13 日，美国国会图书馆。

② See Dykhuizen, *Life and Mind of Dewey*, p. 297；Jane Dewey, ed., "Biography of John Dewey", in *The philosophy of John Dewey*, ed. Paul Schilpp (Evanston: Northwestern University Press, 1939), pp. 37 - 38。

这篇文章的色带打印件(ribbon copy)可能是杜威为了在《希伯特杂志》1909年第7期(第827—843页)发表而重新修改后的版本,题目是"自然是善的吗? 一次对话"。在修订这篇文章的过程中,杜威做了大量的实质性改动和添加,这也必然带来与之相适应的次要方面的改动。而且,杜威还按照他独具特色的修改方式,对整篇文章的次要方面进行了改动,而不是按照《希伯特杂志》版本的方式。由于这个原因,《希伯特杂志》已经把当前这个版本作为范本。杜威为《希伯特杂志》所作的次要方面的修订和改动,包括如下方面:30处词语字母的大写——Nature(24)、Science(2)、Real、Reality、Appearance、Being;很多标点符号、印刷或拼写错误的纠正;为了强调插入语或者澄清意思而对标点符号进行的修改。《希伯特杂志》的英式拼写已经被恢复到它们在《大会主题:公立学校中的道德和宗教训练》中原始的美式拼写形式;此外,只有《大会主题:公立学校中的道德和宗教训练》为了形成"Grimes's"而加上的"s",与《希伯特杂志》的手稿形式——它连同这个拼写可能都是具有出版社风格的——相比,已经被更好地接受了。《大会主题:公立学校中的道德和宗教训练》与《希伯特杂志》之间在实质和次要方面的不同,是在历史校对过程中被记录下来的。

在它于《希伯特杂志》上发表后的那一年,杜威准备了这篇为了在这一卷论文集——《达尔文的影响》,第20—45页——上发表的文章。在目前这一卷包括的为《达尔文的影响》而修改的4篇文章中,"自然及其善"是实质性改动最少的,《达尔文的影响》几乎反映了《希伯特杂志》上的每一处实质性改动。事实上,就像修订目录所反映出来的那样,在这两个版本中,只有12处实质性的区别,其中绝大部分都不是在思想上而是在表述上的小改动,譬如,在18.27处的"and to make"这个表达中所加上的"to",以及在21.24处把"to"改成了"in"。剩余的实质性修改都是在题目上的修改,分别在21.25、23.8、23.13、23.29、27.4、29.14、29.18、29.37(2)和29.38处。

在《达尔文的影响》中,对《希伯特杂志》次要方面所作的相对较少的改动表明,杜威已经把《希伯特杂志》的重印本用作了打印本(printer's-copy),并且证明了把《希伯特杂志》用作手稿的愿望。除了恢复美式拼写以及在相应的标点符号上使用美式规范以外,《达尔文的影响》通常为了形成"Grimes'"这种所有格的形式,并因此使之恢复到已经被《希伯特杂志》编辑改动了的《大会主题:公立学校中的道德和宗教训练》的形式而加上了"s"。另外10处次要方面的改动,已经作为来自《达尔文的影响》的修改而被采用了。其中的一个改动是在一页上给"Grimes'"加上了"s",但这个改动在《大会主题:公立学校中的道德和宗教训练》(21.20)中却并没有出现。为16.37和17.5中的一段间接讨论加上引号,以及在23.37处删除了斜体,都被认为是作者本人而不是编辑所作的改动。为了实现澄清杜威意思的期望目标,在16.34、16.35处加上了逗号以强调一个插入语;在23.16处加了一个逗号;在25.13处用一个冒号取代了一个分号;在29.37、29.38处用圆括号取代了逗号。

《智力与道德》

1908年3月24日,杜威在哥伦比亚大学作了一个关于科学、哲学和艺术的系列演讲;他的演讲词作为题为《伦理学》(纽约:哥伦比亚大学出版社,1908年)的专论——第26页——在这个春天由哥伦比亚大学出版了。在目前这个版本中,这篇作品首次公开发表的版本被用作了范本。

两年后,《伦理学》经过修改之后再版于《达尔文的影响》——在这里,它以"智力与道德"为新的标题——第46—76页。杜威对这篇文章的实质性修改,连同被断定为在修订过程中由杜威本人所作的符合其愿望的很多次要方面的改动,都已经被作为范本的修改而采用了。这些改动是:对34.12处的"fate"和37.8处的"middle ages"的大写;在33.16处,用逗号强调"however";在42.38处,用一个逗号完成对一个插入语的强调;在32.16、32.17、34.11、36.39、37.2、46.15处删除了逗号;为了反映杜威的个人化用法,在43.31处的"all-embracing"、46.33处的"all-inclusive"中加上了连字符;在31.18中加上了一个逗号;在31.18中把一个分号改成了一个逗号;在49.7的"class-approvals"中加上了一个被漏掉的连字符,以补充完整"class-codes, class-standards"这个系列。

《真理的理智主义标准》

这篇论文的范本是《心灵》上的版本:它在英国《心灵》杂志上首次发表(第16卷,1907年,第317-342页)的题目为"实在与观念真理性的标准"。在《达尔文的影响》(第112—153页)发表的修订版本中的修改,连同在这里使用的新标题,已经被采用了。

杜威在《达尔文的影响》中的此文首页上的说明中提到:"很多改动……都是为了减少这篇论文的技术性而做出的。"但是,他又补充说:"我担心的是,对于那些不熟悉最近逻辑理论讨论的人而言,它仍然太过技术化,从而是难以理解的。"杜威为了使这篇论文更少技术化的努力——他已经认识到,这些努力大多是不成功的——包括通过对文章内在思想的重写,以及对章节的重新安排而对这篇论文所作的彻底修改。所有被删除的章节都在修订目录中有所显现,但是,这个目录却不可能提供出一个能反映对这篇文章所进行的原始安排的一览表。

除了杜威所作的与这种实质性修订相关的次要方面的改动之外,为了当前这个版本,5 处其他的次要方面的改动也被作出了:在 65.39 中小写了"the";在 56.6、67.1、71.23 中,加上了逗号;而且,还在 72.12—72.13 中把逗号改成了圆括号。

《实验逻辑论文集》

在它们首次发表于杂志上之后,本卷中的 3 篇文章——《事实对观念的控制》、《观念的逻辑特性》以及《实用主义所说的"实践的"是什么意思》——经过修改以后在《实验逻辑论文集》(芝加哥:芝加哥大学出版社,1916 年)①被修订再版了。这个评注中接下来的三节,分别讨论了这 3 篇文章;《实验逻辑论文集》这一卷集首先被描述了,以至于在稍后的几节中可以给出它的参考书目。

《实验逻辑论文集》最初是由芝加哥大学出版社作为对《逻辑理论研究》(芝加哥:芝加哥大学出版社,1903 年)中的杜威部分的常规性再版而公之于世的,并"进行了一些修正和某些小的增补"。② 显然,这个出版社认为,在很多段落甚或页面中进行的那些"小的增补"将被加于先前出版的《逻辑理论研究》之上;然而,杜威却在答应做出这些增补的再三要求之后,通过增加 9 篇早先发表在各种不同杂志上的文章而成倍地扩充了计划中的这本书的规模。

《实验逻辑论文集》的三个印刷本,是由一个独立系列的版本——1916、1918 和1920 年的版本——构成的;这本书在 1925 年 12 月已售完。根据这本书的版权号为A433372 的副本对这三个与之不同的印刷本③的机器校对表明:在本卷中所包含的这 3 篇文章中,只有一行被进行了重新安排;就这三版印刷本而言,只有在《实用主义所说的"实践的"是什么意思》这篇论文中,为了避免"arrangements"这个词在行末中断,字体被重新编排了。

《事实对观念的控制》

这篇论文是《哲学、心理学与科学方法杂志》在 1907 年第 4 卷上分三个部分——

---

① 在《杜威中期著作》第 2 卷的文本说明中,对《实验逻辑论文集》的起源和历史进行了更为充分的讨论。本卷中的说明是对那个材料的一个概述。

② 麦克法兰德(A. C. Mcfarland)1916 年 2 月 24 日写给 N·米勒(Newman Miller)——这家出版社的主任——的便函。这里引用的出版纪录和信件,除非做了另外的说明,都是来自于兰利(Langley)办公室的芝加哥大学出版社记录,都是经过这家出版社的许可之后被引用的。

③ 第一次印刷,杜威中心;第二次印刷,明尼苏达大学,1329092;第三次印刷,芝加哥大学的档案副本文集。

第 197—203 页、第 253—259 页、第 309—319 页——的首次发表版本,是范本。其中的修改,来自杜威为了《实验逻辑论文集》的再版(第 230—249 页)而对这篇论文进行的修改。

杜威在修改这篇论文的过程中所使用的方法之一,就是削减这三节中的文章字数。为了《实验逻辑论文集》,原来的第一节被分成了 I 和 II 两个部分;首次出版的第二节被省略了,就像第三节中的开始几页被省略掉那样,并因此而极大地缩短了这篇论文的长度。

杜威的实质性改动已经作为修订被编入了范本,就像作出这些实质性改动过程中进行的那些次要方面的修改那样。在这篇论文中,很多次要方面的修改,都明显具有实质性的意义,譬如,杜威在所有"relation"语词中借助于连字符而创造的那些复合词——81.12—13、82.2—3、89.18 中的"meaning-relation";89.29 中的"meaning-relations"和"fact-relations";88.34 中的"signification-relation"。与此类似,杜威为了改变意思和强调而使用了斜体和引号:在《实验逻辑论文集》中,杜威在 83.40—84.1、86.25 和 87.29 中加了斜体,在 84.23 和 84.39 中去掉了斜体,在 85.31 和 90.1 中加了引号。同时对意义有影响的其他次要方面的那些改动——它们作为范本的修改而被采用了,即:在 81.16,82.17,84.8 中删掉了逗号;在 82.6 和 83.8 中删掉了主语与动词之间的逗号;在 83.21 中用冒号代替了一个问号,并用一个逗号代替了 86.18 中的一个复杂句的子句中间的一个分号。四个次要方面的增补改动被认为是想要的:为了强调一个 86.36 中的插入语而增加了一个逗号,在 80.18 中用一个冒号替代了一个逗号,并删除了 90.32 中以前增添的两个不必要的逗号。

349

《观念的逻辑特性》

这篇文章在《哲学、心理学与科学方法杂志》1908 年第 5 卷第 375—381 页的初版,是当前这个版本的范本。为《实验逻辑论文集》(第 220—229 页)出版而作的修改被采用了。

除了杜威对这篇文章进行的实质性修改——它们已经被采用了——之外,被判定为在修订过程中符合杜威意图的四个次要方面的改动,在这里也被采用了。它们是:在 96.11 中加了一个逗号;在 92.24 中为"knowledge"加上了一个引号;在 92.33 中使用了杜威特色的拼写"practice";以及在 94.22 中用一个破折号代替了一个分号。

《实用主义所说的"实践的"是什么意思》

杜威对詹姆斯《实用主义》的"非评论性"文章首次发表于《哲学、心理学与科学方法杂志》1908 年第 5 卷第 85—99 页上，标题是《实用主义所说的"实践的"是什么意思？》它被用作了范本。这篇文章为了收入《实验逻辑论文集》（第 303—329 页）而被修改了，这里进行的实质性的和次要方面的修改都被采用了。

支持杜威的这个声明——他不认为这篇文章是一个通常意义上的评论——是他对这篇文章的仔细修改，以及他在《实验逻辑论文集》中对它的运用。他的实质性改动，与伴随着这些实质性改动而进行的次要方面的改动一起，都被作为范本的修改而采用了。数目最大的一类次要方面的改动是由在《实验逻辑论文集》中，杜威在强调方面的改变构成的：他 4 次增加了斜体，并 49 次撤销了斜体，共进行了 53 次这样的改动。在两个地方（101.33、103.28[2]），他增加了引号；并在另外三个地方（104.9—10、111.31、113.6）删除了引号。在《哲学、心理学与科学方法杂志》和《实验逻辑论文集》之间出现的另一大类次要方面的改动，是对引自詹姆斯著作引文的改动。《实验逻辑论文集》加入了对这些引文进行的十个次要方面和一个实质性的改动。杜威本人或许已经发现了在 110n.8 中的那个实质性错误，在这里，"banded"已经代替正确的"funded"而出现了；他可能已经为了次要方面的正确性而检查了所有的引文，但却没有改变他在 113.32 处的错误引文，在这里，他把詹姆斯的"potentest"引用成了"most potential"。为这些假定提供支持的，是《实验逻辑论文集》在对詹姆斯的引文中新错误介绍时被发现的，它将会与芝加哥大学出版社进行的仔细、彻底的纠正发生冲突。这个出版社的常规风格，说明了为什么在 102.6 处把"practise"改成了"practice"，一个恰好与詹姆斯本人风格相符合的拼写；然而，在 103.9 和 110n.11 处用"anyone"代替"any one"，却并不符合在那个时候出版的《实用主义》，尽管"anyone"在偶然情形下已经实际地恢复了詹姆斯本人的用法——这种用法已经成为《实用主义》的出版社风格。新编的《实用主义》文本（《威廉·詹姆斯的著作》，剑桥：哈佛大学出版社，1975 年）恢复了詹姆斯最初的拼写；因此，《实验逻辑论文集》引文中的拼写在这里已经被作为一个修改而采用了。此外，这个修改或者排版过失，即在 103.15 处把"that fact"改成了"the fact"，是一个错误；在这里，这个错误也得到了纠正。

其他被接受为修改的次要方面的改动是：在 101.38 处"never-failing"中的杜威特有的连字符；在 98.8 处用一个分号替换了一个破折号；为了强调插入语而在 101.8 和 102.37 处加上了逗号；在 106.26 处用一个逗号完成对一个系列的强调；在

103.31、103.32 处用一个分号替换了一个冒号；在 114.15 处为詹姆斯文章的标题加上了引号；在 109.7 和 115.15 处删除了用以分开主语和动词的逗号。

《教学大纲：当代思想中的实用主义运动》

351　　为了在杜威课程上的使用而私下印刷的这个长 11 页的课程提纲，正如他在一个说明中指出的那样，是"大纲性的而不是分析性的"。以前这个唯一的版本已经被用作了范本。因为它不是一个为普遍使用而被公开出版的文档，所以，这个课程提纲末尾的 4 页长的参考书目是由被粗略列举出来的推荐书目构成的。对于目前这个版本而言，进行相当大量的纠正以及对形式问题的规范化，已经成了完善和澄清参考书目所必需的工作；在只给出了出版信息的地方，论文的题目已经被提供出来了；缩写已经得到了清楚地说明；杂志的卷数已经被列出了，并且出版年份也被给出了；卷数是罗马数字，章数是阿拉伯数字；论文开始部分的页数，在某些情况下被不经意漏掉的，已经被加上了；根据杜威的模式，只有作者名字的最后部分才能出现，除了在两个拥有同一姓氏的作者都被列出的时候，名称的开始部分也被给出了；这一节中的标点符号已经被规范化了。

《教育中的道德原则》

　　对于这本小册子，杜威说它是根据其早先的《作为教育基础的伦理原则》而自由提取出来的，[①]经历了一个长期而又成功的出版历史：[②]在一个长达 21 年的时期内进行了 16 次印刷，并销售了大约两万册。[③] 唯一的一套印版，消失在 1942 年，所有 16 *352*次印刷都来自此版本。虽然没有任何一个印本带有出版日期，但印刷字迹的明显消退，却使得辨别出稍晚一些的印本成为可能。根据国会图书馆版权号为 A241723 的版本，对所找到的最后一个印本（密歇根大学，26360）的机器校对表明，在这个文本中没有任何变动。虽然在书的开头和结尾处进行了改动，但对于这本书的绝大多数重

---

① 《国际希伯特协会第三年度年刊》(*Third Year book of the National Herbart Society*)（芝加哥：国家赫尔巴特协会，1897）；《杜威中期著作》，第 5 卷，第 54—83 页。参见"文本注释"，（《杜威早期著作》，第 5 卷，第 133 页），对《伦理原则》与《道德原则》中的材料之间关系的讨论。

② 霍顿·米福林优雅地制作了所有关于《道德原则》的现存记录的可用副本，并且在某些情况下是原作。

③ 如果这个出版历史被扩展到这本书 1956 年售完的那一刻，那么，它就跨越了 47 年。一个平装版本（卡本代尔：南伊利诺利大学出版社，1975 年）最近被出版了，书中附有 S·胡克的一个导言。

印本来说,却是为了反映亨利·苏扎卢这个编辑的位置的不同,为了更新广告内容,为了加上出版商的新地址。这些地址列表,为这个已毁坏和废旧了的印刷本提供了证明,并且可以把密歇根大学的副本确认为最新近的一个版本:在这个副本中,包括达拉斯在内的五个城市出现了;根据霍顿·米福林的存货记录,在1928年,达拉斯是第一个被作为一个销售市场列出来的。第六个地址,亚特兰大是在1930年被列上销售量表格的。这一年,《教育中的道德原则》这本书进行了最后一次印刷;但是,标题页上有亚特兰大的副本却一个也没有找到。

在第一次印刷的原文副本中,没有做任何修订。在目前这个版本中,亨利·苏扎卢的导言已经从这本书的前面被移到了后面。在这里,它是作为附录出现的;相似地,内容概述可能也是由苏扎卢而不是杜威准备的,在这里也变成了附录。

虽然《教育中的道德原则》大部分是对1897年《伦理原则》的一个重写,但后一本书在1916年由芝加哥大学出版社重印这一点,却是对这两本书持续需求的一个清楚标志。《教育中的道德原则》立即就被公认为一个清楚的重要宣言;评论者们一致表示了他们的赞扬。① 卡尔·西肖尔(Carl Seashore)写了这样一个简要的分析:"这本有说服力而又合理的小册子中的论证……是对与学校中的道德教育相关的心理学、伦理学和社会学的一个阐明。"②《推荐书目》(Booklist)称它为"一个有说服力的宣言"。③ 弗兰克·曼尼(Frank Manny)说:它是"我们所拥有的论述道德教育这个主题最重要的著作"。④

353

---

① [*Proceedings of the*] *Second International Moral Education Congress*,1912,184 - 187;Frank A. Manny,*Elementary School Teacher* 10(1909):204;C. E. Seashore, *Journal of Educational Psychology* 1(1910):117 - 118; *Booklist* 6(1909):39.

② *Journal of Educational Psychology*, 1:118.

③ p. 39.

④ *Elementary School Teacher*,10:204.

符号表

左边的页码–行数来自本版。除页眉与章节标题之外，所有行数都已计算在内。

页码–行数后缩写的 *et seq.* 表示在那个章节中，该内容在以后的所有出现都作相同处理。括号前的内容来自本版。

方括号标明来自于本版的内容的范围，后面的符号指明该部分内容的最初形式。W 表示"作品"（works），这些作品首次被修订使用。

缩写的 *om.* 指的是在指定版本与印次中，括号之前的内容在该缩写之后被省略掉了。*not present* 被用来标明在指定版本中没有出现的材料。

缩写的 *rom* 意指罗马体，并用来表明斜体字的省略。

Stet 与一个代表版次或印次的数字一起，指后来被修订的版本或印次中被保留的一个重要的内容；被舍弃的更改放在分号之后。

上标"⁺"指代的是该内容出现在该版次以后的所有版次中。

当修订只限于标点时，波浪线"～"表示该单词与括号前的单词相同，而添加符"∧"则表示缺失一个标点符号。

校勘表

范本中所有实质的或偶发的校勘均被记录在下表中，除了一些形式上的变化。 方括号左边的词条出自本版，括号后面是首次出现的校勘内容来源的缩写。其后是一个分号，分号后面是范本的校勘内容。所有校订文本中的主要变化都记录在此；因此，这个列表既是一个修订记录，也是一个历史校勘。不过，《自然及其善：一场对话》除外；关于这篇文章的原初范本（pre-copy-text）的一些内容，将在一个单独的列表中显示。

每个条目的范本都在对该条目的校勘伊始得到确定；对于那些在它之前只有一个版本的条目，下列表中没有这个范本的缩写。

以下这些形式的或机械的更改遍及全书：

1. 书名和杂志名改为斜体；文章和书的章节名加了引号。必要时，书名被补充或扩展。

2. 脚注形式被补全并保持一致；星号仅用于编者的脚注。

3. 不在所引内容之内的单引号被改成了双引号；必要时，补充了开始或结束部分的引号。

下列单词（括号左边）的拼写已调整为杜威的风格：

although] altho 241.14 – 15
centre] center 100.22, 218.16; (-s) 160.33, 163.39, 164.17
clues] clews 192.20
cooperation] coöperation 117.11, 278.21, 279.9
cooperative] coöperative 218.33, 219.6
coordinate] coördinate 225.19; (-ed) 272.7; (-tion) 245.33
demarcation] demarkation 279.33

expressed] exprest 231.1, 236.22

looked] lookt 233.15

mold] mould 164.6

program] programme 131.13; (-s) 268.11

sceptic] skeptic 235.1; (-al) 291.11

self-enclosed] self-inclosed 62.23

thorough] thoro 230.27; (-ly) 230.29

though] tho 206.12, 229.32, 230.9

through] thru 206.31, 210.30, 210.40, 213.15, 229.16, 230.33, 234.14, 236.14, 238.35, 239.18, 241.4, 241.7, 241.8

以下语词分割和连接的情况已经被编辑修改为人们所知的括号左边的杜威方式

all-important] all important 279.11

anyone] any one 65.36, 69n.11

black-smithing] blacksmithing 59.4 – 5, 62.20

common-sense (adj.)] common sense 129.29

cooperate] co-operate 191.8, 193.11; (-tion) 187.4, 191.6, 192.25; (-tive) 136.13 – 14, 184.2

coordinated] co-ordinated 183.12

coordinations] co-ordinations 183.19

eighteenth-century (adj.)] eighteenth century 169.3

everyone] every one 221.25, 267.32

half-century] half century 3.22

high-school (adj.)] high school 199.12 – 13

ostrich-wise] ostrich wise 133.10

other-worldly] other worldly 37.35

public-school (adj.)] public school 269.20 – 21

quotation marks] quotation-marks 143.18

ready-made] ready made 37.30

self-evident] self evident 199.39

someone] some one 25.16, 69.5, 232.32; (-'s) 76.16

subject-matter] subject matter 185.28, 188.36 – 37, 198.17, 202.33, 205.6

《达尔文主义对哲学的影响》

范本是《达尔文对哲学的影响》,《通俗科学月刊》,第 75 卷(1909 年),第 90—98
页。来自《达尔文对哲学的影响》(纽约:亨利·霍尔特出版公司,1910 年)第 1—19 页
中的校订被采用了。

357

3.1 – 2　　　THE INFLUENCE OF DARWINISM ON PHILOSOPHY[1]...[1] A lec-
　　　　　　ture ... July, 1909.] D; DARWIN'S INFLUENCE UPON PHILOSO-
　　　　　　PHY

4.17　　　　Although] D; However much

4.20 – 21	sought in … religion.] D; sought elsewhere.
4.24	as much as does] D; as does
4.24	Greeks,] D; ~∧
4.34	species,] D; ~∧
4.34	and it] D; and
4.37;7.8	is] D; was
5.15	beings,] D; ~∧
5.16	happen elsewhere] D; elsewhere
5.32;9.30	which] D; that
5.35	distant] D; in spite of their being distant
5.38;6.11	*εἶδος*] W; *εἶδος*
6.11	a] D; the
6.21	does not] D; can not
6.22	is] D; is also
7.11	as well as] D; and
7.17	Earth] D; earth
7.33	arrested,] D; ~∧
7.33	because] D; for the most part, because
7.34	intervened] D; there intervened
7.36	ideas;] D; ~∧
7.36	and] D; while
7.38 – 40	having conquered … thereby freed] D; having freed
7.40 – 8.1	morals and life] D; morals by conquering the phenomena of life
8.2	*si*] W; *se*
8.2	emancipated,] D; ~∧
8.2	all,] D; ~∧
8.4	explanations.] D; explanations in philosophy.
8.14	half-instinctive] D; ~∧~
8.16	vague] D; vaguer
8.17	a problem] D; one problem
8.17	long] D; great
8.17	currency] D; significance
8.20	or] D; and
8.30	inferences] D; two inferences
9.14	operated as] D; made
9.16	marvelous] D; marvellous
9.24	approved] D; proved
9.30;13.6,16	that] D; which
9.37	installment] D; instalment
10n.2	pp.283 – 84.] D; 283 – 84.
11.9	then] D; further
11.12	truth] D; truths
11.22	or] D; or in

358

11.34   how] D; how these

12.2   *must*] D; *must* really

12.4   goal.] D; goal, while the logic of the new science frees philosophy from this apologetic habit and temper.

12.6   that] D; that lies

12.7   all lies] D; all

12.11 – 12   not as yet] D; not yet

12.18   within] D; without

12.24 – 25   in comparison with the demonstrations] D; in behalf of the daily demonstrations

12.31   yet the] D; the

12.31   tired,] D; ~∧

12.35 – 36   none the less truth] D; truth

12.37   concrete,] D; ~∧

12.37   remain] D; remain none the less

13.5   it naturally] D; naturally it

13.16   to] D; into

13.23   practice] D; practise

13.25   seem] D; may seem

13.29   any] D; any changes

13.30   those] D; those wrought in those

13.32   are] D; are evident

13.38   one which] D; which

13.40 – 14.1   essentially goes beyond experience] D; radically transcends experiences

14.2   The] D; In other words, the

14.4   proclaim an] D; effect a more

14.14   questions ∧] D; such questions,

14.14   their decreasing] D; decreasing

14.16   and a change of urgent interest.] D; and interest in their point of view.

14.20 – 21   dissolvent in contemporary thought] D; dissolvent

14.23 – 24   that found its climax in] D; completed in

《自然及其善：一场对话》

范本是首次公开发表在《希伯特杂志》第 7 卷（1909 年）第 827—843 页题为《自然是善的吗？一场对话》的文章。根据杜威 1908 年 12 月 17 日给纽约哲学俱乐部的致辞的打印稿的一个复印本（载于哥伦比亚大学巴特勒图书馆存有的《专集》第 23 页），恢复了四个短语。《希伯特杂志》与《专集》之间的所有其他不同都记录在历史校订中。在《达尔文对哲学的影响》（纽约：亨利·霍尔特出版公司，1910 年）第 20—45 页中对这篇文章的修订已经被采用了。

15.1-2   NATURE ... CONVERSATION] W; NATURE ... CONVERSA-
          TION[1]...[1] Reprinted from the *Hibbert Journal*, Vol. VII., No. 4, Ju-
          ly, 1909. D; IS NATURE GOOD? A CONVERSATION./PROFESSOR
          JOHN DEWEY.
16.34   which, ... search,] D; ~∧ ~∧
16.37   "Modern] D; ∧~
17.5   emit."] D; ~.∧
18.27   and to make] D; and make
19.17;25.38;29.36   that] TS, D; which
20.28   imagined] D; imagine
21.20   Grimes's] D; Grimes'
21.24   in] D; to
21.25   idealism] D; it
23.8   without] D; with
23.13   be correct] D; is correct
23.16   what is,] D; ~∧
23.29   to effect] D; to have effected
23.37   is the] D; *is* the
24.13   Grimes's] TS, D; Grimes'
25.13   Arthur:] D; ~;
27.4   since] D; as
29.14   possible] D; possible for its aims,
29.18   an] D; of the
29.37   valuation(] D; ~,
29.37   which defines] D; which should define
29.37   describes] D; describe
29.38   classifies] D; classify
29.38   knowledge,)] D; ~,∧

《智力与道德》

范本是这篇文章的首次公开发表,载于《伦理学》(纽约:哥伦比亚大学出版社,

1908 年),第 26 页。为了收入《达尔文对哲学的影响》(纽约:亨利·霍尔特出版公司,   *360*

1910 年)这本书的第 46—76 页,对这篇文章进行的校订被采用了。

31.1   INTELLIGENCE   AND   MORALS[1]...[1]A public ... Art."]   D;
          ETHICS
31.18   character,] D; ~;
31.19-20 consideration ... on social] D; the valuation of the functions of
          individuals with respect to their effect upon social
[1]31.26;36.30;43.6;   that] D; which
45.4;47.22;48.31
31.28   analysis] D; keen analysis

32.2   one: namely, a] D; one: — the

32.4   focused] D; focussed

32.5   perception] D; adequate perception

32.6   materials] D; methods

32.6   method] D; vital method

32.7   conditions] D; materials

32.13   inevitably] D; as inevitably

32.16   customs ∧] D; ~,

32.17   without ∧] D; ~,

32.17   the friction of] D; disintegration from

32.20   were fascinated] D; were themselves fascinated

32.27   assertions] D; assertion

33.16   theory,] D; ~∧

33.16   however,] D; ~∧

34.2 – 3   which aims at] D; which is

34.6   customs] D; custom

34.11   and ∧] D; ~,

34.12   Fate] D; fate

34.35   remotely] D; remote

35.3   barbarism] D; barbarian

35.5   none] D; no one

35.13   circumstances] D; circumstance

35.16;42.32 connection] D; connexion

35.32 – 33 between divine] D; the divine

35.33   corrupt] D; the corrupt

35.35   were] D; became

35.37   sure] D; certain

35.38   for which] D; which

35.38   fostered care] D; much fostered

36.7 – 9   consideration ... into] D; consideration of differences of better and worse in their natural sources and social consequences, into

36.11 – 12 Philosophy ... erect] D; Philosophy it was which bound the erect

36.19   more] D; even more

36.28   to] D; in order to

361   36.34   connections] D; connexions

36.36   a notion] D; an idea

36.39   own ∧] D; ~,

37.2   use ∧] D; ~,

37.8   Middle Ages] D; middle ages

37.9   association] D; associations

37.18   chemistry, occult] D; chemistry and occult

37.19   exalted] D; claimed

37.23   many] D; many others

37.23	stripping] D; stripping off
37.28 – 29	science . . . ; because] D; science; because
37.32	specific] D; better
38.1	single mother] D; common mother
38.1	experimental] D; the development of experimental
38.31	inevitable ∧] D; ~,
39.15	is also] D; is
39.26 – 27	is . . . the changed] D; was conceivable only with a changed
39.27	intelligence,] D; the intelligence ∧
39.28	science,] D; ~∧
39.28	of want,] D; the want ∧
40.9	petrifaction] D; petrification
41.3 – 4	was returned] D; returned
41.10	such a] D; that
41.11	civil] D; civic
41.12	as] D; which
41.13	interests] D; interest
41.13	conducing] D; which conduce
41.28	that looked] D; that if looked
42.11	social] D; sociable
42.16	application . . . interests.] D; application.
42.17	saw] D; clearly saw
42.23	of] D; from
42.28	is] D; was
42.30	injunction issued] D; injunction
42.31	not] D; never
42.38	which,] D; ~∧
43.3	sentimental] D; the sentimental
43.4	practical] D; the practical
43.22	apologetic] D; apologetics
43.31	all-embracing] D; ~∧~
43.33	because] D; that
43.34	a] D; the
43.35,36	perfect] D; a perfect
43.36 – 37	contemporary, Green, is] D; contemporary is
43.38	this] D; it
43.39 – 40	is . . . known] D; is known
44.8	agreed] D; agree
44.10 – 11	that moves] D; which moves
44.18	implied] D; imply
44.27	but is] D; but that it is
44.31	impostures] D; imposture
44.34	theoretical] D; reflective

362

44.36	past] D; these past
45.2	undertake: study of] D; do: to study
45.4	developing] D; to develop
45.4	testing] D; test
45.6	to buttress] D; buttress
45.37	a universe] D; the universe
46.9	the] D; all the
46.15	amiss ∧] D; ∼,
46.19	nor] D; or
46.33	all-inclusive] D; ∼∧∼
47.7 – 8	to ... read] D; then to turn about and read
47.22	statistical] D; those statistical
47.27 – 28	which, ... interesting] D; which, in concealing their origin and structure, interesting
47.37	through] D; by
48.23	is] D; is itself
48.36	devising] D; the task of devising
49.7	class-approvals] D; ∼∧∼
49.12 – 13	pretense] D; pretence
49.25	members] D; it will be because members
49.25	must] D; can
49.27	be] D; are

《真理的理智主义标准》

这篇文章首次发表于《心灵》,第 16 卷(1907 年),第 317—342 页,题为"实在与观念真理性的标准",此为范本。发表在《达尔文对哲学的影响》(纽约:亨利·霍尔特出版公司,1910 年)第 112—153 页修订本中的校订被采用了。

50.1	THE INTELLECTUALIST CRITERION FOR TRUTH[1] ... [1]Reprinted, ... logical theory.] D; I. — REALITY AND THE CRITERION FOR THE TRUTH OF IDEAS.
50.3	I] D; BY PROF. JOHN DEWEY.
50.12	is one in kind with] D; is essentially one with
50.14	atmosphere. Much] D; atmosphere, and to call to mind how much
50.16	to] D; with
50.18	be based] D; be wholly based
50.20	situation that] D; situation as perplexing as it
50.23	*method*] D; [*rom.*]
50.24	"reality,"] D; ∧∼,∧
50.24 – 60.5	reality reached ... moment. Yet] D; reality thus reached is itself no more rational in character than it is volitional (or an affair of purpose) or than it is a case of pure and immediate sentiency: or, more strictly, that

363

the intellectual, affectional and volitional features are, in 'ultimate'
reality, qualitatively transformed by some process of mutual absorption
and reciprocal fusion. This, then, is the curious character of the
situation: Reality is an 'absolute experience' in which the intellectual as
such is simply one transmuted moment; yet

51.15 – 24   experience. This paradox ... reaching implications. First, let us] D;
experience. In any case the thesis I wish to maintain is that Mr.
Bradley's Absolute Experience, resting ultimately upon a rationalistic
conception of the criterion of truth, is a temporary half-way house into
which travellers from the territory of Kantian epistemology may
temporarily turn aside in their journey towards the land of a philosophy
of every-day experience. [¶] First ∧ let us

51.26   thought; it] D; thought. It

51.27;69.23;70.6,16   existence] D; reality

51.37   to the modern idealist] D; to Mr. Bradley

52.7   judgment, moreover,] D; judgment,

52.8   judgment] D; the judgment's

52.14   while] D; but

52.27   which is] D; which I take it is

52.31   whole.] D; whole.[1] ... [1]Possibly added interest attaches to this last
dilemma because Bradley seems to conceive of this act as essentially
psychical in nature. It would be interesting to have more explicit details
as to just how judgment as psychical act manages to keep house with
judgment as logical content. We appear to have here either the postulate
of a miracle, namely that a purely psychical somewhat gets outside of
itself to perform an act which takes effect entirely in the region beyond
itself, or else we have a position which logically developed leads to pure
subjectivism. It would be interesting to know just how Mr. Bradley
conceives this result of pure scepticism to be avoided.

52.32 – 53.32   These considerations ... thought itself.] D; [*not present*]

53.33   view] D; view, then,

53.34 – 35   (and ... judgment,)] D; ∧~, ∧

53.35;59.13,17; that] D; which

62.35;63.30;

66.19,33;67.14,34;

[2]70.2,11,36;72.28;

73.4,34,39,40;74.38

53.39   "Reality"] D; ∧ reality ∧

54.3 – 4   truth ... word.] D; truth (as fulfilment of the specific function of
knowledge) are matters of appearance.

54.19 – 26   truth. We ... thought. [¶] Speaking of thought] D; truth. [¶]
Moreover there is ground for holding not merely that knowledge itself is
inherently discrepant and thus in the realm of 'appearance,' but that

364

the existence anywhere of self-contradiction and thus of appearance, is always due to the process of knowing: that the burden of the very existence of appearance as distinct from reality has to be borne by the intellectual function. Speaking of thought

54.31	aspects] D; *de facto* aspects
54.32 – 33	qualities, ... elements] D; qualities, the relation of substance to its properties, the matter of relation to qualitative elements
54.37	seems] D; seems to be
54.37	that the] D; that it is the
54.38	thought is] D; thought which is
54.39	mentioned precisely] D; mentioned realised *in concreto* precisely
54.40	situation *in concreto*] D; situation
55.1	resolved] D; resolvable
55.2	relations and elements related.] D; relation and the elements which are related.
55.4 – 5	the nature of relation is such as to] D; the elements and the relation are so related as to
55.15	pp.485 – 86] W; p.486
55.15 – 23	original). It is not ... thoughtless experience. [¶] On the one] D; original). [¶] I have no respect for proof-text methods, and I should certainly not quote these selected passages did they not seem to be conspicuously representative of the tenor — and the fundamental difficulty — of the whole position. On the one
55.23	hand ∧] D; ∼,
55.23	there] D; as I have said, there
55.27	hand,] D; ∼∧
55.27	a strictly] D; we find the strictly
55.28	criterion ... adopted] D; criterion deliberately stated
55.33;68.29	things] D; reality
55.35	character] D; general character
55.36	I take] D; I shall take
55.37	side,] D; ∼∧
55.38	Reality] D; reality
55.38	reached by] D; reached on the basis of
55n.2	"General Nature of Reality."] D; ∧∼.∧
56.6	say,] D; ∼∧
56.9	it follows] D; this implies
56.24	here] D; at first
56.34	discrepancy. Yes] D; discrepancy. The further observation that a method, involving inherent self-contradiction, has a certain postulate involves, logically, the selfcontradictory character of that postulate. It can only sum up the contradiction scattered through concrete thinkings. Accordingly the fact that thought as such has an absolute criterion is

365

just one proof the more of thought's zealous and unremitting activity in the cause of evolving mere ideality — disruption of meaning from existence. Yes

56.34 – 35   say (speaking formally), the] D; say, the

56.40 – 57.1   falls ... situation.] D; falls in its import wholly within these limits.

57.2   *special*] D; [*rom.*]

57.2   alter] D; alter radically

57.5 – 7   juncture ... the Absolute.] D; juncture can transform its fallen character.

57.14   short, whatever is finally] D; short, finally

57.22 – 27   Mr. Bradley ... position.] D; Mr. Bradley, it may be said, has recognised this difficulty and adequately disposed of it. [¶] Consider, for example, the nature of the collision, incompatibility, etc., which, according to Mr. Bradley, supplies the immediate and empirical antecedent materials over against which thought gives us the conception of a completely harmonised reality.

57.27   He] D; Mr. Bradley

57.28   far as] D; far away from intellectualism as

57.28   an] D; the

57.34   p.151] D; p.51

58.4 – 14   The retort ... practice?] D; Now as against this pragmatic statement (which, with the exception of one phrase to which I shall momentarily return, could hardly be bettered) Mr. Bradley has seemingly nothing to offer save that the intellect is "a movement of a very special kind". "Thinking is an attempt to satisfy a special impulse, and the attempt implies an assumption about reality" (p. 153). And then comes the sentence which we have quoted above to the effect that all thinking involves the assumption of the standard of consistency which is absolute for it.

58.14 – 15   Why is] D; He takes up, for example, this question: "Why is

58.19   pp.152 – 53] W; p.153 D, M

58.24 – 25   satisfied"). [¶] Grant that] D; satisfied"). Once more, very well; but if the incapacity of theory to reach anything beyond the realm of appearance has already been established, how does the supremacy of the theoretical standard within theory, prove anything more than that the standard of thought is infected with the same selfcontradictory nature that troubles thought itself? The elaborate structure of absolute experience, perfect, unchanging, all-inclusive, is, from the logical point of view, simply another example of the appearance-character of knowledge products; it simply shows how far thought can go in the perpetuation of internal discrepancies ....

The transition from the purely formal to the material side of the discussion is made by realising that while Mr. Bradley declares that the standard of consistency in itself is "but formal and abstract" (p. 144);

that in itself it is "mere theoretical consistency" (p. 147), yet it is this "theoretical consistency" which "guarantees that reality is a self-consistent system" (p. 148). The gist of the argument is that since thought demands self-consistency, absolute reality must be something in which all the discrepancies, deficiencies, loose ends, etc., of actual experience are found built into perfect unity. The argument is from the formal consistency of thinking to the material consistency of all the constituents of reality.[①]

① 由于西季威克教授和诺克斯先生(Mr. Knox)在《心灵》(Nos53 和 54, N. S)中对这个问题作了彻底的思考，我为不用操心这个问题本身而感到宽慰。

如果我们还记得先前的宣告,即思想在自我运作中是并且一定是自我分离的话,那么,我们就会发现一个极富意味的局面展现在我们面前。实在,在布拉德雷先生的哲学中,出现过两次;它产生了不同的作用。一方面,它把自己展现为绝对(Absolute),终极实在,永恒的、无所不包的经验;另一方面,它又把自己展现为"我们的经验",某种充满分离的东西,到处和自己悖离,或者说,把自己展现为现象(Appearance)。注意,这种关于实在的善恶两重性的观念,试图在纯理论标准("纯理智")的基础上,对实在加以界定;作为对思想自我矛盾特性的理论的阐明——即在统一存在和意义的努力中,对它们二者的持续不断的扬弃——局面似乎被弄得有序了。除了在琐碎中的功能意义之外,什么是"实在的"一劳永逸的绝对特征? 除了以同样整体的方式所表现的存在一面之外,什么是实在的现象特征? [¶] Granted that

58.26   grant] D; granted
58.28   and the] D; the
58.37   give it] D; say it has
58.39   "independent ∧"] D; ' ∼ , '
59.1 – 7   "special" ... [¶] His underlying] D; "special" be interpreted in this sense, it is no more an answer to the contention that thinking is essentially a practical activity to say that it is a *special* mode of activity, than it would be to say that black-smithing is not an industrial activity because its end is the *special* one of making horseshoes. His underlying
59.3 – 4   context] W; contest
59.12   thinking ∧] D; ∼ ,
59.16   testability] W; testibility
59.23 – 24   Admit, however, ... the result.] D; [*not present*]
59n.4   it enters] D; this is

367

59n.8 – 9	intellect] D; the intellect
59n.11	itself as] D; itself and of its purport as
60.6 – 13	II [¶] Let us, ... criterion?] D; [*not present*]
60.13	The intellectualism] D; [¶] ~
60.14	represented] D; well represented
60.16	148). But] D; 148). It is the use of a strictly theoretical criterion as a basis for ascribing in guaranteed fashion a certain character to reality which is the point at issue. But
60.18	of its object] D; in question
60.20	of reality which] D; in reality to which
60.21	necessitates] D; refers
60.22	this] D; that
60.28	intellectualism will] D; intellectualism in all its forms will
60.29	urge that,] D; urge
60.29	of the] D; of
60.30	basis of] D; basis in
60.30；63.21,30；65.2；70.28	"reality"] D; ∧~∧
60.31	process the] D; process that the
61.1	experiences? The] D; experiences? They will claim that to use the requirement of non-contradiction in thought as a basis for inferring the non-contradictory nature of reality, while the character of reality is then employed in order to make thought something more than merely formal, to give it a content of its own independent of other functions of life, is to offer us a begging of the question in lieu of its solution. The
61.5	*is* the material] D; is the real
61.7	Take the instance of a man] D; As an illustration of the specific as distinct from the 'at large' way of defining consistency, let us take the example of the man
61.19	make in] D; do with
61.26	imposed by] D; which
61.26	aim] D; aim imposes
61.27	to consistency] D; consistency
61.28	with the] D; and
61.28	of] D; in
61.28	appeal] D; appeal to
61.29	Try] D; Try on
61.31	and] D; while
61.31	deliberately introducing] D; you deliberately introduce
61n.4	intelligence.] D; intelligence and of intellectual statements, positions, ideas, etc.
61n.10	thought] D; thought and ideas
61n.11	intelligence, the] D; intelligence, it is clear the
61n.12	question] D; whole question

368

62.2 – 3　　purpose ... purpose] D; purpose is always to harmonise the conflicting elements of some situation through their own reorganisation, that purpose

62.9　　type] D; character

62.11　　heart, then, the] D; heart, the

62.12　　thinking.] D; ∼,

62.12　　But] D; but

62.16　　like] D; larger

62.18　　shod. The] D; shod; and that the

62.19 – 26　　shoe, but ... footing?] D; shoe. In this case, it is easily seen that the ultimate character of the end for the operation is proper evidence that the operation itself is not ultimate, but relative and instrumental. Is there anything in the logic of the case which excludes analogous ideas holding good for the function of thinking and hence for its criterion, consistency? It may be that the contradictions which, according to Mr. Bradley, inhere in thought, do not belong to it in its proper character, taken in its real connexions with other functions of experience; but are found in it because it has been looked at wrongly; because it has been made unreal by isolation.

It is then the positive object of this paper to show the interpretation to be put upon the ideas of inconsistency, harmony, etc., with respect to thought, when this is not isolated, but taken in its nature, place and workings within experience. Since the difficulty of Mr. Bradley has turned out to be that thought can be made supreme only by isolating it, and that when isolated all its processes and results are found to be infected, tainted, with self-contradictions, it would seem, even on formal grounds, to be the part of wisdom to change the point of view, the underlying hypothesis, and to see what becomes of its work and of the criterion for the well doing of that work, when thought is regarded as serviceable, and hence as organically linked with other modes of practice.

62.27　　then,] D; ∼∧

62.27 – 28　　by way ... suggestion.] D; start from another supposition.

62.33 – 34　　of good] D; of the good

62.34　　accidentally ∧] D; ∼,

62.34 – 35　　essentially,] D; ∼∧

62.36　　that being] D; that, in short, being

62.36 – 37　　difficulty, is] D; difficulties, is

62.38　　when]D; that

62.39　　an] D; that

62.40　　happiness, that the] D; happiness. This state of things would clearly mean harmony. Suppose, once more, the

63.1 – 2　　peace ... effort] D; peace were to fail; and there were then effort

63.5	like were it reduced⌉ D; like if it were reduced
63.6	is worked⌉ D; to be worked
63.7	plan,⌉ D; ～∧
63.7	effect,⌉ D; ～∧
63.7 – 8	succeeds⌉ D; succeeded

63.14 – 15   inconsistent. [¶] But⌉ D; inconsistent, and in securing fulfilment? [¶] This conception of thinking and its test may not be valid; that is not the point here at issue. The question is whether it is not a possible, reasonable alternative hypothesis concerning the nature, the criterion and correct precedure of thinking. Is there anything in the fact that consistency is a final criterion for thinking which renders self-contradictory such an interpretation of the meaning of consistency? Until otherwise informed, one must insist that the fact that the criterion of thinking is consistency cannot be employed to validate one special definition of consistency and to rule out another special definition. [¶] .But

63.16	reality,⌉ D; ～;

63.17 – 21   This statement ... Why should⌉ D; This statement, to my mind, involves a subtle confusion of two different ideas. Thinking in the concrete is certainly an assumption regarding reality; thinking in the *370* concrete also assumes consistency as its own criterion. But why should

63.22	that⌉ D; that the
63.27	illusory. Why put upon⌉ D; illusory; it puts upon
63.29	them?⌉ D; ～.
63.31	things just ... *activity,*⌉ D; reality in its achieved form is such that, *through activity* ∧
63.32	*thinking,* a⌉ D; *thinking,* it may *acquire* a
63.33	them⌉ D; it
63.37	also makes⌉ D; makes
63.38	*viz.,*⌉ W; *viz.,* D; to the effect
63.40	horseshoe. The⌉ D; horseshoe. What stands out here is that the
64.1	thing⌉ D; reality
64.2	The test, moreover, of⌉ D; Moreover, the test of
64.3	practical; it consists in⌉ D; practical, consisting in
64.4	namely,⌉ D; ～∧
64.4	guide activities⌉ D; guide the activities
64.7 – 36	some assumption ... I confess⌉ D; the assumption about reality *is* the idea and this assumption is that reality may through certain activities secure its own harmonisation.

These remarks have a two-fold purpose. They are intended to show that the fact that consistency is a criterion of thinking does not solve but poses the problem of its nature, and to suggest that recourse to the concrete facts of experience indicates that consistency is practical in nature.① . . .

① 布拉德雷先生对"唯有实践"或"将活动和功能从它的对象性质中抽象出来"的观念
进行了非常恰当的驳斥(《心灵》,《论真理和实践》,第13卷,第25页)。确实,假如
有任何人在任何地方主张过这种"实践"或"实践的"观念的话,他的驳斥是非常恰
当的。然而,我不可能相信,任何经验主义者曾经主张过这种看上去像是彻底的理
智主义的建构,这种明显的抽象。作为对于我所理解的"实践的"一词的提示,以及
同样作为对于我从来没有修改我的观点以简单迎合批判的提示,我想冒昧地援引
我自己曾经说过的话:"我所说的实践,只是指在经验的价值中的受到调节的变
化。"[《关于道德的科学处理的逻辑条件》(*Logical Conditions of a Scientific
Treatment of Morality*),第10页]

坚信思想将倚靠于实在——它已经是永恒的、无所不包的和谐——
作为自己的逻辑出发点,同时又不得不断言,思维将以下事实,即我们实
践中的要素彼此冲突、竞争,作为它的出发点,这有什么用呢? 设想,假
如不是从纯粹理论预设出发,而是从被经验的事实,也就是从它们的冲
突、竞争出发,我们会如何理解这一点呢? 它是某种不论在物理学还是
逻辑学意义上纯粹客观的东西吗? 如果是这样的话,谁是那个不可能安
于满足这种状态而要努力改变它的"我们"?("我们不可能安于满足",
"我们的冲动",等等)这个"我们"必须如何处理物质,它如何在纯粹物理
的或理智的冲突中被显示? 即便被显示,它又是如何成功地介入从而导
致安宁和平静? 如果冲突在物理的意义上是客观的,那么自我能在物质
中扮演角色吗? 如果冲突是有逻辑内容的话,那么自我也要逻辑地得到
诠释吗? 如果是这样的话,那么一个外来的逻辑要素如何可能介入而具
有任何优势呢? 如果它不是理智的,而理智的在逻辑上又总是独立的
话,那么这个"我们",除了逻辑的经历(undergoing)之外,又如何能介
入呢?

设想理智主义者将所讨论的冲突当作有关物理性质的——像维苏
威火山爆发,船上火药库爆炸,或冰雹块砸在麦田上之类的——某种东
西,也许让人感到具有讽刺意味。然而理智主义者对所有变化的憎
恶——他坚信时间和过渡在形而上学方面是非真实的,他假设"瞬间的
和非真实的性质总是由变化的铁的事实迫使我们关注"(第460页),"绝
对(the absolute)没有它自己的历史,因为任何完美的东西,真正真实的
东西,都不可能是运动的"(第499—500页)——似乎导致了上面的设

想。如果确实如此，理论当然不可能实践地介入；它注定只能是一种无能的理论介入：也就是说，它只能宣告绝对经验(Absolute Experience)至高无上的实在性。对于它，我们既不可能经验，也不能用来作为具体思想和信念的标准。它只能沉溺于关于实在如果完全不同于它实际所是的话，它还会是什么的纯形而上学理论中，用一种理论反思，即完全不同的实在是永恒的、绝对的，来安慰自己的无能。

如果冲突不是在物理意义上客观的，那它就可能是在逻辑意义上客观的。但这种替换将面临极大的困难。逻辑的内容怎么可能冲突？不是作为真理而冲突的，因为真理的性质就在于彼此一致；也不是作为谬误而冲突的，因为被认出的或被察觉的谬误当然不再冲突了。某个东西是谬误的这个事实，显然和某个在别处的其他东西是真的这个命题，是一致的。谬误不可能在没有被认识到的情况下冲突，因为如果是这样的话，那我们就会从一开始就觉察到所有的过失和错误，而不只是在回顾中才觉察到它们。正像只有当物理事物如此涉入实践活动的体系中，以至于它们的失调意味着干扰和目的的受挫时，它们的"冲突"才对思想具有意义一样，除非其内容被界定为逻辑地导向不一致和模糊的回应，理论的冲突是不可能的。总之，从事实的层面上看，关于冲突——它们引发了理论活动——的可理解的唯一理论是：它们是实践的；支撑价值体系的那些活动中出现了干扰，涉及这些价值的经验中出现的分裂和不稳定。[②]

② 我认为，通常以"科学"为根据来诘难这种观点，其困难的根源来自以下情况：第一，反对者将自己置于科学探究最终结果的立足点上，而不是关注仍然处于发展剧痛中的科学过程的压力和紧张。第二，他忽略了这样的事实，即科学的每个分支都意味着高度专业和精致的反应模型，它们和"平常人"并不考虑的那些具体价值联系在一起。第三，他忽略了这样的事实，即这些高度精致化类型的反应，意味着一种新的敏感性，并因此增加了对于干扰及结构受到威胁的意识，而平常人在这些地方只意识到稳定——简而言之，随着科学目标和技术的发展，问题大量增加了。第四，他忽略了这样的事实，即建立在高度专业化技术反应模型基础上的对于差异的高度专业化认识，在导致对经验中日常事情的反应更加安全、更加富有成效，尤其是更加解放和更加自由方面，甚至对平常人，也具有最终的用益权。

参考具体情形也有助于解释作为观念有效性之检验的一致性的性质。这种一致性，是精确的或具体的要素之间的一致；这种一致性，在要素的彼此冲突中确立了思维的问题。作为所达到的和谐，它是观念价值的证据；因为它证明，观念"知道它是关于什么的"，它"熟悉它的工作"。它不是不受约束的或完全的（überhaupt）和谐，不是包罗万象的完整性，而是在要素之间建立和谐。这种和谐是一致性所需要的，是由于观念能力而达到的，这种观念能力激励和引导了将不完满变为完满的行为模式。严格地说来，它是作为观念真理标准的再组织能力。然而，由于这种能力是在最终达到的和谐中得到证明的，因此，这最终的一项或许可以被公平地当作观念价值的标准——假如我们记住我们这么说是什么意思的话。

373

64.37	intellectualists] D; intellectualist
65.1	conceive] D; conceives
65.3	describe] D; describe and define
65.8	truth ∧] D; ~,
65.10	anything] D; that is anything
65.10	involving] D; so far as involving
65.14	an intelligible] D; an intelligible and to me the only intelligible
65.16	apart] D; prior to, apart
65.16	Truth] D; truth
65.16 - 17	that *this* Truth is] D; that it is *this* Truth or Reality which is
65.18	that may] D; which can
65.21	ideas,] D; ideas ∧ however valid,
65.22	of *their* truth] D; of such truth as intellectual statements may aspire to
65.29	or] D; nor
65.30	sense ∧ truth] W; ~, ~ D; sense, common, yet different, truth
65.35	to be] D; is
65.39	the] D; The
66.7	is,] D; ~∧
66.9	Truth,] D; ~∧
66.10	intelligence as such] D; intelligence
66.22	belief] D; idea
66.24	an] D; the
66.32 - 33	character ... tested] D; character that defines an idea so far as it is tested
66.33	action] D; the action
66.33	it to] D; to
66.33 - 34	completion.] D; completion its own intent.
66.35	reaches this successful outcome] D; can stand this test
66.36	initiates] D; can initiate
66.37	the method] D; the intention and the method
66.38	meaning] D; idea
66.38	constantly] D; constant
66.39	it,] D; its meaning,

67.1	view,] D; ~ ∧
67.8	idea] D; idea as it stood in some one's head
67.13	all of] D; all
67.19	*such*] D; [*rom.*]
67.19	an] D; wholly an
67.20 – 21	a condition that] D; the condition of affairs which
67.21	requirements] D; requirement
67.21	the case] D; the idea
67.28 – 30	situation ... disconnected. In this] D; situation previously disconnected, yet *hypothetically* connected, elements of existence and meaning. In this
67.31	a proposal] D; proposition
67.35	always have] D; have always
67.38	interpretation] D; idea
68.3	reduplicated] D; viewed and characterised in every conceivable respect from every conceivable point of view
68.4	have retained, so] D; have so
68.5	concerned, its] D; concerned retained its
68.7 – 16	any *intellectual* ... have also to] D; any intellectual ground which compelled it to be identified as just this definite thing — namely, a noisy street-car? If so, why should it not also have to
68.19	bearing] D; its bearing
68.21	new] D; a new
68.21	events] D; fact
68.21 – 22	treatment of things? [¶] It is perhaps] D; development of reality? [¶] Excepting then where the situation itself suggests some aim or intent beyond itself as existence, is there ever an idea? Is it just existence as existence which determines the further presence of ideas, or is it the occurrence and maintenance of an end transcending the already existent? And even if it be supposed that all existences in all their inconceivable complexity *have* to mirror themselves in ideas, what is truth? Is it reality apart from its ideational version? If so, what has truth to do with ideas and ideas with truth? Or if it is a property of ideas in relation to reality, is it their property so far as mirroring? Or does it belong to them with respect to changes they intend introducing into reality? Is not truth something to be achieved by an idea and something which can be achieved only through an activity which is neither a part of reality already existent nor a part of the idea conceived merely as intellectual? [¶] It is perhaps
68.29	ideas] D; idea
69.11	be] D; were
69.14	a statement] D; interpretation
69.15	if acted] D; acted
69.31	could] D; would

374

69.32	far.⁶] W; far.¹ D; far. The conception may be false, but it cannot be refuted by manipulation of phraseology.¹

69n.2	p. 311] W; p. 3
69n.2	"Truth and Practice"] D; ∧~∧
69n.9	criticism] D; criterion
70.1	On the side of things, *reality*] D; Such tautology is the argument by which the intellectualist persuades himself that truth is a character of ideas just as ideas — apart from the practical necessity they are under to issue in behaviour. On the other hand, there is the argument by which *reality*
70.2	then] D; so that
70.11	such] D; this
70.23	that embody] D; which set forth
70.31	beliefs] D; ideas
70.41	a function] D; this function
71.1	corroboration] D; corroboration of the truth
71.6	not ever] D; never
71.12	truth might] D; case might
71.16	as *proved*] D; *as* proved
71.23	therefore,] D; ~∧
71.25 – 27	and employment. ... minded persons.] D; and employment.
71.28	IV] D; [*not present*]
71.31	specific. I conclude with] D; specific, and which to some will doubtless seem irrelevant or trivial. I conclude then with
71.35 – 36	discrepancy] D; discrepancies
72.2	or subjective, or] D; nor subjective, nor
72.12 – 13	clash (an accompaniment of all desire)] D; ~,~,
72.17 – 18	judgment. ... wholesale, but] D; judgment. Taken on its own merits it is not irrational — a proof that we are dealing with mere appearance not with genuine reality; but
72.19	affair] D; reality
72.25	Action] D; It
72.32	the object] D; the nature of the object
72.33	material] D; the material
72.35	fact] D; subject
73.4	a reality] D; reality
73.8	through] D; from
73.17 – 18	in terms of what is] D; sought in a way
73.23,25	object] D; reality
73.24	we so] D; we do so
73.26 – 27	fulfilment ... existence.] D; fulfilment of plan through relevant response, and not as sheer objectively present reality.
73.29	treatment they] D; resource they seem to

74.17	values] D; values which are
74.20	may] D; must
74.22	relatively] D; relatively speaking
74.23	used as] D; as
74.37	perception stands] D; stands
75.4	character] D; real character

《事实对观念的控制》

范文是这篇文章的首次公开发表,载于《哲学、心理学与科学方法杂志》,第 4 卷 (1907 年),第 197—203、253—259、309—319 页。修订并重印于《实验逻辑论文集》 (芝加哥:芝加哥大学出版社,1916 年)第 230—249 页这篇文章中的校订被采用了。

78.1 - 2	THE CONTROL OF IDEAS BY FACTS/I] W; VIII/THE CONTROL OF IDEAS BY FACTS/I EE; THE CONTROL OF IDEAS BY FACTS. I/I
78.8 - 9	the instrumental logician] EE; in which the functionalist logician
78.12	unity] EE; complete unity
78.13	due partly] EE; partly due
78.15	view¹] EE; view,
78.16	view] EE; view¹
78.18	pragmatism. I wish here to] EE; pragmatism, which resulted in interpreting the logic partly in terms of additional misconceptions of these philosophies, and partly in terms which, even if pertinent with reference to them, were not exactly relevant to the less ambitious logical theory. In the hope that the atmosphere is now more favorable, I wish to
78.21	place it was] EE; place
78.21	frightful] EE; present frightful
78.22	theories)∧] EE; theories), it was
79.2	judgment] EE; ideas
79.4	judgment] EE; idea
79.6	dualism, rendering] EE; dualism ∧ which renders
79.9	consciousness] EE; or consciousness
79.9	objects,] EE; objects, or
79.15 - 16	agreement] EE; consistency
79.20	any specific judgment] EE; any idea qua idea
79.22	practice] EE; practise
79.23	or *superior*,] EE; the *superior* ∧
79.27 - 29	working adjustment persist? [¶] Putting] EE; working criterion of their correct adjustment persist? Putting
79.37	be?] EE; be real?
79.37	it] EE; then it
79.40	and while] EE; and to common sense and science while

80.2		does not] EE; can not
80.2		idea is] EE; idea simply *as* an idea is
80.4		the] EE; once more the
80.5		once more] EE; again
80.6 – 7		there is by definition] EE; by definition there is
80.11		gulf] EE; gulf supposed to exist
80.16		one of a group] EE; one group
80.18		up:] EE; ∼,
80.23		If it means simply] EE; If simply
80.25		On the] EE; What we still have on the
80.26		there is still] EE; is
80.29		which is asserted] EE; asserted
80.30		be true] EE; true
80.31		any] EE; the
80.32		holds] EE; holds good
80.33		proposition.] EE; conjunction.
81.5		own characters] EE; qualitative character
81.10		it states] EE; it only states
81.12 – 13;82.2 – 3;89.18		meaning-relation] EE; ∼∧∼
81.15		them, like] EE; them as do
81.16		qualitative ∧] EE; ∼,
81.19		"thinking,"] EE; the continuance of 'thinking,'
81.27		return later.] EE; return in the last paper of this series.
81.30		will not] EE; won't physically
81n.12		of little] EE; of them as little
81n.12 – 13		entities or psychical stuffs.] EE; entities.
82.3		being not] EE; not being
82.4		ascertained] EE; asserted
82.6		logical ∧] EE; ∼,
82.6		done; we have] EE; done. In other words, we have
82.10		of valid] EE; of its nature and valid
82.11 – 12		knowing ... truth.] EE; thinking and its relation to facts and to truth — that is, of any logic.
82.13		II] EE; [*not present*]
82.17		*prima facie* ∧] W; prima facie ∧ EE; *prima facie*,
82.19		nor] EE; and
82.20		facts.] EE; facts, if there is to be any question of truth and error.
82.22		problem of the terms] EE; problem and of the familiar terms
82.23		reality and value] EE; value
82.23		interpretation] EE; intellectualistic interpretation
82.23 – 24		What is insisted] EE; What it insists
378	82.32	solved.] EE; solved.[6] ... [¶] [6]See Professor Russell's article, in this JOURNAL, Vol. III., p. 599, entitled "The Pragmatist's Meaning of

Truth.' (It should perhaps be added that this article was in manuscript before I saw the comment of Mr. Schiller on Professor Russell's article, in this JOURNAL, Vol. IV., p. 42.)

83.4   presentative] EE; intellectual
83.6   given] EE; actual
83.8   true ∧] EE; ~,
83.10–11   acceptance ∧] EE; acceptance, in a general way,
83.14–15   which are possessed by other writers] EE; as have most writers
83.17   nor] EE; or
83.21   formed:] EE; ~?
83.25   them;] EE; them when the genuine article is at hand;
83.27   were] EE; was
83.33–34   unperceived] EE; the unperceived
83.34–35   perceived. Otherwise the] EE; perceived, or else the
83.37   or else to *conceive*] EE; or to conceive
83.38   is meant] EE; we here mean
83.40–84.1 *the interpretation ... absent*] EE; [*rom.*]
84.1   *portion*] EE; portions
84.4   one's] EE; his
84.4–8   know. For ... given. It is] EE; know. It is
84.8   constructed ∧] EE; ~,
84.14   Then comes the test of *agreement*] EE; As to the *agreement*
84.20   for] EE; for that
84.20–21   proceedings ... theory.] EE; proceedings is the idea itself.
84.23   as a plan] EE; *as* a plan
84.39   such] EE; [*ital.*]
84.40–85.1 success?/III] EE; success? [¶]

我几乎不可能指望，这简短的说明能像说服我一样地说服其他人。它的简短看起来有欺骗的味道，这正是哲学给自己赢得的声誉。但是，在进入细节的分析之前，让我先对总体情况作一个概述。讨论的重要性在于，像环境、观念以及一致性术语，从根本上来说，都是实践的术语，意指独特的功能或操作。"实践的"这一术语并不指向任何固定的用处，而是指向某些通过操作而被保存或转型的价值。

每个反思的环境都有一个问题，即如何去发现对于困难环境的处理或发展是适宜的含义或意义，它的适切性是由作为方法或计划的观念处理困难的能力所证明的。科学家和哲学家的树木，他的路径、标示牌以及失误，他漫步其中的不熟悉的环境，他的家，他回家的计划——所有这些在地方特色和背景方面都极其不同于一个有问题的旅客的同样的东

379

西,但是带有图解特点的情形保留了同样的东西。行动和反应的类型是不同的,这取决于那些现有的被扰乱的组织,被打断的价值世界。但问题的归类,所予和所欲之间的对立,运用所予构造关于无所不包的环境——它和所欲都被包含在其中——的观念或假设观点,用这个观念作为转型中实验活动的指导,经过各种级别,所予成为所欲,运用如此获得的结果来确证和修改那个指导观念,通过主动制定和构造"符合"环境之意义的——因为它实现了它——事态条件的最后证实(如果还有的话)——这些特点在每一个反思过程中被发现,并只在反思过程中被发现。

杜威　哥伦比亚大学

85.0　　[*section om.*]] EE; Vol. IV. No. 10. May 9,1907./THE JOURNAL OF PHI-LOSOPHY/PSYCHOLOGY AND SCIENTIFIC METHODS/THE CONTROL OF IDEAS BY FACTS. II [¶]

在这一章的先前部分,我努力想要表明:首先,每一个反思知识的环境都涉及对存在和意义的区分和参考,对材料和观念的区分和指称;其次,这些范畴被赋予的重要性,与其一致性被赋予的重要性一样,都是完全工具性的或者"实用主义的",与对混乱的价值环境的识别问题有关。在本文的这一部分,我打算更加详细地检查这一领域,通过对这个环境的每一个方面的分析而给出某种明确性。在开始解释事实、意义和符合这些逻辑范畴之前,为了确定是哪一个反思过程发生了,可能需要先谈一下混乱和无序环境的本性。引自最近一位批评家的一段话,为我们提供了一个方便的出发点。我引用了鲍德温"思想与事物"的第一卷中的一段话:"在杜威及其同事的作品中,得到重视的是因为用以确立它们自身习惯的意向过程的失败而导致的困窘和模糊这种情况;这构成了所有新构造的出发点,这些新构造用以在危机之后构建新的均衡状态。然而,我要指出的是更深层的一种情况,即这种困窘或崩溃通常并不是严重的情况;因为,通常是一种新的和不被接受的物体把它们自己强加给了我们。它并不满足于击溃我们的防御并迫使我们构造新的防御工事;它全副武装地跨越我们的围墙,并强迫我们把对其某些特征的认识视为**其本身所是**——也就是说,譬如,一块圆形石头,它被一个孩子当成一个苹果并试图咬上一口。"(第50页,注释)

我并没有彻底声称理解了这种假设的关系，但是，很明显，鲍德温认为，孩子的成绩这个例子在某种程度上表现了这样一种事实——在此之前，理论已经失败了。既然《逻辑理论研究》的第三章（论"资料"）谈论的恰恰正是这个不受欢迎的事实，所以，鲍德温必定完全误解了其要点。因此，我附上下面的这些评论，希望它们对于某些读者而言，能阻止这些误解继续延续下去。

1. "模糊"和"困窘"不是这些"研究"的特有术语。压力、紧张、组织有序的价值（或者支撑这种价值的功能）系统的中断都是平常的用语。如果"模糊"和"困窘"这两个术语被等价使用了，那么，它们就必须被认为是意义相同的；也就是说，它们就一定不能被解释为情绪或者任何一种意识的状态，而只能被解释为适用于一个行为或者其价值系统——就像我们说一个银行家的**事务**时那样。在这个银行家的个人历史中，可能伴随这些事务的情绪不安并不被认为是主要的，而是被视为对一个包括所有事情和人物的行为系统的"混乱"状态的基本反映；在反思性的分析之前，这些情绪属于冲突的环境，但是，它们却从来都不会和解。

2. 这种活动系统，只要它是有组织的或者协调的（拥有相互加强的各种不同元素），既是思想和资料之间的这个二元论的基础，又是以此为基础的。正是在这种冲突的环境中，它们彼此相互对立：思想是意图，对象是实现这个意图的障碍。例子中引用的这个整体环境，就是"孩子拿到物体并把它放进嘴里"———一种包含各种不同自身价值的行为，在冲突之前，既不能被描述为想象的，也不能被描述为事实的。但是，在这个活动中，各种因素之间相互激烈冲突，有些凸显为目的、意图、目标；而其他的因素则成为资料、障碍，它们将会通过思想——通过构思——而被重新解释和调整。

381

如果这个孩子没有从一种不同的意图、目的、行动计划的角度，对这块"坚石"作出解释的话，就根本不存在任何首要的对象——许多孩子为此而把坚石放在嘴里。另一方面，只有当他认为所构想的结果是合意的或者有意反对这件事情的，他才能继续完成那些实验性活动，在目标的指导下，这些活动将会导致把所有智力的内容、所有特征都赋予这个活动中恰恰首先就是中断的那些东西，以至于最后这个中断被划定或定义为圆石。让读者本人解决这个问题：**在进程中的什么阶段、那孩子如何**

确定是哪一个阻碍了他的意图（在活动的冲突中，哪一个又是他的意图）成为圆形坚石？起初并不是由于假设；在此意义上——意图还没有作为行动计划在指导关于中断性质的探究（实验）活动中起作用——而言，这种东西根本就不是被理智化了的，而是被纯粹实践地拒斥的——从嘴里被吐出来的。这个实验性调查过程的正常结论是关于一个基于相互加强，而不是相互冲突活动的、崭新的和谐价值之整体环境的形成。当一个人想吃苹果时，扔掉他发现是一块石头的东西，并不是对意图的凸显，而是对意图的实现。

3. 与"习惯的倾向性过程"和"把自己强加给我们"的关系似乎为误解的根源提供了线索。严格地说，这个"我们"与这个逻辑问题毫无关系，即事实和观念之间的关系问题。但是，如果一个人选择把这个逻辑问题转换成"外部对象"和"我"的关系问题，那么这种分析模式就正好是有用的。在任何一个就其本身而言是有组织的系统内，都不存在自我和世界的二元论。这种二元性出现在冲突和紧张的活动环境中；包含目的和意向的那些活动定义了那个环境中的"我"，而那些构成中断因素的活动则定义了它的"外部世界"。这种关系初看起来是纯粹实践的；它转变成一种具有所描述特征的事实和典型内容之目的的反思或者理智的二元性，这恰恰就是一个理性化过程，通过这个过程，一个原始的接受—拒斥实践转变成了一个受约束的直接评估的活动系统，在这个系统内，我与对象的二元性又一次被克服了。

在这里，我将涉及在《逻辑研究》（第16—17页）中对混淆不同种类的环境——技术的、理智的、审美的、情感的环境相互之间——的二元性的错误的谈论。譬如，我们马上就会认识到，逻辑的事实-意义二元性不能等同于技术的对象-中介的二元性，大部分现有的逻辑学以及心理学认识论的混淆都会自我清理——彻底消失。我认为，正是这种混淆导致了伍德布里奇在已经提到的那篇论文①中所谓的那个终端观念。

① 《意识问题》，载于《哲学与心理学研究》，第140页。

——我可能会把它用短语描述为浅灰-魔幻能力的概念；浅灰色，是就"意识"被认为是容易接受的印象而言；而魔幻能力，则是就它被提供了洛克、康德或洛采式的综合机制而言的。在那个实在系统中，一个主动的居于中心地位的自我或中介或"我"的意义在于,它是一个用以反对古代生活和哲学的宝贵的现代产物。然而,把这个实践性的中介与"意识"的随意等同却成了无穷无尽的灾难的根源。正如上面指明的那样,在"对象-我"和"事实-意义"之间的关系中,的确存在着这样一种真正的关联。通过理智的作用,"我"变成了一个理性化的、一个真正有目的的探究活动。它从非理性接受或非理性拒斥的某种东西,变成了某种直接的和根据相应的设想目的与具有相应特征的事实而被付诸实施的东西。知识的工具性作用指的正是这种反思的事实-意义环境所固有的中介性能力。在我看来,整个问题可以简化为这样一个问题:理智的作用与作为内在对象的实在有关系,以至于其职责纯粹就是在另一个领域内复制或重复那些内在对象吗? 或者,它是根据作为活动的实在来履行其职责,以至于其任务就是沿着更好地辨别价值这个方向把这个活动发展成更加复杂和丰富的环境吗? 如果反思的知识产生于其中的那个环境总是足够真实的,那么思想就是毫无根据的;如果就现状来说它是真实的,如果它的缺失只是量上的,那么思想的出现、意义关系的出现,就是不可思议的,并且根本不可能对它们所产生的特定的狭隘实在的任何扩展或扩张作出有效性检验。最后,这些与不可否认的事实一样产生于理智的活动是以此为基的,即纯粹的附属物,它们在特征上是丑陋的而不是装饰性的,就像偶然的知识副产品那样附着于实在。但是,如果反思的思想自身呈现为一个天生缺乏充分实在性的环境的发展阶段,而且为了其目标又不得不划定和解释这个环境,将其实际的冲突首先转变成对模糊的识别,然后转变成一个清晰的、可以被实验检验的其他可能性——目的——的概念,那么,反思的认知在来源上就是自然的,在论点和内容上就是可证实的,并且在实在性上也是富有成效的。在任何阶段上,这都取决于实在自身的过程。

从对这个混乱和无序的环境——认知在这个环境中并且为了这个环境而发生了——的素描开始,我将转向它所引发的认知作用的各种术语。"事实"或者"存在"的本性得以自我呈现。既然对认知进行实用主义解释的这个理论,仅仅为贝克莱式的唯心主义提供了一个改变了的措辞,并不是一个非同寻常的假定,那么就让我们强调这一点,即我们在这里处理的是一个理智的或逻辑的问题,确定一个正确描述或界定,为一

383

个所与的环境或一系列事实指派一个正确的本质($\tau\grave{o}\ \tau\acute{\iota}\ \mathring{\eta}\nu\ e\mathring{\iota}\nu\alpha\iota$)。它不是考虑之中的任何存在或实在的本性,而是这样一种实在的本性——通过假定,有一个关于它的观念,并且关于它将有一个正确的观念。如果你愿意,可能会有数百个实在存在且存在于经验之中,它们属于你愿意设想的任何一种,并且它们就像它们所是的那样是其之所是。但是,我们并不是在讨论这样一些存在,因为关于它们,我们没有也不必有任何观念;关于它们,并不存在一个正确或有效的观念的问题;它们本身根本没有进入反思的范围,或者作为一种理智的运作而进入逻辑或任何知识论的范围。

所以,不论在心理学和认识论中情况是怎么样的(我做出这一让步,是为了有利于它所关涉的那些人,而不是为了自己,因为我相信任何一门科学都至少会自称是逻辑的),在逻辑学中不存在任何观念,只要除了诸如此类的实在之外不存在任何其他东西,因为逻辑学并不需要在观念中荒诞地复制我们在实在中已经拥有的东西。然而,另一方面,只要一有任何关于判断知识(在这个术语的理智意义上)真假的问题,就会存在一种没有充分实在性的实在,因为它要求通过实现其目标而自我填补——这种填补不是外部的和量上的,而是内部的和质上的。如果这个宇宙作为彻底的实在同时完全呈献给上帝或人,那么无论是上帝还是人都不会有关于它的任何观念——即使这个宇宙本身就是一个观念。但是如果一个人拥有一个关于存在着的某物的观念的话,那么那个存在着的东西一定首先需要对自己的实在加以解释,然后通过那个观念发生转换。任何所与的事实——关于它们,有一个观念——本身都不是充分实在的,而是通过这种转换而即将成为实在的某种东西,它在基于那种目的的意义填充过程中,接受了其自身的意义或目的。另一方面,对于任何一个人而言,只要有一部分实在性以这样一种方式——这一部分在价值上是足够的或者是自身包含的——同时呈现于他,就不存在关于这种东西的任何观念或思想——不存在知识这个术语的反思意义上的任何知识。于是,人们就不得不时刻警惕并不断避免开始时把这个范畴滑入然后再滑出这个反思的环境,避免忽略这个术语根据它是否在反思的知识之中而必然获得的那些不同的含义[②]。

② 怀着滴水穿石的希望,我再一次重复,唯心主义的谬误是这样一种假设,即"真实

的"实在,"真理",就是这个思想环境中的实在之所是;而实在论的谬误则在于,无论在思想之内还是在思想之外,都是一样的。我正在呈现的核心论点是:正是在这个反思的环境之中,且只有在这种环境中,实在才以一种直接的方式被重新赋予了价值资格并发展了价值;而且,知识有效性的标准也不是对已有实在的精确复制——此乃唯心主义和实在论的认识论的共同假定——而是一种价值转换的有效表现。标签是可疑的,但正是在这种意义上,实用主义才会被理解,如果实用主义要发展成为一种可以被接受的知识理论的话。

只要一个人不是在处理知识环境,那么他就可能拥有完美的实在论系统——本身是其所是的实在与理智的作用没有任何关系;但是一种理智主义的实在论——也就是说,一种把反思的环境中的事实等同于无视这个环境的实在的实在论——却完全忽视了这样一个事实,即:正是因为独立的实在已经失去了它的某些充分的实在特征,它才进入了反思;在用以反对它自身的意义或目的的过程中,从它完全拥有它的价值时的样子开始,它不可避免地被修正了;至于这种意义,则需要进一步重新获得其自身的资格。我想,这一点应该是自明的,即凡与一个理智的环境相关的实在,就它是理智的而言,在终极客观的意义上都不是正确的和好的实在,而是一个与之相关的符号、一个其意义仍需被给出的符号;而且,它的价值(像其他任何符号一样)就在于它可能指向其中一个的那些结果的价值。

因此,当我们说事实和意义、环境和概念是功能上的差别时,意思是它们在活动的控制问题上的分工不同或者地位差异。所有关于事实与观念之间关系的严格意义上的理智观点,也都处于这种两难之中。观念要么是关于一个当下事实的观念,在这种情况下,它是多余的;要么就是关于某个非当下事实的观念,关于它,谈论一致意见是徒劳的。不存在认识论上的骑墙,通过它,一个人可以把一个观念与一个未知的实在相比较,以检验其真理性;如果这个事实是已知的,那么创造一个观念并经由这种形式的比较就是非常愚蠢的。但是,如果我们实际地看待这个问题,那么一个观念就可能根据呈现出来的事实(它不是这样一种实在,关于这种实在有一个观念)而形成,这个呈现的事实可能已经成功地把那个所与的、已有的事实转变成了一个彻底的实在,根据它,这个观念是正确的。

环境,正如我们已经阐明的那样,并不等同于呈现出来的事实。如果是,这个整体中的个体就不会丢失。或者,一般来说,如果一个科学家已经拥有的这些事实、真理就是事实、真理的话,那么,他就不会成为一个科学家;这里不存在任何探究、任何反思。已呈现出来的事实规定了那个丢失的旅行者;而这个科学家会很困惑。它们直接决定了一个问题,而不是答案。而且,与整个实在的对立就是这些所与事实的固有内容的一部分,而不是外部的或者另外的某种东西。如果它不是所与事实的其中一部分,那么,它们立即就会垄断整个领域;人就不再是一个正通过反思寻求拯救的丢失了的灵魂。他将感性地享受他面前的一切。与其他东西没什么两样。但是,如果有思想,立志于"创造完美",那么环境就像包含了当前的事实一样,也包含了缺席的事实;而且这种包含不是外部地,从我们的立场说就是区别于那个旅行者的(我们认识到,他所看到的必须与他没有看到的结合在一起),而是内部地,因为与缺席事实的关系本身就是当前事实的特质的一个固有部分。换句话说,当前的或所与的事实是天生自我矛盾、自我不一致的,或者自身模糊不清的,意义总是在交替改变。最为真实和无可怀疑的总是被置于一个语境之中,而且这个语境彻头彻尾地粉饰了被置于其中的所有东西。缺席者可以决定已呈现出来的事实,作为已呈现出来的,要么是从已经被跨越的领域的立场出发的,据此,当前的领域是持续的——一个腹地;要么是从那个旅行者想要跨越的那个领域——一种前景——的立场出发的。所与者,这个"局部环境",可以这么说,被理解为一个更大整体的一部分,但在这个整体中,它却是脱节的。它是作为一个无序实在的一个元素而被给定的。而且,这是我们所考虑的所有"事实"的特征。它们是实用主义的,是"已做的事情",但却至今仍没有做好。

约翰·杜威　哥伦比亚大学

85.0　[pp. *om.*]] EE; Vol. IV. No. 12. June 6, 1907./THE JOURNAL OF PHILOSOPHY / PSYCHOLOGY AND SCIENTIFIC METHODS/THE CONTROL OF IDEAS BY FACTS. III [¶]

在以此为题的前一篇文章中,我简要描述了这样一个环境——在这个环境中,事实和意义之间的区别得到了规定,并解释了"事实"这个范畴。在这一部分,我将作出总结,并考察意义、一致或者符合这些范畴。

"事实"，正如我们看到的那样，指称了缺席的某种东西。这当然是那个环境的想象或观念方面。于是，这种缺席者，已呈现出来的或真实的东西所打算和意指的，被断言为将与已呈现出来的事实本身一样真实。而且这个断言不是由一个面前拥有全体实在的人站在外部所给出的；它是对所予者本身的断言，因为它作为指出、意指某种超越自身的东西而被给予的。①

① "所予"是一个模糊的术语。它有时意指整个环境，此时它不被理解为反思性的或者知识，而是被理解为处于关于它——我在别处称之为当下的——的经验整体之中。（参见本杂志第二卷，第393页。）但是，它也意指这个经验整体，被理解为是同时被理智化的或者界定了的，以设定思想、资料、"事实"这些术语。当然，在这里，这个术语是在后一种意义上被一贯使用的。

只有通过追问已呈现出来的东西的实在，才能追问缺席者的实在。于是，这是在场的，是在观念之中或者作为观念的。就这一点而论，它是与无序系统中的所予事实相对立的。但是作为实在，已呈现出来的事实的实在和观念的实在恰恰就是位于同一个层次上的。②

② 正统的逻辑经验主义的谬误就在这儿。它假设存在着"所予"、感觉、知觉等等，它们先于并独立于思想或观念而存在，思想或观念是通过复合或拆分所予而获得的。但是，感觉或知觉(假设这些术语拥有知识能力，就像洛克式的经验主义赋予它们的那样)的本性就是其自身拥有的某种东西，它如此地被拆分或复合以至于能提出和要求一个观念、一个意义。

我们所谓的观念表明了这样一种方式，按照这种方式，整体的实在——局部的自我矛盾的事实因为其自身的实在性而被归诸于它——是当下的。③

③ 因此，顺便回到以物理关系与意义关系之间的区别和联系为根据的那个陈述（参见第四卷，第200页），首先，或者从反思环境自身的立场出发，意义关系是其中一种或者伴随其他关系的一种关系，这种说法严格来讲是不正确的。更准确地说，所意指的东西当然是那个无所不包的整体，在这个整体中，*物理关系*一以贯之地实现了，而不是清楚表达了，它们彼此之间的物理关系：水—解—渴、冰—冷却—水就是*物理元素*的整体环境，只有通过有意去改变另一个以至于取消它们之间作为所予的区别，它们才成为这个整体。把一种伴随并对立于那些物理关系的意义关系作为相同元素的另一种关系区分出来，不是在这个环境自身之内进行的，而是在这样一个环境——在这个环境中，逻辑学家反思了一个反思性环境——中进行，这是一种崭新有趣的环境，其含义在这里也不可能被完全给出。

（它根本不是一小点理想化的物理材料）；而我们称作事实的东西却标志着这个呈现于其分散、断续的元素之内的整体环境。

然而，在这种情况下，这个整体实在作为整体只能呈现在观念之中，当然这并不是说，这个观念与那些已呈现的事实一样真实。当我们说这个观念与那些所予的事实是同一层次的实在时，我们只是把这个观念作为观念、作为存在来谈论，并没有涉及其详细内容。这些可能都是虚假的；它们最多是假设的。于是，我们有了一个非常完美的环境。那些已呈现出来的事实原初性地、毫无疑问地、顽固地存在在那里，④

④ 当然，可能会得出这样的结论：被认为存在着的某物是真正被建议或想要的，并且因此这可能会转到想象的那一边。但是，它只影响那些具体内容；某物当下存在于那里，因此不是观念；必定是在有序中，某物才可能是被意指的或者观念性的。

但是，它们自身却不呈现为整体的和真正的实在，而是呈现为它的一个歪曲的和不合拍的部分，而为了合理和完整，则需要那些缺席的部分。另一方面，这个整体实在或者环境，只是作为一种观念——一种目的、建议或者意义——才是当下的。在要求上，它是真实的；在执行中，它则是不确定的、存疑的、假设的；就像那些"所予"事实那样，在执行中是真实的，而在价值上是不确定的，在要求上是不稳定的。而观念，虽然它可能会对立于原初的所予事实，但却不可能对立于那个整体实在，因为正是也只有在那个整体中，它才能在那种情况下得以实现。因此，所予事实与观念之间的关系是如下这样的，在它可以从另一个上面分割下来然后被视为那个整体实在的意义上，两者都不是真实的，因为后者正是这样一种张力，在这种张力中，一个反对并支持另一个。在它们把那个实在呈现为一个混乱或者无序的价值环境的意义上，两者都是真实的。两者都呈现了一个相同的实在：但是，作为区别于另一个的其中一个，却从不同的立场或者在不同的功能上呈现了它。那些"所予的"事实，就其存在的无组织价值状态而言，就是实在。"观念"或所欲，就其投射校正而言，也是这同一个实在。实际上，事实与观念之间，从一开始就必然拥有一种相互之间的特定符合或对应。它们相互符合，就像一种疾病与其诊断那样，或者像被诊断出的疾病与其治疗计划那样，或者像一个问题陈述与其被提议的解决方法、一种障碍与一个经历了这种障碍的结果那样。符合一个，就是去回应另一个——去激励并回答另一个。

于是,在这里我们就有了两个方面的控制。一方面,那个整体环境,曾经被假定为在形式上是基本真实的,但现在却只呈现为想要的或被提议的(并因此在内容上是假设性的),控制着对"所予的"事实的确定。它规定了什么将被认为是所予或者不是所予的;规定了确定已呈现的事实与否的相关、合适的因素是什么。那个迷失的旅行者的所予或事实,在构成上明显不同于一个植物学家或者伐木工人或者猎人或者天文学家——我们可能唯他马首是瞻——的所予或事实。除了被作为对混乱或内部矛盾的环境进行校正而需要的那种整体环境的条款之外,没有什么东西能控制这些事实的本质(τὸ τι ἦν εἶναι)或理智内容。如果所需的这种整体实在的条款退出了,那么所予就变成了自给自足的,就变成了一种感性赞赏或好奇阐释的对象。如果遗忘了观察的作用就是定义那些描述一个环境的问题的事实这一点,那么我们就会得到一个不确定的细节堆积,它在理智上全部都是重要的,除了那些偶然的东西之外。正是这个作为目标、作为目的的观念,规定了对那些"所予"事实的有选择的确定。⑤

⑤ 这是被那种严格构造性的经验主义又一次遗漏掉的真理。当然,它也是唯心主义的逻辑学所强调的真理。(参见,譬如罗伊斯的"世界与个体",第一卷,第四章)

环境是变化的,在理智的定义中,作为有机体的人或行为者是变化的。如果这被认为意味着:世界就是这个有机体的运动,只服从于其一时的兴致,或者只是其状态的一种集合,那就首先忽视了这样一个事实,即:这个行为者的构成本身,就是通过内部纷争而经历着重新组织的同一个价值系统中的一个相应的结果;其次,也忽视了已经提到的这样一点:我们所谓的事实,是指实际控制那个作为行动目的和方法的观念的正确形成的东西。它不是某个与这个环境的正确观念的形成完全无关的冷漠地存在着的世界。一个无差别的宇宙,一个没有选择性决断的宇宙,也就是说,一个不为建立和检验一个观念而准备的宇宙,决不可能成为知识的对象;最坏的状况下,它将会成为关于一个巨大范围事物的总体回忆,一个巨大的幻想的或无意义的虚构;最好的状况下,它将成为或许比任何知识都好的某种东西——一种感觉上的愉悦和自由游戏。⑥

⑥ 再说一遍,当被认为是一个知识所谈论的实在时,这个绝对完整、统一、和谐的整体

实在,这个也是绝对意义的绝对事实,是审美谬误的一个例子。审美感觉可能"好"于直觉,但是用它替代直觉,从审美方面看,就是把一种愉悦转变成一种幻觉,而从认知的方面看,则是把一种可能好的目的转变成某种自我欺骗。

　　另一个方面的控制,是所予事实对于目的、目标或意图的**内容**形成的控制。正在消失这个事实是基本的所予事实;它是不可能被去除的事实。这可能会引起一种盲目的奋斗,一种毫无目的的闲逛。但是,就这个找到家的目的常常界定正在消失所引发的问题而言,却存在着研究、探究、精确地观察;"正在消失"的内容或多或少是被重构的;某些特征因为不相干和引人误解而退出了——尤其是那些非常情绪的特征;其他的一些被强调了,新的特征被公之于众了。那个"所予"逐渐被确定下来,它很可能会筹划这个整体环境,或者重新安排那个由相互矛盾的细节组成的和谐整体;它很可能作为立场和行动方法而在起作用。就这个环境被合理化而言,这个目的首先作为对这个处于其所予或者扰乱的形式中的环境的检查和分析的基础而起作用。分析的结果规定了这个目的要得以实现就必须考虑的那些障碍。因此,这个目的在内容上被理智化了;因为它根据被定义为障碍的那个环境所需,假定了细节。它从纯粹的目的变成了一个系统的行动计划,一种利用它们克服障碍的方法。这些扰乱的价值构成了那些原初的、冷酷的、顽固的因素。⑦

⑦ 作为实在典型的这种无意识的顽固特性,——作为必须被考虑的特性——当被置于与随后反应的关系中时,是确凿的;当被置入一个理智主义本体论的流行观点来解释时,它总是引出那个终极的心灵术语或浅灰色的心灵概念。

　　因为,它们证明了那些要获得成功——元素的和谐——就必须被考虑到的障碍因素。在这种实践的意义上,它们对于观念是强制性的,而且控制着具体内容的形成。作为一种被付诸实施的行动方法,就其是成功的而言,它把那些障碍转变成了资源;它们失去了其强制性的实践特质,变成了通向目的的线索、路标和真正手段。在这种实践功能的改变中,所予的原初特征转变成了耀眼的或者有意义的特征——它不仅是要成为有意义的,而且也的确成了有意义的。同样,这个观念当然(因为它是同一个过程)也不再只是一种所予的目的,而变成了实在的一种内在的构成性价值。真正找到方法的那个个人理解了他的那些原初所予或

391

资料,它们预示着新的积极信息,因为它们不再是正在消失的证据,而变成了一个整体环境中的有效而又富有活力的条件。当这个环境——它被那些所予事实表现并呈现为分散的,而被那个观念或意义表现并呈现为整体性的——成为一个有效的和谐环境时,那些原初的资料就通过获得它以前就指向的那个意义而被转变了,而那个被预测的意义则通过变成了那些事实的一种结构性价值被证实了。这种相互之间的转换就是它们一致或符合的标志。同一个实在可能在事实中是原初的和不一致的而在观念中是和谐的,因为,这个积极主动的环境是处于转变中的实在,并且就其是反思的而言,是正在直接转变过程中的实在。而且,我们完全逃离了这个理智主义两难——要么不得不把一个观念与一个当下的事实相比较,要么就不得不把一个观念与一个缺席的事实相比较,因为它们之间的符合是在一个和谐的意义系统的最终建构中被证明的。检验这个观念正确性的那个客观实在不是表面上先于或者暂时共存于这个观念的,而是在它之后的,是它作为目的和方法的实现:简言之,就是它的成功。

在最后这些评论中,毫无疑问,我们已经转到了一致性这个主题上。

85.3   intellectualistic] EE; strictly intellectualistic
85.9 - 10 conception of ... experimental] EE; conception is there of agreement save the experimental
85.24   an opportunity] EE; a fresh opportunity
85.27   improvement] EE; reinterpretation
85.30   self-rectification] EE; constant self-rectification
85.30 - 31 content through acting upon it in] EE; content and intent through the modification introduced by acting upon them in
85.31   "absolute"] EE; ∧～∧
85.31   knowledge] EE; reflective knowledge
85.36   Facts] EE; The facts
85.36 - 37 and meanings exist as] EE; and so the meanings exist just as
86.1   compulsive ... existence] EE; compulsive, but on this basis, as just existences
86.1 - 2   element in] EE; element of content in
86.3   brute] EE; most brute
86.4   form. What is] EE; form. The moment we recognize the element of uncertainty in the contents unreflectively supplied for facts and meanings and set to work to redefine those contents with reference to the requirements of their adequate functioning in the transformation of the situation, reflective knowledge, rationalization, begin. What is

392

86.6   made.] EE; made in determining them.

86.10 – 11   every ... unquestioned] EE; every introduction of unquestioned

86.11   objectivity, compromises] EE; objectivity ∧ into the structure compromises

86.12   work.] EE; work, save accidentally.

86.13   taken] EE; conceived

86.14 – 15   reconsideration. Any] EE; reconsideration and requalification at the bidding of the needs of the developing situation. Since the logical force and function of the facts are not ultimate and self-determined, but relative to suggesting an intent in the form of an approved method of action, the reflective situation is adequately reflective only in so far as the thought of the purpose to be attained is consistently utilized to recharacterize the fact. Any

86.17   themselves (all being equally real)] EE; themselves, since all are equally real,

86.18   weight,] EE; ∼;

86.18   that their] EE; their

86.19   must be] EE; be

86.20   worthlessness] EE; complete worthlessness

86.22   proofs] EE; proof

86.23   facts] EE; fact

86.24 – 25   a situation. [¶] The more] EE; a practical situation. Supply an end to be reached, a purpose to be fulfilled, and at once there is a basis for supplying internal individuality and external restriction to the facts in question, while so long as the end is tentative the character, inherent and external, assigned to facts must also be provisional.

          It has been suggested that the controlled development through reflection of a disordered situation into a harmonized one is compromised and hindered in just the degree in which the facts and meaning are permitted to assert, as fixed and final within the reflective situation, the contents which they bring to it from without. The more

86.25   *full*] EE; [*rom.*]

86.30   meaning] EE; intent

86.31   fact] EE; facts

86.32   its] EE; their

86.33   with reference to control of the] EE; with deliberate reference to the control and reordering of the

86.36   meaning,] EE; ∼ ∧

86.40   phenomena] EE; both phenomena

86.40 – 87.1   conceptions ... forms) with] EE; conceptions (Platonic ideas, Aristotelian forms) in Greek thought with

87.3   hypotheses] EE; ideas

87.6   theories] EE; hypotheses

87.9   That realities] EE; That, indeed, realities

87.10   meanings] EE; values and meanings
87.13   existence is to be] EE; existence is of the intellectualistic type, *i. e.*, is
            to be
87.16   imperfect] EE; frustrate
87.17   modern. Science] EE; modern. Waiving the question whether this
            existence of independent realities and meanings signifies anything at all
            apart from participation and position in systems of well-ordered activity,
            it is certain that science
87.21   to this ... realized] EE; to it; in which it is realized
87. 24   of the new situation] EE; of the needs and intent of just the
            new situation
87.25   IV] EE; [*not present*]
87.27   there is] EE; there need be
87.29   such comprises something] EE; such involves within itself something
87.29   *meant*] EE; [*rom.*]
87. 30 – 33 there. But ... accentuated.] EE; there. None the less, since every
            reflective situation is a specific situation (one having its own disturbance
            and problematic elements and its own demanded fulfillment in the way
            of a restored harmony), it is true that the contents carried over from
            one reflective situation into another are at the outset non-reflectional   *394*
            with reference to the new reflective situation, entering primarily as
            practically determining or alogical elements; and this remains true of
            the outcome of the most comprehensive thought so far as that becomes
            datum for another intent. Because the stated condition of fact or
            meaning is a satisfactory solution with respect to the concrete problem
            of one concrete situation, its functioning as the disturbing and uncertain
            element in some other concrete situation is not thereby prevented.
            Hence the requirement of requalification within each new specific
            intellectual process. In the second place, there are many situations into
            which the rational factor — the mutual distinction and mutual reference
            of fact and meaning — enters only incidentally and is slurred, not
            deliberatively accentuated.
87.33 – 34 disturbances are] EE; disturbances of value systems are
87.36   meaning] EE; their meaning
87.37   of meaningful] EE; of inherently valuable and meaningful
88.1   problem.] EE; problem and to the specific purpose now entertained,
            and which accordingly require no redefinition.
88.4   of slight] EE; of relative and slight
88.7   not] EE; not in the least
88.10   the main business.] EE; the central problem.
88.10   speak of] EE; call
88.13   highway as knowledge]. EE; highway while his main attention is
            elsewhere, knowledge
88.13   sense] EE; logical sense

88.16	denial to it of] EE; denial of	
88.17	factor.] EE; factor in the former.	
88.22	the great ... scientific] EE; the primary difficulty of critical or scientific	
88.24 – 25	from other situations.] EE; from situations which, in their contrast with the requirements of reflection in *this* case, may be fairly termed non-reflective; so that the essential problem of intelligence so far forth as intelligence, is precisely the reassignment of content in accordance with the needs and purposes of this situation: it is just this resurvey and revaluation which constitutes rationality.	
88.28	paper.] EE; paper (Vol. IV., pp. 199 – 200).	
88.30	another relation is added] EE; there is another relation added	
88.33	may signify] EE; may suggest or signify	
88.34	signification-relation] EE; ～∧～	

89.6	it] EE; so it	
89.23 – 24	element. [¶] It is quite] EE; element. It is quite	
89.24	that a thing] EE; the fact	
89.29	*fact-relations*] EE; ～∧～	
89.29	*meaning-relations*] EE; ～∧～	
89.37	an] EE; the	
89.38	it becomes] EE; it ceases to be just reality as such and becomes	
89.38	thing,] EE; reality ∧	
90.1	"reality"] EE; ∧～∧	
90.2	it] EE; reality	
90.3	practical] EE; the practical	
90.16	active] EE; practical	
90.16	operative] EE; already operative	
90.19	and giving direction] EE; and control	
90.20 – 21	function. [¶] In conclusion] EE; function.	

Reality in its characterization as fact, in the logical force which it has in the regulation of the formation and testing of ideas, is not, then, something outside of or given to the reflective situation, but is given or determined *in* it. Reality as such is the entire situation, while fact is a specific determination of it. If the reflective situation were purely intellectualistic, then the objective idealist would have logic on his side; but since it is a focusing of a disturbed system of activities and divided values on their way to a unified situation of harmonized values, we have a dynamic realism. Similarly the idea is not a fixed thing, an entity existing in some ontological psychical region, and then happening to get caught in a reflective situation. If it were, either the subjective idealist would be right, or else the determination of truth would by its nature be impossible. But idea is a logical determination, ultimately practical in origin and function. What on one side is a name for operative realism, names on the other an experimental idealism.

In conclusion

90.24   organic] EE; thoroughly organic
90.24 – 25   incarnate] EE; already incarnate
90.28   something because,] EE; a certain reality, because ∧
90.29 – 30   feature of ... light. Such confusion] EE; feature of that reality which
             previously had not been stated but assumed, he puts the affair in such a
             strange light as to appear arbitrarily to change its character. Such
             a confusion
90.31 – 32   psychological ∧—] EE; ~,—
90.32   adjustment ∧—] EE; ~,—
90.33 – 34   by our getting] EE; by getting
90.34   viewpoint, rather] EE; view-point, so as to see things from it, rather   396
90.35   argument.] EE; argument. Meanwhile the argument of this paper is
             proffered in the hope that it may, with some, facilitate the process of
             habituation.

《观念的逻辑特性》

范本是这篇文章首次出现的形式,发表于《哲学、心理学与科学方法杂志》,第 5
卷(1908 年),第 375—381 页。它在《实验逻辑论文集》(芝加哥:芝加哥大学出版社,
1916 年)第 220—229 页修订版中的校订被采用了。

91.0   [om.]] W; VII EE; Discussion
91.9   is a substance] EE; is itself a substance
91.11   he would] EE; would
91.15   occupied by them] EE; occupied
91.16   an account of] EE; that which regards
91.17   from treating] EE; and which treats
91.17   making up] EE; marking
92.7   equaling] EE; equalling
92.24   "knowledge"] EE; ∧~∧
92.30   than] EE; than at most
92.31   makes] EE; has to make
92.33   conceptions] EE; conception
92.33   practice] EE; practise
92.37   structures involved] EE; the structures which are involved
92.38   acts] EE; functions
93.8   was perhaps] EE; perhaps was
93.14 – 15   process. [¶] These] EE; process. Thus when Dr. Pratt, in a recent
             discussion,① says that the aforesaid "Essays"

① 这个杂志,第五卷,第 131 页,注释。

"可能是从唯我论的立场出发论述的",我因此发现了一种并不想要的赞扬。我毫不犹豫地补充道,它们不是从唯我论的立场出发被论述的,而是从一种逻辑的立场出发被论述的,唯我论的争论与之毫不相干;——因为,一种逻辑的探究只关心事物之间的推理关系,而不关心关于一个单一的意识、灵魂或者自我的预想。一个单一的本体论的意识世界——它要么是自我,要么是拥有某个自我——的假设根本就没有进入这个讨论。

当普拉特博士谈到一种"私人的意识流"、"从没有进入一个人自己的私人意识流的外部实在",以及"这些实在与我们对它们的判断"之间的关系,并根据这些假设"提出一个两难"时(第 131 页),他的确向那些坚持这些假设的人提出了一个两难,但是,他却漏掉了《逻辑研究》中的要点。有了这些假设,普拉特博士和那些坚持它们的人是否都能逻辑地避免唯我论——除了口头上说他们避免了它之外——也是他们要考虑的一个问题。

然而,在他的论文的前一部分中,普拉特博士似乎承认,逻辑探究自身完全可以继续下去,而不用因为必须使之适应于先前的认识论假设而做出让步。他接受了"具体环境"这种立场(第 123 页),并强调这样一种观点,即观念的真理性问题的核心可以在判断问题中找到(第 130 页)。[②]

② 这个学说如何与另外一种主张——知识问题涉及私人意识流中的判断与这个意识流之外的未被经验的对象之间的关系(在这种情况下,它是不可能被经验到的)——相一致,解决这个问题一定非常有趣。

而且,根据争论中的观点可以逻辑地而不是在认识论的意义上被讨论,他还给出了一个说明。普拉特博士说:"因此我相信我的朋友 B 在君士坦丁堡。如果 B 确实在君士坦丁堡,我的思想就是正确的。我承认,对我而言,再也不可能看见任何一个比这个更简单的东西了。"(第 124 页)简而言之,"如果一个思想的对象如你想的那样,那么,这个思想就是正确的。"但是,就在此前,普拉特博士已经区分了另一种真理意义,它标志了一种流行的、正确的和可理解的用法。这是把真理等同于"*已知事实*"(斜体是原文所加——译者)。这两种意义之间的关系是什么? 普拉特博士坚持认为(在我看来,相当正确),真理性或者谬误性是观念的一个特征,仅当观念位于判断之中:正如我理解的那样,也就是说,仅当它们意指了某种客观的指称。否认这个对应体存在的那些人大概已经有了这个观念(或者说他们并没有拒绝真理),并且当他们有了这个观念时,那个对象就是他们所想的那样。但是,他们的观念却不是"正确的",因为他们的判断否认了某种客观关系。当我"相信"我的朋友在君士坦丁堡时,我并不只是具有那个如浮动影像一般的观念,我意指了一个事实性的指称。简言之,真理问题不是一个对象是否"如你所想的那样",除非"想"这个术语意味着你把它判断成什么。逻辑观念是关于一个事物的某种判断的缩写。它陈述了一个对象被判断为什么的方式,那个在推论过程中我们采用的方式,它不同于那种实际所是的方式。

  如果我们把这个真理概念与那个"等同于已知事实"的真理概念相比较,我们就会得到某些令人吃惊的结果和某些更为惊人的问题。如果存在一个已知事实,那么就只有一个已知事实而没有判断,也没有观念。已知事实很可能是一个判断的结果,但它不可能是任何一个包含关于 B 之下落的一个思想的判断的部分。或者说(既然我们所关心的不是判断这个词),当 B 在哪儿是一个已知事实时做出的这类判断,完全不同于在他的下落不确定而我们通过推理判断他在君士坦丁堡时做出的那种判断。既然后者包含了推论、关于证据的考虑,那么它就包含了某种怀疑。除了像我们也有关于他可能出现在其他某个地方的思想,并坚信证据足以支持其在君士坦丁堡之外,我们有关于 B 出现在君士坦丁堡的任何思想(作为被意指的客观指称的一部分)吗?

93.15	considerations] EE; questions
93.15-16	intelligently raise] EE; raise intelligently
93.16-17	consider] EE; consider the question of
93.21	facts when the facts] EE; facts to which they refer *when* these facts
93.22	"ideas"] EE; the "ideas"
94.2	validity] EE; this matter of validity
94.2	with truth] EE; with the question of truth
94.5	judging] EE; it
94.7-8	known fact,] EE; [*ital.*]
94.21	There] EE; These
94.21	things.] EE; things in their factual relations.
94.22	objects —] EE; ~;
94.28-29	as effectively as accredited] EE; more effectively even than accredited

94.30   situation.] EE; situation.⁶ . . . ⁶Such a use differs from that of Perry, who would employ the term to connote formerly accepted, but now definitely discredited, objects: recognized errors, illusions, etc.

94.31   to be valid] EE; valid

95.4   value] EE; [*ital.*]

95.5   character:] EE; ∼;

95.6;96.22   that] EE; which

95.7   which ∧] EE; ∼,

95.7   operations ∧] EE; ∼,

95.8   would not be so] EE; be as

95.10   for regarding] EE; of entertaining

95.10 - 11   for employing] EE; of employing

95.13   and also] EE; and

95.20   our own.] EE; *our own* states.

95.21   are not] EE; would not be

95.28   with reference to one another] EE; simply as events on their own account

95.31   *is*] EE; [*rom.*]

95.32   is tentatively] EE; is being tentatively

95.38   are] EE; were

96.4   personal] EE; purely private

96.4   have,] EE; ∼∧

96.5   temporarily,] EE; ∼∧

96.9   serve as means] EE; serve

96.11   different] EE; new

96.11   treated,] EE; ∼∧

96.14   which] EE; and they

96.17   recognition] EE; distinct perception

96.17 - 18   which are not] EE; not as

96.18   or] *stet* JP; nor EE

96.19   inchoate] EE; as inchoate

96.19   experimental] EE; empirical

96.20   resolves] EE; solves

96.21   that] EE; which yet

96.23   which] EE; that

96.24   say: This] EE; say this

96.24 - 25   nor the picture nor] EE; or the picture or

96.25 - 26   an event. . . system] EE; *my* color

96.27   *reference* —] EE; ∼,

96.29 - 30   inquiry.] EE; inquiry which may lead to the discovery of a previously unexperienced thing, and possibly to a thing of a qualitatively different order from anything previously experienced.

96.33   with pointing] EE; to point

96.34	a] EE; the
96.34	critic ∧] EE; ∼,
96.36 – 37	interprets...theory] EE; interprets
97.1	distinction.] EE; distinction, in terms of his own theory.
97.4	apprehension] EE; sympathetic apprehension
97.4	it...conception.] EE; it.

400

《实用主义所说的"实践的"是什么意思》

范本是这篇文章首次发表的形式,题为《实用主义所说的"实践的"是什么意思?》,载于《哲学、心理与科学方法杂志》,第 5 卷(1908 年),第 85—99 页。这篇文章在《实验逻辑论文集》(芝加哥:芝加哥大学出版社,1916 年)第 303—329 页的修订和重印版中的校订被采用了。

98.0	[*om.*]] W; XII EE; [*not present*]
98.1	WHAT PRAGMATISM MEANS BY PRACTICAL] EE; WHAT DOES PRAGMATISM MEAN BY PRACTICAL?[1]
98.6	thinking."[1]] EE; ∼."∧
98.8	mind;] EE; ∼—
98.19	is] EE; is also
98n.3	Green, & Co.,] EE; ∼∧ ∼∧
99.21 – 22	the *Journal of Philosophy, Psychology* ∧ *and Scientific Methods*,] W; ∼,∼,∼, EE; this JOURNAL
99.27	I] EE; [*not present*]
100.2	"cash in "] EE; "cash" in
100.15	science] EE; modern science
100.17	would] EE; should
100.27	pp. 122 – 23] W; p. 123
100.36	controversy ∧] EE; ∼,
100.36	exists ∧] EE; ∼,
101.8	them,] EE; ∼∧
101.8	stand,] EE; ∼∧
101.10	controversies] EE; [*ital.*]
101.13	*conceiving*] EE; [*rom.*]
101.13;102.8	objects] EE; [*ital.*]
101.24	*the specific last*] EE; *last*
101.28	will mean in] EE; will in
101.29	from] EE; than in the case of
101.32	distinct] EE; [*ital.*]
101.33	"practical"] EE; ∧∼∧
101.35	1. When] EE; When
101.38	never-failing] EE; ∼∧∼

101.39   object:] EE; [*ital.*]

102.2,3   object] EE; [*ital.*]

401 102.10 – 11   What is . . . object?] EE; what do *objects* mean.

102.16   confused with them] EE; confused

102.18   When, then, it] EE; When it

102.18 – 19   question of] EE; question, then, of

102.19   signifies its] EE; signifies

102.22   2. But] EE; But

102.26   an idea] EE; the idea

102.35   an] *stet* JP; and EE

102.37   actions,] EE; ~∧

102.40   itself] EE; [*ital.*]

103.3 – 4   it, as our attitude,] EE; it ∧ *as* attitude ∧

103.5   3. Then] EE; Then

103.6   or] *stet* JP; nor EE

103.9   anyone] EE; any one

103.9   were true?] EE; [*ital.*]

103.15   that fact] *stet* JP; the fact EE

103.22   means] EE; is

103.28   "meaning"] EE; ∧~∧

103.28   "practical"] EE; ∧~∧

103.31   conception] EE; conceptual cannotation

103.31   *object*;] EE; object:

103.32   *idea*;] EE; idea:

103.33   *importance*] EE; [*rom.*]

103.34   the attitudes] EE; attitudes

103n.1   are] *stet* JP; have EE

103n.5   text] EE; test

104.8   anyway] EE; any way

104.9 – 10   ∧ misunderstanding ∧∧] EE; "~,"

104.17   II] EE; [*not present*]

104.22(2),23,30   world-formula] EE; ~∧~

104.25   import] EE; value

104.26   hypothesis] EE; hypotheses

104.32   regards] EE; to

104.35;106.4,17,32,40   value] EE; [*ital.*]

104.36 – 37   its logical content already] EE; its content, its *logical* meaning, already

105.1   constitute the meaning] EE; *constitute* the proper intellectual meaning

105.6   old] EE; the old

105.11 – 12   a "seeing] EE; "a seeing

105.16   a seeing] EE; seeing

105.21   runs] EE; run

105.23   *discernible*] EE; *descernible*

105.29   belief in it] EE; [*ital.*]
105.30   interpretation.] EE; interpetation, but I do not think that is what Mr. James intends.
105.40   substitute] EE; [*ital.*]
106.5   does] EE; is it
106.6   effect] EE; which effects   402
106.8   meaning] EE; [*ital.*]
106.13 – 14 existence] EE; [*ital.*]
106.14   themselves] EE; [*ital.*]
106.17 – 18 meaning of the terms] EE; [*ital.*]
106.19   entire] EE; [*ital.*]
106.21   abolish] EE; [*ital.*]
106.23   that] EE; [*ital.*]
106.26   design,] EE; ∼∧
107.1   significance] EE; intellectual significance
107.1 – 2 determined; a fact... simply] EE; determined by treating it not as *a truth*, but simply
107.3   hypothesis.] EE; hypothesis and method.
107.6   never] EE; [*ital.*]
107.7;109.20;110.23   any] EE; [*ital.*]
107.16   thereby] EE; that
107.17 – 19 a passage... the truth] EE; a classic passage concerning Centaurs, and yet the determination of its true sense does not establish the truth
107.31   the meaning of] EE; meaning of
108.1   is not given] EE; it is not
108.7   valuable] EE; [*ital.*]
108.7   leads] EE; [*ital.*]
108.13   duty] EE; [*ital.*]
108.18   foregoing] EE; above
108.22   certain] EE; [*ital.*]
108.23   good for] EE; good *for*
108.24   for what] EE; what
108.24   claim] EE; [*ital.*]
108.25   idea] EE; [*ital.*]
108.29   Then arises] EE; Now we have
108.31   the attaining of] EE; attaining
108.35 – 36 *existences*] EE; *realities*
109.5 – 6 statements] EE; statements from him
109.7   consequences ∧ was] EE; ∼,∼
109.16   consequences] EE; these consequences
109n.4   supreme value] EE; [*ital.*]
109n.13   truth] EE; truths
110.3   many.] EE; many who are not rationalists.

110.6   criterion of the truth of ideas] EE; criterion for ideas as ideas
110.15 – 16 the antecedent] EE; antecedent
110n.5   backward] EE; backwards
110n.7   anyone] W; any one
110n.8   funded] EE; banded
110n.11   anyone] EE; any one
110n.18   idea as] EE; [*ital.*]
110n.18   as *true*] EE; *as true*
110n.21   absolute] EE; [*ital.*]
110n.21   if true] EE; [*ital.*]
111.30 – 31 pragmatists...sense, because] EE; pragmatists or not, because
111.31   ∧ practical, ∧] EE; "∼,"
111n.5 – 6 not as distinct from] EE; as distinct, not from
112.1 – 2   knowing ... passage.] EE; knowing what pragmatism means by practical. And since Mr. James first introduced the term into print, and since he is chiefly responsible for its currency, he can speak with an authority possessed by no one else.
112.4   doctrine] EE; doctrine, I think,
112.5   both] EE; [*ital.*]
112.5   and] EE; [*ital.*]
112.12   pp.63 – 64] W; p.64
112.19   one] EE; [*ital.*]
112.23   the charge] EE; charges
112.23   which] EE; that
112.28   III] EE; [*not present*]
112.37   aspects —] EE; ∼,
113.1   reality —] EE; ∼,
113.2   synthetic pragmatism] EE; [*ital.*]
113.6   ∧ personal. ∧] EE; "∼."
113.16 – 17 enters into judgments passed] EE; enters in passing
113.19   with encouraging] EE; of encouraging
113.32   potentest] W; most potential EE, JP
113.37   influence us unconsciously] EE; unconsciously influence us
113.39   a responsibility for judging] EE; for judging
114.1   it] EE; [*rom.*]
114.13, 14 special] EE; [*ital.*]
114.15   "*Will* to Believe"] EE; ∧ *will* to believe ∧
114.23   define ... responsibility] EE; define it, and to accept moral responsibility
114.24   "will ∧"] E; "∼,"
114.27   seems] EE; would seem
114.27 – 28 matter correctly.] EE; matter.
114.29   attempted] EE; not attempted

403

114.29	review not so much] EE; review
114.30	book ∧] EE; ~,
114.30	as the] EE; but rather the
114.30 – 31	which is] EE; as
114.31	I have] EE; have
114.34	James,] EE; ~∧
114.36 – 37	expect... which] EE; expect the kind of clearness and explicitness in such lectures which
114.38	that] EE; which
115.13 – 14	philosophical] EE; philosophic
115.15	it ∧] EE; ~,
115.19	facts,] EE; facts and
115.29	pragmatism.] EE; pragmatism. [¶] As for the thing pragmatism, moreover, Mr. James has performed so uniquely the composing of different elements into a single pictorial or artistic whole, that it is probable that progress in the immediate future will come from a more analytic clearing up and development of these independent elements. It will then be possible to pass upon their differential traits, and the possibility of their consistent, logical combination. After a period of pools and mergers, the tendency is to return to the advantages of individual effort and responsibility. Possibly "pragmatism" as a holding company for allied, yet separate interests and problems, might be dissolved and revert to its original constituents.

《关于实在论和唯心论的讨论》

这篇文章此前仅出现一次,在《哲学评论》第 18 卷(1909 年)第 182—183 页上。此为范本。

116. 1	DISCUSSION ON REALISM AND IDEALISM] W; Discussion: Realism and Idealism.
117.13	knowledge] W; knowledge

《纯粹经验与实在:一个否认》

这篇文章的范本是其唯一的一次公开发表,载于《哲学评论》,第 16 卷(1907 年),第 419—422 页。

122.39	anachronism] W; ananachronism
123.8	thought-relations] W; ~∧~
123.32	transsubjective] W; transubjective

《实在具有实践特征吗》

这篇论文首次公开发表于《哲学的和心理学论文集》,第 53—80 页,是为范本。杜威为这篇文章收入《哲学和文明》第 36—55 页而进行的主要修改,在本卷"1931 年的变动列表"中有所呈现。下面这个改动是编辑在这里进行的改动。

138n.4　　　*another*] PC; *other*

《对象、材料与存在:对麦吉尔夫雷教授的回应》

这篇文章的范本是其此前唯一的一次公开发表,载于《哲学、心理学与科学方法杂志》,第 6 卷(1909 年),第 13—21 页。

148n.3　　　*Studies in*] W; Contributions to
152.6　　　　orb"...datum. ∧] W; orb ∧...datum."
153n.2　　　misapprehension] W; misapprenhension

《在全国黑人大会上的致辞》

这个致辞的范本是杜威一生中仅有的一次公开出版,载于《1909 年全国黑人大会会刊》(纽约:全国黑人大会总部),第 71—73 页。

156.4　　　　two;] W; ∼,

《实用主义对教育的影响》

这篇文章的范本是其首次公开发表的形式,载于《教育进步杂志》,第 1 卷(1908 年 12 月),第 1—3 页;第 1 卷(1909 年 1 月),第 5—8 页;第 1 卷(1909 年 2 月),第 6—7 页。其在 1917 年重印时编辑所做的校订 Louis Win Rapeer, *Teaching Elementary School Subjects* (New York:Charles Scribner's Sons,1917), pp. 552–569,被作为首次校订而引用了。

178.16　　　judgment of] R; of judgment
178.25　　　biological] R; biligical
179.24　　　*a priori*] R; *aprion*
180.19　　　*successful*] R; *successive*
180.26　　　issue] R; isssue
180.29　　　They are] R; It is
183.5　　　　natural] R; neutral
183.34　　　multiplying] R; multipliyng
184.30　　　and] R; or

184.30   obstacles,] R; ~∧
185.14   light] R; height
186.7－8   instinctive eagerness] R; instructive tenderness
186.13－14 activity — an] W; activity. An
186.33   senses] R; sense
186.35   and is not set] R; and not to set
187.3   was] R; were
187.23－24 researchers] R; researches
189.21   meagre] R; meager
189.28   centres] R; centers
189.30   natural] W; neutral
190.33   tends] R; tend

《中学物理教学的目标和组织》

杜威在一次物理教学座谈会上提交的这篇文章的范本是其此前唯一的一次公开发表,载于《学校教学与数学》(1909 年),第 291—292 页。

199.5   period] W; peroid

《非教育的教学》

这篇文章的范本是其此前仅有的一次出现,载于《教育进步杂志》,第 1 卷(1909 年 6 月),第 1—3 页。

202.39   attention,] W; ~.

《公立学校课程的道德意义》

杜威这篇致辞的范本是其此前唯一的一次公开发表,载于北伊利诺伊教师协会的《全体大会议题:公立学校中的道德与宗教训练》(1909 年 12 月第 5 次和第 6 次会议,埃尔金,伊利诺伊),第 21—27 页。

407

205.14   represents] W; represent
207.31   spectator] W; speectator
210.30   instilling,] W; ~∧
213.10   absorption] W; absorbtion

《哲学和心理学研究》的评论

范本是这篇评论此前唯一的一次公开发表,载于《哲学评论》,第 16 卷(1907 年),第 312—321 页。

218.8   results."] W; ~.∧
218n.4   philosophizes] W; philosophisizes
224.7   enfolding] W; unfolding

《理性生活，抑或人类进步的诸阶段》的评论

范本是这篇评论此前唯一的一次公开发表，载于《教育评论》，第 34 卷(1907 年)，第 116—129 页。

234.19   inspiration] W; aspiration
236.9   good] W; goods
238.31   sensuous] W; senusous

《亨利·西季威克传记》的评论

范本是这篇评论此前唯一的一次公开发表，载于《政治学季刊》，第 22 卷(1907 年)，第 133—135 页。

242.3   London] W; Landon

《实在具有实践特征吗？》
1931 年变动列表

　　《实在具有实践特征吗？》载于《哲学的和心理学的——威廉·詹姆斯纪念文集》 *408*（纽约：格林·朗曼出版公司，1908 年版，第 53—80 页），修订后发表于论文集《哲学和文明》(纽约：明顿鲍尔奇出版公司 1931 年版，第 36—55 页)，题为"实在的实践特征"。后一版本对这篇文章作出的主要改动，参见下表(括号右边)：

125.1 - 2　DOES REALITY POSSESS PRACTICAL CHARACTER?] The Practical Character of Reality

125.9　　　postulate:] postulates:

125.11 - 12 and requiring accordingly some] and which accordingly needed some

125.18　　grounds at] ground at

125.25　　knowing were] knowing had been

126.12　　doctrine if] doctrine were it

126.13　　Yet surely as] Yet as

126.13　　is] is surely

126.25 - 26 things, but] things. But

126.29　　so far as] as far as

126.31 - 32 science, . . . phenomenalism,] science is led by the idea of evolution to introduce into the nalism,

126.33　　carried] led

126.34　　into introducing] to introduce

127.10　　An imagination bound] Imagination when bound

127.15　　doing well this business,] doing this business well,

127.16　　right difference ∧] *right* difference,

127.32 - 33 those. . . accepting the] those perfectly free to feel the

128n.6　　which it *is* used] which *is* is used

129.19　　moral historian] historian

129.22　　which itself] which

129.36　　was only] was

	130.6	offices] office
	130.11	Our] One
	130.21	that all knowledge issues] that knowledge *issues*
409	131.17	of his traditional] of one's traditional
	131.22 – 23	procedures] active procedures
	132.6	of moral] to moral
	132.15	scientific] specific
	132n.5	body as] body which is
	133.18	No one] [¶] No one
	133.32 – 33	involve] involves
	134.17	fulfilment of its end.] fulfillment of its office.
	134.18	whether the] whether
	134.36	character] quality
	134.37	matter] content
	135.4	existences] existence
	135.19	solution. It] solution according to which it
	135.19	that] the
	135.21	difference, any] or
	135.30	such harmony] harmony
	135.31	as to reinforce] and re-inforcing
	135.32	enlarge its functioning] enlarging its function
	136.2	*because*] since
	136.24	at large] [*ital.*]
	136.29	so taken] taken
	136.29	response] response so
	136.33	that] one
	137.3	pretend] lay claim
	137.4	that] which
	137.12	differences] consequences
	137.19	this] a
	138.25	a state] that
	138n.4	*other*] *another*
	139.5	that] it
	139.10	the awareness] awareness
	139.23	involved also] also involved
	139.30	by] [*ital.*]
	139.40	these] there
	140.3	quale] quality
	140.19	so] as
	141.1	make] introduce
	141.1	other and more] other
	142.5	as] to be

历史校勘

《自然及其善：一场对话》

以下列表呈现了这篇文章首次发表于《希伯特杂志》(1909 年，第 7 期，第 827—843 页)的范本与载于哥伦比亚大学巴特勒图书馆收存的纽约哲学俱乐部文集中的杜威的论文《自然及其善：一场对话》的复印本之间所有实质的和偶发的变动，也显示了后者与本版之间的不同。在该表中，省略了错误间隔、连在一起的一些主要词汇以及不构成词的明显的印排错误。括号左边的词条出自本版，且如果不做修订的话则与范本不符。所有括号后面的词条都来自哥伦比亚大学巴特勒图书馆的收藏版本。

151.1 - 2	NATURE . . . CONVERSATION] The Good, Nature and Intelligence: A Conversation.
15.3	scattered ∧] ~,
15.5	day's] days
15.7	*Various voices* .] ~:
15.8 *et seq.*	*Eaton* .] ~:
15.11	gone;] ~:
15.13 *et seq.*	*Grimes* .] ~:
15.14	well-fed] ~∧~
15.14	well-read] ~∧~
15.14 - 15	of wealth and of knowledge] and their leisure
15.17 *et seq.*	Nature] nature
15.25	discussion] affair
15.26	work] work up
15.26	limit ∧] ~,
15.27	beyond] beyond that limit
16.10	world; ∧] ~:-

16.10 – 11   and even] and
16.11   you philosophers] you
16.12   ∧ advanced ∧] "∼"
16.19 – 20   affairs — which] affairs; and these
16.20   analysis ∧] ∼,
16.20   the business] always questions
16.21   living.] ∼∧
16.22   Yes;] ∼,
16.24   life ∧] ∼,
16.24   more] is more
16.24   insane,] ∼∧
16.26   found] decided
16.30   sea-sands] sands
16.33   results;] ∼,
16.34 – 35   which... found.] which proper means may be found by intelligently
              directed search.
16.40   but also] but
16.40   regard] regard for
16.40 – 17.1 preference,] ∼∧
17.2   redistribution] redistributions
17.2 – 3   motion; ∧] ∼;-
17.4   screeching,] ∼∧
17.5   This is... but] [*not present*]
17.5 – 6   suppose it were] Suppose this is
17.6   so,] ∼:
17.12   Insist ∧] ∼,
17.12   please ∧] ∼,
17.14   partial,] ∼∧
17.16   specific] particular
17.17   values that] values
17.18   madness; ∧] ∼;-
17.20   still,] ∼∧
17.21   in] when in
17.22   no.] ∼—
17.23   "go... returns."] ∧∼.∧
17.24   knowledge. Examine] knowledge — examine
17.24, 25   find] you find
17.30   all-embracing] ∼∧∼
17.33   No;] ∼,
17.33   accept it;] ∼,
17.33   its face value] that
17.34   value more concretely] more value concretely

17.34   securely] actually
17.35   than it] than
17.35   was] was there
17.36   mis-step] misstep
17.37   all-inclusive] ~∧~
17.38   disease? Does] disease, does
17.40   No;] ~,
17.40   ∧ Never] "never
17.40   for] that
18.2   really Real. ∧] real."   *412*
18.3   pain, which the] pain, the
18.6   *n*th] [*rom.*]
18.8 *et seq.*   Moore.] ~:
18.9   which, . . . not] which is, *as* certainly, not
18.10   however,] ~∧
18.11   an inkling] a lurking suspicion
18.11   question;] entire question,
18.13   wit,] ~∧
18.13   false logic] logic
18.16   waves,] ~.
18.19   with!] ~.
18.21   cynical] a form of cynical
18.22   But it] It has
18.23   drowning of sorrow] process of drowning sorrow
18.25   wilful restlessness] it
18.32 – 33 cultivation,] ~∧
18.33   the nurture,] and nurture ∧
18.36   Reality] reality
18.36   values;] ~:
18.38   absolute] absolute reality
18.40   say: Accept] say, accept
19.2   obscure even] obscures
19.3   say: Perhaps] ~∧ perhaps
19.5   realities; and a] realities. I say that a
19.6   materialist,] ~∧
19.7   standard,] ~∧
19.8   one ∧] ~,
19.17   Drop the] Drop that
19.17   presupposition] presupposition of yours
19.18   everything] everything which
19.18   the idea] namely
19.21   *are*, a multitude] *are*. A multitude
19.22   both] both exist

19.27	reduce] lessen
19.28	reality] Reality
19.30	trouble and] trouble
19.30	*that*] [*rom.*]
19.33	we (I] ~, ~
19.33	pragmatists)] ~,
19.34	ends ∧] ~,
19.36 – 37	indeed, not merely that] indeed that
19.37 – 38	intelligence. . . *is.*] intelligence *is.*
19.39	how ∧] ~,
19.40	conditions ∧] ~,
20.1	intelligence ∧] ~,
20.10	a transcendent] the transcendental
20.13	between, say, the] between the
20.14 – 15	slander, . . . valetudinarianism.] slander.
20.18	concrete] specific
20.20	side of experience, and] side and
20.21 – 22	wish. . . drop] wish you would both drop
20.23	a struggle] a matter of the struggle
20.23	existence —] ~ ∧
20.26	struggle,] ~ —
20.28	eighteenth] 18th
20.28	imagined] thought
20.28	are at least] at least are
20.29	for the needs of all] for all
20.29 – 30	monopolization] monopoly
20.30	few persons] few
20.32	things, then to be] things and then again be
20.40	monopolists ∧] ~,
21.4	rebellious. That] rebellious — that
21.4 – 5	would know] know
21.5	the ideal] your ideal
21.6	beyond. When] beyond; when
21.6	will perceive] perceive
21.9	*about*] [*rom.*]
21.9	different] which is different
21.11 – 30	*Moore*. . . for all.] [*not present*]
21.31 *et seq.*	*Arthur.*] ~ :
21.31	in respect] with respect
21.32 – 33	in this peculiarity] in it
21.38	some] something
21.38	different Reality beyond] different, beyond
21.40 – 22.1	give. . . in the] give us results in the

413

22.1,3   Science] science
22.1–2   yields in her direct application.] yields.
22.6,12,14 fulfilment] fulfillment
22.11   directly obtained] already known
22.13   then, and] ∼∧∼
22.13   then, can] ∼∧∼
22.13   consciousness] mans consciousness
22.15   to sound] in sound
22.15   thinking —] ∼;
22.15   save, historically,] ∼∧∼∧
22.22   Nature,] ∼∧
22.27   detail, and] ∼∧∼
22.27   detail, as] ∼∧∼
22.28   existence,] ∼∧
22.29   results,] ∼;
22.32   reflection),] ∼)∧
22.33   importance — . . . exercise] importance, which moreover exercise
22.38–39   not *obiter dicta*] *obiter dicta*
23.10   naïve] naive   *414*
23.12   of our] our
23.12   of our "contemplation,"] our 'contemplation, ∧
23.15   variation,] ∼∧
23.15–16   is an] is merely an
23.16   eyes to what is,] eyes ∧
23.19   is just — not true] just is not true
23.22   shows,] ∼∧
23.22   design,] ∼∧
23.22–23   but tendency and purpose;] but purpose:
23.23   not indeed of] not of
23.27   true as far as it goes,] true it is —
23.29–30   ends — . . . know.] ends.
23.32   I do] We do
23.34   I only] We only
23.35   be told,] shall be told:
23.35   be noted] shall be noted
23.36   namely,] ∼∧
24.4   good:∧] ∼;—
24.15   gain,] ∼∧
24.19   at least it is] is at least
24.20   error,] ∼∧
24.24   giving] which gave
24.24–25,27 Nature's] nature's

24.25	the existing] this	
24.29	in saying] which says	
24.30	others] others are	
24.31	*somebody*] [*rom.*]	
24.37	deserve ∧] ∼,	
24.37	moment's] moments	
24.39	these] the	
24.40	capable ∧] ∼,	
24.40	insight ∧] ∼,	
25.1	incapable ∧] ∼,	
25.2 – 3	how...Aristotle?] the difference from Aristotle is purely verbal.	
25.7	*Grimes,*] ∼;	
25.7	*are*] [*rom.*]	
25.8	desire is] desire	
25.12	*Grimes* ∧(] ∼: (	
25.12	shoulders ∧] ∼,	
25.13	says):] ∼)∧	
25.15	believe — I ∼:	
25.18 – 19	(as *he* well knew)] ∧∼∧	
25.24 – 25	despises. Doesn't] despises; doesn't	
25.31	end ∧] ∼,	
25.34 – 35	(one...are)] [*not present*]	
25.39	passage —] ∼,	
25.40	Nature (all] nature, which is all	
26.1	us)] ∼,	
26.1	problem,] ∼∧	
26.1	contradiction ∧] ∼,	
26.1 – 2	originally in question?] in question.	
26.6 – 7	Not...but] [*not present*]	
26.7	precisely] Precisely	
26.9	Appearance,] appearance.	
26.9 – 10	and...Reality.] [*not present*]	
26.11;27.28	*Stair.*] *Rose:*	
26.16	had] has	
26.21	unity,] ∼∧	
26.22	truth,] ∼∧	
26.24 – 25	Being] being	
26.28	inevitably] mentally	
26.29	intelligence] all intelligence	
26.29 – 30	must dwell] dwells	
26.31	These] So these	
26.31	words,] ∼∧ of	

415 (beside 25.40)

26.32   to woo] to
26.32   yourselves into] yourself in
26.34   beatific] ecstatic
26.36 – 37 self-impartation] self-realization
26.37   ultimate] alternate
26.39   empiricism,] ~;
27.1   than] than it is
27.1   The] For the
27.1   mystical] mystic
27.1   marks] measures
27.2 – 3   hence measures] hence
27.13   being] Being
27.15   not] which is not
27.16 – 18 Who...communications.] [*not present*]
27.23   efforts] these efforts
27.25   from] with
27.26;28.9 Stair] Rose
27.28   This] It
27.28   not so true as] no truer
27.28   that in] that than to say that
27.29   you are] are
27.33   mind ∧] ~,
27.39   a sporadic reminder and] a sort of
28.3   are] are better
28.7   to be solved only] only to be solved
28.14   wonderful — as Arthur does — that] wonderful that
28.15   values] them
28.15   trivial,] ~-
28.17   Being ∧] Bring,
28.25   indeed, as you say,] indeed,
28.28   bestowed;] ~,
28.29 – 30 and because, in] and in
28.29   conscious] deliberate
28.31   results,] ~—
28.33   occur] occur as
28.34   Nature ∧] nature,
28.35   results,] ~∧
28.36 – 37 that,...as well] that kills man with malaria in achieving itself as well
28.38   fulness] fullness
28.38   germ-fulfilment] germ-fulfillment
28.40   types] sorts
28.40   value,] ~∧
29.1 – 18   Nature,...intelligence.] To nature till a conscious being is produced all

416

things are alike valuable and valueless. Only when a sentient organism says I want this, I like this and dislike that, does value appear — in producing sentiency nature for the first time shows itself capable of effecting good. And for the organism to identify by affection its own fortunes with the career of a natural process, to prefer *its* result to that of another process, generates intelligence.

29.19	selecting] selection
29.19	organizing ∧] organization,
29.19 – 21	out of. . .*is* intelligence] on the basis of this end of certain conditions as means out of the natural flux, is intelligence
29.21	Not, then, when] Not when
29.23	it] she
29.23	organism that has settled] organism as an organic factor, does nature show any settled
29.24	preferences] preference for good over evil, or for one good above another good.
29.24	and endeavors] [*not present*]
29.24 – 25	complexity, health, adjustment,] these things
29.30 – 31	partial. Because] partial; because
29.31	an] one
29.31	preferred, is selected] preferred and selected
29.32	because intelligence] intelligence
29.32	not a world,] not the impartial world
29.33	just. . .the conditions] but the conditions
29.37 – 38	valuation. . .is] valuation is
29.40	solved] really solved
30.6	wide-viewing ∧] wide-viewed,
30.10	life *is*] life
30.10 – 11	philosophy] *is* philosophy
30.12	loyally] seriously and loyally

行末连字符的使用

I. 范本表

以下是编辑给出的一些在范本的行末使用了连字符的可能的复合词：

417

5.22	self-fulfilling	161.13	subject-matter
9.9	outbursts	162.1	quasi-magic
16.29	beefsteaks	164.21	subject-matter
18.8	tender-mindedness	167.22	supernaturalism
26.3	self-contradictions	172.40	show-down
30.9	farsighted	176.8	supernatural
41.38	re-edited	183.16	cooperation
47.30	bugaboos	189.40	shop-work
62.14	[1]black-smithing	190.24	cooperate
68.28	twofold	198.13	non-physicist
69n.8	question-begging	205.24	long-continued
71.3	street-car	205.29	subject-matter
83.26	wayfaring	210.21	second-rate
111.22	overrides	213.4	subject-matter
121.15	pre-existent	213.9	cooperation
130.17	subject-matter	248.2	forerunners
135.11	subject-matter	267.31	character-forming
136.32	hall-mark	268.16	school-teachers
137.13	subject-matter	272.5	black-smithing
139.39	subject-matter	272.35	undergoing
143.17	prefixed	277.4	cooperation
152.22	subject-matter	279.12	subject-matter
159.8	tax-payers	287.24	wishy-washy
160.9	township	287.38	override

290.32   all-important

II. 校勘文本表

在当前版本的转录中,如果被断开则容易引起歧义的复合词中的行末连字符均未保留,除了以下这些:

418

10.18	pre-designed	152n.6	non-reflective
18.8	tender-mindedness	157.8	to-day
26.36	self-impartation	158.12	subject-matter
27.34	straight-away	159.22	half-time
33.5	supra-civic	162.1	quasi-magic
42.19	self-consistent	168.3	*laissez-faire*
50.10	all-inclusive	171.4	self-contradictory
52.19	ragged-edged	172.40	show-down
56.6	self-contradiction	175.38	state-consciousness
56.17	non-contradictory	178.28	life-functions
59.4	black-smithing	188.36	subject-matter
61.9	self-consistent	199.12	high-school
77.7	so-called	203.9	non-promotion
77.21	truth-system	208.33	subject-matter
79.40	self-consistent	222.31	social-psychology
96.6	extra-organic	246.8	anti-pragmatists
125.13	so-called	248.6	to-day
134.31	subject-matters	253.27	one-sided
134.38	mis-knowing	256.28	book-keeping
135n.1	so-called	273.10	wrong-doing
137.13	subject-matter	273.33	non-interference
148.9	non-cognitional	280.2	text-books
152n.4	non-reflective		

引文勘误

杜威用诸多不同的方法再现资料来源，从记忆性的复述到逐字逐句的引证都有。
在有些情况下，杜威在脚注中完全明确了他的材料；在另一些情况下，他仅仅提到作者的名字，或者干脆假定读者可以在没有参考文献的情况下辨认出引文来源。

本卷中包含在引号里的所有资料（除了引号明显是用于强调或重复以外）出处都已被找到；引文内容也已被证实，并在必要时对文献资料进行了搜证和校勘。尽管就文献资料的校勘，在《文本的校勘原则和程序》（《杜威中期著作》，第 1 卷，第 347—360 页）中已有陈述；但是，考虑到杜威的引用与原著之间差异的充分重要性，编辑仍将其列出。

除此之外，在本书中，所有的引文均保留了其首次发表时的原貌。为防止可能的排版或打印错误，与原文本相比所发生的实质变异在校勘表中同样被标以"W"。引文的形式变动显示出：杜威对形式的准确性并不关心，正如同时代的许多学者一样。然而，所引资料中的许多变化也有可能是在印刷过程中出现的。例如，对比原著与杜威的引用可以看出，所引资料除了杜威自己的变动之外，也带上了一些杂志社特有的印刷风格。因此，在本版中，除了杜威改变其形式的概念词外，原始资料的拼写和大写都被复制下来了。

杜威在所引材料中最为频繁的变动是改动或省略标点符号，他不常使用省略号
或分别使用引号去显示资料有省漏。倘若变动只是局限在省略或改变标点符号（包括省略号）这种类型的话，就不会有杜威引文材料或原文引文问题的出现了。在杜威省掉省略号的情况下，一些被省掉的短语可能在上下文中出现；否则，如果有一行或者更多的内容被省略，则无法提醒读者注意。

斜体通常被认为是偶发拼读。当杜威省略了资料来源中原本使用的斜体的时候，这样的省略不予注明，但是杜威自己添加的斜体仍被列了出来。倘若被改变的或被省略的偶发拼读具有重要内涵，就像某些表示概念的单词的大写中的情况那样，引文则予以注明。杜威式的引文材料与其资料来源中的原文出现在同一表格中，这种形式旨在帮助读者判定杜威是将资料摆在案头，还是仅凭自己的记忆。

这部分的标注符号遵循这样的格式：首先是目前文本中的页码，随之是浓缩为首单词和末单词的文本，以便足够清晰；然后是半个方括号；接着是标示杜威某个作品的符号。分号后边紧跟的是必要的更正，无论是一个单词或一段比较长的段落，都按需列出。最后，圆括号里边分别是：作者的姓氏，逗号，"参考书目"中的来源简称，然后是逗号和参考资料的页数。

"The Influence of Darwinism on Philosophy"

7.18 - 19   alterations and generations] PS; alterations, mutations, generations, etc. (Galileo, *System of the World*, 45.3 - 4)

7.22   The nature of physical things] PS; nature is (Veitch, *Philosophy of Descartes*, 180.29)

7.23 - 24   coming gradually] PS; coming in this manner gradually (Veitch, *Philosophy of Descartes*, 180.30 - 31)

"*The Intellectualist Criterion for Truth*"

52.25   *act*] M; [*rom.*] (Bradley, *Principles of Logic*, 10.34)

52.25   refers the] M; refers an (Bradley, *Principles of Logic*, 10.34)

52.26   to the] M; to a (Bradley, *Principles of Logic*, 10.35)

54.8   but] M; and (Bradley, *Appearance and Reality*, 167.7)

55.10   *that it becomes one as soon as we judge it*] M; [*rom.*] (Bradley, *Appearance and Reality*, 486.2 - 3)

56.1   must be] M; is (Bradley, *Appearance and Reality*, 136.36)

56.13   the] M; a (Bradley, *Appearance and Reality*, 153.8)

57.39   such shape] M; such a shape (Bradley, *Appearance and Reality*, 152.17)

58.2   *when reflected upon and made explicit*] M; [*rom.*] (Bradley, *Appearance and Reality*, 152.20 - 21)

58.2   *upon*] M; on (Bradley, *Appearance and Reality*, 152.20)

58.10   to a movement] M; to movement (Bradley, *Appearance and Reality*, 152.31)

58.11   *very special kind*] M; [*rom.*] (Bradley, *Appearance and Reality*, 152.32)

58.12   *special*] M; [*rom.*] (Bradley, *Appearance and Reality*, 153.3)

58.16   *here*] M; [*rom.*] (Bradley, *Appearance and Reality*, 153.22)

421

58.16   *metaphysics*] M; [*rom.*] (Bradley, *Appearance and Reality*, 153.23)

58.24   which is] M; which has (Bradley, *Appearance and Reality*, 154.36)

59.10 – 11   its contents into peaceable unity.] M; the content to such a shape that the variety remains peaceably in one. (Bradley, *Appearance and Reality*, 152.16 – 18)

"*The Logical Character of Ideas*"

91n.3   heap, a] JP; heap or (Hume, *Treatise*, 495.24)

"*What Pragmatism Means by Practical*"

99.7   of] JP; of our (James, *Pragmatism*, 58.14 – 15)
99.24   in the] JP; in (James, "The Absolute," 547.7)
100.25 – 26   in ∧ the 'seat] JP; ∼'∼ ∧∼ (James, *Pragmatism*, 123.9)
101.1   many] JP; many different (James, *Pragmatism*, vii.15)
105.36   our] JP; our concrete (James, *Pragmatism*, 107.6)
106.26   free ∧ will] JP; ∼–∼ (James, *Pragmatism*, 121.12)
106.28   on to] JP; into (James, *Pragmatism*, 121.14)
106.29   then] JP; *there* (James, *Pragmatism*, 121.15)
108.9   home] JP; house (James, *Pragmatism*, 203.13)
110n.7   one,] JP; one else (James, *Pragmatism*, 233.18)
110n.12   commandments] JP; commandment (James, *Pragmatism*, 234.1)   422
111.2   Ideas] JP; *ideas (which themselves are but parts of our experience)* (James, *Pragmatism*, 58.5 – 7)
112.11 – 12   *our double urgency*] JP; [*rom.*] (James, *Pragmatism*, 64.2 – 3)

"*Pure Experience and Reality: A Disclaimer*"

120.21   *no*] PR; [*rom.*] (McGilvary, "Pure Experience," 274.13)

"*Objects, Data, and Existences: A Reply to Professor McGilvary*"

149.13   as an] JP; as (McGilvary, "The Chicago Idea," 596.10)
149.13   *experienced*] JP; [*rom.*] (McGilvary, "The Chicago Idea," 596.10)
149.15   as an] JP; as (McGilvary, "The Chicago Idea," 596.9)
149.15   *accepted*] JP; [*rom.*] (McGilvary, "The Chicago Idea," 596.9)
149.16   one side] JP; one (McGilvary, "The Chicago Idea," 596.20)
150.8   *omnibus*] JP; [*rom.*] (McGilvary, "The Chicago Idea," 458.35)
153.5   whenever] JP; whenever any (McGilvary, "The Chicago Idea," 596.42 – 43)
154.29 – 30   sense] JP; sense of idealism (McGilvary, "The Chicago Idea," 594.19)

"*Review of* Studies in Philosophy and Psychology"

219.19   association, instead] PR; association is itself a vast plasma of human interests. Instead (Woods, *Studies in Philosophy*, 96.13 – 14)

221.20　　desires, considered] PR; desires, in so far as they are called for by a given situation, considered (Sharp, *Studies in Philosophy*, 108.23 – 24)

221.27　　when] PR; when it is such that, (Sharp, *Studies in Philosophy*, 116.28)

221.27 – 28　ourselves in] PR; ourselves in imagination in (Sharp, *Studies in Philosophy*, 116.29)

423　221.28 – 29　member of it] PR; member (Sharp, *Studies in Philosophy*, 116.30)

224.2　　that by] PR; that from (Woodbridge, *Studies in Philosophy*, 149.25)

"*Review of* The Life of Reason"

231.10　　force which] ER; force" pompously appealed to (Santayana, *Life*, 5: 57.24)

231.34　　writings] ER; writing (Santayana, *Life*, 5:133.20 – 21)

234.3 – 4　standard,] ER; standard, action at the same time veering in harmony with estimation, (Santayana, *Life*, 1:47.8 – 10)

235.20　　substantial] ER; substantial physical (Santayana, *Life*, 1:25.16)

236.16　　altogether;] ER; altogether. Here the ideal interests themselves take possession of the mind; (Santayana, *Life*, 2:205.11 – 13)

237.2　　about] ER; about experience or (Santayana, *Life*, 3:11.13)

239n.3　　interests brought] ER; interest to bring it (Santayana, *Life*, 5: 177.12)

240n.2　　and] ER; and is (Santayana, *Life*, 5:315.22)

"*Review of* Henry Sidgwick, A Memoir"

243.21　　them resemble] PSQ; men [resemble] (Sidgwick, *Henry Sidgwick*, 395.31)

243.23　　instinctively] PSQ; naturally (Sidgwick, *Henry Sidgwick*, 395.32)

杜威的参考书目

杜威引用的参考书目的书名和作者都已经过核对和补充，更为准确地符合这些 424
原著；所有这些修正，都出现在"校勘表"中。

本节给出了杜威所引著作的全部出版信息。在杜威给出每本著作页码的时候，他所使用的版本完全是通过把它们作为参考书目而加以确认的。同样，杜威个人藏书也被用于核对他的某个具体版本的引文。至于其他的参考文献，这里列出的版本是他可以使用的各种版本之一。他更愿意使用这个版本是出于出版地或出版时间之故，或是根据通信和其他材料之故，以及出于当时通行的版本。

Aliotta, Antonio. "Il pragmatismo anglo-americano." *La Cultura Filosofica* 3 (1909): 104 – 134.

Amiel, Henri-Frédéric. *Amiel's Journal: The Journal Intime of Henri-Frédéric Amiel*. Translated by Mrs. Humphrey Ward. London: Macmillan and Co., 1893.

Armstrong, Andrew Campbell. "The Evolution of Pragmatism." *Journal of Philosophy, Psychology and Scientific Methods* 5 (1908): 654 – 650.

Bakewell, Charles Montague. *Latter -Day Flowing-Philosophy*. University of California Publications in Philosophy, vol. 1, no. 5. Berkeley: University Press, 1904.

——. "On the Meaning of Truth." *Philosophical Review* 17 (1908): 579 – 591.

Baldwin, James Mark, ed. *Dictionary of philosophy and Psychology*. Vol. 1. New York: Macmillan Co., 1901.

——. "The Limits of Pragmatism." *Psychological Review* 11 (1904): 30 – 60.

——. "On Truth." *Psychological Review* 14 (1907): 264 – 287.

Bawden, H. Heath. "The New Philosophy Called Pragmatism." *Popular Science Monthly* 73 (1908): 61 – 72.

Benn, Alfred William. *The History of English Rationalism in the Nineteenth* 425

Century. London: Longmans, Green, and Co., 1906.

Bode, Boyd Henry. "The Concept of Pure Experience." *Philosophical Review* 14 (1905): 684 – 695.

Borrell, Philippe. "La notion de pragmatisme." *Revue de Philosophie* 11 (1907): 587 – 590.

Boutroux, Pierre Léon. "L'objectivité intrinsèque des mathématiques." *Revue de metaphysique et de morale* 11 (1903):573 – 592.

Bradley, Francis Herbert. *Appearance and Reality: A Metaphysical Essay*. London: Swan Sonnenschein and Co., 1893.

——. *The Principles of Logic*. London: Kegan Paul, Trench and Co., 1883.

——. "On the Ambiguity of Pragmatism." *Mind*, n. s. 17 (1908): 226 – 237.

——. "On Truth and Copying." *Mind*, n. s. 16 (1907): 165 – 180.

——. "On Truth and Practice." *Mind*, n. s. 13 (1904): 309 – 335.

Brown, William Adams. "The Pragmatic Value of the Absolute." *Journal of Philosophy, Psychology and Scientific Methods* 4 (1907): 459 – 464.

Bush, Wendell T. "A Factor in the Genesis of Idealism." In *Essays, Philosophical and Psychological*, pp. 81 – 102. New York: Longmans, Green, and Co., 1908.

——. "Provisional and Eternal Truth." *Journal of Philosophy, Psychology and Scientific Methods* 5 (1908): 181 – 184.

Carus, Paul. "A German Critic of Pragmatism." *Monist* 19 (1909): 136 – 148.

——. Letter from Professor James. *Monist* 19 (1909): 156.

——. "Pragmatism." *Monist* 18 (1908): 321 – 362.

Chiappelli, Alessandro. "Philosophie des valeurs." *Revue philosophique* 67 (1909): 225 – 255.

Chide, Alphonse. "Pragmatisme et intellectualisme." *Revue philosophique* 65 (1908): 367 – 388.

Colvin, Stephen S. "Pragmatism, Old and New." *Monist* 16 (1906): 547 – 561.

Cox, Rev. Ignatius W. "Pragmatism." *American Catholic Quarterly* 34 (1909): 139 – 165.

Creighton, James Edwin. "The Nature and Criterion of Truth." *Philosophical Review* 17 (1908): 592 – 605.

——. "Purpose as Logical Category." *Philosophical Review* 13 (1904): 284 – 297.

Darwin, Charles Robert. *The Life and Letters of Charles Darwin*. Edited by Francis Darwin. New York: D. Appleton and Co., 1897.

——. *On the Origin of the Species by Means of Natural Selection*. London: John Murray, 1859.

——. *The Variations of Animals and Plants under Domestication*. New York: D. Appleton and Co., 1876.

Defoe, Daniel. *Robinson Crusoe*. Edited by Edward R. Shaw. Standard Literature Series, no. 25. New York: University Publishing Co., 1897.

Dewey, John. *Moral Principles in Education*. Boston: Houghton Mifflin Co., 1909. [*The Middle Works of John Dewey, 1899 – 1924*, edited by Jo Ann Boydston, 4:265 – 333. Carbondale: Southern Illinois University Press, 1977.]

——. *The Significance of the Problem of Knowledge*. University of Chicago

426

Contributions to Philosophy, vol. 1, no. 3. Chicago: University of Chicago Press, 1897. [*The Early Works of John Dewey, 1882 – 1898*, edited by Jo Ann Boydston, 5:3 – 24. Carbondale: Southern Illinois University Press, 1972.]

——. *Studies in Logical Theory*. Chicago: University of Chicago Press, 1903. [*Middle Works* 2:292 – 375.]

——. "Beliefs and Realities." *Philosophical Review* 15 (1906): 113 – 19. [*Middle Works* 3:83 – 100.]

——. "The Control of Ideas by Facts. I." *Journal of Philosophy, Psychology and Scientific Methods* 4 (1907): 197 – 203; II., ibid., pp. 253 – 259; III., ibid., pp. 309 – 319.

——. "Does Reality Possess Practical Character?" In *Essays, Philosophical and Psychological*, pp. 53 – 80. New York: Longmans, Green, and Co., 1908. [*Middle Works* 4:125 – 142.]

——. "Experience and Objective Idealism." *Philosophical Review* 15 (1906): 465 – 81. [*Middle Works* 3:126 – 144.]

——. "The Experimental Theory of Knowledge." *Mind*, n. s. 15 (1906): 293 – 307. [*Middle Works* 3:107 – 127.]

——. "Logical Conditions of a Scientific Treatment of Morality." In *Investigations Representing the Departments*. University of Chicago, The Decennial Publications, first series, 3: 115 – 139. Chicago: University of Chicago Press, 1903.

——. "The Logical Character of Ideas." *Journal of Philosophy, Psychology and Scientific Methods* 5 (1908): 378 – 381. [*Middle Works* 4:91 – 97.]

——. "Psychology and Philosophic Method." *University* [of California] *Chronicle* 2 (1899): 159 – 179. [*Middle Works* 1:113 – 130.]

——. "Reality and the Criterion for the Truth of Ideas." *Mind*, n. s. 16 (1907): 317 – 342. [*Middle Works* 4:50 – 75.]

——. "Some Stages of Logical Thought." *Philosophical Review* 9 (1900): 465 – 489. [*Middle Works* 1:151 – 174.]

——. "What Does Pragmatism Mean by Practical?" *Journal of Philosophy, Psychology and Scientific Methods* 5 (1908): 85 – 99. [*Middle Works* 4: 98 –115.]

Galileo, Galilei, *The Systeme of the World: In Four Dialogues*. London: William Leybourne, 1661.

Gardiner, Harry Norman. "The Problem of Truth." *Philosophical Review* 17 (1908): 113 – 137.

Garman, Charles Edward. Letter. *American Journal of Psychology* 9 (1897 – 1898): 600 – 606.

Gordon, Kate. "Pragmatism in Aesthetics." In *Essays, Philosophical and Psychological*, pp. 459 – 482. New York: Longmans, Green, and Co., 1908.

Hébert, Marcel. *Le pragmatisme et ses diverses formes angloaméricaines*. Paris: Librairie critique Emile Nourry, 1908. Hibben, Grier. "The Test of Pragmatism." *Philosophical Review* 17 (1908): 365 – 382.

Hume, David. *A Treatise of Human Nature*. Edited by T. H. Green and T. H.

Grose. 2 vols. New York: Longmans, Green, and Co., 1898.

James, William. *A Pluralistic Universe*. New York: Longmans, Green, and Co., 1909.

——. *Pragmatism: A New Name for Some Old Ways of Thinking: Popular Lectures on Philosophy*. New York: Longmans, Green, and Co., 1907.

——. *The Varieties of Religious Experience: A Study in Human Nature*. New York: Longmans, Green, and Co., 1902.

——. *The Will to Believe and Other Essays in Popular Philosophy*. London: Longmans, Green and Co., 1896.

——. "The Absolute and the Strenuous Life." *Journal of Philosophy, Psychology and Scientific Methods* 4 (1907): 546 – 548.

——. "Does 'Consciousness' Exist?" *Journal of Philosophy, Psychology and Scientific Methods* 1 (1904): 477 – 491.

——. "The Essence of Humanism." *Journal of Philosophy, Psychology and Scientific Methods* 2 (1905): 113 – 118.

——. "Humanism and Truth." *Mind*, n.s. 13 (1904): 457 – 475.

——. Letter. *Monist* 19 (1909): 56.

——. "The Place of Affectional Facts in a World of Pure Experience." *Journal of Philosophy, Psychology and Scientific Methods* 2 (1905): 281 – 287.

——. "The Pragmatic Method." *Journal of Philosophy, Psychology and Scientific Methods* 1 (1904): 673 – 687.

——. "Pragmatism's Conception of Truth." *Journal of Philosophy, Psychology and Scientific Methods* 4 (1907): 141 – 155.

——. "The Pragmatist Account of Truth and Its Misunderstanders." *Philosophical Review* 17 (1908): 1 – 17.

——. "Professor Pratt on Truth." *Journal of Philosophy, Psychology and Scientific Methods* 4 (1907): 464 – 467.

——. Review of *Le pragmatisme et ses diverses formes angloaméricaines*, by Marcel Hébert. *Journal of Philosophy, Psychology and Scientific Methods* 5 (1908): 689 – 694.

——. "The Thing and Its Relations." *Journal of Philosophy, Psychology and Scientific Methods* 2 (1905): 29 – 41.

——. "A Word More about Truth." *Journal of Philosophy, Psychology and Scientific Methods* 4 (1907): 396 – 406.

——. "A World of Pure Experience. I." *Journal of Philosophy, Psychology and Scientific Methods* 1 (1904): 533 – 543; II., ibid., pp. 561 – 570.

——, and Russell, John E. "Controversy about Truth." *Journal of Philosophy, Psychology and Scientific Methods* 4 (1907): 289 – 296.

Janet, Paul. *Final Causes*. Translated by William Affleck. Edinburgh: T. & T. Clark, 1878.

Joachim, Harold H. *The Nature of Truth: An Essay*. Oxford: Clarendon Press, 1906.

Knox, Howard V. "Pragmatism: The Evolution of Truth." *Quarterly Review* 210 (1909): 379 – 407.

428

Lalande, André. "Pragmatisme, humanisme et verité." *Revue philosophique* 65 (1908): 1 - 26.

Leighton, Joseph Alexander. "Pragmatism." *Journal of Philosophy, Psychology and Scientific Methods* 1 (1904): 148 - 156.

Le Roy, Edouard. "De la valeur objective des lois physiques." *Bulletin de la société française de philosophie* 1 (1901): 5 - 6.

Lorenz-Ightham, Von Theodor. "Das Verhältnis des Pragmatismus zu Kant." *Kant Studien* 14 (1909): 8 - 44.

——. "Der pragmatismus." *Internationale Wochenschrift* (1908).

Lovejoy, Arthur O. "The Thirteen Pragmatisms: II." *Journal of Philosophy, Psychology and Scientific Methods* 5 (1908): 29 - 39.

Lyman, Eugene William. "The Influence of Pragmatism upon the Status of Theology." In *Studies in Philosophy and Psychology*, pp. 219 - 236. Boston: Houghton Mifflin Co., 1906.

McGilvary, Evander Bradley. "The Chicago 'Idea' and Idealism." *Journal of Philosophy, Psychology and Scientific Methods* 5 (1908): 589 - 597. [*Middle Works* 4:317 - 327.]

——. "Prolegomena to a Tentative Realism." *Journal of Philosophy, Psychology and Scientific Methods* 4 (1907): 449 - 458.

——. "Pure Experience and Reality." *Philosophical Review* 16 (1907): 266 - 284.

Maine, Sir Henry Sumner. *Village-Communities in the East and West.* New York: Henry Holt and Co., 1876.

Mill, John Stuart. *A System of Logic, Ratiocinative and Inductive.* 5th ed. London: Parker, Son, and Bourn, 1862.

Mead, George Herbert. "The Definition of the Psychical." In *Investigations Representing the Departments.* University of Chicago, The Decennial Publications, first series, 3:75 - 112. Chicago: University of Chicago Press, 1903.

Mentré, François. "Note sur la valeur pragmatique du pragmatisme." *Revue de philosophie* 11 (1907): 5 - 22.

——. "Complément à la note sur la valeur pragmatique du pragmatisme." *Revue de philosophie* 11 (1907): 591 - 594.

Moore, Addison Webster. *The Functional versus the Representational Theories of Knowledge in Locke's Essay.* Chicago: University of Chicago Press, 1902.

——. "Absolutism and Teleology." *Philosophical Review* 18 (1909): 309 - 318.

——. "Existence, Meaning, and Reality in Locke's Essay and in Present Epistemology." In *Investigations Representing the Departments.* University of Chicago, The Decennial Publications, first series, 2:29 - 51. Chicago: University of Chicago Press, 1903.

——. "Pragmatism and Its Critics." *Philosophical Review* 14 (1905): 322 - 343.

——. "Professor Perry on Pragmatism." *Journal of Philosophy, Psychology and Scientific Methods* 4 (1907): 567 - 577.

——. "Truth Value." *Journal of Philosophy, Psychology and Scientific Methods* 5 (1908): 429 - 436.

Norton, Edwin Lee. "The Intellectual Element in Music." In *Studies in Philosophy*

429

and Psychology, pp. 167 – 201. Boston: Houghton Mifflin Co. , 1906.

Nunn, Sir Thomas Percy. *The Aim and Achievements of Scientific Method: An Epistemological Essay*. London: Macmillan and Co. , 1907.

Parodi, M. "La signification du Pragmatisme." *Bulletin de la société française de philosophie* 8 (1908).

Peirce, Charles Santiago Sanders. "How to Make Our Ideas Clear." *Popular Science Monthly* 12 (1878): 286 – 302.

——. "Issues of Pragmatism." *Monist* 15 (1905): 481 – 499.

——. "Prolegomena to an Apology for Pragmatism." *Monist* 16 (1906): 492 – 546.

——. "What Pragmatism Is." *Monist* 15 (1905): 161 – 181.

Perry, Ralph Barton. "A Review of Pragmatism as a Philosophical Generalization." *Journal of Philosophy, Psychology and Scientific Methods* 4 (1907): 421 – 428.

——. "A Review of Pragmatism as a Theory of Knowledge." *Journal of Philosophy, Psychology and Scientific Methods* 4 (1907): 365 – 374.

Pierce, Arthur Henry. "An Appeal from the Prevailing Doctrine of a Detached Subconsciousness." In *Studies in Philosophy and Psychology*, pp. 315 – 349. Boston: Houghton Mifflin Co. , 1906.

Poincaré, Henri. "Sur la valeur objective de la science." *Revue de metaphysique et de morale* 10 (1902): 263 – 293.

Pratt, James Bisset. *What Is Pragmatism?* New York: Macmillan Co. , 1909.

430 ——. "Truth and Ideas." *Journal of Philosophy, Psychology and Scientific Methods* 5 (1908): 122 – 131.

——. "Truth and Its Verification." *Journal of Philosophy, Psychology and Scientific Methods* 4 (1907): 320 – 324.

Raub, William Longstreth. "Pragmatism and Kantianism." In *Studies in Philosophy and Psychology*, pp. 203 – 217. Boston: Houghton Mifflin Co. , 1906.

Rey, Abel. "Vers le positivisme absolu." *Revue philosophique de la France et de l'étranger* 68 (1909): 461 – 479.

Rieber, Charles Henry. *Pragmatism and the "a priori."* University of California Publications in Philosophy, vol. 1, no. 4. Berkeley: University Press, 1904.

Rogers, Arthur Kenyon. "Professor James's Theory of Knowledge." *Philosophical Review* 15 (1906): 577 – 596.

Royce, Josiah. "The Eternal and the Practical." *Philosophical Review* 13 (1904): 113 – 142.

Russell, Bertrand. "The Nature of Truth." *Mind*, n. s. 15 (1906): 528 – 533.

Russell, John E. "Pragmatism as the Salvation from Philosophic Doubt." *Journal of Philosophy, Psychology and Scientific Methods* 4 (1907): 57 – 64.

——. "The Pragmatist's Meaning of Truth." *Journal of Philosophy, Psychology and Scientific Methods* 3 (1906): 599 – 601.

——. "Some Difficulties with the Epistemology of Pragmatism and Radical Empiricism." *Philosophical Review* 15 (1906): 406 – 413.

——. and James, William. "Controversy about Truth." *Journal of Philosophy, Psychology and Scientific Methods* 4 (1907): 289 – 296.

Santayana, George. *The Life of Reason, or the Phases of Human Progress*. 5 vols.

New York: Charles Scribner's Sons, 1905 – 1906.

Schiller, Ferdinand Canning Scott. *Humanism*. New York: Macmillan Co. , 1903.

——. *Studies in Humanism*. London: Macmillan and Co. , 1907.

——. "Axioms as Postulates." In *Personal Idealism*, edited by Henry Sturt, pp. 47 – 133. London: Macmillan and Co. , 1902.

——. "In Defence of Humanism." *Mind*, n. s. 13 (1904): 525 – 542.

——. "Is Mr. Bradley Becoming a Pragmatist?" *Mind*, n. s. 17 (1908): 370 – 383.

——. "Mr. Bradley's Theory of Truth." *Mind*, n. s. 16 (1907): 401 – 409.

——. "Plato or Protagoras." *Mind*, n. s. 17 (1908): 518 – 526.

——. "A Pragmatic Babe in the Wood." *Journal of Philosophy, Psychology and Scientific Methods* 4 (1907): 42 – 44.

——. "The Pragmatic Cure of Doubt." *Journal of Philosophy, Psychology and Scientific Methods* 4 (1907): 235 – 238.

——. "Pragmatism and Pseudo-Pragmatism." *Mind*, n. s. 15 (1906): 375 – 390.

——. "Pragmatism versus Skepticism." *Journal of Philosophy, Psychology and Scientific Methods* 4 (1907): 482 – 487.

Schinz, Albert. *Anti-pragmatisme: Examen des droits respectifs de l'aristocratie intellectuelle et de la démocratie sociale*. Paris: F. Alcan, 1909.

Shakespeare, William. *Shakespeare's Comedy of The Merchant of Venice*. 12th ed. London: J. M. Dent and Co. , 1904.

Sharp, Frank Chapman. "An Analysis of the Moral Judgment." In *Studies in Philosophy and Psychology*, pp. 101 – 135. Boston: Houghton Mifflin Co. , 1906.

Sidgwick, Alfred. "The Ambiguity of Pragmatism." *Mind*, n. s. 17 (1908): 368 – 369.

Sidgwick, Arthur, and Sidgwick, Eleanor M. *Henry Sidgwick*. New York: Macmillan Co. , 1906.

Stein, Ludwig. "Der Pragmatismus." *Archiv für systematische Philosophie*, n. s. 14 (1908): 1 – 9, 143 – 188.

Studies in Philosophy and Psychology. By Former Students of Charles Edward Garman, in Commemoration of Twenty-five Years of Service as Teacher of Philosophy in Amherst College. Boston: Houghton Mifflin Co. , 1906.

Stout, George Frederick. "Error." In *Personal Idealism*, edited by Henry Sturt, pp. 1 – 46. New York: Macmillan Co. , 1902.

Strong, Charles Augustus. "Pragmatism and Its Definition of Truth." *Journal of Philosophy, Psychology and Scientific Methods* 5 (1908): 256 – 264.

Sturt, Henry. "Mr Bradley on Truth and Copying." *Mind*, n. s. 16 (1907): 416 – 417.

Tausch, Edwin. "William James, The Pragmatist – A Psychological Analysis." *Monist*, 19 (1909): 1 – 26.

Taylor, Alfred Edward. "Truth and Consequences." *Mind*, n. s. 15 (1906): 81 – 93.

——. "Truth and Practice." *Philosophical Review* 14 (1905): 265 – 289.

Tufts, James Hayden. "On Moral Evolution." In *Studies in Philosophy and Psychology*, pp. 3 – 39. Boston: Houghton Mifflin Co. , 1906.

Vailati, Giovanni. "A Pragmatic Zoologist." *Monist* 18 (1908): 142 – 151.

——. "Pragmatism and Mathematical Logic." *Monist* 16 (1906): 481 – 491.

Veitch, John. *The Method, Meditations and Philosophy of Descartes*. New York: Tudor Publishing Co., 1901.

Willcox, Walter Francis. "The Expansion of Europe in Its Influence upon Population." In *Studies in Philosophy and Psychology*, pp. 41 – 70. Boston: Houghton Mifflin Co., 1906.

Woodbridge, Frederick J. E. "The Field of Logic." In *Congress of Arts and Science*, Universal Exposition, St. Louis, 1904, edited by Howard J. Rogers. Boston: Houghton Mifflin Co., 1905.

——. "Pragmatism and Education." *Educational Review* 34 (1907): 227 – 240.

——. "The Problem of Consciousness." In *Studies in Philosophy and Psychology*, pp. 137 – 166. Boston: Houghton Mifflin Co., 1906.

Woods, Robert Archey. "Democracy a New Unfolding of Human Power." In *Studies in Philosophy and Psychology*, pp. 71 – 100. Boston: Houghton Mifflin Co., 1906.

Woodworth, Robert Sessions. "The Cause of a Voluntary Movement." In *Studies in Philosophy and Psychology*, pp. 351 – 392. Boston: Houghton Mifflin Co., 1906.

索引①

---

① 本索引的每个条目后所附的页码均为英文原版书页码，即本书边码。——译者

mentioned, 227,～被提到

Grotius, Hugo：格劳秀斯

  on natural law, 41,～论自然法

Hamilton, William, 309－310,汉密尔顿

Happiness, 45,幸福、快乐

Hegel, Georg Wilhelm Friedrich：黑格尔

  on reason, 43,～论理性

Herbart, Johann Friedrich, 52,赫尔巴特

Heredity, cultural, xxx,156－157,文化遗传

History：历史

  as dynamic account of social life, 192－193,作为对社会生活动力学说明的～; study of, gives more interest to nature study, 194,～研究,更有利于自然研究; biographic element in, 194－195,～中的传记成分; chronological order not desirable in teaching, 195－196,～教学中不值得要的年月日排序; teaching of, divided into three phases, 196－197,被分成三个阶段的～教学; teaching of, as moral force, 208－210,作为道德力量的～教学; used to teach social progress, 282－283,用于教授社会进步的～

Hobbes, Thomas, 254,霍布斯

Hook, Sidney, xxxii,胡克

Hooker, William Jackson, 4,胡克

Hume, David：休谟

  on morals, 40,～论道德; on mind, 91n,～论心灵; on idea, 318,～论观念; mentioned, 254,～被提到

Huxley, Thomas Henry, 4,赫胥黎

Idea：观念

  defined, 83－84,被定义的观念; agreement of, with environment, 84,与环境一致的～; fact and, 146－157,事实与～; McGilvary on Dewey on, 317－326,麦吉尔夫雷论杜威关于～的论述; Hume on, 318,休谟论～; Locke on, 318,洛克论

～; Lotze on, 318,洛采论～

Idealism, 116－117,唯心论

Individualism, 256－257,个人主义

Intellectualism：理智主义

  Bradley on, 51－75,布拉德雷论～; Mentioned, xvi,～被提到

Intelligence：理智,智力

  related to nature, 15－30,涉及到自然的～; as an active life force, 36,作为生活效力的～; democracy's conception of, 39－40,～的民主主义概念; pragmatism's theory of the nature of, 181－191,～本性的实用主义理论

James, William：詹姆斯

  Dewey's interpretation of, xx－xxii,杜威对～的解释; on pragmatism, 98－115,～论实用主义; on significance of object, 101－102,～论目的的意义; on idea, 102－103,～论观念; on truth, 103,107－112,～论真理; on function of philosophy, 104,～论哲学的功能; on design, 105－106,～论设计; Schinz on pragmatism of, 248－249,欣兹论～的实用主义; on pure experience, 295－296,～论纯粹经验

Janet, Paul, 珍妮特

Johns Hopkins University, The, xi,约翰霍普金斯大学

Kant, Immanuel, 42,52,248,254,康德

Kepler, Johannes, 7,开普勒

Knowledge：知识

  pragmatism's theory of the nature of, 181－191,255－256,实用主义的～本性理论

Laws：规律、法则

  as logical tools, 199－200,作为逻辑工具的～

Literature：文学

teaching of, overworked as moral force, 206 - 208,作为道德力量而滥用的～教学

Locke, John：洛克

　　on individual desire for liberty, 42,～论个人对自由的渴望;on idea, 318,～论观念;mentioned, 254,～被提到

Lotze, Rudolf Hermann, 52,304,318,洛采

Luther, Martin, 42,路德

Lyell, Charles, 4,莱尔

Lyman, Eugene William：莱曼

　　on theology and the modern mind, 228,～论神学和现代心灵

McGilvary, Evander Bradley：麦吉尔夫雷

　　exchange between Dewey and, xxvi - xxviii,杜威与～之间的交流;on pure experience and reality, 120 - 124,～论纯粹经验和实在;on consciousness, 143 - 145,～论意识;on fact and idea, 146 - 157,～论事实与观念;on sensation, 150,～论感觉;on experience, 151 - 155,～论经验;mentioned, xxiv,～被提到

Maine, Henry, 31,迈因

Marshall, Alfred, 243,马歇尔

Mathematics：数学

　　teaching of, should relate to social life, 212,283 - 284,～教学应该涉及社会生活

Mead, George Herbert, xx,96n,米德

Mill, John Stuart：密尔

　　on ambiguity of the copula, 80n,～论系动词的模糊不清;on mind, 91,～论心灵;influence of, on Henry Sidgwick, 244,～对西季威克的影响;mentioned, 254,～被提到

Mind：心灵

　　theory of, as purely passive, 181 - 191,纯粹被动的～理论

Monistic epistemology, 80,82n,一元论认识论

Montague, William Pepperell, x,133n,　蒙塔古

Moral ideas：道德观念

　　distinguished from ideas about morality, 267 - 268,与关于道德的观念不同的～

Moral judgment：道德判断

　　Sharp on, 221 - 222,夏普论～

Moral training：道德训练

　　social character of school as basic factor in, 269 - 274,作为～中的基本要素的学校的社会特征

Natural law：自然法

　　Grotius on, 41,格劳秀斯论～

Natural selection：自然选择

　　undercuts principle of design, 9,～削弱了设计原则

Nature：自然、本性

　　different views of, 15 - 30,不同的～观点

　　Greeks on, 35,希腊人论～

Newton, Isaac：牛顿

　　his influence on the eighteenth century, 40,～对 18 世纪的影响;on universe, 47,～论宇宙

Nietzsche, Friedrich Wilhelm, 44,尼采

Norton, Edwin Lee：诺顿

　　on intellectual element in music, 227,～论音乐中的理智因素

Nunn, Thomas Perry, 148n,努恩

Origin of Species,《物种起源》

Ostwald, Wilhelm, 102,奥斯特瓦尔德

Pascal, Blaise, 248,帕斯卡尔

Paul, St., 42,圣·保罗

Pedagogy, 158,教学、教育学

Peirce, Charles Sanders, 100,皮尔士

Personal：个人的

　　attitude of philosophy toward, 126 - 127,

译后记

    1904 年 4 月 5 日，由于与校方的诸多分歧，杜威向芝加哥大学校长哈珀(W. R. Harper)①递交了辞呈。此时，杜威已经在学术界享有盛名，故而并不担心自己的未来。辞职后，杜威给他在霍普金斯大学读研究生时结识的老朋友、时任哥伦比亚大学哲学系主任的卡特尔(J. M. Cattell)写信，询问是否有职位空缺，结果很快便收到了肯定的答复。校长巴特勒(N. M. Butler)专门为杜威筹集到一份捐款，为他提供每年 5000 美金的薪俸。这样，杜威便告别了他生活十年之久的芝加哥，携妻儿来到纽约，并一直居住于此，直到 1952 年去世。

    本卷内容涵盖了杜威到哥伦比亚大学后三年(1907 年至 1909 年)的学术创作成就。与在芝加哥大学相比，杜威此时的生活、工作方式有很大的改变。他终于摆脱了沉重的行政事务，专注于自己的研究、教学和指导学生的工作。对此，他感到非常愉快，他的学术创作因此有了丰硕的成果。在芝加哥大学，围绕着杜威，形成了一种实用主义流派，詹姆斯曾经称之为"芝加哥流派"。而在哥伦比亚大学，杜威的同事们具有各不相同的学术背景，实用主义远未被人们所熟悉。杜威必须面对各种不同的声音，这既拓宽了他的哲学论域，也改变了他的论述风

---

① 哈珀也是一位非凡人物。他 19 岁获耶鲁大学博士学位，是自由神学思想的坚定捍卫者。作为芝加哥大学的第一任校长，他对这所学校的发展作出了杰出的贡献，人称"教育界的拿破仑"。哈珀对芝加哥大学哲学系的建设给予了极大的支持，到处延揽掌管哲学系的大家，但直到杜威之前，一直未能如愿。他曾有意聘请皮尔士，后因帕尔默(G. H. Palmer，哈佛大学教授)的阻挠而作罢。试想，如果皮尔士真的有幸获取了这个职位的话，那么，实用主义后来的发展究竟会是什么样子，可就难说了。

格。这段时间,杜威的主要精力仍然在阐释他的实用主义学说,丰富实用主义的内涵。很多文章,都是在批判和讨论中诞生的,用他自己的话说:"我很高兴地承认,我的哲学观点不是在真空中产生的,我严肃地对待当下各种哲学学说。"①

关于本卷的内容,哈恩在他的"导言"中作了充分而又简洁的介绍。这里再一一絮叨,既不必要,也不合适。在此,我们想从自己的兴趣出发,谈一些与本卷内容相关的感想,即关于杜威经验主义的感想。长期以来,一说起"实用主义",国人首先想到的是一种独特的真理观、方法论,后来又把它归结为可以开出 20 世纪分析哲学的意义理论。其实,在我们看来,这些都是从一个根上生发出来的枝叶。只有抓住了实用主义的根本,才能真正领会为什么会有这一套意义理论、真理学说乃至方法论主张。这个根本,就是它的本体论,就是它关于什么是真实存在的学说。这套学说在杜威那里被称作"自然的经验主义",它在当时是一种崭新的理论。杜威在完成了对它的系统阐释之后,曾自信地认为,"现在有许多人说它新,三十年后就成了老东西了。因为大家都接受了这理论,就不觉得新奇了"。②

杜威的经验主义和英国经验主义完全不是一码事,是不是用"经验主义"来称呼它,其实是很值得讨论的。杜威自己后来也后悔用《经验与自然》这个书名,倾向于用"文化"取代"经验"。而杜威所说的"文化"和黑格尔所谓的"精神"相去并不遥远,或许更为恰当的说法应该是:他是想用黑格尔的理性主义中和自然,把黑格尔和达尔文结合在一起。当然,也可以反过来说,他是用自然主义的方式诠释黑格尔的理性主义。我们认为,关于这一点,罗蒂的说法很到位。他指出,杜威是位于达尔文与黑格尔之间的。③ 深刻地理解这一点非常重要。忽视了杜威的黑格尔一面,他的"经验"就会沦为动物式的偶然演变,而忽视杜威的达尔文一面,他的"经验"就失去了真实的感性存在。

当杜威向世人展示他的这套经验主义学说时,他首先必须粉碎的是哲学家们

① George Dykhuizen, *The Life and Mind of John Dewey*, Southern Illinois University Press, 1973, p. 124. 本文关于杜威这段生活的介绍,主要参照这本书的内容。
② 胡适:《杜威哲学》,《杜威谈中国》,沈益洪编,浙江文艺出版社,2001 年,第 350 页。
③ Richard Rorty, "Dewey Between Hegel and Darwin", *Truth and Progress*, Cambridge University Press, 1998.

两千年来所坚守的硬核,即一种实体的形而上学,一种理智主义(intellectualism)传统。不管在这一传统下有多少流派的分野,它们都秉持一种共同的立场,认为有一种不变的、非经验的、只能由理性才能把握的本质,藏匿在变化的、现象的、感性的经验世界的背后,制约、支配、解释着日常经验世界。这种形而上学传统与古希腊人对数学的崇拜、17世纪人们对新物理学的信奉密切相关。19世纪后半叶进化论的诞生,使人们对于人和世界的理解发生了革命性的改变。杜威敏锐地抓住了这一点,把一种新的科学生物学理论上升为一场哲学革命。他说:

> 通过摧毁绝对永恒的神圣避难所,通过将形式——它一直被当作固定和完美的类型——看作是有起源的并会消失的,《物种起源》引进了一种新的思维方式,它最后必定会改变知识的逻辑,并因此而改变人们对待道德、政治以及宗教的方式(《达尔文主义对哲学的影响》,本卷第3页①)。

这是一种新的世界观。只有在这种世界观的背景下,我们才能更加真切地领会杜威新经验主义学说的真谛。《达尔文主义对哲学的影响》是一篇纲领性的文献,在整个杜威哲学的发展过程中具有举足轻重的地位。关于它的意义,哈恩已经有充分的说明,我们在这里要强调的是:它为杜威的新实用主义本体论提供了根据。这个本体论一旦站住了,则实用主义的其他主张便水到渠成。

真实的存在被等同于时间中的变化,然而这不是一种抽象的变化,而是富有内容的直接经验。什么是直接的经验? 首先,直接经验是一个朝向自我实现的变化过程。它像一条河流,有自己的积累,由前面水流冲塑的河床决定着后面的水流方向。每一个经验都是宝贵的,都没有在这个流变中完全消失。

其次,这种变化是在人与环境(他/她的世界)的交换活动中具体实现的。通过人与环境的这种交互作用,环境塑造着人,人同时也造就了环境,将环境向人敞明。我们的每一个施加于环境的动作,同时就是在构造着环境;我们与环境打交道的每一个手段,都同时成为环境之为环境的构成要素。没有这些手段,没有这些活动,就没有向我们敞开着的世界。杜威的经验既是敞开世界的方式,又是世界的构成要素。这种生存论意义上的活动,就是人的生活。达尔文的进化论,

---

① 原书页码,本书为边码,下同。

为他的这套实用主义本体论提供了前提。

最后，同时也是非常重要的一点，是人的经验中凝聚着文化的积淀、渗透着意义。杜威对此极为看重。如果只看到前面所谈的两点而忽视了这一点，就会把人和环境的交互作用与动物和环境的交互作用混为一谈。著名的新实用主义代表人物罗蒂(R. Rorty)对杜威推崇备至，然而却拒绝杜威的经验学说；罗蒂的学生、当代"分析的实用主义"主将布兰顿(R. Brandom)同样拒绝在他的体系中给"经验"概念以任何位置。原因就在于，他们只看到了杜威式的经验与动物式的经验之间的连续性，而没有看到它们之间的重大区别。

其实，杜威关于真理、关于观念性质的整个说明，都反映了这种区别。人与环境的交互活动和动物式的交互活动的最大不同，就在于它同时是一种智力的活动，是在观念指导下的、与环境打交道的活动。杜威扭转了西方两千年来的知识论视角，智力的成果即知识或真理，不再是一种对于实在的反映或符合；而是人类与环境打交道的一种活动方式。它是人类赖以存在的方式，知识论是生存论的一部分："智力不是一种最终地、静止地主宰着人的欲望和努力的外在力量，而是一种在特定情势下调整能力、调整环境的方法。"(《智力与道德》，本卷第44页)智力与环境打交道，是通过观念来实现的。观念不是个人的而是文化的产物，是社会历史传统(人类精神传统)在个体身上的体现，是个体的一种能力。它表现为我们面对环境所采用的计划、假说，是把过去、现在和未来连接起来的纽带；本身没有真假问题，只有放在与环境打交道的实践中，才有了真假性质。它能够帮助我们圆满地实现与环境和谐交换的观念，就是真的，否则就是假的。同样的，正是有了杜威的这套实用主义本体论以及与此相关的知识论学说，他的那套方法论才有了根基。杜威所谓的实用主义"五步法"，就是他的经验主义本体论在生活实践中的具体操作方式。

1907年到1909年间，杜威还处在酝酿和推广他的实用主义学说时期，大量的成熟著述是在几年之后完成的。从这段时间他所发表的文献中，我们已经可以清楚地看到上面所说的实用主义基本主张的萌芽，甚至它那庞大的身躯也隐约可见。就实用主义研究的角度而言，他在本卷中对于达尔文学说的哲学意义的阐发，对于实用主义经验学说的论述，以及对于知识论性质的分析，是极具学术价值的，也是最值得我们关注的。

一百年来，杜威的实用主义不论在西方还是在中国，都经历了从被赞颂到被冷落或被批判的命运。自 20 世纪 70 年代以来,杜威的哲学在西方学术、思想领域重新复活,成为人们关注的焦点。许多著名哲学家以及社会人文学者热衷于从杜威那里汲取他们所需的思想养料。杜威重新站在了西方学术、思想舞台的中心位置上。在中国,实用主义的命运也在悄悄地发生着改变。重新评价杜威的实用主义已经成为人们的共识,一大批以杜威哲学为主题的博士论文在近年诞生,多方位探讨杜威实用主义内涵的文献越来越多地问世。我们相信,《杜威全集》中文版的推出,无疑会对这一趋势产生极为重要的、难以估量的影响。

本卷翻译分工如下:除哈恩的"导言"由孙小龙翻译,附录 1《纯粹经验和实在》由董山民翻译之外,本卷正文的前半部分(截至并包括《实用主义所说的"实践的"是什么意思》在内)由陈亚军翻译,后半部分和附录部分以及文本研究资料由姬志闯翻译,然后两人相互校对,最后由陈亚军对全部译稿进行统一审定。

由于对杜威思想的领会可能存在的偏差,以及杜威文字的艰涩,翻译中肯定会存在这样或那样的问题,我们期待着有关方家和广大读者不吝赐教。

陈亚军　姬志闯

2011 年 5 月 20 日

图书在版编目(CIP)数据

杜威全集. 中期著作. 第4卷:1907～1909 / (美)杜威
(Dewey, J.)著;陈亚军,姬志闯译.—上海:华东师范大学
出版社,2010.5
　ISBN 978-7-5617-7729-9

　Ⅰ.①杜…　Ⅱ.①杜…②陈…③姬…　Ⅲ.①杜威,J.
(1859～1952)—全集　Ⅳ.①B712.51-52

中国版本图书馆 CIP 数据核字(2010)第 087073 号

杜威全集·中期著作(1899—1924)
第四卷(1907—1909)

著　　者　[美]约翰·杜威
译　　者　陈亚军　姬志闯
策划编辑　朱杰人
项目编辑　王　焰　曹利群
审读编辑　朱华华
责任校对　王丽平
装帧设计　高　山

出版发行　华东师范大学出版社
社　　址　上海市中山北路 3663 号　邮编 200062
网　　址　www.ecnupress.com.cn
电　　话　021-60821666　行政传真 021-62572105
客服电话　021-62865537　门市(邮购)电话 021-62869887
地　　址　上海市中山北路 3663 号华东师范大学校内先锋路口
网　　店　http://hdsdcbs.tmall.com

印　刷　者　常熟华通印刷有限公司
开　　本　787×1092　16 开
印　　张　26
字　　数　417 千字
版　　次　2012 年 9 月第 1 版
印　　次　2012 年 9 月第 1 次
印　　数　1—2100
书　　号　ISBN 978-7-5617-7729-9/B·567
定　　价　88.00 元(精)

出 版 人　朱杰人